ÉTUDES D'HISTOIRE
ET DE PHILOSOPHIE DES SCIENCES

DU MÊME AUTEUR

La formation du concept de réflexe aux XVIIe et XVIIIe siècles, Paris,
   P.U.F., 1955, Vrin, 1977.
La connaissance de la vie, 2e édition, revue et augmentée, Paris, J. Vrin,
   1965.
Le normal et le pathologique, Paris, P.U.F., 1966.
Idéologie et rationalité dans l'histoire des sciences de la vie, Paris, J. Vrin,
   1977.

Réédition, avec une Préface, des *Leçons sur les phénomènes de
   la vie communs aux animaux et aux végétaux* de Claude BERNARD,
   Paris, J.,Vrin, 1966.

PROBLÈMES ET CONTROVERSES

ÉTUDES D'HISTOIRE ET DE PHILOSOPHIE DES SCIENCES

PAR

GEORGES CANGUILHEM
PROFESSEUR HONORAIRE A LA SORBONNE

Septième édition augmentée

PARIS
LIBRAIRIE PHILOSOPHIQUE J. VRIN
6, Place de la Sorbonne, Vᵉ

1994

© *Librairie Philosophique J. VRIN*, 1968
(pour la première édition, réimpressions en 1970, 1975, 1979)
© *Librairie Philosophique J. VRIN*, 1983
(pour la cinquième édition augmentée, réimpression en 1989)
© *Librairie Philosophique J. VRIN*, 1994
(pour la septième édition augmentée)
Printed in France
ISSN 0249-7875
ISBN 2-7116-0108-0

AVANT-PROPOS

Les études et articles réunis dans le présent recueil n'ont quelque titre à être ici rassemblés que dans la mesure où l'on y retrouve, sans artifice, la trace, plus ou moins nette en chacun, d'une identité de l'intention et d'une homogénéité des thèmes. S'il en va bien ainsi ou non, c'est à moi qu'il appartient le moins d'en juger. L'idée d'un tel recueil n'est pas de moi. Qu'elle soit venue à d'autres m'a touché. Je remercie la Librairie Joseph Vrin d'avoir bien voulu donner un corps à un projet. Que soient également remerciés Messieurs les Editeurs et Messieurs les Directeurs de Revues qui ont permis la reproduction de ces textes. Que Madame Françoise Brocas et Mademoiselle Evelyne Aziza qui ont rassemblé ces études et en ont préparé l'édition trouvent ici l'expression de ma reconnaissance.

G. C.

NOTE POUR LA CINQUIEME ÉDITION

Avec l'accord de l'éditeur, l'auteur a ajouté, à la fin, une étude inédite concernant la rationalité médicale, dans l'espoir qu'elle apparaîtra, à vingt années de distance de certaines études précédentes, comme un signe à la fois de continuité et de renouvellement. Mais c'est au lecteur d'en juger.

G.C.
décembre 1982

NOTE POUR LA SEPTIÈME ÉDITION

L'éditeur remercie l'auteur de bien avoir voulu augmenter la présente édition d'un article sur *Le statut épistémologique de la médecine*, ainsi que Monsieur M. Grmek, directeur de la revue *History and Philosophy of Life Sciences,* d'en avoir autorisé la reprise.

INTRODUCTION

L'OBJET DE L'HISTOIRE DES SCIENCES [1]

Considérée sous l'aspect qu'elle offre dans le Recueil des Actes d'un Congrès, l'histoire des sciences peut passer pour une rubrique plutôt que pour une discipline ou un concept. Une rubrique s'enfle ou se distend presque indéfiniment puisqu'elle n'est qu'une étiquette, au lieu qu'un concept, parce qu'il enferme une norme opératoire ou judicatoire, ne peut varier dans son extension sans rectification de sa compréhension. C'est ainsi que, sous la rubrique histoire des sciences peuvent être inscrites aussi bien la description d'un portulan récemment retrouvé qu'une analyse thématique de la constitution d'une théorie physique. Il n'est donc pas vain de s'interroger d'abord sur l'idée que se font de l'histoire des sciences ceux qui prétendent s'y intéresser au point d'en faire. Au sujet de ce faire, il est certain que plusieurs questions ont depuis longtemps été posées et continuent de l'être. Ces questions sont celles du *Qui ?*, du *Pourquoi ?*, du *Comment ?* Mais il se trouve qu'une question principielle qui devrait être posée ne l'est presque jamais, c'est la question De quoi ? *De quoi* l'histoire des sciences est-elle l'histoire ? Que cette question ne soit pas posée tient au fait que l'on en croit généralement la

1. Conférence donnée le 28 octobre 1966, à Montréal, sur l'invitation de la Société canadienne d'histoire et de philosophie des Sciences. Le texte en a été remanié et augmenté pour la présente publication.
La problématique de l'histoire des Sciences a fait l'objet de travaux et discussions de séminaire à l'Institut d'histoire des Sciences et des Techniques de l'Université de Paris, en 1964-1965 et en 1965-1966. Il nous était impossible de ne pas en tenir compte çà et là. En particulier, une partie des arguments ci-dessous exposés dans l'examen des questions *Qui ? Pourquoi ? Comment ?* s'inspire d'un exposé de M. Jacques Piquemal, alors assistant d'histoire des Sciences.

réponse donnée dans l'expression même d'histoire *des* sciences ou de *la* science.

Rappelons brièvement comment se formulent la plupart du temps aujourd'hui les questions du *Qui*, du *Pourquoi*, du *Comment*.

La question *Qui ?* entraîne une question *Où ?* Autrement dit, l'exigence de recherche et d'enseignement de l'histoire des sciences, selon qu'elle est ressentie en tel ou tel domaine déjà spécifié du savoir, conduit à sa domiciliation ici ou là dans l'espace des institutions universitaires. M. Bernhard Sticker, directeur de l'Institut d'histoire des sciences de Hambourg, a souligné la contradiction entre la destination et la méthode [2]. Sa destination devrait localiser l'histoire des sciences dans la Faculté des Sciences, sa méthode, dans la Faculté de Philosophie. Si on la tient pour une espèce dans un genre, l'histoire des sciences devrait avoir son lieu dans un Institut central des disciplines historiques. En fait, les intérêts spécifiques des historiens d'une part, des savants d'autre part, ne les amènent à l'histoire des sciences que par voie latérale. L'histoire générale est avant tout histoire politique et sociale, complétée par une histoire des idées religieuses ou philosophiques. L'histoire d'une société comme tout, quant aux institutions juridiques, à l'économie, à la démographie, ne requiert pas nécessairement l'histoire des méthodes et des théories scientifiques en tant que telles, alors même que les systèmes philosophiques ont rapport à des théories scientifiques vulgarisées, c'est-à-dire affaiblies en idéologies. D'un autre côté, les scientifiques n'ont pas, en tant que tels, indépendamment du minimum de philosophie sans quoi ils ne pourraient pas parler de leur science avec des interlocuteurs non scientifiques, besoin de l'histoire des sciences. Il est bien rare, surtout en France, à l'exception de Bourbaki, qu'ils en incorporent les résultats à l'exposé de leurs travaux spéciaux. S'ils deviennent occasionnellement historiens des sciences c'est pour des raisons étrangères aux requisits intrinsèques de leur recherche. Il n'est pas alors sans exemple que leur compétence les guide dans le choix de questions d'intérêt primordial. Ce fut le cas de Pierre Duhem, en histoire de la mécanique, de Karl Sudhoff et de Harvey Cushing, en histoire de la médecine. Quant

---

2. Die Stellung der Geschichte der Naturwissenschaften im Rahmen unserer heutigen Universitäten, in *Philosophia naturalis*, VIII, 1/2, 1964, s. 109-116.

aux philosophes ils peuvent être amenés à l'histoire des sciences, soit traditionnellement et indirectement par l'histoire de la philosophie, dans la mesure où telle philosophie a demandé, en son temps, à une science triomphante de l'éclairer sur les voies et moyens de la connaissance militante, soit plus directement par l'épistémologie, dans la mesure où cette conscience critique des méthodes actuelles d'un savoir adéquat à son objet se sent tenue d'en célébrer le pouvoir par le rappel des embarras qui en ont retardé la conquête. Par exemple, s'il importe peu au biologiste et moins encore au mathématicien probabiliste de rechercher ce qui a pu interdire à Auguste Comte et à Claude Bernard d'admettre, au XIXᵉ siècle, la validité du calcul statistique en biologie, il n'en va pas de même pour qui traite, en épistémologie, de la causalité probabiliste en biologie. Mais il reste à montrer — on tentera de le faire plus loin — que si la philosophie soutient avec l'histoire des sciences un rapport plus direct que ne le font l'histoire ou la science, c'est à la condition d'accepter de ce fait un nouveau statut de sa relation à la science.

La réponse à la question *Pourquoi ?* est symétrique de la réponse à la question *Qui ?* Il y a trois raisons de faire de l'histoire des sciences : historique, scientifique, philosophique. La raison historique, extrinsèque à la science, entendue comme discours vérifié sur un secteur délimité de l'expérience, réside dans la pratique des commémorations, dans le fait des rivalités en recherche de paternité intellectuelle, dans les querelles de priorité, comme celle, évoquée par Joseph Bertrand dans son Eloge académique de Niels Henrik Abel, qui concerne la découverte en 1827 des fonctions elliptiques. Cette raison est un fait académique, lié à l'existence et à la fonction des Académies et à la multiplicité des Académies nationales. Il existe une raison plus expressément scientifique, éprouvée par les savants en tant qu'ils sont chercheurs et non académiciens. Celui qui parvient à un résultat théorique ou expérimental jusqu'alors inconcevable, déconcertant pour ses pairs contemporains, ne rencontre aucun soutien, faute de communication possible, dans la cité scientifique. Et parce que, savant, il doit croire en l'objectivité de sa découverte, il recherche si d'aventure ce qu'il pense n'aurait pas été déjà pensé. C'est en cherchant à accréditer sa découverte dans le passé, faute momentanément de pouvoir le faire dans le présent, qu'un inventeur invente ses prédécesseurs. C'est ainsi que Hugo de Vries a redécouvert le mendélisme et découvert Mendel. Enfin, la raison proprement philosophique tient à ceci que sans

référence à l'épistémologie une théorie de la connaissance serait
une méditation sur le vide et que sans relation à l'histoire des
sciences une épistémologie serait un doublet parfaitement superflu
de la science dont elle prétendrait discourir.

Les rapports de l'histoire des sciences et de l'épistémologie
peuvent s'entendre en deux sens inverses. Dijksterhuis, l'auteur
de *Die Mechaniesierung des Weltbildes*, pense que l'histoire des
sciences n'est pas seulement la mémoire de la science mais aussi
le laboratoire de l'épistémologie. Le mot a été souvent cité, la
thèse a rencontré la faveur de beaucoup de spécialistes. Cette
thèse a un précédent moins connu. Dans son Eloge de Cuvier,
Flourens, se référant à l'*Histoire des Sciences naturelles*, publiée
par Magdelaine de Saint-Agy, déclare que faire l'histoire des
sciences c'est « mettre l'esprit humain en expérience... faire une
théorie expérimentale de l'esprit humain ». Une telle conception
revient à calquer le rapport de l'histoire des sciences aux sciences
dont elle est l'histoire sur le rapport des sciences aux objets
dont elles sont sciences. En fait, la relation expérimentale est
l'un de ces rapports, et il ne va pas sans dire que c'est ce
rapport-là qui doit être importé et transplanté de la science
dans l'histoire. En outre cette thèse de méthodologie historique
aboutit, chez son récent défenseur, à cette thèse d'épistémologie
qu'il existe une méthode scientifique éternelle, sommeillante à
certaines époques, vigilante et active à d'autres. Thèse tenue
pour naïve par Gerd Buchdahl[3], ce qu'on accorderait si l'empirisme ou le positivisme qui l'inspire pouvait passer pour tel.
Ce n'est pas sans motif que l'on dénonce ici le positivisme. Entre
Flourens et Dijksterhuis, Pierre Lafitte, disciple confirmé
d'Auguste Comte, a défini le rôle de l'histoire des sciences
comme celui d'un « microscope mental »[4] ayant pour effet révélateur d'introduire du retard et de la distance dans l'exposition
courante du savoir scientifique, par la mention des difficultés
rencontrées dans l'invention et la propagation de ce savoir. Avec
l'image du microscope nous restons à l'intérieur du laboratoire,
et nous trouvons une présupposition positiviste dans l'idée que
l'histoire est seulement une injection de durée dans l'exposé
de résultats scientifiques. Le microscope procure le grossissement

3. *On the Presuppositions of Historians of Science*, *in* History of Science, ed. by
Crombie and Hoskin, I, 1962, p. 67-77.
4. Discours d'ouverture du Cours d'histoire générale des Sciences, au Collège
de France (26 mars 1892), *in* « Revue occidentale », 1er mai 1892, p. 24.

d'un développement donné sans lui, quoique visible seulement par lui. Ici encore l'histoire des sciences est aux sciences ce qu'un appareil scientifique de détection est à des objets déjà constitués.

Au modèle du laboratoire, on peut opposer, pour comprendre la fonction et le sens d'une histoire des sciences, le modèle de l'école ou du tribunal, d'une institution et d'un lieu où l'on porte des jugements sur le passé du savoir, sur le savoir du passé. Mais il faut ici un juge. C'est l'épistémologie qui est appelée à fournir à l'histoire le principe d'un jugement, en lui enseignant le dernier langage parlé par telle science, la chimie par exemple, et en lui permettant ainsi de reculer dans le passé jusqu'au moment où ce langage cesse d'être intelligible ou traduisible en quelque autre, plus lâche ou plus vulgaire, antérieurement parlé. Le langage des chimistes du XIXᵉ siècle trouve ses vacances sémantiques dans la période antérieure à Lavoisier parce que Lavoisier a institué une nouvelle nomenclature. Or on n'avait pas assez remarqué et admiré que, dans le Discours préliminaire au Traité élémentaire de chimie, Lavoisier ait assumé à la fois la responsabilité de deux décisions dont on lui faisait ou pouvait lui faire grief, celle « d'avoir changé la langue que nos maîtres ont parlée », et celle de n'avoir donné dans son ouvrage « aucun historique de l'opinion de ceux qui m'ont précédé », comme s'il avait compris, à la manière cartésienne, que c'est tout un de fonder un nouveau savoir et de le couper de tout rapport avec ce qui en occupait abusivement la place. Sans l'épistémologie il serait donc impossible de discerner deux sortes d'histoires dites des sciences, celle des connaissances périmées, celle des connaissances sanctionnées, c'est-à-dire encore actuelles parce qu'agissantes. C'est Gaston Bachelard qui a opposé l'histoire périmée à l'histoire sanctionnée[5], à l'histoire des faits d'expérimentation ou de conceptualisation scientifiques appréciés dans leur rapport aux valeurs scientifiques fraîches. La thèse de Gaston Bachelard a trouvé son application et son illustration dans maints chapitres de ses ouvrages d'épistémologie[6].

L'idée qu'Alexandre Koyré s'est faite de l'histoire des sciences et que ses ouvrages ont illustrée n'est pas fondamentalement différente. Bien que l'épistémologie de Koyré fût plus proche

---

5. *L'activité rationaliste de la science contemporaine*, p. 25. Cf. également *L'actualité de l'histoire des Sciences* (Conférence du Palais de la Découverte).

6. Voir plus loin les études consacrées à Gaston Bachelard.

de celle de Meyerson que de celle de Bachelard, plus sensible
à la continuité de la fonction rationnelle qu'à la dialectique de
l'activité rationaliste, c'est en raison d'elle qu'ont été écrites
comme elles l'ont été les *Etudes galiléennes* et la *Révolution
astronomique*. Il n'est d'ailleurs pas sans intérêt, pour ôter à une
différence d'appréciation des ruptures épistémologiques toute
apparence de fait contingent ou subjectif, de remarquer qu'en
gros Koyré et Bachelard se sont intéressés à des périodes de
l'histoire des sciences exactes successives et inégalement armées
pour le traitement mathématique des problèmes de physique.
Koyré commence à Copernic et finit à Newton, où Bachelard
commence. En sorte que l'orientation épistémologique de l'histoire
selon Koyré peut servir de vérification à l'opinion de Bachelard,
selon qui une histoire des sciences continuistes est une histoire
des sciences jeunes. Les thèses épistémologiques de Koyré historien sont d'abord que la science est théorie et que la théorie
est fondamentalement mathématisation — Galilée, par exemple,
est archimédien plus encore que platonisant —, ensuite qu'il n'y
a pas d'économie possible de l'erreur dans la venue à la vérité
scientifique. Faire l'histoire d'une théorie c'est faire l'histoire des
hésitations du théoricien. « Copernic... n'est pas Copernicien » [7].
En invoquant l'image de l'école ou du tribunal pour caractériser
la fonction et le sens d'une histoire des sciences qui ne s'interdit
pas de porter des jugements de valeur scientifiques, il convient
d'éviter une méprise possible. Un jugement, en cette matière,
n'est pas une purge, ni une exécution. L'histoire des sciences
ce n'est pas le progrès des sciences renversé, c'est-à-dire la mise
en perspective d'étapes dépassées dont la vérité d'aujourd'hui
serait le point de fuite. Elle est un effort pour rechercher et
faire comprendre dans quelle mesure des notions ou des attitudes
ou des méthodes dépassées ont été, à leur époque, un dépassement
et par conséquent en quoi le passé dépassé reste le passé d'une
·activité à laquelle il faut conserver le nom de scientifique.
Comprendre ce que fut l'instruction du moment est aussi important qu'exposer les raisons de la destruction par la suite.
   Comment fait-on l'histoire des sciences et comment devrait-on
la faire ? Cette question touche d'encore plus près à la question
à venir : *de quoi* fait-on l'histoire en histoire des sciences ? En fait,
elle suppose le plus souvent cette question résolue, semble-t-il
par cela seul qu'elle n'est pas posée. C'est ce qui est apparu dans

7. *La Révolution astronomique*, p. 69.

certains débats opposant ceux que les auteurs anglo-saxons désignent sous le nom d'*externalistes* et d'*internalistes*[8]. L'externalisme c'est une façon d'écrire l'histoire des sciences en conditionnant un certain nombre d'événements — qu'on continue à appeler scientifiques plutôt par tradition que par analyse critique — par leurs rapports avec des intérêts économiques et sociaux, avec des exigences et des pratiques techniques, avec des idéologies religieuses ou politiques. C'est, en somme, un marxisme affaibli ou plutôt appauvri, ayant cours dans les sociétés riches[9]. L'internalisme — tenu par les premiers pour idéalisme — consiste à penser qu'il n'y a pas d'histoire des sciences, si l'on ne se place pas à l'intérieur même de l'œuvre scientifique pour en analyser les démarches par lesquelles elle cherche à satisfaire aux normes spécifiques qui permettent de la définir comme science et non comme technique ou idéologie. Dans cette perspective, l'historien des sciences doit adopter une attitude théorique à l'égard de ce qui est retenu comme fait de théorie, par conséquent utiliser des hypothèses, des paradigmes, au même titre que les savants eux-mêmes.

Il est manifeste que l'une et l'autre position revient à assimiler l'objet de l'histoire des sciences à l'objet d'une science. L'externaliste voit l'histoire des sciences comme une explication d'un phénomène de culture par le conditionnement du milieu culturel global, et par conséquent l'assimile à une sociologie naturaliste d'institutions, en négligeant entièrement l'interprétation d'un discours à prétention de vérité. L'internaliste voit dans les faits de l'histoire des sciences, par exemple les faits de découverte simultanée (calcul infinitésimal, conservation de l'énergie) des faits dont on ne peut faire l'histoire sans théorie. Ici par conséquent, le fait d'histoire des sciences est traité comme un fait de science, selon une position épistémologique qui consiste à privilégier la théorie relativement au donné empirique.

Or ce qui devrait faire question, c'est l'attitude qu'on peut dire spontanée, et en fait presque générale, qui consiste à aligner l'histoire sur la science quand il s'agit du rapport de la connais-

---

8. Cf. l'article déjà cité de Gerd Buchdahl.

9. Pour une critique de l'externalisme, voir Koyré, *Perspectives sur l'histoire des sciences*, in *Etudes d'histoire de la pensée scientifique*, Paris, 1966. Il s'agit du commentaire d'une communication d'Henri Guerlac, *Some Historical Assumptions of the History of Science*, in *Scientific Change*, ed. by A.C. Crombie, Heinemann, London, 1963.

sance à son objet. Demandons-nous donc de quoi exactement l'histoire des sciences est l'histoire.

Quand on parle de la science des cristaux, la relation entre la science et les cristaux n'est pas une relation de génitif comme quand on parle de la mère d'un petit chat. La science des cristaux est un discours sur la nature des cristaux, la nature des cristaux n'étant rien d'autre que les cristaux considérés dans leur identité à eux-mêmes, minéraux différents des végétaux et des animaux, et indépendants de tout usage à quoi l'homme les fait servir sans qu'ils y soient naturellement destinés. A partir du moment où la cristallographie, l'optique cristalline, la chimie minérale sont constituées comme sciences, la nature des cristaux c'est le contenu de la science des cristaux, c'est-à-dire un exposé de propositions objectives déposées par un travail d'hypothèses et de vérifications oublié au profit de ses résultats. Quand Hélène Metzger a écrit *La Genèse de la Science des cristaux* [10], elle a composé un discours sur des discours tenus sur la nature des cristaux, discours qui n'étaient pas d'abord les bons discours aux termes desquels les cristaux sont devenus l'objet exposé dans leur science. Donc l'histoire des sciences est l'histoire d'un objet qui est une histoire, qui a une histoire, alors que la science est science d'un objet qui n'est pas histoire, qui n'a pas d'histoire.

Les cristaux sont un objet donné. Même s'il faut tenir compte dans la science des cristaux d'une histoire de la terre et d'une histoire des minéraux, le temps de cette histoire est lui-même un objet déjà donné là. Ainsi l'objet cristal a, relativement à la science qui le prend pour objet d'un savoir à obtenir, une indépendance à l'égard du discours, ce qui fait que l'on dit l'objet naturel [11]. Cet objet naturel, hors de tout discours tenu sur lui, n'est pas, bien entendu, l'objet scientifique. La nature n'est pas d'elle-même découpée et répartie en objets et en phénomènes scientifiques. C'est la science qui constitue son objet à partir du moment où elle a inventé une méthode pour former, par des

10. Paris, Alcan éd., 1918.

11. Sans doute un objet naturel n'est pas naturellement naturel, il est objet d'expérience usuelle et de perception dans une culture. Par exemple, l'objet minéral et l'objet cristal n'ont pas d'existence significative en dehors de l'activité du carrier ou du mineur, du travail dans la minière ou dans la mine. S'attarder ici sur cette banalité ferait digression.

propositions capables d'être composées intégralement, une théorie contrôlée par le souci de la prendre en faute. La cristallographie est constituée à partir du moment où l'on définit l'espèce cristalline par la constance de l'angle des faces, par les systèmes de symétrie, par la régularité des troncatures aux sommets en fonction du système de symétrie. « Le point essentiel, dit Haüy, est que la théorie et la cristallisation finissent par se rencontrer et se trouver d'accord l'une avec l'autre » [12].

L'objet en histoire des sciences n'a rien de commun avec l'objet de la science. L'objet scientifique, constitué par le discours méthodique, est second, bien que non dérivé, par rapport à l'objet naturel, initial, et qu'on dirait volontiers, en jouant sur le sens, pré-texte. L'histoire des sciences s'exerce sur ces objets seconds, non naturels, culturels, mais n'en dérive pas plus que ceux-ci ne dérivent des premiers. L'objet du discours historique est, en effet, l'historicité du discours scientifique, en tant que cette historicité représente l'effectuation d'un projet intérieurement normé, mais traversée d'accidents, retardée ou détournée par des obstacles, interrompue de crises, c'est-à-dire de moments de jugement et de vérité. On n'a peut-être pas assez remarqué que la naissance de l'histoire des sciences comme genre littéraire, au XVIIIᵉ siècle, supposait des conditions historiques de possibilité, à savoir deux révolutions scientifiques et deux révolutions philosophiques, car il n'en fallait pas moins de deux. En mathématiques, la géométrie algébrique de Descartes, puis le calcul de l'infini de Leibniz-Newton; en mécanique et cosmologie, les *Principes* de Descartes et les *Principia* de Newton. En philosophie, et plus exactement en théorie de la connaissance, c'est-à-dire en théorie du fondement de la science, l'innéisme cartésien et le sensualisme de Locke. Sans Descartes, sans déchirure de la tradition, une histoire de la science ne peut pas commencer [13]. Mais, selon Descartes, le savoir est sans histoire. Il faut Newton, et la réfutation de la cosmologie cartésienne, pour que l'histoire, ingratitude du commencement revendiqué contre des origines refusées, apparaisse comme une dimension de la science. L'histoire des sciences c'est la prise de conscience explicite, exposée comme théorie, du fait que les sciences sont des discours critiques et progressifs pour la détermination de ce qui, dans l'expérience, doit être tenu pour réel. L'objet de l'histoire des sciences est

---

12. Cité par H. Metzger, *op. cit.*, p. 195.
13. Voir, plus bas, l'étude sur Fontenelle, p. 55.

donc un objet non donné là, un objet à qui l'inachèvement est essentiel. En aucune façon l'histoire des sciences ne peut être histoire naturelle d'un objet culturel. Trop souvent elle est faite comme une histoire naturelle, parce qu'elle identifie la science avec les savants, et les savants avec leur biographie civile et académique, ou bien parce qu'elle identifie la science avec ses résultats et les résultats avec leur énoncé pédagogique actuel.

L'objet de l'historien des sciences ne peut être délimité que par une décision qui lui assigne son intérêt et son importance. Il l'est d'ailleurs, au fond, toujours, même dans le cas où cette décision n'obéit qu'à une tradition observée sans critique. Soit un exemple, celui de l'histoire de l'introduction et de l'extension des mathématiques probabilitaires dans la biologie et les sciences de l'homme au XIX^2 siècle [14]. L'objet de cette histoire ne relève d'aucune des sciences constituées au XIXe siècle; il ne correspond à aucun objet naturel dont la connaissance serait la réplique ou le pléonasme descriptif. Par conséquent, l'historien constitue lui-même un objet à partir d'un état actuel des sciences biologiques et humaines, état qui n'est la conséquence logique ni l'aboutissement historique d'aucun état antérieur *d'une* science distincte, ni de la mathématique de Laplace, ni de la biologie de Darwin, ni de la psycho-physique de Fechner, ni de l'ethnologie de Taylor, ni de la sociologie de Durkheim. Mais par contre la biométrie et la psychométrie ne peuvent être constituées par Quêtelet, Galton, Catell et Binet qu'à partir du moment où des pratiques non-scientifiques ont eu pour effet de fournir à l'observation une matière homogène et susceptible d'un traitement mathématique. La taille humaine, objet d'étude de Quêtelet, suppose l'institution des armées nationales et de la conscription et l'intérêt accordé à des critères de réforme. Les aptitudes intellectuelles, objet de l'étude de Binet, supposent l'institution de la scolarité primaire obligatoire et l'intérêt accordé à des critères d'arriération. Donc l'histoire des sciences, dans la mesure où elle s'applique à l'objet ci-dessus délimité, n'a pas seulement rapport à un groupe de sciences sans cohésion intrinsèque mais aussi à la non-science, à l'idéologie, à la pratique politique et sociale. Ainsi cet objet n'a pas son lieu théorique naturel dans telle ou telle science, où l'histoire irait le prélever, pas plus d'ailleurs qu'il ne l'a dans la politique ou la pédagogie. Le lieu théorique de cet objet n'a pas à être cherché ailleurs que dans l'histoire des sciences elle-

---

14. C'est en partie l'objet d'une étude en cours de M. Jacques Piquemal.

même, car c'est elle, et elle seule, qui constitue le domaine spéci-fique où trouvent leur lieu les questions théoriques posées par la pratique scientifique en son devenir [15]. Quêtelet, Mendel, Binet-Simon, ont inventé des relations imprévues entre les mathéma-tiques et des pratiques d'abord non-scientifiques : sélection, hybri-dation, orientation. Leurs inventions sont des réponses à des questions qu'ils se sont posées dans un langage qu'ils avaient à mettre en forme. L'étude critique de ces questions et de ces réponses, voilà l'objet propre de l'histoire des sciences, ce qui suffit à écarter l'objection possible de conception externaliste.

L'histoire des sciences peut sans doute distinguer et admettre plusieurs niveaux d'objets dans le domaine théorique spécifique qu'elle constitue : documents à cataloguer; instruments et techni-ques à décrire; méthodes et questions à interpréter; concepts à analyser et à critiquer. Cette dernière tâche seule confère aux précédentes la dignité d'histoire des sciences. Ironiser sur l'impor-tance accordée aux concepts est plus aisé que de comprendre pourquoi sans eux il n'est pas de science. L'histoire des instru-ments ou des académies n'est de l'histoire des sciences que si on les met en rapport dans leurs usages et leurs destinations avec des théories. Descartes a besoin de Ferrier pour tailler des verres d'optique, mais c'est lui qui fait la théorie des courbures à obtenir par la taille.

Une histoire des résultats du savoir peut n'être qu'un enregis-trement chronologique. L'histoire des sciences concerne une acti-vité axiologique, la recherche de la vérité. C'est au niveau des questions, des méthodes, des concepts que l'activité scientifique apparaît comme telle. C'est pourquoi le temps de l'histoire des sciences ne saurait être un filet latéral du cours général du temps. L'histoire chronologique des instruments ou des résultats peut être découpée selon les périodes de l'histoire générale. Le temps civil dans lequel on inscrit la biographie des savants est le même pour tous. Le temps de l'avènement de la vérité scientifique, le temps de la véri-fication, a une liquidité ou une viscosité diffé-rentes pour des disciplines différentes aux mêmes périodes de l'histoire générale. La classification périodique des éléments par

---

15. « La pratique théorique rentre sous la définition générale de la pratique. Elle travaille sur une matière première (représentations, concepts, faits) qui lui est donnée par d'autres pratiques, soit " empiriques ", soit " techniques ", soit " idéologiques "... La pratique théorique d'une science se distingue toujours nette-ment de la pratique théorique idéologique de sa préhistoire. » Louis Althusser, *Pour Marx*, Paris, 1965.

Mendéléev a précipité la marche de la chimie et a bousculé la physique atomique, cependant que d'autres sciences conservaient une allure compassée. Ainsi l'histoire des sciences, histoire du rapport progressif de l'intelligence à la vérité, sécrète elle-même son temps, et elle le fait différemment selon le moment du progrès à partir duquel elle se donne pour tâche de raviver, dans les discours théoriques antérieurs, ce que le langage du jour permet encore de comprendre. Une invention scientifique promeut certains discours incompris au moment où ils furent tenus, tel celui de Grégor Mendel, annule d'autres discours dont les auteurs pensaient pourtant devoir faire école. Le sens des ruptures et des filiations historiques ne peut pas venir à l'historien des sciences d'ailleurs que de son contact avec la science fraîche. Le contact est établi par l'épistémologie, à la condition qu'elle soit vigilante, comme l'a enseigné Gaston Bachelard. Ainsi comprise, l'histoire des sciences ne peut être que précaire, appelée à sa rectification. Pour le mathématicien moderne, la relation de succession entre la méthode d'exhaustion d'Archimède et le calcul infinitésimal n'est pas ce qu'elle était pour Montucla, le premier grand historien des mathématiques. C'est qu'il n'y a pas de définition des mathématiques possible avant les mathématiques, c'est-à-dire avant la succession encore en cours des inventions et des décisions qui constituent les mathématiques. « Les mathématiques sont un devenir » a dit Jean Cavaillès [16]. Dans ces conditions, l'historien des mathématiques ne peut tenir que du mathématicien d'aujourd'hui la définition provisoire de ce qui est mathématique. De ce fait, bien des travaux intéressant autrefois les mathématiques perdent leur intérêt mathématique, deviennent, au regard d'une nouvelle rigueur, des applications triviales [17].

De toute théorie on exige, à bon droit, qu'elle fournisse des preuves d'efficacité pratique. Quel est donc, pour l'historien des sciences, l'effet pratique d'une théorie qui tend à lui reconnaître l'autonomie d'une discipline constituant le lieu où sont étudiées les questions théoriques posées par la pratique scientifique ? Un des effets pratiques les plus importants c'est l'élimination de ce que J.T. Clark a appelé « le virus du précurseur » [18]. A la

16. *La pensée mathématique*, in « Bulletin de la Société française de philosophie », CL (1946) 1, p. 8.

17. Sur ce sujet, cf. Michel Serres, *Les Anamnèses mathématiques*, in Archives internationales d'histoire des Sciences, XX (1967), 78-79, pp. 3-38.

18. *The philosophy of science and history of science*, in Critical Problems in the history of science, Marshall Clagett ed., Madison, 2d ed., 1962, p. 103.

rigueur s'il existait des précurseurs l'histoire des sciences perdrait tout sens, puisque la science elle-même n'aurait de dimension historique qu'en apparence. Si dans l'Antiquité, à l'époque du monde clos, quelqu'un avait pu être, en cosmologie, le précurseur d'un penseur de l'époque de l'univers infini, une étude d'histoire des sciences et des idées comme celle d'Alexandre Koyré [19] serait impossible. Un précurseur serait un penseur, un chercheur qui aurait fait jadis un bout de chemin achevé plus récemment par un autre. La complaisance à rechercher, à trouver et à célébrer des précurseurs est le symptôme le plus net d'inaptitude à la critique épistémologique. Avant de mettre bout à bout deux parcours sur un chemin, il convient d'abord de s'assurer qu'il s'agit bien du même chemin. Dans un savoir cohérent un concept a rapport avec tous les autres. Pour avoir fait une supposition d'héliocentrisme, Aristarque de Samos n'est pas un précurseur de Copernic, encore que celui-ci s'autorise de celui-là. Changer le centre de référence des mouvements célestes, c'est relativiser le haut et le bas, c'est changer les dimensions de l'univers, bref, c'est composer un système. Or Copernic a reproché à toutes les théories astronomiques avant la sienne de n'être pas des systèmes rationnels [20]. Un précurseur ce serait un penseur de plusieurs temps, du sien et de celui ou de ceux qu'on lui assigne comme ses continuateurs, comme les exécutants de son entreprise inachevée. Le précurseur est donc un penseur que l'historien croit pouvoir extraire de son encadrement culturel pour l'insérer dans un autre, ce qui revient à considérer des concepts, des discours et des gestes spéculatifs ou expérimentaux comme pouvant être déplacés et replacés dans un espace intellectuel où la réversibilité des relations a été obtenue par l'oubli de l'aspect historique de l'objet dont il est traité. Que de précurseurs n'a-t-on pas ainsi cherchés au transformisme darwinien chez les naturalistes, ou les philosophes, ou seulement les publicistes du XVIIIᵉ siècle ! [21] La liste des précurseurs serait longue. A la limite, on récrirait, après Dutens, les *Recherches sur l'origine des découvertes attribuées aux modernes* (1776). Quand Dutens écrit qu'Hippocrate a connu la circulation du sang, que le système de Copernic appartient aux anciens, on sourit à l'idée qu'il oublie

---

19. *From the Closed World to the Infinite Universe*, Baltimore, 1957; traduit en français sous le titre *Du monde clos à l'univers infini*, Paris, 1962.
20. Cf. A. Koyré, *La révolution astronomique*, p. 42.
21. Pour une critique de ces tentatives, cf. Michel Foucault, *Les Mots et les Choses*, pp. 158-176.

ce que Harvey doit à l'anatomie de la Renaissance et à l'usage de modèles mécaniques, qu'il oublie que l'originalité de Copernic a consisté à rechercher la possibilité mathématique du mouvement de la terre. On devrait sourire tout autant de ceux, plus récents, qui saluent Réaumur ou Maupertuis comme des précurseurs de Mendel, sans avoir remarqué que le problème que s'est posé Mendel lui était propre et qu'il l'a résolu par l'invention d'un concept sans précédent, celui de caractère héréditaire indépendant [22]. Bref, tant qu'une analyse critique des textes et des travaux rapprochés par le télescopage de la durée heuristique n'a pas explicitement établi qu'il y a de l'un et de l'autre chercheur identité de la question et de l'intention de recherche, identité de signification des concepts directeurs, identité du système des concepts d'où les précédents tirent leur sens, il est artificiel, arbitraire et inadéquat à un projet authentique d'histoire des sciences de placer deux auteurs scientifiques dans une succession logique de commencement à achèvement, ou d'anticipation à réalisation [23]. En substituant le temps logique des relations de vérité au temps historique de leur invention, on aligne l'histoire de la science sur la science, l'objet de la première sur celui de la seconde, et l'on crée cet artefact, ce faux objet historique qu'est le précurseur. Alexandre Koyré a écrit : « La notion de » précurseur est pour l'historien une notion très dangereuse. » Il est vrai, sans doute, que les idées ont un développement » *quasi* autonome c'est-à-dire, nées dans un esprit, elles arrivent » à la maturité et portent leurs fruits dans un autre, et qu'il est, » de ce fait possible de faire l'histoire des problèmes et de » leur solutions; il est vrai également que les générations posté- » rieures ne sont intéressées par celles qui les précèdent qu'autant » qu'elles voient en elles leurs ancêtres ou leurs précurseurs. » Il est toutefois évident — ou du moins devrait l'être — que » personne ne s'est jamais considéré comme précurseur de quel- » qu'un d'autre; et n'a pas pu le faire. Aussi, l'envisager comme » tel est le meilleur moyen de s'interdire de le comprendre » [24].

Le précurseur c'est l'homme de savoir dont on sait seulement bien après lui qu'il a couru devant tous ses contemporains et avant celui qu'on tient pour le vainqueur de la course. Ne pas

22. Cf. J. Piquemal, *Aspects de la pensée de Mendel* (Conférence du Palais de la Découverte, 1965).
23. Cf. plus bas, un texte de Biot, p. 177.
24. *La révolution astronomique*, p. 79.

prendre conscience du fait qu'il est une créature de certaine histoire des sciences et non un agent du progrès de la science, c'est accepter comme réelle sa condition de possibilité, la simultanéité imaginaire de l'avant et de l'après dans une sorte d'espace logique.

En faisant la critique d'un faux objet historique, nous avons tenté de justifier par contre-épreuve la conception que nous avons proposée d'une délimitation spécifique de son objet par l'histoire des sciences. L'histoire des sciences n'est pas une science et son objet n'est pas un objet scientifique. Faire, au sens le plus opératif du terme, de l'histoire des sciences, est l'une des fonctions, non la plus aisée, de l'épistémologie philosophique.

I

COMMÉMORATIONS

L'HOMME DE VÉSALE
DANS LE MONDE DE COPERNIC : 1543 *

Les historiens des sciences ont bien souvent relevé et célébré l'admirable conjonction qui fait de l'année 1543 une année incomparable dans l'histoire des progrès de l'esprit humain, par la publication du *De Revolutionibus orbium cœlestium* de Copernic et du *De humani corporis fabrica* de Vésale. Mais aussi certains d'entre eux ont cédé à la tentation, bien forte il est vrai, de reconnaître à ces deux ouvrages un pouvoir critique immédiatement irrécusable et un effet destructif instantané à l'égard de la vision médiévale du monde et de l'homme. Or s'il n'est pas douteux que l'astronomie copernicienne rend possible l'éclatement d'un Cosmos anthropocentrique, elle n'en vient pas à bout elle-même; et s'il n'est pas douteux que l'anatomie vésalienne rend possible une anthropologie libérée de toute référence à une cosmologie anthropomorphique, elle n'est pas d'abord elle-même l'équivalent de sa postérité. C'est pourquoi il nous paraît difficile d'accepter sans nuances, et même sans quelques réserves, le jugement porté, dans son Histoire de l'Anatomie, par ce grand historien et ce grand admirateur de Vésale qu'a été Charles Singer : « A eux deux, dit-il de » Copernic et de Vésale, ils ont détruit pour toujours la théorie » du Macrocosme et du Microcosme en faveur au moyen âge ».

Nous sollicitons la permission de nous demander, à propos précisément de Vésale, si la Renaissance est un bloc, si les mutations intellectuelles qui la caractérisent se firent ou non en même temps, du même pas et pour les mêmes raisons, et si ces muta-

---

* Extrait du recueil *Commémoration solennelle du quatrième Centenaire de la mort d'André Vésale* (19 - 24 octobre 1964, Académie Royale de Médecine de Belgique), p. 146-154.

tions furent aussi initialement radicales qu'elles ont pu le sembler par la suite quand les historiens ont braqué sur ce qu'ils nommaient la Nuit du Moyen Age les lumières de l'*Aufklärung*. Notre interrogation n'a rien d'original. Les historiens des sciences, aujourd'hui, sont, dans l'ensemble, assez enclins à considérer que la Renaissance fut une reconnaissance de traditions reprises à leurs origines, avant d'être et pour être un refus de précédents traditionnels plus proches, qu'elle fut un retour à Pythagore, Platon, Archimède, Galien.

Vésale et Copernic offrent, dans leur carrière, bien des ressemblances. Tous deux sont, de première formation, des humanistes. Tous deux sont attirés par la lumière de l'Italie. Copernic a étudié la médecine à Bologne et à Padoue aussi, où il a précédé Vésale de trente-cinq ans. Copernic, chanoine chargé de multiples fonctions administratives, n'est pas moins actif, moins ouvert au monde que Vésale médecin et chirurgien. Certes Copernic est un calculateur, alors que Vésale est un observateur. Mais Vésale — et on le lui a reproché — n'a guère plus contribué à enrichir l'anatomie descriptive que Copernic ne l'a fait pour l'astronomie de position. Le génie de Copernic est une longue patience, celui de Vésale est une fougueuse impatience, tous deux pourtant ont en commun de proposer à l'homme une nouvelle structuration de sa vision du monde et de lui-même. C'est ici qu'il convient d'évaluer, sans complaisance à quelque conformisme d'historien, ce que ces visions du monde et de l'homme retiennent et rejettent de celles qui les ont précédées.

L'astronomie de Copernic reste une cosmologie, une théorie du Cosmos, d'un monde toujours fini quoiqu'immense, d'un monde toujours parfait quoique retourné. Si Copernic se résout à la séparation du centre de référence cinématique et du lieu de perception visuelle des mouvements planétaires, s'il accorde plus de crédit à une supposition d'Aristarque qu'à tout le système d'Aristote, s'il abandonne la lettre de la cosmologie ptoléméenne, c'est par souci de plus grande fidélité à son esprit, c'est pour sauver mieux, c'est-à-dire plus simplement, les apparences optiques. Copernic, a dit le regretté Alexandre Koyré, n'est pas encore copernicien. Entendons que c'est en se voulant plus ptoléméen que Ptolémée qu'il a rendu possible la révolution copernicienne. Parce que cette révolution a donné le départ à toutes les conquêtes de l'astronomie moderne, parce que cette première démarche de renversement pascalien du pour au contre s'est progressivement étendue jusqu'à l'univers des étoiles et des nébu-

leuses, parce que la cosmologie est devenue l'astrophysique, parce
que le soleil s'est vu assigner une position excentrique par rapport
au système des amas globulaires, il ne doit pas pour autant nous
échapper que, pour Copernic, le ciel des fixes restait une voûte
sphérique centrée, que les orbes sphériques imprimaient aux
planètes qu'elles supportaient un mouvement circulaire et uni-
forme, c'est-à-dire parfait. De sorte que, même si Vésale avait
en 1543 connu et accepté le système de Copernic, les cieux vers
lesquels les squelettes et les écorchés des planches de la *Fabrica*
lèvent leur face douloureuse, n'auraient pas été, certes, les cieux
de la cosmologie médiévale, mais auraient été bien loin de
ressembler aux cieux de Newton, de Fontenelle ou de Kant.
Seulement, et on n'en peut douter, le ciel de l'homme de Vésale,
c'est le ciel pré-copernicien. La preuve s'en trouve dans la *Fabrica*
(VII, 14, p. 646) quand Vésale justifie l'ordre de sa description
des parties de l'œil, par l'assimilation analogique de cet organe
à l'œuf ou au monde, soit que l'on procède du centre vers la
périphérie ou de la périphérie vers le centre, c'est-à-dire la terre
(« ...Aut ab hoc cælo ad centrum usque mundi, ipsam videlicet
terram... »). Sur la terre qu'il peut croire encore immobile,
l'homme de Vésale conserve la posture aristotélicienne : il est
debout, tête haute vers le haut du monde, en correspondance
avec la hiérarchie des éléments, analogue et miroir de la hiérarchie des êtres. Comment douter que Vésale (aussi bien d'ailleurs
que Léonard de Vinci) ne tienne l'homme pour un microcosme
puisqu'il affirme lui-même expressément que les anciens lui ont,
à juste titre, donné ce nom : « Veteribus haud ab re microcosmus
» nuncupabatur », dit la préface de l'édition de 1543; « parvus
» mundus, dit celle de la seconde édition. C'est ici une répétition presque littérale de Galien : « L'animal est comme un
» petit univers, au dire des anciens, instruits des merveilles de
la nature » *(De usu partium*, III, 10, *in fine)*. On l'a bien souvent
remarqué, la *Fabrica* suit l'ordre galénique d'exposition des
parties : elle commence par l'ostéologie et d'abord par la description du crâne. Vésale s'en explique dans sa Lettre-préface à
Charles-Quint : il terminera, comme Galien, par les viscères,
c'est-à-dire là où commençaient, et même parfois se bornaient,
Mondino et ses imitateurs.

Au sujet de ce retour par Vésale à l'ordre descriptif *a capite
ad calcem*, ordre aristotélicien apparemment logique et peut-être
profondément magique, nous proposerons un commentaire en
forme de paradoxe. On cherche volontiers le trait distinctif de

l'esprit scientifique moderne dans la répudiation de l'anthropomorphisme en matière de cosmologie et de biologie. Or on connaît l'insistance que met Vésale, aussi bien dans la *Fabrica* que plus tôt, lors de la Première Anatomie à Bologne en 1540, que plus tard dans la Lettre sur les propriétés de la décoction de squine chinoise, à souligner l'impropriété du matériel des dissections de Galien, chiens, porcs ou singes, et non cadavres humains. Cette insistance mise à exiger que l'homme soit étudié sur l'homme n'a-t-elle pas, en dehors de la portée que lui ont reconnue les historiens de la médecine, un sens que l'on peut s'étonner de n'avoir pas vu souligné plus souvent ?

L'opinion aristotélicienne et galénique, selon laquelle l'organisme de certains Mammifères peut servir de susbtitut à l'organisme humain pour une étude de morphologie interne, était l'expression de la croyance en l'existence d'une série animale dont l'homme est l'accomplissement et donc la référence de dignité hiérarchique, mais elle a été aussi le moteur des études d'anatomie comparée qui devaient aboutir, au XVIIIᵉ siècle, à accréditer l'idée que les rapports d'analogie entre les animaux et l'homme pourraient bien exprimer des rapports de généalogie. Or, et quoi qu'en ait dit, il y a plus d'un siècle, l'anatomiste belge Burggraeve, l'anatomie de Vésale est restée étrangère à cet ordre d'études. Quand la *Fabrica* insistait sur cet impératif méthodologique que la structure humaine ne peut être observée que sur l'homme, ne contribuait-elle pas, du même coup, à faire ressortir le fait biologique de la singularité de l'homme ? Serait-il alors excessif de dire que la révolution anatomique est comme la révolution cosmologique renversée ? En 1543, quand Copernic proposait un système où la terre natale de l'homme n'était plus la mesure et la référence du monde, Vésale présentait une structure de l'homme où l'homme était lui-même, et lui seul, sa référence et sa mesure. L'humaniste Copernic déshumanisait le lieu d'où il faut voir le Cosmos en vérité. L'humaniste Vésale faisait du corps humain le seul document véridique sur la fabrique du corps humain. Quand Vésale s'intéresse à l'anatomie du chien ou du singe en même temps qu'à celle de l'homme, c'est davantage pour confirmer la différence de l'homme que pour attirer l'attention sur des analogies. Qu'on se reporte à la Lettre-préface de 1543 où Vésale reproche à Galien d'avoir méconnu « la diffé
» rence infiniment multiple qui existe entre les organes du corps
» humain et ceux du singe ». C'est que l'œil de Vésale est un œil de médecin et non de naturaliste. C'est pour le service de l'homme

qu'il entend restaurer la connaissance anatomique de l'homme. Tout concourt, dans la *Fabrica*, à accomplir ce dessein; la liaison étroite établie par Vésale, à la manière de Galien, entre la structure et la fonction, et, conséquemment, la tâche nouvelle assignée à la nomenclature et à l'iconographie : rendre sensible la subordination de la construction au mouvement, de la forme à la vie. Si le discours de l'anatomiste démonte la fabrique du corps, l'image du graveur en restitue l'unité dynamique. Et d'ailleurs le démontage lui-même ressemble moins à une division et dispersion de parties qu'à l'éclairage progressif d'un ensemble. Sur tous ces points, bien connus, il suffit de prendre acte des jugements de Roth, de Sigerist, de Singer et des exégètes de l'iconographie anatomique, de Choulant à Saunders, O'Malley et Premuda, en passant par Jackschath.

Singer, en particulier, a justement insisté sur le fait que Vésale ne peut se représenter le corps humain autrement que comme une totalité organique en action. Mais peut-être est-ce là marquer insuffisamment la distance qui sépare l'anatomie vésalienne de l'anatomie moderne qu'elle a rendue possible. Le squelette, l'écorché, le tronc ouvert sur les viscères de l'abdomen, et même au Livre septième, la tête humaine dont le cerveau apparaît après résection de la coupole crânienne, ne sont pas des objets anato-miques exposés. L'homme de Vésale reste un sujet responsable de ses attitudes. L'initiative de la posture selon laquelle il s'offre à l'examen lui appartient, et non au spectateur. L'homme de Vésale, homme de la Renaissance, est bien un individu, origine de ses déterminations. En ce sens, quoiqu'encore considéré comme vivant en harmonie avec le Cosmos, cet homme se pré-sente comme doué de spontanéité et d'une sorte d'autonomie organique.

Il y a peut-être plus. Les planches anatomiques de la *Fabrica*, qu'elles soient de Jean de Calcar, ou de quelque autre élève du Titien, à défaut sans doute du Titien lui-même, figurent l'individu humain sur un fond de paysage singularisé, bien différent d'un milieu anonyme. On sait qu'il y a une soixantaine d'années Jackschath a fait remarquer, pour la première fois, que les paysa-ges dessinés à l'arrière-plan des planches de la myologie forment une suite continue, et qu'Harvey Cushing a identifié ce paysage dans la région padouane. Or les thermes en ruines, les ponts, les tours, les clochers, les palais à l'horizon composent ici un envi-ronnement d'œuvres humaines. L'homme de Vésale vit dans un monde humanisé qui lui renvoie les marques de son activité. Il est l'homme de l'énergie et du travail, l'homme de la mise en valeur et de la transformation de la nature, l'ingénieur de la Renaissance à la recherche des lois du mouvement et de l'utilisation des forces mouvantes. Certes Singer a eu raison de dire que Vésale, comme Galien, considère l'homme plutôt dans sa destination que dans son origine. Mais, sous ce rapport aussi, la différence doit être maintenue. L'homme de Galien tient sa spécificité de sa raison, art de tous les arts, et de sa main, instrument de tous les instruments, mais cet art et ces instruments ne peuvent qu'imiter la nature. La fonction éminente de l'homme est la contemplation, imitation de l'ordre universel.

Tout autre est l'homme de Vésale, puisque tout autre est Vésale. Etre son propre démonstrateur d'anatomie, élever sa main à la dignité d'un instrument d'enseignement et même d'un instrument de connaissance (faut-il rappeler l'exhortation aux étudiants de Bologne en 1540 : « Tangatis vos ipsi vestris manibus et his » credite ? »), introduire dans un traité d'anatomie la description minutieuse des instruments et des techniques de dissection et de vivisection, n'est-ce pas concevoir la connaissance comme une opération et non plus comme une contemplation, effacer la frontière de dignité qui séparait la théorie de la pratique ? Voudra-t-on dire que Galien ne se privait pas de pratiquer dissections et vivisections animales ? Qui ne le sait ? Mais une chose est de travailler à connaître et autre chose de considérer la connaissance comme un travail.

Gardons-nous toutefois de reproduire une fois de plus le cliché assez usagé selon lequel la Renaissance scientifique, et celle de l'anatomie en particulier, ont consisté à substituer l'observation à l'autorité des maîtres et l'expérience au raisonnement. Dire que la connaissance anatomique est rendue opérative par Vésale, ce n'est pas en faire un empirique. Ce serait oublier le passage de la Lettre-préface où il rend justice à ces médecins, moins bornés que les philosophes aristotéliciens, quoique également troublés par la mise en lumière d'une erreur de Galien, et qui finissent par se rendre aux constats de l'inspection anatomique. Conduits par l'amour de la vérité, ils finissent par accorder moins de crédit aux écrits de Galien qu'à leurs yeux et à des raisonnements non inefficaces (« suisque oculis ac rationibus non ineffi- » cacibus »). Un raisonnement non inefficace, c'est-à-dire qui aboutit à quelque effet, c'est une expérimentation génératrice de son phénomène de contrôle. Finalement, le frontispice de la *Fabrica*, si l'on y voit seulement ce qu'il montre à l'évidence,

nous paraît aussi précieux que si l'on n'y voit que symboles à
déchiffrer ou personnages à identifier. Ce qui est manifeste ici,
c'est l'identification en un seul homme des trois personnages
dans les anciennes Leçons d'anatomie : *magister, demonstrator,
ostentor;* c'est la transformation du concept traditionnel de
science par la subordination de l'explication à la preuve, de
l'intelligible au vérifiable. Certes Vésale n'a pas le monopole d'une
originalité que d'aucuns même lui disputent, comme il en va
parfois quand trop d'érudition étouffe l'admiration. Nous savons
bien aujourd'hui tout ce que la Renaissance de l'anatomie aurait
pu devoir à Léonard de Vinci. Mais nous avons affaire à l'histoire,
qui n'est pas l'uchronie. En 1543, l'homme qui vint au monde dans
le monde de Copernic, ce fut l'homme de Vésale.

Parce que le monde de Copernic commence à peine en 1543
de briller aux yeux de l'intelligence, l'homme de Vésale peut
encore ignorer que sa nature de tout organique, distinct du monde
quoiqu'accordé à lui, est sur le point d'être mise en question. Elle
le sera effectivement le jour où le Cosmos antique et médiéval,
habitat de l'homme centré sur l'homme et comme fait pour lui,
fera place à l'univers dont le centre est partout et la circonfé-
rence nulle part. A partir du moment où la mécanique galiléenne
et cartésienne sera donnée pour le modèle d'une science universelle dans son objet et homogène dans sa méthode, abolissant
toute différence ontologique entre les choses du ciel et celles
de la terre, entre les choses inertes et les êtres vivants, alors
pourra se poser la question de savoir si, en 1543, la renaissance
de la biologie humaine s'est opérée dans le même sens que la
révolution astronomique. Cette biologie a-t-elle été fidèle, à travers
son histoire jusqu'à nos jours, à la leçon de Vésale, comme l'astronomie a prolongé et enrichi l'enseignement de Copernic ? Convenons que les arguments sont très forts à l'appui d'une réponse
négative. Depuis le début du XVIIe siècle, en effet, le développement
des méthodes et les acquisitions les moins contestées de l'anatomie et de la physiologie semblent plus directement inspirés par
l'esprit de Copernic que par celui de Vésale, dans le domaine
même de Vésale. A l'exemple d'une cosmologie devenue positive
en renonçant au Cosmos, l'anthropologie tendait, pour devenir
positive elle aussi, à rejeter tout anthropomorphisme dans l'étude
de l'homme. C'est ainsi que les organismes en général, et celui de
l'homme aussi bien, ont été progressivement décrits et expliqués,
dans leur structure et leurs fonctions, comme des points de
convergence de forces physiques, comme des concrétions du

milieu, et finalement comme des êtres ne vivant d'autre vie que celle que leur impose l'environnement matériel. La biologie s'est efforcée, en conséquence, de se donner un vocabulaire tel que l'on puisse parler des vivants sans parler de la vie, sans faire appel à d'autres langues que celles du physicien ou du chimiste. En bref, la totalité organique s'est dissoute dans un univers obtenu par la décentration, l'ouverture et l'éclatement du Cosmos. La déshumanisation de la représentation que l'homme se faisait de lui-même s'est achevée quand Darwin, assignant à l'homme une ascendance animale, est venu donner un sens positif à la formule de Buffon : « Sans les animaux, la nature de l'homme serait » incompréhensible ». Ainsi, à la lumière de l'histoire, on pourrait vouloir conclure qu'il y avait, en 1543, un retard de l'anthropologie sur la cosmologie, autrement dit que, dans un tout jeune univers, l'homme de Vésale restait un vieil homme.

A cette conclusion, parfois formulée, il est possible de s'opposer à partir de deux positions très différentes. D'une part, on pourrait prétendre que l'idée de l'homme que nous avons tenté de dégager de la *Fabrica* est trop romantique pour être exacte, qu'il faut prendre à la lettre le terme de Fabrica, et qu'en exhibant les pièces de la construction de l'homme, Vésale est l'initiateur indiscutable des méthodes et des progrès d'une anthropologie devenue positive en utilisant toujours mieux les méthodes de décomposition et d'analyse des stuctures et des fonctions. A quoi nous opposerions, à notre tour, le rappel de nos hésitations initiales à souscrire à une idée elle aussi trop romantique, selon laquelle un commencement, dans l'histoire d'une science, est une sorte de germe organique contenant en puissance tout le développement ultérieur. C'est donc pour une autre raison que nous tentons de défendre, quatre cents ans après la mort de Vésale, cette idée de l'homme publiée en 1543. Ce retard qui consisterait dans la fidélité de Vésale au concept de totalité organique humaine, au moment même où le concept de totalité cosmique commence à tomber en désuétude, ce retard apparent ne pourrait-il pas au contraire être interprété comme un rappel de la situation fondamentale de l'homme en tant qu'il est ce vivant où le rapport du vivant à la vie parvient, même si c'est confusément ou malaisément, à la conscience de soi ? En ce sens, l'idée de l'homme conçue et illustrée par Vésale serait, loin d'être en retard sur son temps, en avance sur tous les temps, c'est-à-dire essentielle à l'homme de tout temps. Est-ce une idée dont la puissance pourrait s'éteindre que celle de l'homme s'éprouvant du dedans comme participant actif de ce mouvement

universel d'organisation, c'est-à-dire de retardement à la croissance de l'entropie, qu'il faut, bon gré mal gré, continuer d'appeler
la vie ? Ne nous excusons pas de voir dans la *Fabrica* de Vésale
bien plus qu'un document capital pour l'histoire de la médecine,
un monument de notre culture. Tout comme les Esclaves de
Michel-Ange, mort lui aussi il y a quatre cents ans, les squelettes
et les écorchés de la *Fabrica* se dessinent en filigrane dans l'image
à la fois nostalgique et prophétique que l'homme continue à
former de lui-même, même quand il ne lui est plus possible de
croire, ce que pensait Vésale, qu'il soit l'œuvre la plus parfaite
du « Summus rerum Opifex », même quand il lui faut suivre sa
raison dans les espaces d'un univers sans amarres.

Dans son mémorable ouvrage sur *La Civilisation de la Renaissance en Italie*, Jacob Burckhardt cite un très beau texte de Pic
de La Mirandole, extrait du *Discours sur la dignité de l'Homme*
(écrit en 1489). Le Créateur dit au premier homme : « Je t'ai placé
» au milieu du monde afin que tu puisses plus facilement prome-
» ner tes regards autour de toi et mieux voir ce qu'il renferme. En
» faisant de toi un être qui n'est ni céleste ni terrestre, ni mortel
» ni immortel, j'ai voulu te donner le pouvoir de te former et de te
» vaincre toi-même; tu peux descendre jusqu'au niveau de la bête
» et tu peux t'élever jusqu'à devenir un être divin. En venant au
» monde, les animaux ont reçu tout ce qu'il leur faut, et les esprits
» d'un ordre supérieur sont dès le principe, ou du moins bientôt
» après leur formation, ce qu'ils doivent être et rester dans l'éter-
» nité. Toi seul tu peux grandir et te développer comme tu le veux,
» tu as en toi les germes de la vie sous toutes les formes ».
Si notre connaissance du Monde de Copernic nous interdit aujour-
d'hui de souscrire à ce qui dans ce texte concerne la situation de
l'homme dans l'univers, que notre admiration pour l'Homme de
Vésale nous aide à fortifier la certitude, ici exprimée, que l'homme
possède en lui « les germes de la vie sous toutes les formes ».

GALILÉE :
LA SIGNIFICATION DE L'ŒUVRE
ET LA LEÇON DE L'HOMME *

L'année 1964 suffit à peine aux commémorations que lui propose une exceptionnelle conjonction, il y a quatre cents ans, de décès et de naissances illustres, en un temps auquel notre temps doit se reporter s'il tient à se comprendre. En 1564 sont morts Michel-Ange, Vésale et Calvin, sont nés Galilée et Shakespeare.

De ces personnages illustres une commémoration actuelle ne peut pas éclairer les mêmes traits, ne peut pas ressusciter la même présence. Pour ne prendre que Shakespeare et Galilée, quelle différence dans ce que les ombres du passé dissimulent à notre regard ! Du premier nous tenons une œuvre dont nous disputons encore pour savoir si elle doit bien lui être attribuée. Il est possible que Shakespeare auteur dramatique soit plus qu'un seul homme. Certains de nos contemporains pensent en savoir plus long sur Hamlet ou sur Othello que sur l'inventeur de leur personnage. Au contraire, de Galileo Galilei, né à Pise, fils de Vincenzo Galilei, nous avons la certitude que l'homme et l'œuvre ne font qu'un, la preuve en est dans le procès qu'on fit à l'homme en raison de l'œuvre. Quand un tribunal obtient l'aveu d'un homme et le condamne, c'est toute une société qui lui donne le plus puissant et redoutable témoignage qu'il puisse souhaiter de son existence séparée, donc de sa réalité d'individu. Condamné comme hétérodoxe, Galilée a été consacré comme individu. Indi-

* Allocution pour le quatrième Centenaire de la naissance de Galilée, le 3 juin 1964, à l'*Institut Italien*, 50, rue de Varenne, Paris. Première publication dans les *Archives internationales d'Histoire des Sciences*, XVII, 68-69, juillet-décembre 1964.

vidu symbolique : trop, peut-être. Il ne semble pas contestable, aujourd'hui, que l'affaire Galilée a longtemps contribué à surdéterminer les jugements portés sur le contenu et la signification de l'œuvre.

Mais ces hommes, comme d'ailleurs tous ceux qui naquirent en 1564, ont pour nous ce trait commun d'être venus au monde sous le même ciel, perçu et conçu par tous les hommes d'alors comme une voûte réelle, d'avoir été humanisés par une culture commune à ceux, bien rares, qui pensent comme Copernic et depuis 1543 que la terre tourne autour du soleil, et à ceux, presque tous, qui pensent, comme Aristote, que la terre est fixe au centre du monde. Ils s'accordent à célébrer l'Harmonie comme la loi des cieux. On dirait que le Dieu de la Genèse a inscrit dans le firmament un texte de cosmologie musicale dont les Pythagoriciens ont réussi à découvrir le chiffre et à transmettre la leçon. Cette vision du monde au moment où Galilée vient au monde, sur cette terre d'Italie que les peintres florentins et vénitiens disposent sur leurs tableaux selon les proportions musicales, demandons précisément à Shakespeare de nous la rappeler.

Dans le *Marchand de Venise*, Lorenzo dit à Jessica : « Assieds-» toi Jessica. Vois comme la voûte du ciel est partout incrustée » de disques d'or lumineux. De tous les globes que tu contemples, » il n'est pas jusqu'au plus petit qui, dans son mouvement, ne » chante comme un ange, en perpétuel accord avec les chérubins » aux yeux éclatants de jeunesse ! Une semblable harmonie existe » dans les âmes immortelles; mais tant que cette argile périssable » la couvre de son vêtement grossier nous ne pouvons l'entendre ».

De telles paroles nous touchent encore certes, mais, convenons-en, elles ne nous disent plus rien. Et si elles ne nous disent plus rien, c'est parce que, un jour, elles ont cessé de dire quelque chose à Galilée, parce que un jour le langage et le calcul d'Archimède lui ont rendu étrangers le langage et le calcul des Pythagoriciens. Soyons assurés pourtant que de telles paroles étaient parlantes pour le père de Galilée, Vincenzio, instrumentiste et théoricien de la musique, comme elles l'avaient été pour tous ses ancêtres Bonaiuti, de bonne noblesse florentine.

C'est pourquoi le premier devoir de notre commémoration doit être aujourd'hui un devoir d'oubli. Pour bien saisir le sens et mesurer l'importance de l'œuvre scientifique de Galilée il faut tenter de se faire une âme non pas naïve, mais savante d'un savoir pour nous dépassé, déposé, aboli, dans l'oubli volontaire — et d'ailleurs presque impossible — de ce qui, maintenant, nous paraît avoir été su de toujours, par le retour systématique à une façon de penser le monde que l'histoire de la pensée a rendue historique, c'est-à-dire subjective bien que collective. Il faut se mettre dans la situation d'hommes tels qu'ils dussent considérer comme erreur et folie, dissidence et impiété, ce que l'homme moderne sait par une tradition que soutient le progrès des preuves, par une familiarité de culture que soutient la domestication progressive de la nature.

Un homme instruit, même médiocrement, à l'époque prégaliléenne, a l'habitude de voir le monde à travers le savoir d'Aristote incorporé à la théologie catholique. Il se représente le mouvement d'un mobile comme déterminé, non par le point et l'instant du départ et par la vitesse mais par le terme et le lieu d'arrivée vers quoi le dirige une sorte d'appétit. Il voit dans le mouvement des choses terrestres une sorte de maladie passagère qui les écarte de leur état physiologique, le repos. Il pense que la terre et les cieux s'opposent, quant aux règles de leur arrangement, aussi totalement que le font ce qui est corruptible et périssable, et ce qui est incorruptible et immuable. Il tient que le mouvement des sphères donne la clé de tous les autres. Cette opposition de la terre et des cieux entraîne cette conséquence que des concepts tels que ceux de mécanique céleste et de physique céleste, auxquels s'attachent pour nous les noms de Newton et de Laplace, sont impensables, absurdes.

Un homme instruit de cette époque tient la totalité des êtres pour le Cosmos, c'est-à-dire un ordre où chaque être a une qualité qui le situe naturellement dans une hiérarchie, l'analogue d'un organisme dont les parties sont solidaires, faites les unes pour les autres, un tout par conséquent achevé, fini, fermé sur soi.

La place de l'homme dans un tel Cosmos est centrale. Il occupe le sommet de la hiérarchie des vivants parce que sa raison, miroir de l'ordre, lui procure la contemplation du tout. Il connaît le monde en même temps qu'il connaît comment tout dans le monde a rapport à lui.

Cette connaissance spéculative du monde n'a que faire d'accessoires mécaniques, d'objets techniques à usage théorique, c'est-à-dire d'instruments. Le Moyen Age n'a pas connu d'autre instrument que l'astrolabe qui est, en miniature, une projection du ciel. Les lentilles et même les loupes n'ont jusqu'alors servi qu'à corriger la vue, et non à l'aiguiser ou à l'étendre. La balance est un instrument d'orfèvre ou de banquier, et nul n'a l'idée que peser puisse préparer à connaître. D'une façon générale la vie des hommes n'est pas une matière à calcul. La mesure du temps par les horloges à poids et quelques rares montres d'horloge, l'art de donner l'heure, concerne davantage la vie religieuse que la vie pratique et la vie scientifique.

Avant même la naissance de Galilée quelques-unes de ces évidences ont été ébranlées par la cosmologie héliocentrique de Copernic. Avant sa quinzième année, des observations et des calculs de Tycho-Brahe ont bousculé d'autres certitudes. En 1552, Tycho a observé une étoile nouvelle, apparue dans les parages de Cassiopée; en 1577 il a calculé la distance d'une grande comète à la terre et il a situé la comète dans la sphère de Vénus. Donc, le firmament ne serait pas un domaine ontologique étranger à la nouveauté, et dans le monde parfait des sphères, il y aurait place pour des corps dont le mouvement n'est pas circulaire.

Il ne peut pas être question ici de refaire l'histoire des travaux et recherches de Galilée. Il faut nécessairement supposer connus bien des textes et des dates, et faire crédit à notre résumé de ce qu'il contient sans l'exhiber. Les recherches de Galilée se sont orientées et ordonnées à partir de problèmes et de concepts précis, hérités d'un passé lointain ou récent, dans deux domaines compatibles mais d'abord séparés et entre lesquels une tentative de jonction systématique n'a été faite qu'assez tard. Il s'agit d'une part de l'étude abstraite des conditions de possibilité du mouvement, d'autre part de la cosmologie. Qu'il y ait initialement indépendance de deux domaines c'est ce que des travaux actuellement en cours [1] pensent pouvoir conclure de deux faits : 1° il n'y a pas chez Galilée de mécanique céleste à proprement parler; c'est Newton et non Galilée qui a fondé mécaniquement l'astronomie képlérienne; 2° les méthodes suivies dans les deux domaines d'étude sont différentes : la recherche des principes d'une nouvelle cosmologie procède par expériences de pensée, c'est-à-dire par décomposition et recomposition de situations idéales; la mécanique rationnelle se constitue par position *a priori* de principes dont la validation est recherchée par deux voies, démonstration mathématique d'abord, confirmation expérimentale ensuite.

A Pise, à Padoue, dans des postes universitaires sans éclat, Galilée s'applique à égaler un modèle très admiré de lui, « le divin Archimède ».

Ce seul projet suffit à le situer à l'écart de la philosophie et de la physique de son époque, puisqu'il implique, contrairement à l'opinion des aristotéliciens, que la mathématique peut être une

---

1. Maintenant achevée, l'étude de M. Clavelin va être publiée sous le titre *La philosophie naturelle de Galilée*, Paris, A. Colin, 1968.

clé pour la connaissance de la nature. Sans avoir connu sa nuit
d'enthousiasme, Galilée forme, avant Descartes, le même projet
que Descartes.

En 1604, Galilée est en possession de la loi que tous les écoliers
d'aujourd'hui désignent de son nom, la loi qui lie la durée de chute
d'un corps à l'espace parcouru, la première loi de physique mathématique. Cette loi qui est pour nous le fondement de la dynamique, Galilée ne la publie pas : il la communique à quelques
amis, et notamment à Paolo Sarpi, dans une lettre. Nous n'examinons pas pourquoi et comment Galilée s'est efforcé de déduire une
relation vraie d'un principe qui ne pouvait pas l'impliquer. Dans
la première de ses *Etudes galiléennes*, Alexandre Koyré a traité
cette question de façon décisive. Nous n'examinons pas davantage
en quoi et jusqu'où Galilée est d'abord tributaire en ses recherches
de dynamique de la théorie de l'*impetus* proposée par les nominalistes parisiens du XIVe siècle (Jean Buridan, Albert de Saxe,
Oresme), admise par Léonard de Vinci, Cardan, Benedetti et Tar-
taglia. Il paraît bien que, sur ce point, Pierre Duhem, le savant
auteur des *Etudes sur Léonard de Vinci* et du *Système du Monde*,
dans son souci légitime de réhabiliter la science médiévale, a
grossi la dette de Galilée envers ses prédécesseurs. Nous devons
seulement souligner la nouveauté radicale, révolutionnaire, du
concept que Galilée introduit en physique : le mouvement est
un état des choses qui se conserve indéfiniment. Par là même,
il n'y a pas à chercher des causes au mouvement, mais seulement
des causes de la variation du mouvement d'un corps. Voilà découvert et défini par Galilée *le premier invariant scientifique d'expression mathématique*.

Ce n'est pourtant pas par cette loi que Galilée se révèle à ses
contemporains dans sa singularité suspecte. La plupart des historiens sont d'accord. Jusqu'à sa 45e année, Galilée est connu comme
l'un des Ingénieurs et Mécaniciens de l'époque, habile en gnomo-
nique, en fortification, en hydraulique, et fort apprécié, comme tel,
par le Sénat de la République de Venise. Mais, en 1610, il publie
le *Sidereus Nuncius*, le Messager sidéral. Ce message des étoiles,
capté et publié par Galilée tient en quelques mots : Aristote s'est
trompé, Copernic a raison.

Il y avait longtemps que Galilée pensait que Copernic avait
raison, et il y avait au moins treize ans qu'il l'avait écrit à Kepler,
mais avant de se prononcer publiquement il voulait apporter à
l'appui de l'héliocentrisme des preuves physiques et non seulement mathématiques, entendons par là optiques et cinématiques.

Ces preuves, le *Sidereus Nuncius* les obtenait de l'utilisation spéculative d'un appareil d'optique, le *perspicillum*, la lunette grossis-
sante. L'invention du télescope, au sens technique, a des origines
disputées. Mais l'invention de l'usage théorique de l'invention
technique appartient à Galilée.

Voilà donc *le premier instrument de connaissance scientifique.*
Et il est important de noter que Galilée a inventé l'usage scientifique de la lunette dans sa double application à la grandeur astronomique et à la petitesse biologique. Le goût de Michelet pour les
symétries symboliques l'a conduit, dans son livre sur l'*Insecte*, à
comparer Swammerdam à Galilée : « Personne n'ignore qu'en
» 1610, Galilée, ayant reçu de Hollande le verre grossissant,
» construisit le télescope, le braqua et vit le ciel. Mais on sait
» moins communément que Swammerdam s'emparant avec génie
» du microscope ébauché, le tourna en bas et le premier entrevit
» l'infini vivant, le monde des atomes animés. Ils se succèdent.
» A l'époque où meurt le grand Italien, naît ce Hollandais,
» le Galilée de l'infiniment petit ». N'en déplaise à Michelet,
le Galilée de l'infiniment petit ce fut d'abord Galileo Galilei
lui-même.

Quels sont les arguments physiques que l'œil de Galilée, appliqué à la lunette, a découverts dans les cieux ? Essentiellement
deux. D'abord la découverte des satellites de Jupiter. Donnons la
parole à Galilée; après avoir justifié par la persistance des relations de distance l'affirmation que les étoiles observées accomplis-
sent avec Jupiter une révolution autour du centre du monde, il
ajoute : « Les faits sont de nature à dissiper les scrupules de
» ceux qui, tolérant dans le système de Copernic le mouvement
» des planètes autour du soleil, se troublent à l'idée du mouve-
» ment d'une Lune autour de la Terre pendant le cours d'un
» mouvement commun des deux astres autour du Soleil, au point
» de considérer comme impossible la constitution que ce système
» attribue à l'Univers ». Le deuxième argument c'est le fait que
le télescope n'augmente pas la grandeur des étoiles fixes autant
qu'il le fait des autres objets. Dans ces conditions, la réduction
du diamètre visible fait tomber une objection de Tycho-Brahé
à l'héliocentrisme copernicien : il n'est plus nécessaire de supposer aux étoiles fixes une grandeur incomparable à celle du système
solaire.

Par contre, ce que le télescope réduit en grandeur, il le multiplie en nombre. Les constellations s'enrichissent. La voie lactée
et les nébuleuses se révèlent des amas d'étoiles innombrables. Qui

croirait désormais que ces étoiles inaccessibles au regard humain n'ont été créées que pour l'homme ? Ne retenons ici que ces nouvelles d'un nouveau monde, négligeons tout ce que l'observation de la lune apporte de poids à l'assimilation de la terre à une Lune, c'est-à-dire à un satellite. Et demandons-nous pourquoi ces arguments physiques, bons ou mauvais, sont appelés par Galilée à supporter *la vraie première révolution de pensée qui puisse être dite scientifique* ?

Sans doute, c'est bien en 1543 le *De Revolutionibus orbium cœlestium* qui annonce la fin de l'ère du Cosmos, du monde fini, ère qui comprend, comme l'a montré Alexandre Koyré, l'antiquité et le Moyen Age. Fin du monde fini, fin du règne de la terre maternelle à l'homme, roc de stabilité et de sécurité, repère pour tous les lieux et refuge après tous les écarts.

Oui, c'est 1543 qui annonce, mais c'est 1610 et 1613 (Lettres sur les Taches du Soleil) qui proclament « le grand système coper-» nicien, doctrine dont la révélation universelle s'annonce à pré-» sent par des brises favorables qui laissent peu à redouter des » nuages ou des vents contraires ». Pourquoi Copernic aux Enfers doit-il attendre Galilée pour savoir qu'il a non seulement le droit mais le devoir d'être copernicien ?

La cosmologie du Moyen Age composait la physique d'Aristote et l'astronomie mathématique de Ptolémée qui s'en écartait en fait et en projet. En fait, parce que dans la *Composition mathématique* ou *Almageste* les mouvements des planètes sont décrits par une combinaison d'épicycles et d'excentriques, c'est-à-dire de cercles ayant leur centre sur des cercles dont le centre ne coïncide pas avec la terre. En projet parce que cette astronomie mathématique repose sur des hypothèses, c'est-à-dire des suppositions de mouvements circulaires uniformes dont la combinaison peut se compliquer de façon à sauver les apparences, c'est-à-dire à coïncider avec l'observation des phénomènes. Au contraire l'astronomie physique, dont le modèle initial est le *De Cœlo* aristotélicien, exige que les hypothèses soient en accord avec l'essence des choses. Des hypothèses différentes, même si elles expliquent semblablement les mêmes apparences, ne sauraient être équivalentes, puisqu'une seule d'entre elles a un fondement dans la nature. Quand on admet que le mouvement est déterminé absolument par le lieu naturel du mobile, que le repos est absolu, que le haut et le bas sont absolus, on pense que l'accord des principes de la connaissance avec les choses est dicté par les choses elles-mêmes.

Ptolémée n'était pas aristotélicien, il était mathématicien : la norme du choix de ses hypothèses, c'était la simplicité de la description des apparences. C'est pour être, sur ce dernier point, plus potléméen que Ptolémée lui-même que Copernic a abandonné le géocentrisme aristotélicien, duquel jusqu'alors l'astronomie mathématique s'était accommodée tant bien que mal. Mais, en même temps, Copernic ne donnait pas sa théorie pour une hypothèse mathématique mais pour une thèse conforme aux principes de la physique, aux principes de la physique d'Aristote, il est vrai. Or, le *De Revolutionibus* a été publié, Copernic étant à la veille de sa mort, par Osiander, auteur d'une Préface destinée à atténuer l'effet produit sur les philosophes et les théologiens par une doctrine qui avançait l'héliocentrisme non comme une fiction mais comme la réalité. Cette Préface présentait le *De Revolutionibus* comme un hypothèse de mathématicien. Kepler a toujours protesté contre cette interprétation et Galilée a approuvé Kepler dans une lettre de 1597.

En fait, la catholicité ne s'est pas d'abord alarmée du traité de Copernic. Le Concile de Trente n'a pas eu un mot contre l'héliocentrisme. Bien des amis ecclésiastiques de Copernic et beaucoup d'astronomes jésuites ont adhéré à l'héliocentrisme comme hypothèse mathématique fondée sur la relativité optique du mouvement. Au moment même de la première condamnation de 1616, le Cardinal Bellarmin a reconnu que l'hypothèse de Copernic « sauve » encore mieux les apparences que les excentriques ou les épicy- » cles », sous réserve bien entendu de ne pas affirmer que « le » Soleil, en absolue vérité, est au centre de l'Univers et tourne » seulement sur son axe ». Si quelqu'un a crié au scandale et au sacrilège, avant même la publication du *De Revolutionibus*, c'est Luther : « Cet imbécile, dit-il de Copernic, veut mettre tout » l'art d'astronomie à l'envers ».

Ce rappel de conceptions et de positions était indispensable pour l'intelligence de l'attitude de Galilée et l'appréciation objective des conditions dans lesquelles sont intervenus l'avertissement de 1616 et la condamnation de 1633.

Galilée a refusé l'interprétation de Copernic par Osiander, celle dont s'accommodaient les philosophes aristotéliciens et les théologiens catholiques. Fidèle à Copernic, il s'est fixé pour mission d'établir que l'héliocentrisme est vrai d'une vérité physique. Mais son génie propre est d'avoir aperçu que la nouvelle théorie du mouvement, la dynamique galiléenne, fournissait un modèle des vérités physiques encore à promouvoir, vérités qui fonderaient l'astronomie copernicienne comme réfutation radicale et intégrale de la physique et de la philosophie aristotéliciennes. C'est en poursuivant cette mission que Galilée a contraint l'Eglise à condamner Copernic en sa personne (en 1616 et en 1633).

Nous n'allons pas refaire l'histoire des circonstances dans lesquelles le Saint-Office a fait une première fois défense à Galilée de confesser la vérité selon Copernic et une deuxième fois lui a imposé l'abjuration de l'héliocentrisme. Le remarquable ouvrage publié, il y une dizaine d'années, par Giorgio de Santillana, paraît faire sur cette question toute la lumière compatible avec l'état actuel de l'information. Nous voulons, quels qu'aient été les mobiles et les raisons des adversaires, comprendre les mobiles et les raisons de notre protagoniste.

Nous concédons à ceux qui l'ont relevé que les arguments *physiques* de Galilée, soit à l'époque du *Sidereus Nuncius*, soit plus tard dans les *Lettres sur le mouvement des marées* ou dans le *Dialogue sur les deux principaux systèmes du monde* qui mit, en 1632, réellement le feu aux poudres pontificales, n'avaient pas la valeur probatoire qu'il leur attribuait, qu'en particulier Galilée n'arrivait pas à apporter la preuve demandée par Tycho-Brahe à l'appui du mouvement terrestre : la déviation vers l'ouest d'un corps tombant en chute libre. A ce sujet et pour l'ensemble de l'œuvre, aussi bien pour la mécanique que pour la cosmologie, Alexandre Koyré a fait une mise au point dont la netteté, venant d'un esprit aussi nuancé que rigoureux, doit donner à réfléchir. Si l'on entend par expérience, l'expérience usuelle, pragmatique, la physique aristotélicienne s'accorde mieux à l'expérience que la physique galiléenne; si l'on entend par expérience l'expérimentation instituée en fonction d'une explication hypothétique, aucune des expériences de Galilée (et on sait aujourd'hui qu'il en a fait beaucoup moins qu'on ne lui en prêtait quand on faisait son portrait en prenant Bacon pour modèle) n'a réussi à confirmer les anticipations du calcul, aucune n'a réussi à convaincre des savants pourtant aussi peu aristotéliciens que lui. Il est bien vrai que dans la deuxième moitié du XVIIe siècle le système de Copernic était loin de réaliser l'unanimité. D'une part, il n'était pas tenu pour beaucoup plus simple que celui de Ptolémée, on assure même qu'il comporte en fait 8 épicycles de plus (48 contre 40); d'autre part la preuve physique qui devait l'imposer, la mesure des parallaxes des étoiles fixes, preuve que Kepler n'avait pas pu donner, faute d'instruments astronomiques, et qu'il avait suggéré à Galilée de rechercher, cette preuve n'a été fournie partiellement par

Bradley qu'en 1728 et ne l'a été complètement qu'au XIXᵉ siècle. Pascal n'était pas un ami des Jésuites, à la face desquels *la XVIIIᵉ Provinciale* jette la condamnation de Galilée :

> « Ce fut aussi en vain que vous obtintes contre Galilée ce décret
> » de Rome qui condamnait son opinion touchant le mouvement
> » de la terre. Ce ne sera pas cela qui prouvera qu'elle demeure
> » au repos; et si l'on avait des observations constantes qui prou-
> » vassent que c'est elle qui tourne, tous les hommes ensemble
> » ne l'empêcheraient pas de tourner et ne s'empêcheraient pas
> » de tourner avec elle. »

Pascal parle au conditionnel : *si l'on avait* des observations constantes. N'est-ce pas lui qui a écrit en 1647 au Père Noël :

> « Tous les phénomènes des mouvements et rétrogradations des
> » planètes s'ensuivent parfaitement des hypothèses de Ptolémée,
> » de Tycho, de Copernic et de beaucoup d'autres qu'on peut faire,
> » de toutes lesquelles une seule peut être véritable.
> » Mais qui osera faire un si grand discernement, et qui pourra,
> » sans danger d'erreur, soutenir l'une au préjudice des autres..? »

Qui s'étonnerait dès lors de la célèbre *Pensée* 218 (de l'éd. Brunschvicg) :

> « Je trouve bon qu'on n'approfondisse pas l'opinion de Coper-
> » nic. »

Et pourtant, dirons-nous avec Alexandre Koyré, c'est Galilée qui est dans le vrai.

Etre dans le vrai, cela ne signifie pas dire toujours vrai. Et c'est ici que la leçon de l'homme va venir éclairer la signification de l'œuvre.

Du fait que l'Eglise romaine attendit 73 ans avant de condamner en 1616 l'héliocentrisme, du fait que la deuxième condamnation de 1633 n'obligeait pas la plupart des souverains d'Europe (dont le roi de France) à en interdire la diffusion, que beaucoup de religieux ont pu se dire sans dommage convaincus par les théories de Galilée, plusieurs historiens des sciences ont tenté de présenter l'affaire Galilée comme un accident que l'Eglise avait tout fait pour éviter et qu'un homme moins orgueilleux, moins obstiné et mois agité que Galilée aurait pu épargner à lui-même, à la chrétienté et à l'histoire. Une certaine philosophie des sciences d'inspiration pragmatiste a renforcé sur ce point l'indulgence toute naturelle des historiens catholiques à l'égard des décisions de l'Eglise. Etant donné que l'hypothèse héliocentrique était chez Copernic et restait chez Galilée une hypothèse de cinématique, Henri Poincaré écrivait en 1906 dans la *Science et l'Hypothèse* :

« Ces deux propositions : « la terre tourne » et : « il est plus » commode de supposer que la terre tourne » ont un seul et » même sens; il n'y a rien de plus dans l'une que dans l'autre. »

On pourrait donc renvoyer dos à dos Galilée et le Cardinal Bellarmin. Le curieux c'est que, pour des raisons de même nature, dans un ouvrage publié en 1958 et traduit en français en 1960 sous le titre *Les Somnambules*, M. Arthur Kœstler tente d'établir que, privé d'arguments physiques valables, Galilée a engagé dans la bataille pro-copernicienne non pas sa science mais son prestige social :

« Il avait dit que Copernic avait raison et quiconque serait » d'un autre avis ferait injure à l'autorité du plus grand savant » de l'époque. Voilà ce qui, essentiellement, poussait Galilée à » se battre, on s'en apercevra de mieux en mieux. Ses adversaires » n'en sont pas excusés pour autant; mais le fait a son importance » quand on se demande si le conflit était historiquement inévi- » table » (p. 420).

L'auteur d'*Un Testament espagnol* et du *Zéro et l'Infini*, qui a pourtant fait l'expérience et la théorie des dissidences idéologiques et de leurs conséquences, raisonne, tout au long d'un ouvrage — non sans intérêt, même historique d'ailleurs — comme Pierre Duhem, historien de la science défenseur de la foi :

« La logique était du côté d'Osiander et de Bellarmin, non pas » du côté de Kepler et de Galilée. Les premiers seuls avaient » compris toute la portée de la méthode expérimentale. »

A la rigueur, une interprétation pragmatiste et nominaliste des théories scientifiques pouvait se soutenir avant la physique d'Einstein et de Planck. M. Kœstler semble ignorer qu'il jouit, au milieu du XXe siècle, de moins de latitude que Pierre Duhem.

En acceptant le compromis qui consistait à tenir l'héliocentrisme pour une hypothèse sans danger pour l'Ecriture, pour la réputation de Josué et pour les dogmes, Galilée, pense M. Kœstler, aurait avoué ne posséder aucune preuve et se serait ridiculisé ! D'où son obstination.

M. Kœstler, après bien d'autres, ne s'est pas rendu compte que ce qui constituait pour Galilée la *preuve* était bien au-delà des quelques observations qu'il avait pu apporter, et d'ailleurs bien au-delà de celles que ses adversaires lui demandaient parce que c'est celles-là qu'ils pouvaient comprendre : des preuves de type aristotélicien, des références absolues, des mouvements naturels, des causes formelles et des qualités. Or, ce n'était pas seulement le Cosmos des païens accordé aux Saintes Ecritures des chrétiens que la science de Galilée faisait éclater, c'était toute la culture et la mentalité que le Cosmos figurait. Galilée était sincère à n'en pas douter quand il se proposait d'arriver à démontrer la compatibilité du vrai selon Copernic et du vrai selon l'Ecriture mais il voyait bien aussi pourquoi il ne pouvait pas être compris :

« Il faudrait démontrer à force de preuves irréfutables, dit-il
» dans une *Lettre à Dini*, qu'elle (la théorie de Copernic) est vraie
» et donc que son contraire ne saurait l'être en aucune façon.
» Mais comment puis-je le faire, et comment tous ces efforts
» ne seraient-ils pas vains, si l'on me ferme la bouche, si ces
» péripatéticiens qu'il s'agit de persuader, se montrent incapables
» de comprendre les raisonnements même les plus simples et
» faciles ? »

On le voit ici, la preuve que Galilée avait conscience de pouvoir apporter, si on le laissait travailler en paix, c'était un avenir de sa science, le développement de la science nouvelle, la convergence de la mathématique, de l'astronomie et de la physique. La preuve c'était la promesse d'égaler aux dimensions de l'univers la puissance du calcul qui avait permis d'énoncer la première loi de physique mathématique. Le tragique de la situation de Galilée c'est que, resté plus aristotélicien qu'il ne l'eût cru, il ne s'était pas aperçu que Kepler lui fournissait des arguments de même type et de même valeur en astronomie que ceux qu'il estimait lui-même bons en physique. Kepler lui avait adressé en 1609 l'*Astronomia nova* qui contient les deux premières lois (orbites elliptiques; loi des aires). Mais Galilée restait circulariste en cosmologie, l'ellipse n'était pour lui qu'une anamorphose du cercle. D'ailleurs Kepler, avant Newton, était si obscur pour tous, et d'abord pour lui-même, de son aveu, que le recours à Kepler eût sans doute créé pour Galilée plus d'embarras que de secours.
La seule question que nous ayons à nous poser aujourd'hui me semble être la suivante. Galilée a-t-il eu tort ou raison de

se promettre et de promettre à ses adversaires, sans preuves suffisantes, la preuve que constituent aujourd'hui toutes les preuves,
présumées par lui mais imprévisibles à tous, de son système ?
Galilée a-t-il eu tort ou raison d'être, en conséquence, abrupt,
hautain, intransigeant en présence d'adversaires dont beaucoup
souhaitaient le compromis ?

A cette question je réponds, pour ce qui me concerne, que
Galilée a eu raison. La leçon de l'homme c'est d'avoir subordonné
sa vie à la conscience qu'il avait du sens de son œuvre. En se
faisant fort d'apporter des preuves si on lui en donnait le temps,
Galilée avait conscience par idée claire du pouvoir de sa méthode,
mais il assumait pour lui, dans son existence d'homme, une tâche
infinie de mesure et de coordination d'expériences qui demande
le temps de l'humanité comme sujet infini du savoir. Or, nous
savons aujourd'hui que cette intuition de la fécondité de la physique mathématique était profondément juste. La science de la
nature est progressive, elle allie ce que Galilée a fait surgir à la
dignité de science : les mathématiques et l'instrumentation, elle
crée, par rupture avec son passé, à l'image de la rupture galiléenne, mais successivement renouvelée, un Nouvel Esprit Scientifique. Comment alors trouverions-nous blâmable ou seulement
regrettable que celui qui a institué la science moderne dans son
objectif et sa méthode ait fait montre d'opiniâtreté au point
d'être conduit à l'impasse dans laquelle sa résistance cède ?

On sait assez que c'est au XVIIIe siècle que Galilée est devenu
un symbole. Des historiens y cherchent la raison du sens qu'on a
le plus souvent donné à l'affaire Galilée : la pensé libre persécutée
par l'intolérance. En fait ce n'est pas seulement l'hostilité à la
théologie et au cléricalisme qui sont en cause. Mais c'est aussi
et surtout parce qu'on a alors le recul indispensable pour comprendre que la science de Newton, modèle de toute science à
l'époque, accomplit la science de Galilée. En 1684 les *Principes
mathématiques de la Philosophie naturelle* confirment et justifient
ce qu'avait commencé et préparé l'énoncé en 1604 de la loi du
mouvement accéléré. Au XVIIIe siècle seulement on peut comprendre que la résistance de Galilée, homme, à l'invitation au compromis était l'emblème de la résistance de sa dynamique à la
critique scientifique.

Depuis le XVIIIe siècle l'histoire de l'affaire Galilée a une histoire
fort bien retracée dans l'ouvrage de Santillana. L'optique change
avec le temps et le lieu, c'est-à-dire le camp. En un sens certaines
appréciations sectaires ou partiales ont été justement rectifiées.

En un autre sens, il est inquiétant de constater à quel point les solutions de compromis ont la faveur de certains historiens. Il semble pourtant qu'aujourd'hui, et après quelques affaires récentes où la science et le pouvoir politique sont entrés en conflit çà comme là, on puisse soupçonner toute société de fait de sécréter les conditions de possibilité de situations analogues à celle que vécut douloureusement l'homme dont nous commémorons la naissance. C'est sans doute une raison supplémentaire pour ne pas laisser dénaturer le sens du combat de Galilée, pour ne pas favoriser des exégèses historiques ou épistémologiques qui semblent, aujourd'hui encore, vérifier les paroles amères et lucides de Galilée à la fin de sa vie :

« Il est difficile de pardonner à un homme l'injustice qu'il » a subie. »

FONTENELLE,
PHILOSOPHE ET HISTORIEN DES SCIENCES *

En composant l'*Eloge* de Cassini, Fontenelle écrit de l'illustre astronome qu'il mourut à l'âge de quatre-vingt-sept ans et demi « sans maladie, sans douleur, par la seule nécessité de la vieil- » lesse ». Fontenelle devait retarder, mieux encore que Cassini, l'instant de mourir par la seule nécessité de le faire, n'ayant éprouvé qu'à son dernier moment ce qu'il nomma, aussi profondément que spirituellement, « une difficulté d'être ». Tous ses biographes s'accordent à reconnaître que, né de complexion fragile, il ne connut pourtant aucune maladie considérable, pas même la petite vérole.

Il y aurait sans doute de l'excès à attribuer au zèle cartésien de Fontenelle la rare fortune qui nous permet de célébrer en même temps, à un mois près, le troisième centenaire de sa naissance et le deuxième centenaire de sa mort. Toujours est-il qu'en donnant cet exemple de longévité, l'auteur de *La Pluralité des Mondes* et de *La Théorie des Tourbillons cartésiens* réalisait, sans l'avoir voulu, un rêve tenace et profond de l'auteur du *Discours de la Méthode*, l'ambition d'exempter tous les hommes « d'une infinité de maladies tant du corps que de l'esprit, et même » aussi peut-être de l'affaiblissement de la vieillesse ».

C'est pourquoi, alors que Fontenelle a dit de Malebranche mourant que « son mal s'accommoda à sa philosophie », ne saurions-nous pas dire de lui-même, par retournement de ses termes, que sa philosophie s'accommoda à son mal. Cette philosophie paraît n'avoir eu à surmonter aucune épreuve intime,

* Extrait des *Annales de l'Université de Paris*, XXVII, **3**, juillet - septembre 1957 : Hommage à la mémoire de Fontenelle.

pas même d'ordre intellectuel. Aristote pensait que la philosophie commence avec l'étonnement. Mais de Fontenelle la Marquise de Lambert a pu écrire : « C'est un esprit sain, rien ne l'étonne, » rien ne l'altère... un philosophe fait des mains de la nature, car » il est né ce que les autres deviennent ».

Nous n'examinerons pas si une philosophie sans drame et sans conflit serait encore aujourd'hui tenue pour authentique. Ce que nous devons à Fontenelle, en ce jour de célébration, c'est d'écouter sa leçon plutôt que de lui donner à entendre la nôtre.

Célébrer Fontenelle c'est, pour nous, prendre conscience de ceci qu'il y a deux cents ans, et à plus de cent ans de la mort de Descartes, on pouvait mourir cartésien, sans pour autant s'exclure non pas, bien entendu, de la philosophie, mais de la science. Il est vrai que le cartésianisme de Fontenelle admettait des nuances. Prononçant l'éloge du biologiste Hartsœcker, « cartésien à » outrance », Fontenelle conseillait : « Il faut admirer toujours » Descartes et le suivre quelquefois ». Ayant surtout retenu de la philosophie cartésienne le mépris de l'autorité, Fontenelle pouvait, sur le terrain même de son maître, prendre du champ à son égard. Cette liberté d'allure tient essentiellement au fait que Fontenelle et ses contemporains avaient transformé, à leur mesure, le sens de la question cartésienne. Il saute aux yeux que ce cartésianisme de souple fidélité aux conséquences mathématiques et cosmologiques du système est fort éloigné d'un cartésianisme d'identification stricte avec les démarches métaphysiques initiales. Nous estimons aujourd'hui que la question proprement cartésienne concernait la certitude, d'où la bataille du doute hyperbolique. Mais Fontenelle n'éprouve pas d'inquiétude du côté de la certitude, seulement quelques exigences du côté de la clarté. Dans sa philosophie, la science ne connaît pas de crise de fondements et les difficultés y sont nommées, élégamment, des « épines ». Pour ne retenir que la principale épine de l'époque, celle qui a trait à l'infini, nous voyons Fontenelle, dans *La Pluralité des Mondes*, comme dans les *Eléments de la Géométrie de l'Infini*, en parler avec assez de sérénité. Certes il reconnaît à l'infini, dans la science des Anciens, la dignité d'un mystère devant lequel l'esprit est excusable d'avoir éprouvé timidité ou frayeur, et de même il convient qu'en dépit du calcul de Newton et de Leibniz « toute cette matière est environnée de ténèbres » assez épaisses ». Mais la façon dont il éclaircit lui-même cette question est bien digne d'être rappelée. Il repousse l'idée d'un infini géométrique de supposition, c'est-à-dire l'idée d'un artifice commode qu'on élimine comme un moyen désormais inutile quand il a procuré la solution recherchée. Il tient l'infini mathématique pour réel : « Tout ce qu'elle (la géométrie) conçoit est réel de » la réalité qu'elle suppose dans son objet. L'infini qu'elle démon-» tre est donc aussi réel que le fini ». Or cet infini géométrique, « grandeur plus grande que toute grandeur finie mais non pas plus » grande que toute grandeur », est ce qui fait apparaître l'infini métaphysique comme « un pur être de raison, dont la fausse idée » ne sert qu'à nous troubler et à nous égarer ». En voyant Fonte-nelle tenir l'infini métaphysique pour un concept dérivé et de supposition, nous comprenons que les *Méditations métaphysiques* de son maître Descartes n'étaient pas son livre de chevet. S'il eût appris de Descartes que nous avons en nous la notion de l'infini « premièrement que du fini », il n'eût pas écrit que « l'idée » même de l'infini n'est prise que sur le fini dont j'ôte les bornes ». Et ne nous étonnons pas que Fontenelle s'étonne de ce que Leibniz paraisse « avoir un peu chancelé » devant l'infini, c'est-à-dire hésité à admettre la réalité d'infinis mathématiques de différents ordres. Leibniz tenait en effet qu'il n'y a point de nombre infini si on le prend pour un tout véritable; il louait les auteurs qui avaient distingué l'infini syncatégorématique et l'infini catégorématique; il disait que « le vrai infini, à la rigueur » n'est que dans l'*absolu*, qui est antérieur à toute composition et » n'est point formé par l'addition des parties ».

Inversement, Leibniz pouvait reprocher à Fontenelle (*Système nouveau de la nature*, 1695) de n'avoir pas su faire sentir aux lecteurs des *Entretiens sur la pluralité des Mondes* la distance infinie entre l'art divin et l'art de l'artisan, entre les machines natu-relles et les machines montées par l'homme, de n'avoir établi entre elles qu'une différence du grand au petit, et d'avoir conclu qu'à regarder la nature de près on la trouve moins admirable qu'on n'avait cru, et assez semblable, en somme, à une boutique d'ouvrier. Et il est vrai que la nuit étoilée inspire à l'âme de Fontenelle des sentiments moins sublimes qu'à tant d'autres. Le firmament où s'inscrit la pluralité des mondes le charme de la même façon que le ferait quelque brune beauté. Le silence des espaces infinis l'invite à jouir du repos et des libertés de la rêverie. Sous cette voûte céleste que le calcul humain a fait éclater, en rejetant à des distances inégales dans l'immensité de l'univers autant de soleils que d'étoiles, autant de tourbillons que de centres possibles pour des mondes analogues au nôtre, sous cette voûte Fontenelle se promène en « curieux », respirant

« avec plus de liberté » et « dans un plus grand air », et tirant cette conclusion que « les raisonnements de mathématiques sont » faits comme l'amour » où dès qu'on a accepté quelque principe on se trouve entraîné à accorder davantage, « et à la fin cela va » loin ». Entre le vertige pascalien et la vénération kantienne, admirons Fontenelle d'avoir trouvé dans la nouvelle physique du ciel « des idées riantes d'elles-mêmes qui dans le même temps » qu'elles contentent la raison donnent à l'imagination un specta-» cle qui lui plaît autant que s'il était fait exprès pour elle ».

Mais il y aurait injustice à ne pas accorder à Fontenelle qu'il a su prolonger l'écho de l'enseignement cartésien pour tout ce qui concerne moins la méthode proprement dite, avec ses exigences mathématiques spécifiques, qu'un certain style de la pensée. De Descartes, Fontenelle a conservé le mépris de la logique syllogistique usuelle : « Ce qu'on appelle communément la logique » m'a toujours paru un art assez imparfait : vous n'y apprenez » ni quelle est la nature de la raison humaine, ni quels sont les » moyens dont elle se sert dans ses recherches, ni quelles sont les » bornes que Dieu lui a prescrites, ou l'étendue qu'il lui a permise, » ni les différentes voies qu'elle doit prendre selon les différentes » fins qu'elle se propose ». De Descartes, Fontenelle a appris une nouvelle forme de rigueur intellectuelle : « Ce qu'un ancien » démontrait en se jouant donnerait, à l'heure qu'il est, bien de la » peine à un pauvre moderne; car de quelle rigueur n'est-on pas » sur les raisonnements !... Avant Descartes, on raisonnait plus » commodément; les siècles passés sont bien heureux de n'avoir » pas eu cet homme-là. C'est lui, à ce qu'il me semble, qui a amené » cette nouvelle méthode de raisonner beaucoup plus estimable » que sa philosophie même, dont une bonne partie se trouve » fausse ou fort incertaine, selon les propres règles qu'il nous » a apprises ». Faisons ici remise à Fontenelle des dettes envers la rigueur que quelques lecteurs de la *Géométrie de l'Infini* portèrent à sa charge. Il s'en excusa en disant que huit personnes seulement en Europe pouvaient comprendre son ouvrage, et que lui-même n'en était pas. Comme Descartes, enfin, Fontenelle voit dans la méthode et dans l'exercice de la raison, négativement un moyen de défense contre le parasitisme des idées, contre la présence dans l'entendement de jugements qu'il n'eût pas lui-même formés et choisis, et positivement un moyen d'appropriation des idées par un moi conscient de leurs connexions et de leur ordre, un moi en qui la science n'est pas seulement possession et usage mais culture : « La vraie cause qui empêche de croire un auteur sur

» sa parole, c'est que ce qu'il veut me faire croire est étranger
» dans mon esprit, et n'y est pas né comme dans le sien. Une
» opinion que j'ai prise de moi-même tient dans ma tête à tous
les principes... ».

C'est ici le lieu de se demander s'il y a eu ou non inconséquence
de la part de Fontenelle à rechercher la caution de Descartes pour
une certaine philosophie de l'histoire de la science. Du refus des
droits de l'autorité en matière de science, Fontenelle conclut au
progrès historique des conditions d'affirmation du vrai. Mais,
pourrait-on penser, n'y a-t-il pas abus à prolonger en philosophie
historisante une philosophie fondamentalement anti-historisante ?
Ne recevoir la vérité que du témoignage de l'évidence et de la
lumière naturelle, n'est-ce pas ôter à la vérité toute dimension
historique, n'est-ce pas fonder la science sous un certain aspect
d'éternité ? On peut penser, inversement, que Fontenelle a eu le
grand mérite d'apercevoir une tout autre signification de la
révolution cartésienne. Car il n'est pas douteux que le doute
cartésien en commandant, face à la physique antique et médiévale
un refus de commenter, un refus d'hériter, et donc un refus de
consolider, en dressant contre elles d'autres normes de vérité,
faisait choir cette science dans la désuétude, dans le passé
dépassé. Fontenelle a donc bien vu que la philosophie cartésienne,
quand elle tuait la tradition, c'est-à-dire la continuité non
réfléchie du passé et du présent, fondait en même temps en raison
la possibilité de l'histoire, c'est-à-dire la prise de conscience d'un
sens du devenir humain. En cessant de tenir le passé pour juge
du présent, on rendait le passé témoin, à tous les sens du terme,
d'un mouvement qui le dépassait et le déposait face au présent.
Fontenelle a aperçu que pour que l'on puisse parler des Anciens,
fût-ce pour les louer, il faut que les Anciens cessent d'être vivants,
cessent d'être présents, il faut que les Modernes aient pris de la
distance à leur égard.

Il reste que Fontenelle justifie le sens historique par un moyen
paradoxal au regard de la fin. S'il affirme que les Modernes
peuvent non seulement égaler les Anciens par l'invention de nouvelles solutions à de nouveaux problèmes, mais doivent aussi les
dépasser sur les terrains où ils ont erré, c'est parce que la nature,
selon lui, reste toujours égale à elle-même, parce qu'elle produit
des hommes à capacité intellectuelle invariable. Pour fonder l'idée
du progrès intellectuel, Fontenelle invente et invoque une sorte
de principe, bien cartésien dans la forme et dans l'esprit, un
principe de conservation de la quantité de génie. L'histoire de

l'esprit, écrite à la Fontenelle, n'est pas une histoire catastrophique. Et l'on pourrait d'abord penser que c'est parce qu'elle repose sur un parallélisme total entre la culture et la nature. Mais ce n'est pas si simple. Entre la nature et la culture, le parallélisme établi par l'analogie de l'identique fécondité de la première et de l'incessant progrès de la seconde cesse du moment que l'esprit humain est parvenu à son âge de virilité, à l'époque des lumières. Comme Pascal, Fontenelle pense que tous les siècles de culture sont comparables à un seul homme qui a eu son enfance, docile aux prestiges de l'imagination, et qui vient d'entrer dans son âge adulte. Mais la comparaison s'arrête là. « Je suis obligé d'avouer, dit Fontenelle, que cet homme n'aura » point de vieillesse..., c'est-à-dire que les hommes ne dégénéreront » jamais et que les vues saines de tous les bons esprits qui se » succéderont s'ajouteront toujours les unes aux autres ». On voit que si Fontenelle annonce, sous quelques rapports, la théorie d'Auguste Comte sur la correspondance de la loi des trois états de l'esprit dans l'individu et dans l'espèce humaine, comme aussi sur le caractère définitif de l'âge scientifique ou positif, quelque philosophie de l'histoire plus dialectique, hégelienne ou marxiste, aurait des questions à lui poser.

Cet optimisme historique inspire continûment un genre d'exercices que Fontenelle a créé indiscutablement et auquel il a conféré d'emblée une certaine forme de perfection. Il s'agit des *Eloges* académiques de savants. Secrétaire perpétuel de l'Académie des Sciences, de 1699 à 1740, Fontenelle a composé, durant cette période, soixante-neuf éloges, ceux de tous les académiciens décédés dans l'intervalle, à l'exception de trois. La tradition de notre enseignement veut que les Oraisons funèbres des Grands du XVIIᵉ siècle aient leur place indiquée dans les textes d'explication française, alors que les Eloges des Savants du XVIIIᵉ n'y en trouvent aucune. On peut regretter que cette première voie d'accès vers l'histoire des sciences ne soit pas ouverte à de jeunes esprits. Dans son ouvrage sur *L'Académie des Sciences et les Académiciens de 1666 à 1793*, le mathématicien Joseph Bertrand a porté sur les Eloges dus à Fontenelle un jugement nuancé et réservé. Il affirme que Fontenelle n'eut pas dans la science assez d'autorité personnelle pour y prendre le rôle d'historien et de juge, mais qu'il en fut l'incomparable nouvelliste. Il est certain que Condorcet, Cuvier, Arago et J.-B. Dumas devaient se montrer supérieurs à Fontenelle par leur compétence dans la discrimination entre l'important et l'anecdotique, par l'information de

leur jugement, par l'exactitude de leurs allusions. On conçoit
donc que, successeur de cette postérité, Joseph Bertrand ait pu
se montrer plus exigeant que Fontenelle. Cette exigence est
clairvoyante quand elle vise le principe constant de ses règles
d'exposition des travaux scientifiques : « Croyant tout incertain,
» il croit tout possible... Sous la force des plus grands génies, il se
» plaît à montrer la faiblesse de l'esprit humain, et s'il lui arrive
» de dire d'une théorie : cela est quelque chose de plus que vrai-
» semblable, il atteint ces jours-là la limite de son dogmatisme ».
Mais Joseph Bertrand ajoute : « Fontenelle sans tout savoir pou-
» vait tout comprendre. Il connaissait, sans s'y soumettre tou-
» jours, les règles d'un raisonnement exact et sévère. Interprète
» de tous ses confrères, il entend la langue de chacun et sait la
» parler avec esprit ».

Il semble cependant qu'il y ait à porter davantage à l'actif de
Fontenelle. Une Académie des Sciences est, à sa façon, un public.
Ses membres n'y sont pas également versés dans toutes les recherches. Les esprits s'y répartissent en familles différentes. Les
géomètres y sont voisins des naturalistes. Exposer à ce public
l'œuvre de l'un de ceux qui l'ont composé un moment, ce n'est
pas certes vulgariser, mais c'est rendre un spécialiste assimilable
par d'autres. Le talent est ici nécessaire autant que la compétence.
Et sous ce rapport Fontenelle n'a pas été égalé. En outre, il
appartient à un siècle où la science n'a pas perdu le contact avec
le monde, où le savant n'est pas encore devenu un universitaire
ou un fonctionnaire. D'où le souci, chez Fontenelle, de ne jamais
séparer dans ses *Eloges* le savant et l'homme. Disons-le sans
hésiter, les beaux éloges de Viviani, de Cassini, du Marquis de
l'Hôpital, de Varignon, de Newton, de Leibniz, contiennent sans
doute des inexactitudes mais aussi des jugements que l'histoire
des sciences, aujourd'hui mieux armée, doit confirmer, en admi-
rant qu'ils aient pu être portés aussi justes presque sur-le-champ,
et des allusions aux mœurs scientifiques ou aux traits de caractère dont la fraîcheur nous restitue l'image vivante d'un personnage, mieux que tant de commentaires accumulés depuis lors.
Il ne nous est pas indifférent que Fontenelle nous apprenne
pourquoi Leibniz resta célibataire : « M. Leibniz ne s'était point
» marié; il y avait pensé à l'âge de cinquante ans, mais la personne
» qu'il avait en vue voulut avoir le temps de faire ses réflexions.
» Cela donna à M. Leibniz le temps de faire les siennes et il ne se
» maria point ». Nous sourions à l'idée que Leibniz n'a pas pu ne

pas intégrer cette expérience personnelle à sa théorie de l'harmonie préétablie.

On ne connaissait vraiment, avant le XVIIIe siècle, que l'histoire de la peinture, de la musique et de la médecine. Incontestablement, Fontenelle a donné son impulsion à l'histoire des sciences. De son vivant déjà nous la voyons s'introduire dans le *Traité des Sections coniques et des Courbes anciennes* de La Chapelle (1750). Nous la voyons prendre toute son ampleur, un an à peine après sa mort, dans l'*Histoire des Mathématiques* de Montucla (1758). Dutens, l'éditeur de Leibniz, écrit une sorte d'histoire à contre-courant, dans ses *Recherches sur l'origine des Découvertes attribuées aux Modernes* (1766). Saverien publie, un peu plus tard, une *Histoire des Progrès de l'Esprit humain dans les Sciences exactes* et une *Histoire des Progrès de l'Esprit humain dans les Sciences naturelles* (1775). A la même date, Bailly commence à publier son *Histoire de l'Astronomie* (1775-1782).

Nous admettons que certains de ses contemporains, tels que Montucla, sont mieux informés et plus exacts que Fontenelle en matière d'histoire des sciences. Et de même nous reconnaissons au *Cosmotheoros* de Huyghens plus d'exactitude scientifique qu'aux *Entretiens sur la Pluralité des Mondes*. Mais nous devons avouer que Fontenelle reste un philosophe par lequel passe le courant de l'histoire tel que nous le décrivons encore aujourd'hui. En affirmant simultanément l'immensité de l'univers et l'ouverture de l'esprit, Fontenelle retrouve, par la conscience qu'il prend et qu'il donne à ses contemporains des premières conquêtes de la science moderne, l'intuition fondamentale des philosophes atomistes grecs. Ce sont eux qui ont d'abord ébranlé la solidité de la croyance antique en la finitude parfaite du Cosmos et en la fatalité du retour éternel. Théoricien du progrès intellectuel et de la pluralité des mondes, Fontenelle conserve la gloire d'avoir rendu raisonnable et stimulante pour la pensée des Modernes une idée absurde et déprimante aux yeux des Anciens, celle d'une Humanité sans destin dans un Univers sans limites.

II

INTERPRÉTATIONS

AUGUSTE COMTE

I. — LA PHILOSOPHIE BIOLOGIQUE D'AUGUSTE COMTE ET SON INFLUENCE EN FRANCE AU XIXᵉ SIECLE *

Il y a quatre-vingts ans, en 1878, la revue de Charles Renouvier, la *Critique philosophique*, consacrait plusieurs articles de François Pillon à l'examen des conceptions biologiques d'Auguste Comte, comparées à celles de Claude Bernard, et, à son tour, Renouvier y posait la question : « Le *Cours de Philosophie positive* est-il » encore au courant de la science ? » Sans doute, en présentant lui-même son *Cours* comme canon de toute science positive à venir, son auteur avait-il légitimé la forme de cette interrogation. En fait, la seule question valable que l'on pût se poser, à mesure que le temps passait depuis la publication du *Cours*, était la suivante : Le *Cours de Philosophie positive* a-t-il été, en son temps, au courant de la science contemporaine, et plus spécialement a-t-il été, dans les années 1836-1837, un tableau informé et fidèle de la biologie du moment ? A cette question, Paul Tannery répondait avec sa perspicacité coutumière, dans une étude posthume publiée en 1905 sous le titre : *Auguste Comte et l'Histoire des Sciences* [1], que la philosophie de Comte est plus exactement contemporaine de la science du temps pour ce qui concerne la biologie que pour ce qui concerne les mathématiques ou la physique, que c'est dans le domaine de la biologie que la philosophie positive s'est révélée la plus neuve et a exercé l'influence la plus réelle, au point qu'il est douteux que la socio-

---

* Extrait du *Bulletin de la Société française de Philosophie*, numéro spécial 1958 (Célébration du Centenaire de la mort d'Auguste Comte).
1. *Revue Générale des Sciences*, 1905, pp. 410-417.

logie garde de l'œuvre comtienne une aussi profonde trace que ne le fait la biologie. Il n'y a, selon nous, aucune impertinence dans ce jugement. Comte connaissait les mathématiques en professionnel, au lieu qu'il s'intéressait à la biologie en amateur. Et, comme le fait remarquer Tannery, l'enseignement qu'on donne d'une science faite est nécessairement en retard sur l'instruction qu'on reçoit de savants travaillant à l'avancement d'une science qui se fait.

Envoyé en résidence surveillée à Montpellier, pour avoir provoqué le licenciement de l'Ecole polytechnique, Comte y suivit quelques cours à la Faculté de Médecine, dix ans après la mort de Paul-Joseph Barthez. Mais son véritable initiateur et maître en biologie fut Henry Ducrotay de Blainville, successivement professeur au Muséum et à la Sorbonne, rencontré chez Saint-Simon. De 1829 à 1832 Comte suivit le Cours de Physiologie générale et comparée. Il en admira l'information encyclopédique et l'esprit systématique. La 40ᵉ leçon du *Cours* abonde en éloges à l'adresse d'un savant auquel l'ensemble du *Cours* est dédié, en même temps qu'à Fourier. Plus tard l'admiration du philosophe pour le biologiste se nuancera de réserves assez graves. C'est pourquoi il convient d'aller chercher dans le *Discours* prononcé en 1850 aux obsèques de Blainville, exercice sacerdotal de commémoration sans doute, mais de fustigation aussi bien, la mesure de l'estime que n'a cessé d'inspirer à Comte « le dernier » penseur vraiment éminent que comportât la biologie prélimi-» naire »[2] et « l'esprit le plus coordinateur qui ait cultivé la » biologie depuis Aristote, si l'on excepte le génie de Bichat, » dont l'universelle prééminence autant déductive qu'inductive, » exclut toute comparaison »[3].

C'est certainement pour avoir puisé dans l'enseignement de Blainville un vif sentiment de la connexion organique de toutes les recherches en biologie que Comte se montre, chaque fois que le requiert l'exposé des grandes phases préliminaires à l'épanouissement de l'esprit positif, exceptionnellement apte à brosser des tableaux d'histoire de la biologie, dont telle page de la 56ᵉ leçon du *Cours* sur les naturalistes du XVIIIᵉ siècle, constitue un exemple étincelant[4]. Comte excelle à caractériser brièvement l'apport original des savants qu'il choisit de retenir parmi tant

---

2. *Système de Politique positive*, 4ᵉ éd. 1912, tome I, p. 737.
3. *Ibid.*, p. 739.
4. *Cours de Philosophie positive*, éd. Schleicher, tome VI, pp. 150-151.

d'autres, comme aussi à apprécier l'importance respective de ces apports. La liste des ouvrages que valorise à ses yeux leur admission dans la Bibliothèque positiviste, d'Hippocrate à Claude Bernard, en passant par Barthez, Bichat, Meckel et Lamarck, est l'indice sûr d'une culture authentique qui, jointe à un sens averti des nouvelles voies de recherche en biologie, explique la maîtrise avec laquelle Comte s'élève spontanément à une hauteur de vues d'où il conçoit l'histoire de cette science comme une histoire critique, c'est-à-dire non seulement ordonnée vers le présent, mais jugée par lui. C'est ainsi que, dans la 43e leçon, l'histoire de la rivalité des Mécanistes et des Vitalistes est conduite de façon à faire apparaître « l'intention évidemment progressive »[5] qui a initialement animé les derniers à se réhabiliter, à travers Barthez et Bichat, l'Ecole médicale de Montpellier, trop injustement décriée, à l'époque, dans l'Ecole de Paris. C'est donc sans vanité que Comte a pu se reconnaître un sens de l'histoire de la science qui manquait à son maître, et nous devons accepter comme fondée la sévérité dont il fait preuve, en 1851, dans le *Système de politique positive*[6], pour l'*Histoire des Sciences de l'organisation*, professée par de Blainville, de 1839 à 1841, et rédigée, d'après ses notes, par l'abbé Maupied, dans un esprit parfaitement rétrograde aux yeux de l'inventeur de la loi des trois états.

Qu'il soit permis de voir, dans une telle conception philosophique de l'histoire des sciences la source de ce qui a été et de ce qui devrait rester, selon nous, l'originalité du style français en histoire des sciences. Pourquoi ne pas rappeler qu'après avoir subi l'influence philosophique de Jules Lachelier, au Lycée de Caen, qu'après avoir, comme Comte, conquis sa culture scientifique à l'Ecole Polytechnique, Paul Tannery trouva, dans une lecture approfondie du *Cours de Philosophie positive*, l'excitant intellectuel et l'influence décisive qui devaient faire de cet Ingénieur des tabacs le premier et le plus éminent de nos maîtres en histoire des sciences ? On sait quelle fut sa tristesse de se voir écarter, après y avoir été appelé, de la chaire laissée vacante au Collège de France par un disciple de Comte, Pierre Laffitte, pour qui elle avait été créée. Le titre de cette chaire, Histoire Générale des Sciences, était celui-là même que Comte avait souhaité pour la chaire qu'en 1832 il avait vainement demandé

5. *Cours de Philosophie positive*, III, p. 342.
6. Tome I, p. 571.

à Guizot de vouloir bien créer pour lui, titre repris par Tannery
pour l'ouvrage dont sa mort, en 1904, nous a privés, *Discours sur
l'Histoire Générale des Sciences.*

Il va de soi, que sous le nom d'Histoire Générale des Sciences,
Auguste Comte mettait plus de philosophie ou du moins une
tout autre philosophie que ne rêvait de le faire, après lui, Paul
Tannery. Selon Comte, la généralité est expressément le caractère
de la pensée philosophique. Mais progressivement, au cours de
sa carrière philosophique, la généralité subjective et synthétique
des derniers termes de la hiérarchie des sciences se subordonne
la généralité objective et analytique des premiers. Or, c'est très
précisément au niveau de la science biologique qu'intervient
ce retournement décisif.

Inventé simultanément et séparément, vers 1802, par Lamarck
et par Treviranus, repris par Fodera, en 1826, dans un *Discours
sur la Biologie ou Science de la Vie*, dont la confrontation avec
le *Cours de Philosophie positive* reste à faire et ne serait pas sans
profit, le terme de Biologie est systématiquement utilisé par
Comte pour désigner à la fois la science abstraite d'un objet
général, les lois vitales, et la science synthétique d'une activité
fondamentale, la vie. Par là et quoi qu'il en ait, quelle que soit
sa méfiance pour la biologie métaphysique des Allemands, c'est-à-
dire pour la *Naturphilosophie*, Comte se place lui-même à un
point de vue proprement philosophique, en son acception permanente, celui de l'unité concrète de l'existence — même conçue
comme simplement phénoménale — et de l'action. Et quand
il choisit d'aborder l'appréciation des postulats et des devoirs
de la science biologique par l'examen critique des conceptions
de Bichat sur la relation de la vie et de la mort, il confirme l'acuité
de son sens philosophique de l'originalité de la biologie.

L'invention du terme de Biologie était l'expression de la prise
de conscience, par les médecins et les physiologistes, de la spécificité d'un objet d'investigation échappant à toute analogie essentielle avec l'objet des sciences de la matière. La formation du
terme est l'aveu de l'autonomie sinon de l'indépendance de
la discipline. La philosophie biologique de Comte c'est la justification systématique de cet aveu, la pleine acceptation et la
consolidation de « la grande révolution scientifique qui, sous
» l'impulsion de Bichat, transporte de l'astronomie à la biologie
» la présidence générale de la philosophie naturelle »[7]. Comte

7. *Système de Politique positive*, I, p. 584.

n'a pas tout à fait tort de voir, dans les déboires de sa carrière, une des conséquences du fait que dans la cité des savants de l'époque, il s'est rangé, lui mathématicien, du côté de l'école biologique luttant pour maintenir, « contre l'irrationnel ascendant » de l'école mathématique, l'indépendance et la dignité des » études organiques » [8].

Que la biologie ne puisse pas être une science séparée, Comte le justifie dans sa conception du *milieu*. Que la biologie doive être une science autonome, Comte le justifie dans sa conception de l'*organisme*. C'est dans la corrélation de ces deux concepts — d'aucuns diraient aujourd'hui dans leur relation dialectique — que réside l'originalité et la force de sa position.

Comte reçoit de Lamarck par l'intermédiaire de Blainville, le terme aristotélicien de milieu, vocable usuel aux XVIIe et XVIIIe siècles dans la mécanique et la physique des fluides, mais c'est lui qui en fait, à l'usage des biologistes et des philosophes à venir, en prenant le terme dans son sens absolu, un concept à la fois général et synthétique. En proposant, en 1837 (43e leçon du *Cours*), comme premier devoir à la biologie l'élaboration d'une théorie générale des milieux, Comte — qui méconnaît peut-être en ce domaine les travaux de William Edwards (1824) et d'Etienne Geoffroy-Saint-Hilaire (1831) — peut penser proclamer la supé-riorité de Lamarck sur Bichat. La répulsion de ce dernier pour les méthodes des iatromathématiciens du XVIIIe siècle l'a entraîné à affirmer non seulement la distinction légitime du vivant et de l'inerte, mais leur hostilité fondamentale. Or, dit Comte, « si » tout ce qui entoure les corps vivants tendait réellement à les » détruire leur existence serait, par cela même, radicalement » inintelligible » [9].

Et cependant les jugements successivement portés sur Lamarck sont révélateurs de la signification profonde des vues biologiques de Comte et méritent bien d'être exactement appréciés aujour-d'hui où le centenaire imminent des théories de Darwin oriente nécessairement l'attention vers les fondateurs du transformisme.

Comte aperçoit d'abord, au-delà de la première conséquence de la théorie lamarckienne du milieu, savoir la variabilité des espèces et la genèse progressive de nouveautés spécifiques, le développement possible d'une tendance moniste et finalement mécaniste. Si l'organisme est conçu comme passivement défor-

8. *Cours de Philosophie positive*, Tome VI, Préface personnelle, p. XVII.
9. *Cours de Philosophie positive*, 40e leçon, tome III, p. 151.

mable sous la pression de l'environnement, si toute spontanéité
propre est refusée au vivant, rien n'interdit l'espoir de parvenir
à résorber, à la limite, l'organique dans l'inerte. Et voici l'esprit
de Bichat qui s'insurge, en Comte, contre « l'usurpation cosmo-
» logique » [10] menaçante, contre la confiscation possible du
lamarckisme par un mathématisme intempérant.

C'est le même mobile irrépressible qui pousse Comte à tenir,
comme Bichat et d'après lui, le tissu pour élément dernier de
l'analyse anatomique des corps organisés, à rejeter, sous le nom
de « monade organique », la cellule comme élément primordial
de tout vivant complexe. Car ce n'est pas seulement par défiance
pour la recherche microscopique, alors encore dans l'attente
de ses techniques spéciales, c'est essentiellement au nom d'une
exigence de cohérence que Comte interdit de tenir la cellule
pour un élément organique. L'organisme lui paraît consister
dans l'indivisibilité d'une composition de parties. Il ne saurait
y avoir de vivant réel en tant qu'individu simple. Pas plus que
la connaissance sommaire des théories du naturalisme philosophique allemand, et spécialement de Oken, la lecture de Dutrochet, à l'époque du *Cours*, ni la lecture de Schwann, à laquelle
fait allusion le *Système*, n'ont conduit Comte à voir dans les
premières assises de la théorie cellulaire l'ébauche d'une théorie
des degrés de l'individualité. Pour Comte, le concept de cellule
inclut une périlleuse analogie entre le corps organique et le corps
inorganique composé, en dernière analyse, de molécules indi-
visibles [11].

Dans les deux cas, lamarckisme et théorie cellulaire, l'attachement de Comte à l'idée de spécificité de l'organique est tel
qu'il le prive, de façon inattendue, des appuis qu'il pourrait
précisément demander aux idées devant lesquelles il recule ou
se réserve. Refusant d'admettre au nom du « véritable esprit
» philosophique » qu'on puisse « regarder un cristal comme nais-
» sant d'un autre » [12], il n'entrevoit pas pour autant quel soutien
trouvera plus tard, dans la théorie cellulaire, la loi fondamentale qu'il reconnaît dans l'aphorisme *omne vivum ex vivo*. Reprochant à Lamarck de sous-estimer le pouvoir de réactivité spontanée propre aux organismes et d'encourager finalement la
recherche dans les matériaux inorganiques des « origines abso-

10. *Système de Politique positive*, I, p. 574, 592, 650.
11. *Cours*, 41ᵉ leçon, p. 280.
12. *Système de Politique positive*, I, p. 591.

» lues » [13], des vivants, Comte ne se doute pas que Lamarck sera plus tard jugé trop peu mécaniste par les biologistes d'obédience darwinienne; à vrai dire, jusqu'au moment récent où ce sont les théories darwiniennes qui, pour avoir patronné la théorie génétique de l'hérédité, paraîtront trop « idéalistes » à certains biologistes soucieux de préserver les possibilités de conditionnement des vivants par le milieu, et où s'esquissera une sorte de retour à Lamarck, d'où n'est pas même radicalement exclue la transmission héréditaire des caractères acquis, si décriée depuis Weissmann.

Sur ce point précis, Comte, à l'époque du *Système*, accorde crédit à la loi lamarckienne de modification morphologique par l'habitude et à la loi de consolidation par l'hérédité des modifications acquises. C'est qu'il voit en elles, venant s'ajouter au principe mécanique de subordination de la dynamique à la statique, un nouvel argument de poids en faveur de sa conception générale du progrès. La notion du progrès matériel appartient réellement à la biologie. La répétition, en automatisant les capacités acquises, et l'hérédité, en naturalisant les modifications artificielles, sont à la lettre les principes d'incarnation du progrès de la vie et les fondements de l'identité entre le développement des êtres et leur perfectionnment [14]. Mais ici encore la portée d'un principe de genèse des formes vivantes n'est pas accordée au principe de leurs variations progressives. « L'opinion de l'insta-» bilité des espèces est une dangereuse émanation du matéria-» lisme cosmologique, d'après une irrationnelle exagération de la » réaction vitale des milieux inertes, qui n'a jamais été bien » conçue » [15].

On le voit, l'idée-mère de toutes les positions de Comte en biologie, c'est le dualisme obligé de la vie et de la matière. Le XVIIIe siècle léguait au XIXe, en matière de philosophie biologique, la double tentation du matérialisme et de l'hylozoïsme. Comte combat sur deux fronts, comme Descartes, et sa tactique, du moins, est toute cartésienne. Le dualisme de la matière et de la vie c'est l'équivalent positiviste du dualisme métaphysique de l'étendue et de la pensée. Ce dualisme est la condition de possibilité du progrès universel qui n'est rien d'autre que l'asservissement et le contrôle de la matière inerte par la totalité de

13. *Ibid.*
14. *Système de Politique positive*, pp. 608-609.
15. *Ibid.*, p. 593.

la vie, à la lumière de l'humanité. D'une part, « nous sommes,
» dit Comte, au fond encore plus incapables de concevoir tous les
» corps comme vivants que comme inertes. Car la seule notion
» de vie suppose des existences qui n'en soient pas douées... Fina-
» lement les êtres vivants ne peuvent exister que dans des milieux
» inertes, qui leur fournissent à la fois un siège et un aliment d'ail-
» leurs direct ou indirect... Si tout vivait, aucune loi naturelle
» ne serait possible. Car la variabilité, toujours inhérente à la
» spontanéité vitale, ne se trouve réellement limitée que par la
» prépondérance du milieu inerte »[16]. Mais, d'autre part, ce qui
caractérise la vie, même au niveau des êtres où elle ne se manifeste que par la végétation, c'est le « contraste radical de la vie
» à la mort ». S'il n'y a des végétaux aux animaux qu'une « distinc-
» tion réelle », il y a, par contre, entre végétaux et corps inertes
une « séparation radicale ». C'est pourquoi à la division traditionnelle de la nature en trois règnes qui permet à la rigueur
de concevoir une transition graduelle entre tous les êtres, Comte
substitue une division en deux empires, bien convaincu de ceci
que « la science vitale ne saurait exister sans ce dualisme irré-
» ductible »[17].

Au fond Lamarck se voit ici assimilé à Descartes, ce dont il
ne convient pas de discuter aujourd'hui. C'est que, plus perspi-
cace peut-être à l'égard du futur que totalement juste pour
le présent, Comte entrevoit les conséquences à venir de l'idée
d'une détermination intégrale de l'animal par le milieu, en un
mot la possibilité de ce qu'a réalisé le behaviorisme. La supposition d'une relation directe entre les impressions extérieures
et les réactions musculaires exclut « la spontanéité animale qui
» consiste surtout à être déterminé par des motifs intérieurs »[18].
Cela reviendrait à « rétablir l'automatisme cartésien qui, exclu
» par les faits, vicie encore, sous d'autres formes, les hautes
» théories zoologiques »[19].

On comprend alors la raison de l'importance attribuée par
Comte aux théories de Gall. Gall défendait l'innéité des penchants
fondamentaux, des motifs de la conduite animale et humaine.
La méthode cranioscopique n'était en fait que la conséquence,
trop aisément célébrée ou raillée, d'une hostilité de principe

16. *Ibid.*, p. 440.
17. *Système de Politique positive*, I, p. 578, 579, 580.
18. *Ibid.*, I, p. 602.
19. *Ibid.*

au sensualisme. La détermination des sièges encéphaliques des facultés psychiques supposait le postulat de préexistence originaire de ces facultés. Rien ne pouvait être plus éloigné des idées de Gall, et aussi de Comte, que l'idée lamarckienne selon laquelle les fonctions biologiques sont indépendantes de leurs organes et peuvent même les créer. Sans doute Gall composait-il la topographie cérébrale à partir de l'étude des fonctions mentales chez les sujets de ses observations, mais cette méthode était la réfutation et non pas la confirmation du lamarckisme. Gall apportait à Comte un argument en faveur de l'innéité des aptitudes, et plus généralement des fonctions, un argument tourné en garantie de la continuité du progrès par le développement d'un ordre préexistant.

Si notre effort pour localiser le point de doctrine d'où Comte prétend dominer synthétiquement et critiquement la biologie de son époque a été heureux, il doit nous être possible maintenant de rassembler et d'ordonner les affirmations fondamentales qu'il entraîne.

Tout d'abord, Comte pense pouvoir exempter la pensée biologique de toute considération métaphysique de finalité, en susbtitant, avec Cuvier, le principe des conditions d'existence au dogme des causes finales, en admettant seulement entre organisme et milieu, entre organes et fonctions, des relations de concours et de convenance qui n'expriment rien que le fait de la viabilité du vivant. « Entre certaines limites, tout est nécessai-» rement disposé de manière à pouvoir être » dit le *Cours* [20]. L'harmonie entre fonction et organe se trouve donc « toujours » réduite à ce qu'exige la vie réelle » dit le *Système* [21]. De plus, la relation obligée des organismes et des milieux, en rendant le vivant fonctionnellement dépendant des influences cosmiques, tisse entre la biologie et la cosmologie, des liens tels que le principe de l'invariabilité des lois, d'abord formulé à l'occasion de l'astronomie, et étendu de proche en proche jusqu'à la chimie, vient enfin expulser de la biologie la croyance en la variabilité, en l'instabilité essentielles des processus organiques. Enfin la réduction des phénomènes pathologiques aux lois de la physiologie, par la généralisation d'un principe emprunté à Broussais, permet d'abolir toute différence de qualité entre l'état de santé et de maladie au profit d'une simple différence de degré, et par

---

20. *Cours*, 40ᵉ leçon, p. 243, note.
21. *Système de Politique positive*, I, p. 661.

suite de subordonner la médecine à une anatomo-physiologie enfin analytiquement systématisée.

Mais la constitution de la physiologie positive sur les bases de la méthode expérimentale voit paradoxalement surgir dès le *Cours*, dans la structure organique du vivant, un obstacle au progrès linéaire de l'analyse. Un organisme est un *consensus* d'organes et de fonctions dont l'harmonie est « tout autrement intime que leur harmonie avec le milieu »[22]. Un organisme est un tout dont la décomposition n'est possible que « d'après un » simple artifice intellectuel »[23]. Et c'est pourquoi le *Système* prescrit l'obligation de procéder, en biologie, de l'ensemble aux détail, du tout aux parties. « Comment persisterait-on à concevoir » le tout d'après ses parties, là où la solidarité est poussée » jusqu'à la stricte indivisibilité ? »[24]. Entre Kant et Claude Bernard, Comte réintroduit la finalité dans l'essence de l'organisme, sous l'aspect de la totalité.

Ce n'est pas là d'ailleurs le seul point de rebroussement de la méthode positive, poursuivie jusqu'à la biologie dans le sens du simple au complexe et du connu à l'inconnu. En célébrant la promotion de l'anatomie à la dignité quasi-philosophique d'anatomie comparée, base de la classification où l'esprit saisit synoptiquement la multitude des formes spécifiques, Comte est amené à adopter, contre l'idée d'une pluralité irréductible d'embranchements animaux, chère à Cuvier, celle d'une série unique, continue et hiérarchique des êtres, soutenue par Lamarck et Blainville. Or, la justification de ce choix constitue une fois de plus une subordination du simple au complexe, du commencement à l'achèvement. « L'étude de l'homme, dit Comte dans » le *Cours*, doit toujours hautement dominer le système complet » de la science biologique, soit comme point de départ, soit » comme but »[25]. Car la notion générale de l'homme est « la seule » immédiate »[26]. Et c'est pourquoi Comte peut se flatter de rester fidèle à la marche générale, « ce qui consiste à passer constam- » ment du plus connu au moins connu », lorsqu'il demande d'ordonner la série animale à rebours de l'ordre de complication, de façon à y lire « l'état évident de l'homme de plus en plus » dégradé et non l'état indécis de l'éponge de plus en plus perfec-

22. *Cours*, tome III, 40ᵉ leçon, p. 171.
23. *Ibid.*, 41ᵉ leçon, p. 281.
24. *Système de Politique positive*, I, p. 641.
25. *Cours*, III, 40ᵉ leçon, p. 163.
26. *Ibid.*

» tionnée » [27]. Il faudrait trop de bonne volonté pour tenter de rapprocher ici la démarche de Comte et celle de Goldstein et rechercher chez le premier une biologie phénoménologique avant l'heure ou déceler chez le second une inspiration positiviste méconnue. En fait Comte entrevoit, quoique sans doute confusément, où il veut aller. L'observation du sens de dégradation de l'animalité, à partir des fonctions intellectuelles, éminemment animales, revient à subordonner toute la biologie à la sociologie, dans la mesure où c'est la sociologie, et non une vaine psychologie, qui nous fournit la véritable théorie de l'intelligence.

Tel est, hâtivement brossé, le tableau, qui nous semble complet, de la philosophie biologique de Comte. Le pouvoir de stimulation intellectuelle, le prestige de cette composition systématique ont été considérables. On n'en a retenu, trop souvent, dans les rangs des philosophes, que son influence sur la philosophie et sur la littérature du XIXᵉ siècle, sur des auteurs vivant aux frontières des genres, comme Taine, théoricien assez et trop dogmatique de l'influence du milieu. En fait, il n'y a pas en France, de 1848 à 1880, de biologiste ou de médecin qui n'ait eu, pour situer sa recherche dans la coopération ou le heurt des idées, pour se définir à lui-même le sens et la portée de son travail, affaire directement aux thèmes de la philosophie biologique comtienne, ou indirectement à elle par des thèmes qui en découlaient. Nous rappellerons quelques faits, assez bien connus dans l'histoire de la médecine et le plus souvent oubliés dans l'histoire de la philosophie.

Dans le *Système de Politique positive* (1851) Comte nomme deux jeunes médecins qu'il donne pour ses disciples, les docteurs Segond et Robin. Ce sont là deux des fondateurs, en 1848, de la *Société de Biologie*, dont les travaux et les Comptes Rendus, toujours poursuivis encore aujourd'hui, donnent l'image la plus complète, la plus vivante des progrès des recherches biologiques en France depuis un siècle. Le premier Bureau de cette Société, en 1848, était composé de Rayer, par la suite Doyen de la Faculté de Médecine, président; de Claude Bernard et de Charles Robin, vice-présidents; de Brown-Sequard et de Second secrétaires. Le premier règlement de la Société avait été rédigé par Robin; son article premier disait : « La Société de Biologie est instituée » pour l'étude de la science des êtres organisés, à l'état normal » et à l'état pathologique ». L'esprit qui animait les fondateurs

27. *Ibid.*, p. 254.

de la Société était celui de la philosophie positive. Le 7 juin 1848, Robin lisait un mémoire *Sur la direction que se sont proposée en se réunissant les membres fondateurs de la Société de biologie pour répondre au titre qu'ils ont choisi*. Robin y exposait la classification comtienne des sciences, y traitait dans l'esprit du *Cours*, des tâches de la biologie, au premier rang desquelles la constitution d'une étude des milieux, pour laquelle Robin inventait même le terme de *mésologie*. Lorsqu'en 1899, la *Société de Biologie* commémora son cinquantième anniversaire, le physiologiste Emile Gley lut un rapport sur *La Société de Biologie et l'évolution des sciences biologiques en France*, où les traces de l'impulsion donnée par le positivisme aux études biologiques en France sont visibles en maintes occasions. La lecture du Rapport de Gley est aujourd'hui encore pleine d'intérêt [28].

Charles Robin, dont Georges Pouchet a publié en 1886, dans le *Journal de l'Anatomie et de la Physiologie* une remarquable bio-bibliographie, devint en 1862 le premier titulaire de la chaire d'histologie à la Faculté de Médecine de Paris. Dans cette chaire, il ne cessa de rester fidèle à l'une des idées de la philosophie biologique de Comte, dans la mesure où il refusa toujours d'enseigner la théorie cellulaire, sous la forme dogmatique que lui avait donnée Virchow. Robin ne cessa d'enseigner que la cellule est un des éléments anatomiques et non l'élément anatomique fondamental des organismes. Faut-il signaler que, dans l'école de Robin, une thèse fut soutenue en 1865 sur *La Génération des éléments anatomiques*. Son auteur qui devait traduire ultérieurement le livre de John-Stuart Mill sur *Auguste Comte et la philosophie positive*, a laissé en France un nom dont la célébrité dissimule à beaucoup sa première vocation intellectuelle. Il s'agit de Georges Clemenceau.

En rappelant que Robin est avec Emile Littré l'auteur du *Dictionnaire de Médecine* qui remplace définitivement, à partir de 1873, les éditions successivement remaniées du Dictionnaire de Nysten, nous attirerons l'attention sur une autre influence de la philosophie biologique d'Auguste Comte, sur le développement qu'elle a imprimé aux études lexicographiques, aux éditions critiques de textes médicaux, à l'histoire des sciences médicales. Qu'il suffise de citer, à côté de celui de Littré, le nom de Charles

---

28. Cf. *Comptes rendus de la Société de Biologie*, n° 40, 1899. Ce rapport est reproduit in *Essais de Philosophie et d'Histoire de la Biologie*, Paris, 1900.

Daremberg, l'auteur, chez nous inégalé, de l'*Histoire des Sciences Médicales* (1870).

Ce serait une tout autre tâche que de rechercher dans quelle mesure la plupart des théories que les historiens de la physiologie attribuent à Claude Bernard, pour lui en faire honneur, trouvent en réalité leur origine dans la philosophie biologique de Comte. Au moins est-il certain que, même sans l'*Introduction à l'Etude de la Médecine expérimentale*, le XIXᵉ siècle aurait été familiarisé avec les théories du déterminisme des phénomènes biologiques, de l'identité de nature des phénomènes physiologiques et pathologiques, de la spécificité irréductible des êtres organiques.

En résumé, Comte n'avait pas tort d'affirmer, en 1854, à la fin du *Système de Politique positive*, qu'en dépit de sa sévérité à leur égard il avait toujours trouvé chez les médecins de précieuses sympathies envers une doctrine qui relevait leur indépendance théorique, tout « en incorporant leur office au sacerdoce » de l'Humanité »[29]. Il est bien vrai que la médecine est un parti-pris pour la vie. Et la philosophie biologique de Comte justifie systématiquement ce parti-pris.

Dans la construction savante et bien informée qu'est la philosophie biologique de Comte se cache une conviction intuitive de portée grandiose. L'impulsion agissante de cette conviction tient sans doute au fait que le génie de l'utopie y anime, sans les contredire, les propositions les plus audacieuses d'une science neuve et les acquisitions les plus éprouvées d'une réflexion presque aussi vieille que la vie. Cette conviction c'est que la vie s'agite et agit dans le monde de l'inerte sans y trouver sa source, qu'elle abandonne à la mort des organismes individuels qui n'en proviennent pas. « L'ensemble des corps naturels ne forme pas un » tout absolu »[30]. Cette conviction, composée avec l'idée de la série linéaire continue des vivants, trouvant le sens de son ordre et la direction de son progrès dans son couronnement humain, s'est muée dans l'idée de la Biocratie, condition obligée de la Sociocratie. C'est là l'équivalent positiviste de la vieille idée métaphysique du Règne des Fins.

Comte n'aurait accepté en aucune façon de s'entendre, même pour hommage, qualifier de métaphysicien. Peut-être même aurait-il mal supporté de s'entendre désigner comme le dernier

29. *Système de Politique positive*, IV, p. 427.
30. *Système*, I, p. 579.

et le plus grand représentant au XIXᵉ siècle de l'Ecole médicale de Montpellier. Et il nous semble bien qu'il l'est. La certitude intuitive, vitale et presque vécue, de l'autonomie de la vie, peut-être s'est-elle enracinée dans l'esprit de Comte, à la lecture de Bichat, ce Bichat dont il parle toujours comme il ne fait d'aucun autre. Profondément, malgré ses réserves, ses critiques même, Comte reprend à son compte la définition fameuse : *la vie est l'ensemble des fonctions qui résistent à la mort.* Assurément, Comte voit dans cette résistance plus d'activité, plus d'agressivité, plus d'invention que ne fait Bichat. « S'il doit exister une foule » de manières de vivre, il ne peut guère y avoir, au fond, qu'une » seule manière naturelle de mourir » [31]. Mais l'intuition dramatique de la vie comme lutte ininterrompue subsiste essentiellement de Bichat, et d'ailleurs aussi de Lamarck, jusqu'à Comte. Le premier devoir de l'Humanité envers la vie, c'est « d'unir de plus » en plus toute la nature vivante pour une immense lutte permanente » nente contre l'ensemble du monde inorganique » [32]. La base systématique complète de la politique positive, c'est l'effort durable pour « diriger toute la nature vivante contre la nature » morte, afin d'exploiter le domaine terrestre » [33]. Sans doute le progrès du contrôle de l'inerte par le vivant reste-t-il modeste, quoique continu, dans la mesure où il ne saurait jamais aller jusqu'à renverser les bases de l'ordre matériel reposant principalement sur « l'inaltérable empire de la nature morte » [34]. Il ne s'agit pas ici d'une charge capable de culbuter toutes les résistances et de surmonter tous les obstacles et peut-être même de vaincre la mort. Il s'agit d'un effort dont l'obstination est commandée par la lucidité seule, non par l'espoir d'abolir l'obstacle dans le passage à la transcendance d'un pouvoir absolu. Il s'agit, selon la belle formule d'un grand homme qui sut très souvent être un grand écrivain, de « la ligue continue de la vie contre la mort » [35].

31. *Cours*, III, 40ᵉ leçon, p. 190.
32. *Système*, I, p. 595.
33. *Ibid.*, I, p. 615.
34. *Système*, p. 618.
35. *Ibid.*, IV, p. 439.

II. — L'ECOLE DE MONTPELLIER
JUGEE PAR AUGUSTE COMTE *

Choisissant les ouvrages dignes de composer la Bibliothèque positiviste, A. Comte retient *Les Nouveaux éléments de la science de l'homme* (2ᵉ édition, 1806) et *La Théorie du beau* de Paul-Joseph Barthez. Cette référence nous donne la mesure de l'influence qu'exerce encore, sur l'esprit de Comte, à l'époque du *Système de politique positive* (1851-1854), l'œuvre d'un grand médecin, dont les biologistes du temps, Claude Bernard notamment, tiennent l'enseignement pour périmé. A deux reprises le *Système* associe les noms de Barthez et de Bichat, et une fois au moins c'est pour louer l'un et l'autre d'avoir refusé et réfuté la « prétendue expli- » cation » chimique de la chaleur animale. « Au siècle dernier, » dit Comte, c'étaient surtout les médecins qui cultivaient la chimie; maintenant, au contraire, la biologie est envahie par de simples chimistes, étrangers à toute conception vitale ». Si Comte, en 1851, consent encore à fonder son admiration pour Barthez sur l'une des applications les moins heureuses de la doctrine du principe vital, on conçoit qu'à l'époque du *Cours de philosophie positive* (tome III, 1836-1837) il ait pu considérer « l'intention » dominante » de la doctrine elle-même comme une « intention » évidemment progressive », non pas seulement, comme l'était celle de la doctrine de Stahl, en raison de sa réaction contre les dogmes mécanistes, mais surtout en raison du caractère express- sément réfléchi de la méthode qu'elle illustre. Dans une note de la vingt-huitième leçon du *Cours*, Comte salue dans la personne de l'illustre Barthez « un philosophe d'une bien plus haute

* Communication au XVIᵉ Congrès international d'Histoire de la Médecine, Montpellier, 22 - 28 septembre 1958. Extrait de *Scalpel*, n° 3, 21 janvier 1961.

» portée » que Condillac, et dans le discours préliminaire aux
Nouveaux éléments de la science de l'homme un texte « éminent
» par sa force philosophique », une « excellente théorie logique »,
bien supérieure au *Traité des systèmes* du « métaphysicien »
Condillac. Dans la quarante-troisième leçon, Barthez est loué
pour avoir établi « les caractères essentiels de la saine méthode
» philosophique, après avoir si victorieusement démontré l'inanité
» de toute tentative sur les causes primordiales et la nature intime
» des phénomènes d'un ordre quelconque et réduit hautement
» toute science réelle à la découverte de leurs lois effectives ».
Il n'est pas douteux que la lecture d'un traité de médecine, publié
en 1778, a pu fournir à Comte les affirmations fondamentales de
sa philosophie positive, qu'il retrouvait confirmées dans l'*Exposition du système du monde* publiée par Laplace en 1796 et dans
le discours préliminaire à la *Théorie analytique de la chaleur* de
Fourier, en 1822.

On conçoit donc que Comte, ayant caractérisé la doctrine de
Stahl comme « la formule la plus scientifique de l'état méta-
» physique de la physiologie », puisse déclarer que la formule de
Barthez *(le principe vital)* « représente un état métaphysique
» de la physiologie plus éloigné de l'état théologique que ne le
» supposait la formule employée par Stahl ». Comte ne se laisse
pas abuser, comme tant de ses contemporains et comme tant
des contemporains de Barthez, par l'apparente facilité d'une substitution de dénominations. Il ne pense pas que Barthez se soit
contenté de désigner différemment cette même entité que Stahl
avait nommée âme. Il fait ici, au contraire, une remarque pertinente et profonde : « Pour un ordre d'idées aussi chimérique,
» un tel changement d'énoncé indique toujours nécessairement
» une modification effective de la pensée principale ».

Le précieux historien de Barthez, Jacques Lordat, son ami,
fait remarquer qu'Haller est le principal responsable de la
méprise quasi générale qu'évite pourtant Comte. C'est Haller
qui a écrit dans sa *Bibliothèque anatomique* (II, p. 583) que
Barthez admettait un Archée qu'il nommait Principe Vital qui
est la source des forces de la vie. C'est Haller qui écrit à Barthez,
en le remerciant de l'envoi du Discours Académique *De Principio
vitali Hominis*, prononcé en 1772 à la rentrée de l'Université de
Médecine de Montpellier, qu'il n'ose pas, pour son compte, se
livrer « à l'admission d'un principe dont la nature serait inconnue
» et nouvelle ».

Notons ici que s'il est certain que l'œuvre de Barthez est l'une des sources de la philosophie scientifique de Comte, il est pour le moins vraisemblable que l'*Exposition de la doctrine médicale* de Barthez publiée par Lordat en 1818, est l'un des soutiens du jugement porté par Comte sur cette œuvre. Lordat était professeur d'anatomie et de physiologie à Montpellier à l'époque où Comte, envoyé dans sa ville natale en résidence surveillée, pour avoir provoqué, en 1816, le licenciement de l'Ecole Polytechnique, y suivit librement les cours de la Faculté de Médecine, dix ans après la mort de Barthez. Peut-être n'est-il pas sans intérêt de relever ici qu'en qualifiant de « formule » l'expression de « Prin-» cipe vital » inventée par Barthez, Comte ne fait qu'emprunter à Lordat le terme dont se sert cet auteur quand il blâme Haller de n'avoir pas compris que cette expression n'impliquait pas de croyance à une substance particulière, à un être distinct du corps et de l'âme. C'est peut-être parce qu'il a appris à connaître les doctrines de l'école de Montpellier sur les lieux mêmes qu'elle illustrait de la gloire des idées que l'admiration a soutenu chez Comte la clairvoyance de l'appréciation, stimulée d'ailleurs par une animosité déclarée à l'égard de certains maîtres de l'Ecole de Paris. Mieux en tout cas que Blainville, dont pourtant, à l'époque du *Cours*, il n'a qu'éloges à faire, il aperçoit l'originalité du vitalisme montpelliérain, systématisé par Barthez, et importé dans Paris par Pinel et Bichat. Dans son *Histoire des sciences de l'organisation* (1847), sur la rédaction de laquelle Comte fait, dans le *Système de politique positive*, de sévères réserves, Blainville, c'est-à-dire sans doute l'Abbé Maupied, affirme à plusieurs reprises l'identité fondamentale de l'animisme et du vitalisme, la continuité d'une doctrine de Stahl à Barthez et à Bichat.

Et cependant Comte semble, en fin de compte, se rallier à l'opinion selon laquelle Barthez aurait cédé à la tentation onto-logique en accordant au principe vital la réalité d'une substance : « ...après avoir d'abord introduit son principe vital à titre de » simple formule scientifique, uniquement consacrée à désigner « abstraitement la cause inconnue des phénomènes vitaux, il fut » inévitablement conduit à investir ensuite ce prétendu principe » d'une existence réelle et très compliquée, quoique profondément » inintelligible, que son Ecole a, de nos jours, si amplement déve-» loppée ». Nous pensons qu'ici Comte fait preuve, une fois de plus, d'une sorte d'incapacité à discerner la métaphysique de la critique, au sens kantien du terme. La raison qui avait porté Barthez à invoquer, sous le nom choisi par lui, un fait vital

unique et dernier (ou premier), dominant les différents actes
vitaux élémentaires, c'est l'unité de combinaison de tous ces
phénomènes, c'est l'individualité de l'organisme, d'abord considérée comme une donnée de l'expérience médicale. Lordat a eu
un mot très heureux quand il a dit du principe vital que c'était
« une cause expérimentale de l'ordre le plus élevé ». Bergson n'a
pas su dire mieux quand il s'est défendu d'avoir fait de l'*élan vital*
autre chose qu'une rubrique récapitulative de plusieurs faits
biologiques expérimentalement admis. La position de Barthez
était une position critique. S'il n'a pas polémiqué, avec l'ardeur
qu'eût souhaitée Comte, contre les tenants de la nature substantielle du principe vital, c'est uniquement parce que les adversaires
de cette opinion, de portée transcendante, ne pouvaient pas
apporter à l'appui de leur négation des arguments plus forts
ou plus nombreux que ceux qu'ils invoquaient positivement pour
soutenir leur propre thèse. Barthez renvoyait dos à dos la thèse
et l'antithèse et laissait la question en suspens. « Je ne saurais
» trop le dire, insiste Lordat, son premier dogme est l'Unité,
» l'Individualité physiologique du système vivant... Tout le reste
» de cette doctrine se compose de résultats généraux qui expri-
» ment les modes d'action du principe de cette unité. Au reste
» en professant un scepticisme absolu sur la nature du principe
» vital, Barthez a senti que cet état d'*époque* était violent, et que
» beaucoup d'hommes manquent de la force d'esprit nécessaire
» pour garder un pareil équilibre. Il n'a pas voulu que des spécu-
» lations indifférentes devinssent l'occasion d'un schisme. Il laisse
» donc à ses disciples la liberté de se complaire aux conjectures
» qui flattent le plus leur imagination, pourvu qu'ils n'intro-
» duisent pas dans la science un langage exclusivement approprié
» à leurs sentiments particuliers, et qu'ils ne prétendent point
» tirer de ces agréables illusions des objections contre les prin-
» cipes fondés sur les faits ».
Mais hors de toutes questions de méthode et de doctrine, Comte
a su apercevoir quelle saisie directe et authentique des faits
organiques se dissimulait derrière l'abstraction du principe vital.
C'est à la leçon de Barthez autant qu'à celle de Bichat qu'il doit
son vif sentiment de la liaison obligée des concepts d'organisation
et de vie à celui de *consensus*. Ici peut-être tenons-nous le motif
qui pousse Comte à réduire au seul Barthez l'Ecole de Montpellier.
Comte ignore ou feint d'ignorer Bordeu. Il n'est pas téméraire
de penser que la doctrine des vies élémentaires dont la somme
constituerait la vie de l'entier — cette doctrine dont Diderot

s'enchante dans le *Rêve de d'Alembert* — ne pouvait davantage satisfaire Comte que ne le faisait la théorie des molécules organiques, et qu'elle relève les mêmes objections que la quarante et unième leçon du *Cours* développe contre les premières ébauches de la théorie cellulaire. Comme Bichat a détourné Comte de suivre Oken, Barthez a éclipsé pour lui Bordeu. Le concept de molécule organique ou d'animalcule composant d'un vivant complexe véhicule une analogie dangereuse entre la chimie et la biologie. La vie est nécessairement la propriété d'un tout. « Les animal-» cules élémentaires seraient évidemment encore plus incompré-» hensibles que l'animal composé, indépendamment de l'insoluble » difficulté qu'on aurait dès lors gratuitement créée quant au » mode effectif d'une aussi monstrueuse association ». C'est bien l'esprit de Barthez qui inspire cette déclaration de Comte, dans laquelle on pressent autant d'interdits qu'on y décèle de scru-pules : « Un organisme quelconque constitue, par sa nature, » un tout nécessairement indivisible que nous ne décomposons, » d'après un simple artifice intellectuel, qu'afin de le mieux » connaître, et en ayant toujours en vue une recomposition ulté-» rieure ».

L'évolution intellectuelle de Comte, du *Cours* au *Système*, le confirmera dans son hostilité et sa résistance à « l'usurpation » cosmologique », c'est-à-dire à la prétention des sciences physico-chimiques de fournir à la biologie ses principes d'explication. C'est de Barthez que Comte tient les motifs de ses réserves les plus fermes, bien que progressivement plus nuancées, à l'égard de lamarckisme. L'organisme, tant sous le rapport de la formation que sous celui de l'opération, ne peut être intégralement déter-miné par le milieu. A travers Lamarck, c'est Descartes qui est explicitement visé. Comte a toujours été et s'affirme progressi-vement toujours plus résolument dualiste. L'auteur du *Système* écrit que sans le dualisme irréductible du monde inorganique et du monde organique la science vitale ne saurait exister. « L'ensemble des corps naturels, dit-il encore, ne forme pas un » tout absolu ». Malgré ses réserves à l'égard de la formule inaugurale des *Recherches physiologiques sur la vie et la mort*, Comte est aussi intuitivement convaincu que Bichat que la vie est une lutte contre la mort. Le progrès de l'humanité consiste dans la conscience croissante du sens de cet effort spontané et du devoir qui en découle, « d'unir de plus en plus toute la nature » vivante pour une immense lutte permanente contre l'ensemble » du monde inorganique ». La source de ces pensées de Comte doit être cherchée à Montpellier. En rendant justice à Barthez, Comte a construit une théorie de la vie qui ne le cède en rien, pour l'ampleur et le souffle, aux systèmes de biologie romantique. Nous pouvons dire de lui qu'il a été, au XIXe siècle, en philosophie biologique, sinon en biologie, le plus illustre représentant de l'Ecole de Montpellier.

III. — **HISTOIRE DES RELIGIONS
ET HISTOIRE DES SCIENCES**
dans la théorie du fétichisme chez Auguste Comte *

Sous le nom de *fétichisme*, Auguste Comte a cherché à construire une théorie abstraite et totale des rapports de la religion et de la nature humaine. Cette théorie a été plus souvent discutée qu'analysée, en raison notamment du fait que, dans sa deuxième carrière philosophique, Comte a semblé réduire la garantie de progrès intellectuel contenue dans la loi des trois états au profit d'une assurance de continuité entre l'état positif final et le fétichisme initial. On a méconnu que la théorie comtienne des origines de la forme religieuse de penser repose moins sur la connaissance descriptive de formes sociales chronologiquement initiales que sur l'éclaircissement de la signification permanente d'une réaction de l'homme à sa situation originaire. On ne paraît pas surtout avoir accordé un intérêt suffisant à l'identification des thèmes de réflexion subtilement composés par Comte dans une théorie si nourrie de lectures qu'elle peut passer pour une synthèse, assurément originale, au XIXᵉ siècle, de l'histoire philosophique des religions et de l'histoire philosophique des sciences, élaborées par différents auteurs du XVIIIᵉ.

* Extrait des *Mélanges Alexandre Koyré*, II, *L'aventure de l'esprit*, Paris, Hermann, 1964.

Depuis la rédaction de cette étude, les rapports entre la pensée d'Auguste Comte et l'œuvre de de Brosses ont fait l'objet d'un important article de Mᵐᵉ Madeleine David, *La notion de fétichisme chez A. Comte et l'œuvre du président de Brosses « Du culte des dieux fétiches »*, in « Revue d'histoire des religions », numéro d'avril - juin 1967.

(*Cours* désigne le *Cours de philosophie positive* dans l'édition Schleicher, Paris, 1907. *Système* désigne le *Système de politique positive*, 4ᵉ éd., Crès, Paris, 1912.)

Le fétichisme, selon Comte, est une attitude primordiale de
l'homme à l'égard du monde, dans la mesure où la variété des
cas et circonstances dans lesquels elle surgit permet de la tenir
pour un invariant de la nature humaine. Individuellement, le
fétichisme est un mode de spéculation caractéristique de l'animal [1], de l'enfant [2], de l'adulte normal quand la pratique exige
qu'une décision outrepasse les résultats d'une analyse [3], de
l'adulte passionné [4], de l'aliéné [5]. Collectivement, le fétichisme est
l'état intellectuel fondamental révélé par l'examen rationnel des
civilisations les moins avancées [6]. Cette attitude est fondée sur
un mode d'explication des choses et des événements. Régulation
de l'existence humaine concrète [7], la religion est avant tout une
régulation des rapports de l'organisme et du milieu dont les
opérations de l'intelligence constituent la forme la plus élevée,
bien qu'originairement la moins puissante. Le fétichisme est
le premier des types d'explication par causalité, la forme la plus
fruste de recherche des origines et des destinations absolues,
prêtant à la totalité des êtres, conçus par analogie avec l'homme,
des volontés leur tenant lieu de lois [8]. Ce n'est pas de l'animisme,
au sens étroit et d'ailleurs postérieur de ce terme, ce n'est pas
même, en rigueur, de l'anthropomorphisme puisque l'animal
lui-même en est capable. C'est plutôt un biomorphisme, consistant
dans « l'explication du monde d'après l'homme, suivant l'assi-
» milation spontanée de la nature morte à la nature vivante » [9],
dans « la confusion entre le monde inorganique et la nature
» vivante » [10]. La négation spontanée du dualisme entre nature
morte et nature vivante est sans doute une erreur capitale [11],
mais engendrant par elle-même sa réfutation, car « on peut la
» constater pleinement et s'en affranchir ». Au lieu que le polythéisme, substituant à la volonté directe d'être supposés vivants
la volonté indirecte d'agents extérieurs à la matière passive,

1. *Cours*, V, 19-20 et 66, note 1; *Système*, II, 84, et III, 82.
2. *Système*, II, 84.
3. *Système*, II, 81 et III, 82-83.
4. *Système*, II, 85, 88 et III, 84.
5. *Cours*, V, 19.
6. *Système*, III, 6.
7. *Système*, II, 9 et 12-13.
8. *Système*, II, 81.
9. *Système*, II, 80-81.
10. *Système*, II, 85.
11. *Système*, III, 86.

ne comporte pas initialement plus de possibilité de réfutation
que de confirmation [12].

Le mode d'explication selon une causalité de type animal,
c'est-à-dire affection et volonté, entraîne à l'égard du milieu
cosmique un sentiment humain d'adoration, car « lors même
» que ce culte s'étend à des puissances malfaisantes, ouvertement
» admises par la naïveté fétichique, il détermine une vénération
» qui toujours ennoblit la crainte correspondante » [13]. Sans doute,
la vision fétichiste du monde commande-t-elle résignation et
fatalisme [14], mais elle autorise aussi en revanche l'espoir d'obtenir
que la volonté des agents extérieurs à nous conspire avec la
nôtre propre. En sorte que « la tentation naturelle de fonder
» nos opinions sur nos désirs » [15] se révèle une illusion aussi
féconde qu'elle est fondamentale.

On n'a peut-être pas assez insisté sur le fait que, selon Comte,
la mise en marche de l'histoire par une illusion propulsive est
nécessaire à l'avènement de l'esprit positif. L'histoire humaine
est le développement de la nature humaine, entendue comme une
pluralité de virtualités dont le passage à l'acte s'opère à des
vitesses différentes. Initialement, la nature humaine est dyshar-
monique : pouvoirs et exigences, moyens et fins n'y sont pas
ajustés. La vie et l'expérience humaines sont un aspect de la
co-relation biologique entre les organismes et les milieux. Cette
co-relation s'exprime dans deux tendances également quoique
inversement vitales : soumission aux conditions d'existence,
initiative en vue de les modifier. De cette opposition concrète
naissent toutes sortes de conflits, entre la spéculation et l'entreprise, entre l'intelligence et l'affectivité, entre la réalité et la
fiction. Cette opposition et ces conflits prennent figure de cercles.
Mais la nature vivante n'est pas davantage selon Comte que selon
Bergson prisonnière des exigences de la logique. L'opposition
logique condamnerait l'histoire à ne pas commencer. Or, la
nature humaine n'est pas initialement bloquée, mais seulement
torpide [16]. Les cercles de la nature humaine ne concernent donc
que l'énergie des tendances primordiales et la vitesse de leur
développement [17]. L'histoire, ou le progrès, ou le développement

12. *Ibid.*
13. *Système*, III, 108.
14. *Cours*, V, 38; *Système*, III, 123.
15. *Système*, III, 94.
16. *Cours*, V, 38-39.
17. *Cours*, IV, 286-289.

de la nature humaine ne consiste que dans une modification, progressivement plus réfléchie et plus systématiquement provoquée par la culture, de l'énergie proportionnelle des tendances primordiales, sans altération toutefois de leur rapport initial, « sans inversion réelle de l'ordre fondamental » [18].

Entre Pascal et Comte, Voltaire et Condorcet ont aperçu dans les progrès de l'esprit humain le correctif des conséquences du principe de contradiction appliqué à la nature humaine, l'antidote de la misanthropie engendrée par l'exigence logique du tout ou rien. L'insuffisance initiale des moyens de l'humanité relativement à ses fins n'est plus, selon Comte, la marque d'une déchéance par rapport à un état originel de perfection. S'il est vrai que « par une déplorable coïncidence l'homme a précisément » le plus besoin du genre d'activité auquel il est le moins » propre » [19], c'est-à-dire s'il est vrai que l'homme est celui de tous les animaux chez qui l'intelligence a le plus à faire pour atténuer la discordance entre « les imperfections physiques » et les « nécessités morales » de sa condition, ce fait exprime seulement que l'humanité commence par une enfance. En toute enfance, il y a décalage et disproportion entre la faible portée des moyens quelconques et l'ambition de puissance. Cela est vrai dans l'ordre de la théorie comme dans l'ordre de la pratique. Sous ce double rapport, l'homme a une prédilection instinctive pour les difficultés qu'il ne saurait d'abord résoudre [20].

Or, dans tous les cas, les cercles apparents de la nature humaine trouvent une solution spontanée et naturelle : la philosophie théologique [21], mode d'explication et mode de vie en parfaite harmonie avec les besoins propres à l'état primitif de l'humanité [22]. La religion est l'illusion inévitable qui donne à l'homme

18. *Ibid.*, 289.
19. *Ibid.*, 287.
20. *Cours*, I, 5 et IV, 353. Sans prétendre que Comte s'inspire ici de Hume, on rapprochera cependant la thèse positiviste sur la discordance naturelle initiale entre les exigences et les pouvoirs de l'homme et les réflexions de Hume sur l'origine de la justice, dans le *Traité de la Nature humaine* : « De tous les êtres animés qui peuplent le globe, il n'y en a pas contre qui semble-t-il, à première vue, la nature se soit exercée avec plus de cruauté que contre l'homme, par la quantité infinie de besoins et de nécessités dont elle l'a écrasé et par la faiblesse des moyens qu'elle lui accorde pour subvenir à ces nécessités... C'est en l'homme seulement qu'on peut observer, à son plus haut point de réalisation, cette union monstrueuse de la faiblesse et du besoin » (trad. A. Leroy, Aubier éd., II, 601-602).
21. *Cours*, I, 5 et IV, 351.
22. *Cours*, IV, 362.

confiance et courage pour agir en vue d'améliorer « la misérable
» insuffisance »[23] de ses ressources personnelles, pour « le soula-
» gement de ses misères »[24]. Elle est la lumière et l'espoir qui
brille « au milieu des profondes misères de notre situation origi-
» naire »[25]. On retiendra cette dernière expression. Réaction
compensatrice à la misère d'une situation — et non plus vérité
transhistorique fondant une condition de misère — la religion
originaire n'est pas célébrée dans l'angoisse ni la peur. Ce n'est
qu'à la longue qu'on verra la religion engendrer « une terreur
» oppressive et une langueur apathique »[26]. Initialement, la philosophie théologique n'inspire que « la confiance consolante et
» l'active énergie »[27].

Prenant la liberté de paraphraser Comte dans un vocabulaire
différent du sien, nous dirons que la rupture des cercles d'oppositions entre les tendances de la nature humaine se fait par
une présomption initiale instituant une synthèse spontanée des
contraires. Nous entendons ici par présomption l'anticipation
opérative qui suppose résolu un problème, l'assomption *a priori*
d'une solution dont la construction effective et efficace dépend
d'une affirmation de possibilité. Le fétichisme c'est la vision du
monde sans laquelle la vie vécue en conscience, même médiocre,
ne serait pas possible, le sentiment d'une convenance obligée
des milieux aux organismes. La tâche de l'histoire : humaniser
le monde, est supposée déjà faite. Cette illusion seule peut
pousser l'homme à entreprendre de surmonter tout ce qui,
à première et plus simple vue, la dément. L'excitant de la nature
humaine, ce qui l'arrache à la torpeur, le principe de l'histoire
c'est une chimère[28], un rêve éveillé[29]. Au commencement était
la Fiction.

On comprend maintenant pourquoi le fétichisme constitue « le

---

23. *Cours*, IV, 353.
24. *Cours*, V, 38-39.
25. *Cours*, IV, 356.
26. *Ibid.*, 363.
27. *Ibid.*
28. *Ibid.*, 356.
29. *Cours*, V, 34 : « Sous le fétichisme, et même pendant presque tout le
règne du polythéisme, l'esprit humain est nécessairement, envers le monde extérieur, en un état habituel de vague préoccupation qui, quoique alors normal et
universel, n'en produit pas moins l'équivalent effectif d'une sorte d'hallucination
permanente et commune où, par l'empire exagéré de la vie affective sur la vie
intellectuelle, les plus absurdes croyances peuvent altérer profondément l'observation directe de presque tous les phénomènes naturels. »

» vrai fond primordial de l'esprit théologique, envisagé dans sa
» plus pure naïveté élémentaire »[30], pourquoi il est tenu pour la
« religion primitive »[31]. Dans l'histoire de l'esprit humain, il n'y
a rien avant le fétichisme. Si l'on supprime en pensée le fétichisme humain, on ne tombe pas pour autant sur la simple
activité de la brute. La brute n'est pas si brute. L'animal vertébré
supérieur est lui aussi fétichiste[32]. Parce qu'il a ses racines chez
le vivant, en deçà de l'homme, dans la série hiérarchique des
formes animales, le fétichisme est bien, pour l'homme, en matière
de religion, une origine absolue. Il est la projection universelle
du sentiment de vivre, vécu par le vivant individué. C'est le
vivant se comportant comme s'il ne pouvait vivre qu'en conspi-
ration avec la vie universelle. Le vivant refuse d'abord la mort
sous ses deux formes : comme règne de l'inertie, contraire universel de la vie universelle, comme limite inéluctable de la vie individuelle. C'est pourquoi le fétichisme comporte partout le culte
des ancêtres[33].

Parce que Comte conçoit le fétichisme comme la forme spontanée de l'indispensable unité réalisée par la religion, il en fait
le commencement obligé de toutes les religions, le stade initial
du premier des trois états de l'esprit humain. Polythéisme et
monothéisme n'existent après lui qu'en fonction de lui. Et donc
on voit Comte rejeter toutes les thèses d'historiens de la religion
qui tiennent le fétichisme pour second[34]. L'humanité n'a pas
commencé par le polythéisme, car le polythéisme dédouble ce
que le fétichisme avait confondu[35]. A plus forte raison, l'humanité
n'a-t-elle pas commencé par le monothéisme[36], comme l'avait
d'abord soutenu Huet dans sa *Demonstratio evangelica* (1679).

Comte repousse encore, dans le *Cours*, l'idée selon laquelle
le fétichisme, en tant que forme primitive de l'exercice de l'intelligence, succéderait à une sauvagerie antérieure, à un état de vie
collective dans lequel l'homme n'aurait été capable que de

30. *Cours*, V, 21.
31. *Système*, III, 124.
32. *Cours*, V, 20; *Système*, I, 625 et II, 349.
33. *Système*, III, 111.
34. *Cours*, V, 16 sq.
35. *Ibid.*, 17 et 51.
36. *Ibid.*, 17 et 62.

techniques concernant l'existence matérielle. Dans cette hypothèse, « les besoins intellectuels n'auraient pas toujours existé,
» sous une forme quelconque, dans l'humanité » [37]. Il faudrait, en
ce cas, tenir la spéculation pour un avènement, il faudrait la
dériver d'autres fonctions humaines qu'elle-même. Mais c'est là
une hypothèse incompatible avec la théorie biologique de la
nature humaine, puisqu'elle revient à nier que partout et toujours
« l'organisme humain a dû présenter, à tous égards, les mêmes
» besoins essentiels » [38].

Plus tard, dans le *Système*, Comte réfute la thèse symétrique
inverse, savoir « une prétendue antériorité de l'état positif envers
» l'état théologique » [39]. C'est Bailly qui, dans son *Histoire de
l'Astronomie ancienne* (1755), a supposé l'existence « d'un peuple
» détruit et oublié qui a précédé et éclairé les plus anciens
» peuples connus » [40], qui a cherché à établir que « quand on
» considère avec attention l'état de l'astronomie dans la Chaldée,
» dans l'Inde et dans la Chine, *on y trouve plutôt les débris que*
» *les éléments d'une science* » [41]. C'est Bailly qui, dans ses *Lettres
sur l'origine des Sciences et sur celles des peuples de l'Asie* (1777),
essaie de convaincre Voltaire que l'existence de ce peuple perdu
est prouvé par le tableau des anciennes nations de l'Asie,
par « la trace de l'esprit humain revenu sur ses pas » [42], et que
le siècle des lumières n'est pas sans précédent :

« La résistance qu'on peut faire à l'opinion d'un ancien état des
» sciences perfectionnées naîtrait-elle d'un sentiment de jalousie ?
» Notre siècle est trop éclairé, l'Europe voit aujourd'hui l'époque
» la plus brillante des sciences; qu'importe à sa gloire que cette
» époque ait été précédée de quelque autre ? Nos succès mêmes
» appuient ma conjecture. Vous avouerez, Monsieur, que ce que
» nous avons fait, on a pu le faire avant nous » [43].

Si nous n'avons pas la preuve que Comte ait lu Bailly, nous
ne pouvons douter du fait qu'il a lu Buffon [44]. Or, dans *Les Epoques*

37. *Ibid.*, 18.
38. *Ibid.*
39. *Système*, III, 73.
40. *Avertissement* des *Lettres sur l'origine des sciences*, 1777.
41. *Histoire de l'astronomie ancienne*, l. I, § 12, p. 18.
42. *Lettres sur l'origine des sciences*, 204.
43. *Ibid.*, 206-207.
44. *Cours*, V, 37. Comte ne cite jamais Bailly. On n'en saurait conclure qu'il
ne l'a pas lu ni utilisé. Il ne cite pas davantage dans les Leçons 19 à 25 du *Cours*
le *Précis de l'Histoire de l'astronomie* de Laplace qu'il utilise abondamment. En

de la Nature (1778; VIIe Epoque : lorsque la puissance de l'homme a secondé celle de la nature), Buffon admet, après et d'après Bailly, que l'humanité a pu dégénérer d'un état antérieur de science et de civilisation. Buffon pense qu'au milieu des premières peuplades terrifiées par les ultimes cataclysmes telluriques a surgi un peuple actif sur une terre privilégiée, l'Asie centrale; un peuple heureux, pacifique et savant, ayant une connaissance de l'astronomie dont celle des Chaldéens et des Egyptiens ne représente que des débris [45].

En fondant la primitivité du fétichisme dans la nature de l'homme, A. Comte n'entend pas le moins du monde en faire la religion naturelle. On sait que ce concept métaphysique lui paraît une monstruosité : il ne saurait y avoir de religion que surnaturelle [46]. Rien n'est plus éloigné de la pensée de Comte que le théisme. La religion n'a pas sa source dans quelques axiomes ou notions communes, normes d'un instinct naturel à la raison, dont les religions historiques représentent une altération, la plupart du temps intéressée. Mais pas plus qu'il n'apprécie des thèses du genre de celles d'Herbert de Cherbury ou de Voltaire, Comte ne saurait davantage tenir la religion pour une sorte de lecture et d'interprétation de l'ordre de la nature par une raison primitive. Malgré son estime pour Fontenelle, philosophe à qui sa modestie interdit de se donner pour tel [47], Comte n'admet pas, à sa manière, que le polythéisme soit la forme naturelle de la religion. On connaît la thèse développée par Fontenelle dans l'*Origine des Fables* (1724). L'homme aurait interprété l'inconnu par le familier :

« D'où peut venir cette rivière qui coule toujours, a dû dire un
» contemplatif de ces siècles-là ? Etrange sorte de philosophe,
» mais qui aurait peut-être été un Descartes en ce siècle-ci. Après
» une longue méditation, il a trouvé fort heureusement qu'il y
» avait quelqu'un qui avait soin de verser toujours cette eau de
» dedans une cruche. Mais qui lui fournissait toujours cette eau ?
» Le contemplatif n'allait pas si loin » [48].

fait d'histoire de l'astronomie, il ne cite expressément que l'*Histoire de l'astronomie moderne* de Delambre. Mais aucune histoire de l'astronomie ne figure dans la Bibliothèque positiviste.

45. *Œuvres philosophiques de Buffon*, éditées par Jean Piveteau, Paris, 1954, pp. 188-189.

46. *Cours*, IV, 41.

47. *Cours*, V, 390.

48. *Œuvres* de Fontenelle, nouvelle édition, Paris, chez Bastien et Servières, 1790, t. V, 353-354.

Fontenelle pensait que l'homme cherche surtout à expliquer le cours *ordinaire* des choses, par exemple le flux et le reflux de la mer, la chute des pluies [49]. L'unité des thèmes fabuleux dépendrait de l'uniformité du cours des choses. On comprend pourquoi les Chinois ont des explications qui ressemblent aux *Métamorphoses* d'Ovide : « La même ignorance a produit à peu près les » mêmes effets chez tous les peuples » [50]. D'où ce défi lancé par anticipation à la prudence des ethnologues contemporains : « Je » montrerais peut-être bien, s'il le fallait, une conformité étonnante entre les fables des Américains et celles des Grecs » [51]. En résumé, selon Fontenelle, « les hommes qui ont un peu plus » de génie que les autres sont naturellement portés à rechercher » la cause de ce qu'ils voient » [52], ce qu'ils voient étant le cours de la nature, dont les principes d'explication sont imaginés par analogie avec les procédés de leur expérience technique usuelle. Or nous trouvons, chez Comte, la thèse contraire, sinon expressément, du moins exactement. Le fétichisme c'est la réaction de l'homme ordinaire à ce que le monde extérieur lui offre d'extraordinaire [53]; l'expérience humaine, source analogique des principes d'explication cosmologique, ce n'est pas l'expérience pragmatique c'est l'expérience affective, ce n'est pas la technique mais le désir. Si Comte peut dire du fétichisme qu'il est un fond primordial, une « naïveté élémentaire » [54], ce n'est pas parce que l'uniformité de la réaction religieuse est dictée par un milieu stable, c'est parce qu'elle est l'expression des tendances essentielles composées dans la nature humaine. Si Comte ne considère pas que la technique soit le principe d'explication des choses généralisé par la religion, c'est parce que les notions pratiques initiales répondent à des phénomènes naturels réguliers et, par suite, n'alimentent pas originairement l'esprit théologique, mais au contraire l'esprit positif.

De cette théorie, Comte a trouvé l'idée-mère directement chez Adam Smith *(Histoire de l'Astronomie,* 1749 ?) et indirectement

49. *Ibid.,* 366.
50. *Ibid.,* 367.
51. *Ibid.,* 365.
52. *Ibid.,* 353.
53. *Cours,* V, 7.
54. *Ibid.,* 21.

chez Hume (*Histoire naturelle de la religion*, 1757). C'est Adam
Smith qui a fourni à Comte — comme il le reconnaît lui-même
dès 1825 et à plusieurs reprises par la suite [55] — l'idée que la
religion primitive n'a pas validité et juridiction sur la totalité
de l'expérience humaine. L'erreur capitale qu'est le fétichisme
n'est donc pas une erreur intégrale, sans quoi la rectification
en eût été impossible. En fait, dès l'origine, quoique sans conflit
manifeste, la religion affronte son antagoniste, l'esprit positif.
La nature humaine, dont l'histoire humaine n'est que le développement, ne tient pas dans un seul germe, mais dans deux :
« Le germe élémentaire de la philosophie positive est certaine-
» ment tout aussi primitif, au fond, que celui de la philosophie
» théologique elle-même, quoiqu'il n'ait pu se développer que
» beaucoup plus tard » [56].

On ne devrait pas perdre de vue que lorsque Comte décrit les
circonstances dans lesquelles l'esprit humain est primitivement
et naturellement excité à la recherche des causes, il s'agit toujours
de circonstances extraordinaires [57], d'anomalies [58], de « phéno-
» mènes attirant avec quelque énergie la faible attention de
» l'humanité naissante » [59]. Il est possible qu'à côté de sa lecture
d'A. Smith, et grâce à elle, Comte retrouve ici la thèse de Hume
sur l'origine de la religion. Hume, dans les premières pages de
son *Histoire naturelle de la religion*, tient l'idolâtrie ou polythéisme pour la plus ancienne religion du monde, mais fait remarquer que sa source n'est pas le spectacle de la nature, car on
ne s'attache pas à rechercher les causes des objets ou des événements familiers. La religion exprime l'intérêt que les hommes
portent aux divers événements de leur vie, aux espérances et
aux craintes qui les agitent sans cesse. L'homme n'est porté à
l'invisible que par les passions. Ce qui est le plus propre à inspirer
à l'homme un vif sentiment religieux ce sont les désordres qui
paraissent des violences faites à la nature. En tout cas Comte
ne sépare pas Hume de « son immortel ami Adam Smith »
quand il déclare combien ce dernier, par ses « ingénieux aperçus...

55. La plus ancienne reconnaissance de dette souscrite par Comte envers
Adam Smith se trouve dans l'opuscule de 1825, *Considérations philosophiques sur
les sciences et les savants*, in *Système*, IV, Appendice général, p. 139. Voir
ensuite *Cours*, IV, 365 et VI, 168.
56. *Cours*, IV, 365 et VI, 430.
57. *Cours*, V, 7.
58. *Cours*, I, 2.
59. *Cours*, V, 22.

» sur l'histoire générale des sciences et surtout de l'astronomie »,
a influé sur sa première éducation philosophique [60].
En fait, les thèses de Smith viennent de Hume. La théorie de
l'imagination chez Hume *(Traité de la nature humaine)* soutient
la théorie de l'étonnement chez Smith. C'est par cette théorie de
l'étonnement, reprise presque mot pour mot au moins deux fois
par Comte [61], que Smith lui a fourni le moyen d'établir d'une part
que la spéculation est un besoin original et originaire de l'esprit
humain et donc que la théorie a une fin et une valeur spécifiques,
indépendamment de tout rapport à la pratique, et d'autre part
que l'empire de la théologie n'est pas originellement universel.
Comte doit donc à Smith deux idées maîtresses du positivisme :
la science ne naît pas de la technique, la science ne naît pas de
la religion.

A. Smith distingue l'étonnement, réaction à l'insolite et à
l'étrange, de la surprise, réaction à l'inattendu dans l'ordre du
connu, et de l'admiration, réaction au beau et au grand, même
dans l'ordre du familier [62]. L'étonnement est une émotion désagréable, symptôme d'un état pathologique de l'imagination. En
effet, remarque Smith, observer des ressemblances est un plaisir,
rapporter ce qui s'offre à nous à telle classe d'êtres semblables
est une inclination. Mais la nouveauté et la singularité des objets
perçus excitent en vain notre imagination, se refusent à toute
association. Imagination et mémoire flottent alors de pensée en
pensée. Cette fluctuation, jointe à l'émotion de l'âme, constitue
le sentiment de l'étonnement, fait d'incertitude et d'inquiète
curiosité. Ce qui est vrai d'un objet individuel l'est aussi d'une
succession singulière d'objets dont aucun, pris à part, n'est
singulier. Une succession singulière engendre pour l'imagination
de la peine à suivre. L'étonnement c'est la peine de l'imagination
à lier les apparences, à constituer des habitudes de relation, c'est
un « trouble violent », une « cruelle maladie » de l'âme [63]. Or,

60. *Cours*, VI, 167-168.
61. *Cours*, I, 35 et VI, 451.
62. L'*Histoire de l'astronomie* de Smith fait partie des quelques manuscrits
inédits que l'auteur ne fit pas détruire sous ses yeux quelques jours avant sa mort.
Cf. sur ce point l'article de S. Moscovici, « A propos de quelques travaux
d'Adam Smith sur l'histoire et la philosophie des sciences », in *Revue d'Histoire
des sciences*, 1956, pp. 1-30. Comte a lu Smith dans la traduction française de
P. Prévost, professeur de philosophie à Genève : *Essais philosophiques par Feu
Adam Smith, précédés d'un Précis de sa vie et de ses écrits par Dugald Steward*,
Paris, an V (1797). Le catalogue de la Librairie Emile Blanchard pour la collection
de la Bibliothèque positive (Paris, avril 1914) indique une édition anglaise de

on peut définir la philosophie comme « la science des principes
» de liaison des choses »[64] La philosophie peut donc être envisagée « comme un de ces arts qui s'adressent à l'imagination »[65],
et tous les systèmes de la nature connus en Occident (seule partie
du globe dont l'histoire soit un peu connue) peuvent être examinés
sous le rapport selon lequel « chacun d'eux était propre à faci-
» liter la marche de l'imagination et à faire du théâtre de la
» nature un spectacle plus lié et par là même plus magnifique »[66].
Qui comparera à ces analyses de Smith la définition de l'étonnement donnée par Comte et la description de ses effets pourra
former, nous semble-t-il, une idée plus juste des origines intellectuelles du positivisme[67].

Cette théorie de l'étonnement devient, sans effort de la part
de Smith, une théorie des origines de la philosophie naturelle.
Il n'est pas vrai, selon lui, que l'homme ait d'abord cherché
à découvrir « ces chaînes cachées d'événements qui unissent
» ensemble les apparences naturelles dont la liaison ne frappe pas
» au premier abord »[68]. Au contraire, ce qui a jeté l'homme dans
une sorte de stupeur ce sont « les irrégularités qui s'offrent
» avec le plus d'appareil et dont l'éclat ne peut manquer de la
» frapper »[69]. Smith ne prend pas comme exemples, à la façon

---

l'*Histoire de l'astronomie*, par le Dr Burnell, Mangalore, 1889. Pour la distinction
entre étonnement, surprise et admiration, voir l'édition en français, 1re partie,
pp. 139 s.

63. *Ibid.*, 164. Les effets de la nouveauté sur l'imagination sont décrits à partir
de la p. 150.

64. *Ibid.*, 167.

65. *Ibid.*

66. *Ibid.*, p. 168.

67. Selon Smith, l'étonnement est le sentiment contraire de celui qu'engendre
la « facilité » de l'imagination à passer d'un événement à celui qui le suit.
Lorsque Comte invoque l'étonnement comme signe de l'existence en l'homme
d'un besoin fondamental (c'est-à-dire non dérivé) de connaissance, il se réfère
aux effets physiologiques de cette émotion sans les décrire (alors que Smith les
décrit, *op. cit.*, p. 154), et il ajoute : « Le besoin de disposer les faits dans un
ordre que nous puissions concevoir avec *facilité*... est tellement inhérent à notre
organisation, etc... » (*Cours*, I, 35; c'est nous qui soulignons). Plus tard, Comte
fera une plus grande part, dans l'étonnement, « aux inquiétudes pratiques » (et
ceci le rapprocherait de Hume), mais il maintient que « l'intelligence humaine
éprouve, sans doute, indépendamment de toute application active, et *par une pure
impulsion mentale*, le besoin direct de connaître les phénomènes et de les lier »
(*Cours*, VI, 451; c'est nous qui soulignons). L'*impulsion mentale* de Comte
ressemble assez bien au *mouvement naturel de l'imagination* de Smith (*op. cit.*,
158-159) et, au-delà, à la *force calme* et à la *transition facile* que Hume attribue
à l'imagination, faculté de liaison et de relation.

68. *Histoire de l'astronomie, op. cit.*, p. 171.

69. *Ibid.*

de Fontenelle, le flux et le reflux de la mer ou le cours régulier
des fleuves. Au contraire, il invoque des contrastes, des ruptures
de continuité : l'alternance du calme et de la tempête, de la
prospérité et de la disette, « la source qui tantôt coule avec
» abondance et tantôt se tarit »[70]. Il faut citer tout le passage que
Comte résume en disant tantôt qu'à proprement parler « l'homme
» n'a jamais été complètement théologien »[71], tantôt que Smith
« a très heureusement remarqué... qu'on ne trouvait, en aucun
» temps ni en aucun pays, un Dieu pour la pesanteur »[72].

« On peut observer, écrit Adam Smith, que dans toutes les reli-
» gions polythéistes, parmi les sauvages, aussi bien que dans les
» premiers âges de l'antiquité païenne, les événements irréguliers
» de la nature sont les seuls qu'elles attribuent à l'action et au
» pouvoir de leurs divinités. Le feu brûle et l'eau rafraîchit; les
» corps pesants descendent, les substances plus légères volent et
» s'élèvent, par la nécessité de leur nature propre; et l'invisible
» main de Jupiter n'a jamais été employée à produire de tels
» effets. Mais le tonnerre et l'éclair, le ciel serein et la tempête,
» étaient attribués à sa faveur ou à sa colère. L'homme, la seule
» puissance douée d'intention et de dessein qui fût connue des
» auteurs de ces opinions, n'agit jamais que pour arrêter ou
» changer le cours que prendraient sans lui les événements natu-
» rels. Il était tout simple de penser que ces êtres intelligents
» que son imagination lui peignait, et qui lui étaient inconnus,
» agissaient dans les mêmes vues, qu'ils n'employaient pas leur
» activité à favoriser le cours ordinaire des choses, lequel va
» de lui-même, mais bien à l'arrêter, à le fléchir, à le troubler »[73].

On aura noté au passage la profondeur sans ostentation de la
remarque selon laquelle l'homme n'est conduit à se forger une
surnature que dans la mesure où son action constitue, au sein de
la nature, une contre-nature. Mais nous voulons avant tout mettre
en lumière la conclusion que Smith tire de ses analyses de l'étonnement et de la fonction de liaison assurée par l'imagination :
« C'est donc l'étonnement, et non l'attente d'aucun avantage
attaché à de nouvelles découvertes, qui est le premier principe

70. *Ibid.*, 174.
71. *Système*, IV, Appendice général, 139.
72. *Cours*, IV, 365.
73. *Op. cit.*, 174-175.

de l'étude de la philosophie, de cette science qui se propose de
mettre à découvert les liaisons secrètes qui unissent les apparences si variées de la nature [74]. »

Telle est donc, au dire de Comte lui-même, l'une des sources
de la théorie de l'état théologique, et dont on peut mesurer
l'importance par la confrontation des textes de Smith et de Comte.
Cette source a été à ce point négligée ou oubliée que Lucien Levy-
Bruhl, quoique historien des idées de Comte, a pu faire hommage
à Comte lui-même de la thèse que Comte déclare tenir de Smith [75].

Reste maintenant à rendre compte du fait qu'à la différence de
Hume et de Smith, Comte ne considère pas le polythéisme, mais
le fétichisme, comme l'état initial, originaire, de la philosophie
théologique.

Si l'*Encyclopédie* contient un article *Fétiche* (comme nom fémi-
nin), elle ne fait pas place au terme *Fétichisme*, néologisme
proposé en 1760 par le Président Charles de Brosses dans son
ouvrage *Du Culte des Dieux fétiches ou parallèle de l'ancienne
religion de l'Egypte avec la religion actuelle de Nigritie* [76].

La troisième section de la dissertation de de Brosses contient
l'examen des causes auxquelles on attribue le fétichisme. Comme
Hume et Smith, c'est l'uniformité de la nature humaine, et
non pas comme Fontenelle l'uniformité de la nature extérieure,
que de Brosses assigne comme origine à la religion [77]. Selon

74. *Ibid.*, 177.

75. « Ce que j'ai appelé la " surnature " intervient constamment dans le cours
des événements. Dès lors, la régularité de ce cours, bien que réelle, est sujette
à de continuelles exceptions. Celles-ci... s'imposent plus fortement à l'attention
que l'ordre même de la nature. Non qu'ils [les primitifs] négligent de tenir compte
des séquences régulières des phénomènes... Mais ils n'ont aucune raison de réfléchir
sur ces liaisons de phénomènes qui se vérifient toujours. Elles vont de soi. Elles
sont là. On en profite, et cela suffit. Ainsi s'explique le fait, signalé par A. Comte,
que nulle part on n'a trouvé le Dieu de la pesanteur. Outre que " pesanteur "
est un concept abstrait, pourquoi s'intéresserait-on à ce phénomène régulier et
constant ? Ne se démentant jamais, il ne réserve pas de surprises. Il ne pose
donc pas non plus de questions. » *La mythologie primitive*, 2ᵉ éd. 1935, pp. 40-41.

76. De Brosses (*op. cit.*, p. 10) déclare qu'il appellera *Fétichisme* « le culte...
de certains objets terrestres et matériels appelés *Fétiches* chez les nègres afri-
cains parmi lesquels ce culte subsiste ». Si l'*Encyclopédie* ne contient pas
d'article « fétichisme », le « Dictionnaire de la philosophie ancienne et moderne »
de l'*Encyclopédie méthodique* de Panckoukc contient, par les soins de Naigeon
un tel article qui reproduit la Dissertation de de Brosses.

77. *Op. cit.*, 185.

lui, le fétichisme est un « culte direct », nullement un culte
symbolique, effet de la dégénérescence d'une « Religion pure et
» intellectuelle », défigurée par la superstition [78]. C'est écrire des
romans hypothétiques que de supposer un homme « seul, aban-
» donné dès l'enfance en quelque île déserte, qui se fait de lui-
» même à la vue du cours de la nature, les plus subtiles questions
» physiques et métaphysiques » [79]. Cette supposition revient à
identifier le sauvage et l'homme civilisé, pourvu des sécurités qui
rendent possible l'attitude contemplative. En réalité, le sauvage
nécessiteux ne s'arrête pas à s'interroger « sur la cause première
» des effets qu'il a coutume de voir dès son enfance ». Au contraire,
« c'est l'irrégularité apparente dans la nature, c'est quelque
» événement monstrueux ou nuisible qui excite sa curiosité et
» lui paraît un prodige » [80]. En esquissant un parallèle entre le
culte des Egyptiens et la religion fétichiste, de Brosses se flatte
moins d'interpréter le passé révolu par l'observation du présent
que de retrouver l'authentique signification de la situation religieuse primitive : « Ce n'est pas dans ses possibilités, c'est dans
» l'homme même qu'il faut étudier l'homme : il ne s'agit pas
» d'imaginer ce qu'il aurait pu ou dû faire, mais de regarder
» ce qu'il a fait » [81].

A lire de Brosses, on ne peut pas ne pas être frappé de la correspondance entre ses hypothèses et celles de Comte. Il est le premier
auteur qui ait, avant Comte, tenté de démontrer la primitivité
du fétichisme, son antériorité logique sur le polythéisme et le
monothéisme. Il est, comme Comte et avant lui, hostile à l'explication des religions primitives par le symbolisme ou l'allégorie.
Quand de Brosses écrit : « L'irrégularité apparente dans la
» nature », Comte écrit : « Les anomalies apparentes de l'uni-
» vers ». Comte désigne du terme de *jongleurs* les hommes qui,
dans les peuplades fétichistes, assument une profession spéciale
où l'on peut voir l'ébauche de la fonction sacerdotale au stade
astrolatrique du fétichisme [82]. Ce terme se trouve aussi sans doute
chez Chateaubriand dans *Les Natchez*. Mais, sans avoir le moyen
d'établir que de Brosses est le premier à l'utiliser dans ce sens,
constatons l'usage qu'il en fait dans sa dissertation de 1760,
notamment dans la Section III.

78. *Ibid.*, 189-190.
79. *Ibid.*, 209.
80. *Ibid.*, 210.
81. *Ibid.*, 284-285.
82. *Cours*, V, 31.

Si la preuve nous manque que Comte a lu de Brosses qu'il ne cite pas, nous avons, comme dans le cas de Bailly, la certitude qu'il ne pouvait l'ignorer. Comte, ayant lu et relu Charles-Georges Leroy (1723-1789), a trouvé dans des *Lettres posthumes sur l'homme*, ajoutées à la réédition des *Lettres philosophiques sur l'intelligence et la perfectibilité des animaux*, une utilisation des thèses de de Brosses, avec référence expresse; le culte des dieux fétiches est donné par Leroy pour la religion primitive, celle qu'inspirent la crainte et l'inquiétude [83]. Enfin c'est de de Brosses qu'il tire l'idée selon laquelle l'uniformité dans l'illusion tient à la nature même de l'espèce humaine :

« ...L'ensemble des dispositions et des actions principales de
» l'espèce humaine se ressemble partout... Il semble que la raison
» devrait être le point de réunion commun ou que du moins elle
» ne devrait pas tarder à rectifier les jugements de l'espèce
» entière. C'est le contraire qui est vrai : l'erreur appartient à
» l'espèce, et elle se produit, comme nous l'avons vu, sous des
» formes qui ne sont pas infiniment variées » [84].

On sait que la théorie du fétichisme primitif, proposée par de Brosses, systématisée par Comte, a été critiquée par Max Müller [85]. Selon lui, le fétichisme est une des formes les plus humbles, mais non la forme primitive de la religion. Il ne constitue nulle part toute la religion. La religion, c'est la perception de l'infini. Le fétichisme est une corruption. L'histoire comparative des religions, éclairée par une meilleure connaissance des religions de l'Inde, réfute la thèse de Comte.

Mais Müller n'a pas compris que le terme de *fétichisme* importe assez peu à Comte. L'important pour Comte c'est de composer l'histoire des religions, y compris quelques données ethnographiques, avec l'histoire des sciences, de façon telle que

83. *Lettres philosophiques sur l'intelligence et la perfectibilité des animaux avec quelques Lettres sur l'Homme*, par Charles-Georges Leroy, sous le nom du physicien de Nuremberg, nouvelle édition à laquelle on a joint des *Lettres posthumes sur l'Homme*, du même auteur, Paris, an X (1802). Cf. pp. 305 et 312.
84. *Ibid.*, p. 324.
85. *Origine et développement de la religion étudiés à la lumière des religions de l'Inde*, trad. fr. par J. Darmesteter, Paris, 1879. La première édition allemande est de 1878.

la nature de l'homme et l'histoire de l'homme soient homogènes l'une à l'autre. Il existe un *a priori* de l'histoire qui interdit d'extrapoler le progrès en utopies [86]. La nature est l'asymptote de la courbe de l'histoire [87]. Inversement, sans le témoignage de l'histoire, le déchiffrage de la nature initiale n'est pas totalement possible. Le fétichisme c'est l'hypothèse qui permet d'affirmer qu'il n'y a qu'un esprit humain et que sa logique admet des variations mais pas de variantes.

Le positivisme de Comte diffère de la philosophie des lumières en ceci que le progrès, bien qu'irréversible, n'entraîne pas de dépréciation du passé. Dans le mythe rationaliste du progrès aussi bien que dans le dogme théologique de la décadence, le fétichisme apparaît dévalorisé, par rapport à la perfection à venir ou à une perfection perdue.

Le positivisme, dans son relativisme, considère le fétichisme comme un état de l'esprit imparfait mais sans reproches. Il doit être dépassé, mais à l'époque du *Cours*, il ne doit être ni condamné ni renié, et, à l'époque du *Système*, il doit être intégré à l'esprit positif. Comte peut donc légitimement se flatter d'avoir cherché à « inspirer une sorte de sympathie intellectuelle en » faveur du fétichisme » [88]. Pour reprendre l'opposition, devenue mode — et mode passagère —, établie par Dilthey entre expliquer et comprendre, nous dirons que l'*Aufklärung* expliquait la religion primitive, alors que Comte a cherché à la faire « comprendre ». La théorie du fétichisme nous offre à considérer l'utilisation singulière, dans l'esprit du romantisme, de plusieurs thèmes historiques que le XVIIIe siècle avait vus surgir dans un esprit rationaliste, en France notamment. La philosophie écossaise a inspiré Comte dans ce travail d'accommodation. Le résultat en est une philosophie de l'histoire des sciences dont les principes directeurs sont d'origine biologique et embryologique spécialement [89]. Au XVIIIe siècle, les progrès de l'esprit humain étaient présentés comme des inventions, c'est-à-dire des victoires non préalablement garanties. Selon Comte le progrès est le développement de germes

86. En une telle science [la sociologie] nous avons reconnu la possibilité caractéristique d'y concevoir *a priori* toutes les relations fondamentales des phénomènes, indépendamment de leur exploration directe, d'après les bases indispensables fournies d'avance par la théorie biologique de l'homme. » *Cours*, IV, 346. Cf. aussi *ibid.*, 245 et 252.
87. *Système*, II, 471 et III, 623.
88. *Cours*, V, 60; cf. aussi VI, 44.
89. Cf. *Histoire et embryologie : le progrès en tant que développement selon*

vivants, n'altérant pas fondamentalement leur structure. Si Comte
est mathématicien par sa formation, il est biologiste par seconde
culture et par décision, sinon par destination. Mais la biologie
à laquelle se réfère Comte est préformiste et non transformiste.
La théorie du fétichisme c'est la pièce indispensable d'une conception biologique de l'histoire, élaborée à l'époque même où
l'histoire commence à pénétrer en biologie :

> « ...Les lois logiques qui finalement gouvernent le monde intel-
> lectuel sont de nature essentiellement invariables, et commu-
> nes, non seulement à tous les temps et à tous les lieux, mais
> aussi à tous les sujets quelconques... Les philosophes devraient
> unanimement bannir l'usage... de toute théorie qui force à
> supposer, dans l'histoire de l'esprit humain, d'autres différences
> réelles que celles de la maturité et de l'expérience graduellement
> développées » [90].

Auguste Comte, in *Du développement à l'évolution au XIXᵉ siècle*, par
G. Canguilhem, G. Lapassade, J. Piquemal et J. Ulmann : *Thalès*, XIᵉ année, 1960,
Paris, P.U.F., 1962.

90. *Cours*, V, 53.

CHARLES DARWIN

I. — LES CONCEPTS DE « LUTTE POUR L'EXISTENCE » ET DE « SELECTION NATURELLE » EN 1858 : CHARLES DARWIN ET ALFRED RUSSEL WALLACE *

Pour l'historien des sciences de la vie, l'année 1958 est celle d'un centenaire, celui de la publication simultanée par Ch. Darwin et A.R. Wallace de leurs théories concernant le mécanisme de l'évolution biologique, en 1858, mais aussi d'un bi-centenaire, celui de la fixation d'usage de la nomenclature binaire, en botanique et en zoologie, dans la dixième édition du *Systema Naturæ* de Linné, en 1758. Bien que le rappel de cette date ait été éclipsé par la commémoration, propre surtout aux pays anglo-saxons, de la première publication des idées de Darwin, il faut voir dans le bi-centenaire d'une réforme de taxonomie la raison majeure de l'importante signification donnée au centenaire d'une révolution en biologie. C'est qu'en effet en simplifiant les appellations d'espè-ces, en tenant pour négligeables les variétés dont le botaniste n'a pas à se soucier *(Philosophia botanica,* 1751, § 100), Linné, quelles qu'aient été d'ailleurs ses incertitudes concernant le rapport numérique entre espèces créées et espèces actuelles, devait accréditer parmi les naturalistes l'idée de l'espèce comme unité biologique réelle [1]. De sorte que lorsque Darwin et Wallace déclarent, en 1858, devoir considérer la formation de variétés, de sous-espèces et d'espèces comme des phénomènes susceptibles d'être expliqués à partir du fait de variation individuelle des orga-

---

* Conférence faite au Palais de la Découverte, le 10 janvier 1959 (Série Histoire des Sciences).
1. Cf. Lucien Cuénot, *L'Espèce* (Doin, éd., 1956), pp. 20-22.

nismes, c'est à une philosophie biologique dont les fondements explicites datent alors exactement d'un siècle qu'ils donnent son congé.

Sont-ils les premiers à l'avoir fait ? La sorte de réponse donnée à cette question engage déjà l'idée qu'on se fait de l'histoire des sciences. Il y a plusieurs façons de composer l'histoire des sciences. Celle dont le succès est le plus immédiatement assuré parce qu'elle est la plus conciliante, la plus « aimable », s'efforce à retrouver pour chaque invention de concept, de méthode, ou de dispositif expérimental, des anticipations ou des ébauches. Il est rare que la recherche des précurseurs ne soit pas payante, mais il est aussi rare qu'elle ne soit pas artificielle et forcée. L'histoire des précurseurs de ce qu'on a appelé, assez tard dans le XIXᵉ siècle, le transformisme a été faite cent fois, mais elle appelle plusieurs remarques et réserves. Si l'on entend par transformisme ce que l'on a d'abord appelé théorie de la descendance et si l'on attribue à Lamarck le premier exposé explicite, général et systématique de cette théorie, l'histoire des précurseurs du lamarckisme c'est aussi, jusqu'à Lamarck, l'histoire des précurseurs du darwinisme. Sous ce rapport, cette histoire est plutôt celle d'un mythe que d'une théorie scientifique. Rien de moins scientifique et de moins instructif que le rapprochement, pêle-mêle, des noms d'Empédocle et de Lucrèce, de de Maillet et de Robinet, à côté de ceux de Maupertuis, de Buffon, d'Erasme Darwin et d'Etienne Geoffroy-Saint-Hilaire. Mais si l'on décompose le transformisme en théorie de la descendance et en théorie causale des mécanismes d'évolution, alors le darwinisme est essentiellement une théorie causale (ce qu'est d'ailleurs aussi le lamarckisme) et c'est sous ce rapport exclusivement qu'il faut chercher des précurseurs à Darwin. Cette opération est moins aisée que la première. Elle aboutit à retrouver dans les lectures de Darwin, dans les ouvrages de Lyell, d'Auguste-Pyrame de Candolle, de Malthus, des sources de réflexion, avouées par Darwin lui-même dans son *Autobiographie*, mais à proprement parler aucune esquisse de concept digne de mériter à son auteur le titre de précurseur de Darwin. Sans doute, le fait qu'au milieu du XIXᵉ siècle Darwin et Wallace soient parvenus simultanément, quoique séparément, à la même théorie· biologique, autorise-t-il à dire, comme Darwin l'a dit à la lettre, que leur idée était dans l'air. Mais cette banalité, rituelle dans tout commentaire de convergence heuristique, n'explique et n'éclaircit rien. L'air du temps c'est un concept pré-scientifique de l'histoire des sciences, un concept vague de géographie des organismes, importé sans critique dans l'arsenal de la critique littéraire.

Par contre, il existe une autre façon d'écrire l'histoire des sciences que celle qui s'efforce de rétablir une continuité latente des progrès de l'esprit, c'est celle qui cherche à rendre saisissable et saisissante la nouveauté d'une situation, le pouvoir de rupture d'une invention. C'est à cette sorte d'histoire que nous voudrions apporter une contribution.

Dans un travail de premier ordre, insuffisamment connu et utilisé par les historiens et les philosophes de la biologie, dans la thèse d'Henri Daudin sur *Cuvier et Lamarck : les classes zoologiques et l'idée de série animale* (1926) la nouveauté de l'œuvre de Darwin est signalée en ceci qu'elle est le fruit de méthodes d'étude radicalement différentes de celles qui avaient été en usage et presque de règle au XVIIIᵉ siècle et dans les trente premières années du XIXᵉ siècle. Jusqu'alors, le zoologiste observateur, l'explorateur des formes vivantes, s'était trouvé subordonné au savant de Muséum ou d'Académie dont les collections ou les bibliothèques constituaient le matériel d'études. Darwin, dit Daudin, est un « naturaliste de plein champ », un voyageur au loin, un enquêteur dans son pays, au retour[2]. Cette remarque est de grande portée. Oui, Darwin est un échappé de l'Université, le contraire d'un esprit livresque. C'est comme lecture de voyage qu'il emporte, à bord du *Beagle*, les *Principes de la Géologie* de Lyell et c'est pour se distraire qu'un jour de 1838 il lit l'*Essai sur le principe de la population* de Malthus. Et l'on doit retenir que Wallace n'a pas d'abord procédé autrement que Darwin. Aux yeux des naturalistes de cabinet, ils sont des amateurs. Plutôt que l'air du temps, ce sont les mœurs du temps qu'il convient ici d'invoquer.

Dans son *Histoire de la Zoologie* (1872, trad. fr., 1880) Victor Carus a insisté sur la liaison systématique établie durant la première moitié du XIXᵉ siècle entre les expéditions de navigation entreprises à des fins de reconnaissance géographique et les explorations des naturalistes. Sous ce rapport le célèbre voyage du *Beagle* n'est qu'un épisode dans l'histoire de ces entreprises, organisées par les Français d'abord, les Anglais et les Russes ensuite, les Américains enfin[3]. Mais plus fortement encore que ce fait général d'époque, il faut retenir le style spécifiquement

---

2. Tome II, pp. 259-264.
3. Cf. pp. 531-550 de la traduction française.

anglais des innombrables contributions apportées à la morphologie zoologique et botanique par les explorateurs, les administrateurs, les militaires coloniaux de l'époque victorienne. Ce renouvellement du type et presque de la silhouette du naturaliste, de son style et de ses méthodes de travail a été perçu, sur le moment même, par l'œil avisé de Michelet. Dans un curieux passage de son livre *L'Insecte* (1857), il écrit à propos de l'étude de Darwin sur *La structure et la distribution des récifs de corail* (1842) : « L'Angleterre, ce polype immense dont les bras enserrent
» la planète et qui la palpe incessamment, pouvait seule la bien
» observer dans ces solitudes lointaines, où elle continue à l'aise
» son éternel enfantement... S'aperçoit-on en Europe qu'une litté-
» rature tout entière est sortie de la Grande-Bretagne depuis
» vingt années. Je la qualifie *une immense* enquête sur le globe,
» par les Anglais. Eux seuls pouvaient le faire. Pourquoi ? Les
» autres nations *voyagent*, mais les seuls Anglais *séjournent*. Ils
» recommencent, tous les jours, sur tous les points de la terre,
» l'étude de Robinson, et cela par une foule d'observateurs isolés,
» menés là par leurs affaires et d'autant moins systématiques »[4].

En somme, Michelet et Daudin valorisent, dans leur portrait du nouveau naturaliste anglais, durant les deux dernières décades de la première moitié du XIXᵉ siècle, les traits de personnalité et de carrière qui servirent à l'Académie des Sciences de prétexte, sinon de raison, pour refuser d'élire Darwin parmi ses Correspondants, lors d'une première candidature en 1870[5]. Leur jugement se trouve au fond confirmé par l'étude que R. A. Crowson, maître de conférences de taxonomie à l'Université de Glasgow, vient de consacrer à *Darwin et la Classification*[6]. Sans doute M. Crowson voit-il en Darwin plutôt un des derniers représentants des naturalistes du XVIIIᵉ siècle qu'un avant-coureur de la troupe de ses successeurs du XXᵉ siècle, les biologistes de laboratoire.. Mais c'est sous le rapport de la dévotion aux idées, du culte de l'attitude purement spéculative, que M. Crowson juge ainsi Darwin. Quant à son style de vie et de travail, Darwin lui apparaît comme un de ces amateurs de formation libérale qui animaient la *Société de Zoologie*, durant les années 1850, aux côtés d'éleveurs, de propriétaires terriens cultivés, d'officiers de l'armée des Indes,

---

4. 8ᵉ édition, Hachette, 1876, p. 377.
5. Darwin devait être élu en 1878, mais dans la section de Botanique.
6. *A century of Darwin*, edited by S. A. Barnett, Heinemann, London, 1958, pp. 102-129.

tous naturalistes et plus soucieux d'observations et d'expériences que de systématique et de classification. C'est seulement pour sa *Monographie des Cirripèdes* (1851-1854) que Darwin a eu affaire, de façon quelque peu suivie, avec les collections du *British Museum*.

Le bénéfice intellectuel de cette formation de naturaliste a été mis en lumière par Henri Daudin avec une rare pénétration. Parce qu'il était assez étranger aux pratiques des systématiciens, Darwin s'est trouvé, du même coup, affranchi de toute obédience, même inconsciente, à l'égard d'un postulat jusqu'alors commun à toutes les entreprises de classification, à savoir « la croyance à l'existence » nécessaire et à la stabilité d'un ordre naturel »[7]. C'était, en effet, la prénotion que la métaphysique d'Aristote avait léguée, à travers la théorie des classifications, à tous les naturalistes antérieurs, y compris Lamarck, qui l'avait convertie en l'idée d'une série unique, graduée et progressive, de toutes les formes vivantes. Même quand Lamarck admettait la multiplicité des séries génétiques, il en rendait compte par des causes « accidentelles », c'est-à-dire les circonstances variables selon l'espace et le temps, qui avaient, en quelque sorte, obligé la nature à diversifier ses productions. C'est seulement chez Darwin, dit Daudin, que « dispa-» raît de la représentation scientifique du monde animal et végétal » l'idée d'un système de rapports nécessaires et permanents » entre les êtres qui le composent. Aucun trait, dans la dispo-» sition de ce monde, n'est d'une essence supérieure à celle des » faits que suscitent et qu'abolissent les circonstances et qui, » par là même, peuvent tomber sous les prises de l'expérience » et de l'art humain »[8]. Et Daudin ajoute : « Grand résultat, » bien que la comparaison des formules risque de le faire juger » d'abord négatif : il transporte, en réalité, la morphologie tout » entière dans le domaine des sciences physiques; il ouvre sans » réserve à l'analyse expérimentale l'accès des matériaux immen-» ses qu'elle a rassemblés »[9].

Voilà ce qu'il convient, selon nous, de rappeler en 1958 pour y voir la nouveauté de 1858. Nous savons que Darwin lui-même, dans une Notice historique préliminaire à l'*Origine des Espèces*, à partir de la troisième édition (1861), a tenu à se donner des prédécesseurs. Courtoisie de savant et vraisemblablement aussi souci de désarmer ceux de ses lecteurs pour qui la théorie de

---

7. *Op. cit.*, II, p. 252.
8. et 9. *Ibid.*, p. 262.

la sélection naturelle était l'objet de scandale plus encore que de surprise. Dans cet historique, Darwin distingue ceux qui ont formé ou accepté avant lui l'idée de la mutabilité des espèces et ceux chez qui, à la rigueur, on pourrait trouver une anticipation des mécanismes d'évolution proposés par lui. Parmi ces derniers, Naudin. Celui-là, dans un article de 1852, *Considérations philosophiques sur l'espèce et la variété*, avait proposé de ne voir qu'une différence de degré entre les variétés créées par l'homme et les espèces naturelles. Mais outre que cette affirmation se détache sur un fond de théorie plus proche du lamarckisme que du darwinisme, la seule chose qu'oublie Darwin, dans sa modestie intellectuelle exemplaire, c'est que l'année 1852, si elle précède 1858 et 1859, succède à 1842 et à 1844. Or, c'est en ces années que Darwin, poursuivant son idée depuis 1838 dans la crainte et le tremblement de se tromper, a composé d'abord un brouillon d'une trentaine de pages, puis un *Essai* de plus de deux cents pages, qu'il a conservés dans son tiroir. 1858 est la date à laquelle est rendue publique une théorie qui hante et tourmente depuis vingt ans la pensée de son auteur.

Que se passe-t-il au juste en 1858 ? Le 18 juin, Darwin que ses amis Lyell et Hooker pressent depuis plusieurs années de publier un exposé de ses idées (Hooker a eu l'occasion de parcourir le manuscrit de 1844), reçoit de A. R. Wallace, séjournant alors à Ternato en Malaisie, un mémoire de quelques pages intitulé *Sur la tendance des variétés à s'écarter indéfiniment du type originel*. Sir Gavin de Beer a fait remarquer, à ce propos, que Wallace, de quatorze ans plus jeune que Darwin, avait le même âge que lui, écrivant l'*Essai* de 1844 [10]. Pourquoi Wallace adresse-t-il à Darwin ce mémoire ? Parce que l'année précédente, Lyell avait conseillé à Darwin la lecture d'un article publié par Wallace en 1855 [11] et qu'ayant suivi ce conseil, Darwin, avec sa gentillesse coutumière, avait fait savoir à Wallace quel intérêt il avait trouvé à le lire. En adressant son mémoire à Darwin, Wallace le prie de le soumettre à Lyell s'il le juge bon. Le même jour, Darwin fait part

10. Darwin est né en 1809 ; Wallace, en 1823. S. Gavin de Beer, Foreword to *Evolution by Natural Selection*, Cambridge, University Press, 1958. Cet ouvrage contient, outre les deux *Essais* de Darwin en 1842 et 1844, les textes de Darwin et de Wallace présentés à la *Linnean Society*, le 1ᵉʳ juillet 1858, par Lyell et Hooker. Les *Essais* de 1842 à 1844 avaient déjà été publiés en 1909 par Francis Darwin.

11. *De la loi qui a régi l'introduction de nouvelles espèces* (Annals and Magazine of natural History, septembre 1855). Traduction dans *La Sélection Naturelle*, par A.R. Wallace, en français par L. de Candolle, 1872, pp. 1-27.

à Lyell de l'envoi de son correspondant, sans pouvoir dissimuler
son émotion, née du conflit entre la déception d'un auteur sur le
point d'être devancé dans la publication d'idées qui sont les
siennes, et la joie d'un savant confirmé dans ces mêmes idées
qu'il a jusqu'alors hésité à publier : « Votre prophétie s'est singu-
» lièrement bien vérifiée : je suis devancé... Je n'ai jamais vu de
» coïncidence plus frappante; si Wallace avait lu le manuscrit
» de mon esquisse de 1842, il n'aurait pu en faire un meilleur
» résumé... Ses propres termes sont les titres de mes chapitres...
» Wallace ne me dit pas qu'il désire publier son manuscrit,
» mais naturellement je lui offrirai de l'envoyer à n'importe quel
» journal. De telle sorte que mon originalité, quelle qu'elle puisse
» être, va se trouver anéantie, etc... [12] ». Dans des lettres à Lyell,
les 25 et 26 juin, Darwin insiste sur les moyens qu'il aurait de
prouver que ses idées, s'il en donnait maintenant un résumé, ne
doivent rien à Wallace, mais il se demande, étant donné qu'il
n'avait pas encore l'intention de publier un premier résultat de
ses recherches, s'il serait élégant et honnête de le faire maintenant,
les choses étant désormais ce qu'elles sont, et s'il ne paraîtrait
pas obéir à des motifs mesquins [13]. Le 29 juin, il confesse à
Hooker : « Je suis honteux de tenir le moins du monde à la prio-
» rité » [14]. Tant de droiture et de délicatesse appellent et suggèrent
une solution de bon sens et d'équité que Lyell et Hooker inventent
rapidement. Le soir du 1er août 1858, Lyell et Hooker font lire
à la *Linnean Society*, sous un titre commun : *Sur les tendances
des espèces à former des variétés et sur la perpétuation des
variétés et des espèces par les moyens naturels de sélection*,
deux textes de Darwin, un extrait de l'*Essai* de 1844 et un extrait
d'une lettre à Asa Gray du 5 septembre 1857, d'une part, et le
mémoire de Wallace, d'autre part. Dans une note introductive dont
ils sont les co-signataires, Lyell et Hooker exposent la succession
et le sens des événements qui ont abouti à cette publication
commune, font état des scrupules de Darwin et de l'argument par
lequel ils les ont levés : « Nous lui avons expliqué que nous ne
» considérions pas uniquement les droits relatifs de priorité de
» son ami ou de lui-même, mais bien les intérêts de la science en
» général ». Et voilà comment l'histoire de la science a été privée
d'une de ces querelles de priorité qui font assez souvent sa pâture.

---

12. *Vie et Correspondance de Darwin*, trad. de Varigny, 1888, I, pp. 620-21.
13. *Ibid*., pp. 621-23.
14. *Ibid*., p. 625.

La courtoisie sincère avec laquelle, après cette communication, chacun des deux naturalistes a reconnu et célébré les mérites de l'autre est susceptible de deux interprétations, selon la philosophie de l'historien. On peut dire, en toute candeur d'idéaliste, que la science authentique a la vertu propre de substituer aux compétitions d'amour-propre la communion dans la vérité. Différemment, quelque réaliste, plus attentif au comportement du savant qu'à l'essence du savoir, pourrait se demander si un tel souci de bien distinguer publication et publicité ne doit pas aussi quelque chose à la géographie et à l'histoire, au fait que, dans le cas qui nous occupe, les intéressés étaient Anglais l'un et l'autre, et que les Prix Nobel n'avaient pas encore été fondés.

S'il convient de retenir cet exemple de courtoisie, c'est dans la mesure où il dépasse le trait de mœurs scientifiques, dans la mesure où il a eu, en l'occurrence, un effet d'hyperbole quant à l'appréciation par les deux partenaires de la consonance de leurs théories, leur masquant en partie la différence réelle, sinon profonde, de leurs voies d'approche du même sujet, de l'ampleur respective de leur matériel de preuve, de l'ordre de conditionnement de leurs principaux concepts. Nous n'entendons parler, bien sûr, que des différences qui pouvaient apparaître dès 1858, sans nous occuper de celles que le développement de la théorie initiale devait contribuer à accentuer et notamment de celle qui devait entraîner l'hostilité de Wallace à l'explication darwinienne des origines de l'homme. Notons d'ailleurs que Darwin, dès le premier jour, a vu, avec la perspicacité que donne le souci de défendre une originalité, que sa démarche intellectuelle personnelle n'était pas celle de Wallace : « Nous différons sur un seul point, en ce » que j'ai été amené à adopter mes vues par suite de ce que la » sélection artificielle a fait pour les animaux domestiques »[15]. Et il est vrai que, converti à l'idée de la mutabilité des espèces grâce aux observations d'ordre morphologique, paléontologique, écologique qu'il a faites durant le voyage du *Beagle*, Darwin s'est attaché, dès son retour en Angleterre, au problème des effets de la domestication et de la sélection par l'homme des animaux et des plantes. Ce qu'il a alors cherché passionnément c'est l'équivalent, dans l'état de nature, de l'artifice humain consistant, par accumulation et accentuation des variations individuelles héréditaires, à fixer des variétés végétales ou animales dont les struc-

---

15. *Vie et Correspondance de Ch. Darwin*, trad. H. de Varigny, 1888, I, p. 622 (Lettre à Lyell du 25 juin 1858).

tures, les constitutions ou les instincts apparaissent désirables en fonction de leur utilité. Au contraire, Wallace a saisi directement, dans les populations naturelles, le passage des variations à la variété. Il a opposé, *du point de vue de leurs effets*, la lutte pour l'existence à l'état de nature, et la condition des animaux à l'état domestique : « Nous voyons donc que l'observation des animaux » domestiques ne peut fournir aucune donnée sur la permanence » des variétés à l'état de nature »[16].

Or, cette différence d'approche a eu un résultat auquel il semble que Darwin n'ait pas été immédiatement sensible. Elle a entraîné, dans l'explication de Wallace, l'économie d'un concept dont la formation était imposée à Darwin par la voie d'études et le genre d'observations qu'il avait adoptés. Les termes de *sélection naturelle* ne figurent pas dans le mémoire de Wallace. Dans la mesure où les idées de Darwin semblaient se ranger sous l'expression de sélection naturelle comme sous un étendard, ne faut-il pas trouver d'abord étrange que Darwin reconnaisse ses propres idées, au point de redouter la possibilité d'une contestation de paternité, dans l'écrit d'un auteur d'où sont absents les mots-clés ?

De plus, Darwin et Wallace ne s'attachent pas aux mêmes effets de la lutte pour l'existence, qu'ils admettent en commun comme la loi naturelle générale du monde vivant. Wallace est sensible uniquement aux effets d'adaptation. Les individus, les espèces, les variétés que leur organisation et leur genre de vie adaptent le mieux à leur milieu sont nécessairement conduits, du fait de la concurrence, à supporter les vicissitudes de l'environnement, à passer à travers le crible aveugle des changements survenant dans le milieu cosmique et organique. Wallace, dans son mémoire de 1858, ne s'intéresse aux progrès de l'organisation que dans la mesure où les variations favorisent l'adaptation

Enfin, alors que le mémoire de Wallace ne fait aucun état de la sélection sexuelle — et Wallace deviendra par la suite de plus en plus fermement hostile à cet élément du darwinisme — l'extrait du deuxième chapitre de *l'Essai* de 1844, publié en 1858, contient, à la fin, un résumé des idées de Darwin sur cette question.

Que conclure de cette confrontation ? Ceci, que si Darwin a retrouvé dans l'écrit de Wallace l'essentiel de ses propres idées, en dépit de l'absence des termes de *sélection naturelle*, c'est que ces termes ne désignaient déjà dans sa pensée rien d'autre que la totalisation de certains éléments conceptuels. La sélection

16. *La Sélection Naturelle*, par A.R. Wallace, trad. fr. L. de Candolle, 1872, p. 41.

naturelle n'est pas une force qui s'ajoute à la lutte pour l'existence, elle n'est pas une cause supplémentaire, elle est un concept récapitulatif qui retient, sans le réaliser, à plus forte raison sans le personnifier, le sens d'un procédé humain utilisé, au titre de mécanisme analogique, dans l'explication du phénomène naturel. La théorie de Darwin enferme, dans le concept de sélection naturelle, la référence à *un de ses modèles* d'explication. Faute d'avoir compris cela, des esprits de second ordre, comme l'était Flourens, ont cru pouvoir reprocher à Darwin ses illusions anthropomorphiques. Dans son *Examen du livre de M. Darwin sur l'origine des Espèces* (1864), Flourens écrit : « Avec M. Darwin on a » deux classe d'êtres : les êtres *élus* que l'élection naturelle » améliore sans cesse, et les êtres *délaissés* que la concurrence » vitale est toujours prête à exterminer. S'entraidant ainsi, la » concurrence vitale et l'élection naturelle mènent toutes choses » à bonne fin ». Flourens se trompe ici radicalement, n'apercevant pas que la sélection naturelle n'est rien d'autre, une fois donnée la variabilité, que l'effet nécessaire de la concurrence vitale. Darwin n'a cessé de dire depuis 1859, depuis les premières réactions des naturalistes à la publication de l'*Origine des Espèces*, que la sélection naturelle n'est pas un pouvoir de choix, que le terme ne recouvre aucune représentation anthropomorphique d'un pouvoir naturel divinisé, qu'il désigne seulement une loi exprimant les effets de composition de la variation accidentelle, de l'hérédité et de la concurrence vitale. Sans doute, une phrase, dans l'extrait de sa lettre à Asa Gray, pouvait-elle incliner à ce contre-sens les lecteurs pressés ou prévenus, phrase dans laquelle il est question de la sélection naturelle comme « puissance infaillible » de choix. Mais ce n'était, comme on vient de le voir, qu'une métaphore pour désigner une analogie causale. Une phrase, dans l'extrait de l'*Essai*, aurait dû éviter à tout lecteur attentif le contre-sens possible : « La nature peut être comparée à une surface sur laquelle se » trouvent dix mille coins tranchants qui se touchent l'un l'autre » et qui sont enfoncés par des coups incessants ». Rien ici ne permet d'imaginer la nature comme un homme... ou comme une femme !

Mais si Darwin a pu négliger de relever, dans le mémoire de Wallace, l'absence d'un concept qui contenait avant tout pour lui la référence à un *modèle d'explication intermédiaire*, c'est parce qu'il trouvait, dans ce mémoire, la présence d'un même *modèle d'explication fondamental*, le modèle économique malthusien. Car Wallace lui aussi avait lu Malthus, vers 1845, et il s'en était souvenu en 1858. Lui aussi avait trouvé dans la loi de Malthus l'occasion et la permission de former, d'un point de vue de biologie générale, le concept de lutte pour l'existence. La biologie a souvent fourni aux sciences sociales des modèles, et trop souvent de faux modèles. Nous sommes ici en présence d'un cas particulièrement notoire où c'est la science sociale qui fournit un modèle à la biologie. Il y a longtemps, et indépendamment de toute référence à la sociologie marxiste de la connaissance, qu'un illustre historien de la biologie, Radl, a dit que Darwin avait composé une *Sociologie de la Nature* [17], d'après le principe emprunté à Adam Smith et à Malthus, du « laissez faire, laissez » passer, la nature va d'elle-même ». Le modèle commun à Darwin et à Wallace c'est le malthusianisme, comme théorie économique, à la fois cause et effet des changements de structure de la société anglaise, que la substitution du capitalisme industriel au capitalisme agraire transforme sous l'impératif de la libre concurrence.

Il semble donc qu'en 1858, Darwin, plus nettement et délibérément que Wallace, marque l'introduction dans la méthode biologique de deux moyens d'investigation réellement inédits : l'enquête et le modèle. Comme cela n'a pas été aperçu tout d'abord, les jugements qu'on a pu porter, par la suite, sur ses travaux ont été contradictoires. Les uns n'y ont trouvé que des vues de l'esprit. Ce fut le cas des positivistes français et notamment de Charles Robin, l'un des membres de l'Académie des Sciences les plus hostiles, à l'époque, à la candidature de Darwin. Les autres, et c'est un peu le cas de Radl [18], ont retenu le fait que Darwin était un biologiste non systématique, ne tenant pas à réduire la diversité des faits à l'unité d'un principe. Radl fait allusion au passage de *La Descendance de l'Homme* [19] dans lequel Darwin admet avec Nägeli qu'il a initialement trop accordé aux effets de la sélection naturelle. Mais des concepts ne sont ni des vues de l'esprit, ni des principes dogmatiques, ce sont des outils et des modèles. En fait Darwin n'est ni un empiriste, ni un savant à principes. C'est lui qui a dit que « pour être un bon observateur » il faut être un bon théoricien » [20]. Mais théoricien ne veut pas dire systématique. Darwin théorisait dans la mesure où il cher-

17. *The history of biological theories*, translated by Hatfield, Oxford, 1930, p. 18.
18. *Ibid.*, pp. 25-31.
19. Trad. fr. par Barbier, 3ᵉ éd., 1891, p. 62.
20. Le mot est rapporté par Francis Darwin, in *Vie et Correspondance de Darwin*, I, p. 161.

chait à utiliser des modèles conceptuels. Inversement c'est de lui-même que nous savons qu'il a toujours travaillé sur plusieurs sujets à la fois. Mais la quête de la diversité et la multiplication des champs d'investigation, bref l'ouverture à la richesse de l'expérience n'est pas l'empirisme, car l'empirisme n'est que trop souvent une apologie pour des œillères.

Voilà pourquoi nous venons d'accorder spécialement notre attention aux concepts fondamentaux du darwinisme, tels qu'on pouvait les relever dans la communication faite en 1858 à la *Linnean Society*. C'est à faire ressortir la fraîcheur de ces concepts plutôt qu'à éprouver leur validité que l'évocation d'un événement centenaire devait nous incliner. Montrer dans quelle mesure ce que nous avons tenté de faire revivre à son instant de surgissement reste encore aujourd'hui vivant ce serait, à la lettre, une autre histoire [21].

---

21. Il nous plaît de signaler qu'une thèse de doctorat de 3e cycle, récemment soutenue par M. Camille Limoges, sur *La constitution du concept darwinien de sélection naturelle*, et dont il faut souhaiter et espérer la publication, aboutit à des conclusions éloignées des nôtres. M. Limoges conteste l'importance généralement attribuée à la lecture de Malthus par Darwin et souligne la différence de la problématique chez Darwin et chez Wallace.

BIBLIOGRAPHIE SOMMAIRE

I° *Evolution by Natural Selection. Darwin and Wallace.* Darwin's Sketch of 1842, his Essay of 1844, and the Darwin-Wallace Papers of 1858. With an Introduction by Sir Francis DARWIN and a Foreword by Sir GAVIN DE BEER (Cambridge University Press, 1958).

Le lecteur désireux de lire en traduction française les documents de 1858 peut procéder comme suit :

a) L'*Essai* de 1844 a été traduit presque en entier par Aug. LAMEERE dans un *Darwin* (Collection des Cent Chefs-d'Œuvre étrangers, La Renaissance du Livre, Paris, 1922). L'extrait de cet *Essai,* publié en 1858, correspond aux pages 66-72 de la traduction Lameere.

b) La lettre du 5 septembre 1857 à Asa Gray est traduite dans *La Vie et la Correspondance de Charles Darwin avec un chapitre autobiographique,* publiés par son fils Francis DARWIN, trad. fr. H. DE VARIGNY, Reinwald éd., Paris, 1888, tome I, p. 625 sq. L'extrait de cette lettre publié en 1858 correspond aux pages 628-632.

c) Le mémoire de Wallace est traduit dans *La Sélection Naturelle, Essais,* par Alfred RUSSEL WALLACE, traduits de l'anglais sur la 2e édition par Lucien DE CANDOLLE, Reinwald éd., Paris, 1872, p. 28-44.

II° *A Century of Darwin,* edited by S. A. BARNETT, Heinemann, London, 1958. (Recueil de 15 articles écrits par des biologistes de Grande-Bretagne et des Etats-Unis d'Amérique.)

III° Henri DAUDIN : *Cuvier et Lamarck : Les classes zoologiques et l'idée de série animale,* Alcan, éd., Paris, 1926, tome II, Conclusion.

IV° *The History of Biological Theories,* by Emanuel RADL, translated and adapted from the German, by E. J. HATFIELD, Oxford University Press, London, 1930.

V° *Evolution, Die Geschichte ihrer Probleme und Erkentnisse,* VON W. ZIMMERMANN, Freiburg, éd., Münich, 1953.

VI° *A. R. Wallace,* by Loren C. EISELEY; *Scientific American,* vol. 200, n° 2 february 1959.

II. — L'HOMME ET L'ANIMAL
DU POINT DE VUE PSYCHOLOGIQUE
SELON CHARLES DARWIN *

« . ..Et Bouvard, s'échauffant, alla jusqu'à dire que l'homme
» descendait du singe !

« Tous les fabriciens se regardèrent, fort ébahis, et comme
» pour s'assurer qu'ils n'étaient pas des singes.

» Bouvard reprit :

» — En comparant le fœtus d'une femme, d'une chienne, d'un
» oiseau, d'une grenouille...

» — Assez !

» — Moi je vais plus loin, s'écria Pécuchet; l'homme descend
» des poissons !

» Des rires éclatèrent. Mais sans se troubler :

» — *Le Telliamed !* un livre arabe !...

» — Allons, messieurs, en séance.

» Et on entra dans la sacristie. »

Dans ce passage de *Bouvard et Pécuchet* [1], Flaubert a ramené
aux dimensions du ridicule les discussions et polémiques suscitées
par une thèse que *L'origine des espèces* autorisait sans la contenir.
Dès 1860, le Congrès de la *British Association*, tenu à Oxford, avait
vu s'affronter darwiniens et cléricaux, et Thomas Huxley y avait
revendiqué l'honneur d'être le descendant d'un singe, avant même
d'avoir publié son ouvrage *De la place de l'homme dans la
nature* (1863).

* Extrait de la *Revue d'histoire des sciences et de leurs applications*, XIII, 1,
janvier - mars 1960.
1. Flaubert a travaillé à *Bouvard et Pécuchet*, de 1872 jusqu'à sa mort.

Si *L'origine des espèces* ne dit rien des origines humaines, ce n'est pas que Darwin n'ait, depuis 1838 déjà, souvent pensé à la question, mais c'est pour ne pas susciter un motif majeur de prévention contre la théorie de la sélection naturelle. Trop honnête, cependant, pour dissimuler qu'à ses yeux le pouvoir de la sélection naturelle est universel, Darwin note, dans les dernières pages de son ouvrage :

« Je vois, dans l'avenir, des champs ouverts devant des recher-
» ches bien plus importantes. La psychologie reposera sur une
» nouvelle base, déjà établie par M. Herbert Spencer, c'est-à-dire
» sur l'acquisition nécessairement graduelle de chaque faculté
» mentale. Une vive lumière éclairera alors l'origine de l'homme
» et son histoire ».

Cette lumière, les darwiniens ont essayé de la projeter avant Darwin lui-même. Huxley, Vogt, Büchner et surtout Hæckel, ont, pour ainsi dire, contraint le maître à ne faire pas moins que ses disciples. D'autre part, les réserves de Wallace concernant l'action de la sélection naturelle sur le développement de l'homme obligeaient Darwin à réfuter cette objection.

La *Descendance de l'homme* (1871; 2ᵉ éd., 1874) est composée en vue d'établir que, selon une formule littéralement paradoxale, « l'homme descend d'un type inférieur ». Paradoxe qui est, en réalité, la simple expression du principe de l'évolutionnisme : l'identité, naturellement fondée, des deux rapports d'antériorité à postériorité et d'infériorité à supériorité.

Quant à son projet, la *Descendance* peut être tenue pour le premier ouvrage d'anthropologie systématiquement purgé d'anthropocentrisme. Quant à son influence, il est certain que l'ouvrage, renforcé en 1872 par l'*Expression des émotions chez l'homme et chez l'animal*, a fourni bases et caution scientifiques à la psychologie comparée dont les publications de Spencer et de Lewes contenaient, à la même époque, des annonces plutôt que des esquisses.

Mais nous voudrions essayer de montrer que la *Descendance* ne saurait être tenue pour la première anthropologie sans anthropomorphisme et que si la psychologie comparée des animaux et de l'homme s'est historiquement développée à partir d'elle, elle s'est méthodologiquement constituée en partie contre elle.

⁎

Quand Darwin commence à élaborer sa théorie de la concurrence vitale et de la sélection naturelle, l'anatomie comparée a déjà rencontré, chez Cuvier et von Baer, de graves oppositions à l'idée de la série animale unique et linéaire, ainsi qu'au postulat de l'unité du type animal diversifié par les circonstances. Georges Cuvier avait montré que comparer, c'est mettre en lumière des différences autant que des ressemblances, et on lui avait reproché d'être souvent plus sensible à celles-là qu'à celles-ci. K. E. von Baer avait combattu la loi du parallélisme que l'*Anatomie transcendante* d'E.R.A. Serres avait, après les naturalistes de l'école de la *Naturphilosophie*, instituté entre les formes transitoires du développement embryonnaire humain et les formes permanentes adultes dans les classes inférieures de l'échelle animale. Selon von Baer, la séparation radicale de quatre types d'organisation interdit de considérer les ressemblances entre l'embryon d'un vertébré et un invertébré adulte, par exemple, comme transgressant réellement l'obligation structurelle faite à tout vertébré d'être, dès ses débuts, un vertébré authentique. Johannes Müller, dans la seconde édition du *Handbuch der Physiologie*, s'était rangé aux côtés de von Baer. Et c'est à Müller que se réfère Darwin, dans l'*Essai* de 1844.

Avec Darwin, ce qui n'était que parallélisme pour les *Naturphilosophen* (Kielmeyer, Oken), et pour les embryologistes de l'école d'Etienne Geoffroy Saint-Hilaire, devient généalogie. L'homme n'est plus désormais tenu pour la seule forme vivante capable de développement intégral, pour la mesure, *a priori* donnée, des développements respectifs de toutes les autres formes, inégalement approchées d'un accomplissement singulier. L'homme est présenté comme l'aboutissement effectif d'une descendance et non comme le pôle idéal d'une ascension. Il cumule toute l'hérédité animale. Il ne culmine plus au faîte d'une hiérarchie, puisqu'il peut être dépassé :

« On peut excuser l'homme d'éprouver quelque fierté de ce qu'il
» s'est élevé, quoique ce ne soit pas par ses propres efforts, au
» sommet véritable de l'échelle organique; et le fait qu'il s'y est
» ainsi élevé, au lieu d'y avoir été placé primitivement, peut lui
» faire espérer une destinée encore plus haute dans un avenir
» éloigné » [2].

2. *Descendance*, 3ᵉ éd., fr. par Barbier, d'après la 2ᵉ éd. anglaise, Paris, Reinwald, 1891, p. 678.

Ainsi s'explique que Darwin interprète, en anatomie humaine, les organes rudimentaires comme des renvois signalétiques à des formes ancestrales achevées quoique inférieures, et, en embryologie humaine, les arrêts de l'ontogenèse comme des retours à un stade phylogénétique antérieur. Ce dernier point surtout est important. En distinguant précisément croissance et développement, Darwin oppose l'adulte à l'embryon sous les deux rapports de la dimension et de la structure. Tout vivant peut continuer à croître en cessant de se développer. Comparable à un adulte, en poids et en volume, il restera fixé à tel ou tel stade de son enfance spécifique, sous le rapport du développement. Le décalage entre dimensions et structure donne au biologiste la possibilité de considérer l'être dont la croissance a continué après l'arrêt du développement non pas comme un petit de sa propre espèce, mais comme un adulte d'une autre espèce qu'on dira son ancêtre, dans la mesure exacte où, sous le rapport du développement, elle est inférieure et, en vertu du postulat évolutionniste, antérieure. A est inférieur à B, dans la mesure où il faut se donner le complet développement de A pour trouver une analogie entre A et un B incomplètement développé. Donc les analogies entre les animaux et les hommes ne sont plus, pour Darwin, des correspondances symboliques entre des parties et un tout, comme pour les adeptes de la *Naturphilosophie*, elles sont des connexions étiologiques.

« Nous pouvons... considérer comme un cas de retour le cerveau » simple d'un idiot microcéphale, en tant qu'il ressemble à celui » d'un singe »[3].

Que de telles assimilations puissent prêter à rire, cela importe peu à Darwin. Le rire, dont Aristote avait fait le propre de l'homme, est au contraire, pour l'auteur de l'*Expression des émotions*, une preuve supplémentaire de l'origine et de la nature animales de l'homme :

« Nous pouvons avancer hardiment que le rire, en tant que » signe du plaisir, fut connu de nos ancêtres longtemps avant » qu'ils fussent dignes du nom d'homme[4].
» Celui qui rejette avec mépris l'idée que la forme des canines

3. *Ibid.*, p. 35.
4. L'*Expression des émotions*, trad. fr., 2ᵉ éd., Rheinwald, Paris, 1890, p. 388, cf. aussi p. 13.

» et le développement excessif de ces dents chez quelques indi-
» vidus résultent de ce que nos premiers ancêtres possédaient
» ces armes formidables, révèle probablement en ricanant sa
» propre ligne de filiation »[5].

Le concept darwinien de retour *(reversion)* fonde, au XIXe siècle,
une conception nouvelle des rapports entre l'humanité et l'animalité. L'humanité n'est plus une essence originaire dont l'animalité
figure, par la série de ses classes, genres et espèces, une échelle
d'approximation sans passage à la limite, comme au XVIIe siècle,
ou avec passage, comme au XVIIIe. L'homme est l'être le plus
récent, dont le devenir générateur a laissé dans la structure termi-
nale les jalons d'un cheminement. L'homme est à lui-même ses
archives organiques. A se regarder seulement, il peut reconstituer
une bonne partie du chemin de retour vers ses origines. Il est une
répétition, c'est-à-dire une récapitulation de sa lignée animale.
Le terme de répétition prend un sens tout nouveau. Tant que
l'idée d'une série animale graduelle et couronnée par l'homme a
hanté la conscience — ou l'inconscient — des naturalistes et des
philosophes, c'est l'animalité en général qui était la répétition de
l'humanité, mais au sens théâtral du terme de répétition. Qu'on
veuille bien prendre littéralement le titre de l'ouvrage publié
par Robinet en 1768 : *Considérations philosophiques sur la gradation naturelle des formes de l'être, ou les Essais de la nature qui
apprend à former l'homme.* Mais, pour Darwin, la nature n'est ni
un théâtre, ni un atelier d'artiste, rien ne s'y prépare, rien ne s'y
apprend. La sélection n'est qu'un criblage, mais le crible n'est pas
ici un instrument et ce qu'il laisse passer n'était pas, à l'avance,
jugé plus précieux que la criblure. Dans l'arbre généalogique de
l'homme — substitué à la série animale linéaire — les ramifica-
tions marquent des étapes et non des esquisses, et les étapes
ne sont pas les effets et les témoignages d'un pouvoir plastique
visant au-delà d'eux-mêmes, ce sont des causes et des agents
d'une histoire sans dénouement anticipé.
Or, en même temps que l'humanité cesse d'être tenue pour la
promesse initiale — et, pour certains naturalistes, inaccessible —
de l'animalité, l'animalité cesse d'être tenue pour la menace permanente de l'humanité, pour l'image d'un risque de chute et de
déchéance présent au sein même de l'apothéose. L'animalité c'est

5. *La Descendance de l'homme*, pp. 39-40.

le souvenir de l'état pré-spécifique de l'humanité, c'est sa préhistoire organique et non son anti-nature métaphysique.

*
* *

Une telle conception du rapport entre l'animal et l'homme n'entraîne pourtant pas immédiatement, dans le domaine de la psychologie comparée, toutes les conséquences qu'on en pourrait attendre. En ce qui concerne les facultés mentales, Darwin se propose, dans la *Descendance*, de montrer « qu'il n'y a aucune » différence fondamentale entre l'homme et les mammifères les » plus élevés »[6]. Mais il y a deux façons d'abolir une différence entre deux termes, selon qu'on prend, pour terme de référence, l'un ou l'autre. La condition, au moins nécessaire, d'une phylogenèse authentique, dans l'ordre du psychisme, c'est de commencer par l'animal, étudié dans la spécificité de son psychisme. Or, Darwin procède exactement comme Bergson reprochera, plus tard, à Spencer de l'avoir fait[7] : il esquisse, à grands traits, la continuité du développement intellectuel de l'animal à l'homme en se donnant, à l'avance, l'intelligence humaine comme présente, par tous ses éléments, dans les antécédents de l'homme. En 1871, il y a longtemps que développement a cessé de signifier préformation. Et pourtant, il semble subsister, chez Darwin, à propos de la mentalité humaine, une sorte de croyance en la possibilité d'en déceler, par l'observation des animaux, les traits illusoirement tenus pour caractéristiques.

Au XVIII⁰ siècle, la comparaison entre l'animal et l'homme, sous le rapport du psychisme, avait emprunté deux voies : l'étude physiognomonique et la genèse sensualiste. Darwin se rattache à l'une et à l'autre de ces traditions, mais en réfutant l'intention de la première. Après Charles Le Brun (1678) et Pierre Camper (1774), Lavater avait comparé (1776-1778) l'homme aux animaux, quant à l'expression des affections ou du « caractère », d'après la forme de la face ou l'architecture du crâne. Camper était plus sensible au passage des formes animales à la forme humaine par continuité des déformations. Et de même Gœthe, dont on sait qu'il fut le correspondant et le collaborateur de Lavater. Mais ce dernier était

6. *Descendance*, p. 68.
7. *Evolution créatrice*, chap. III : « Expliquer l'intelligence de l'homme par celle de l'animal consiste donc simplement à développer en humain un embryon d'humanité. »

plus attentif aux discontinuités entre espèces animales d'une part, et d'autre part entre les espèces les plus élevées et l'homme[8] :

> « L'humanité a toujours ce caractère de supériorité à laquelle
> » l'animal ne peut atteindre en aucune façon... La distance est
> » immense entre la nature de l'homme et celle du singe. Je le
> » répète : Réjouis-toi, homme, de ton humanité ! Placé dans un
> » rang auquel nul autre être ne peut atteindre, réjouis-toi de cette
> » place, uniquement la tienne ! Ne cherche point de grandeur à
> » adopter la petitesse de la brute, point d'humilité à rabaisser ta
> » nature »[9].

Rééditées par Moreau de La Sarthe, en 1806-1809, les œuvres de Lavater fournissent non seulement à des romanciers comme Balzac, mais aussi aux dessinateurs caricaturistes, une source inépuisable de thèmes et d'inspirations. Grandville peut intituler *Animalomanie* un de ses albums (1836) et quand, en 1844, il inverse la ligne d'animalité que Lavater avait représentée « de la gre-» nouille à Apollon »[10], pour figurer « la descente d'Apollon vers la » grenouille », c'est comme s'il illustrait, l'année même où Darwin rédige son *Essai*, l'argument qu'opposeront aux *Origines* et à la *Descendance* ceux que Lavater avait convaincus de ne pas recher-cher l'humilité dans l'abaissement de la nature humaine. En fait, l'*Expression des émotions* peut passer pour la réfutation de la *Physiognomonie*. En 1872, la physiologie neuro-musculaire a relevé l'anatomie descriptive à l'usage des artistes du soin d'expliquer les mécanismes de l'expression, dans la même mesure exactement où l'anatomo-physiologie de l'encéphale a fini par ruiner l'influence d'abord considérable de la craniologie de Gall, émule de Lavater à sa façon. Darwin a lu Charles Bell, Duchenne de Boulogne et Gratiolet, et mesuré le progrès accompli avant lui, depuis Le Brun, Camper et Lavater[11]. Ses propres recherches fortifient en lui, l'idée sous la direction de laquelle il les a entreprises :

> « L'étude de la théorie de l'expression confirme dans une cer-
> » taine mesure la conception qui fait dériver l'homme de quelque
> » animal inférieur »[12].

8. La *Physiognomonie*, trad. fr. par Bacharach, Paris, 1841 : chap. 29 à 35.
9. *Ibid.*, p. 91 et p. 100.
10. Pour une étude d'ensemble sur cette question, voir *Aberrations*, de J. Baltrusaitis, Paris, 1957 : *Physionomie animale*.
11. Sur tout cela, voir *Expression*, Introduction, pp. 1-27.
12. *Ibid.*, p. 393.

Mais, dans la *Descendance*, la similitude des émotions ressenties par eux n'est qu'un des arguments de la comparaison entre l'homme et les animaux. L'énumération des pouvoirs psychiques qui leur sont communs adopte l'ordre traditionnel de la psychologie sensualiste et associationniste, à partir de la sensation. L'homme et les animaux possèdent les mêmes organes sensoriels, ont les mêmes intuitions fondamentales, éprouvent les mêmes sensations [13]. En conséquence, Darwin prête à l'animal : attention, curiosité, mémoire, imagination, langage, raisonnement et raison, sens moral et sens religieux. Il lui prête même la capacité de devenir fou [14]. Et cela est admirablement cohérent. On a vu que l'idiot humain, par arrêt de développement, est assimilable au singe. En contrepartie, l'animal supérieur doit être sujet à la folie. Si l'homme n'a pas le privilège de posséder la raison, il n'a pas non plus le privilège de la perdre. Toutes ces assimilations reposent, sans doute, sur quelques observations faites par Darwin, mais surtout sur des lectures d'ouvrages d'éthologie de Georges Leroy, de Brehm, de Houzeau, etc. Une seule expérimentation proprement dite est invoquée, celle de Möbius sur son fameux brochet [15]. Expérience de conditionnement que Darwin cite à titre d'exemple de raisonnement animal. Il faut bien reconnaître que, parmi les arguments proposés par Darwin, les arguments d'autorité sont les plus nombreux. Au terme de deux chapitres de comparaison, concernant les facultés mentales et le sens moral, Darwin peut esquisser la courbe sans points de rebroussement ni d'inflexion, du développement intellectuel, quant à la phylogenèse et à l'ontogenèse humaines. D'une part, la différence entre l'esprit de l'homme et celui des animaux les plus élevés n'est que de degré et non d'espèce [16]; d'autre part, la gradation est parfaite entre l'état mental du plus complet idiot, bien inférieur à l'animal, et les facultés intellectuelles d'un Newton [17].

On ne peut éviter ici de se demander si ce n'est pas pour avoir importé, sans critique suffisante, dans la description du psychisme animal, les concepts de la psychologie anglaise de son époque, que Darwin réussit à reconstituer si aisément la phylogenèse intellectuelle de l'homme. Comparaison et genèse ne seraient-elles, dans la *Descendance*, qu'en intention et en apparence ? Dans l'*Essai sur*

---

13. *Descendance*, p. 68 et p. 82.
14. *Ibid.*, p. 83.
15. *Ibid.*, p. 79.
16. *Ibid.*, p. 136.
17. *Ibid.*, p. 137.

les fondements de la psychologie, Maine de Biran se demandait si
Condillac avait, dans le *Traité des sensations,* réellement retracé
une genèse, si plutôt que de se mettre à la place de l'être sentant,
il n'avait pas mis la statue à la place de l'intelligence humaine. Il
semble bien que, de la même façon, la genèse darwinienne de
l'intelligence humaine, empirique en apparence, reste en réalité
exclusivement logique, donc guidée au départ par ce qu'elle a
l'ambition de produire. L'esquisse d'évolution psychologique, dans
la *Descendance,* consiste à retrouver l'homme dans l'animal, bien
plutôt qu'à examiner, à partir d'expériences d'animal authentiquement reconstituées, ce qu'elles permettent — et ce qu'elles
ne permettent pas éventuellement — d'expliquer dans l'expérience
de l'homme [18].

★
★ ★

Nous concevons bien que le soupçon d'anthropomorphisme
dans l'anthropologie darwinienne puisse surprendre. Et pourtant
nous n'entendons pas dire autre chose que ceci : si le darwinisme
est incontestablement l'une des causes de la constitution d'une
psychologie comparée de l'animal et de l'homme, il ne comporte
pas lui-même de psychologie comparée, faute d'avoir préalablement recherché les conditions de possibilité d'une psychologie
animale indépendante. Sa psychologie des animaux ressemble
davantage à celle qui a cours depuis l'Antiquité grecque qu'à celle
qui va naître, sous son influence, dans le dernier quart du
XIXᵉ siècle. Pourquoi dissimuler que les exemples invoqués par
Darwin, dans la *Descendance,* sont pour la plupart, des répliques
de ceux qu'invoque Montaigne dans l'*Apologie de Raymond
Sebond ?* Certes, Montaigne et Darwin n'ont pas le même projet :
celui-ci vise à relever l'intelligence des animaux, celui-là à abaisser
la science de l'homme. Mais ils utilisent différemment les mêmes
clichés d'éthologie animale, ce vieux fonds légué par les Stoïciens,
à travers Rorarius. Bien entendu, Darwin ne cultive aucunement
le merveilleux, n'a qu'aversion pour la téléologie, et ce n'est pas
lui qui écrirait une *Théologie des insectes* [19]. Mais enfin, il accepte

---

18. Sur cette façon d'aborder l'étude des comportements humains, cf. Tinbergen,
L'étude de l'instinct (Payot, 1953), pp. 285 sq. : Etude éthologique de l'homme. On
peut citer, comme exemple d'étude éthologique de l'homme, en vue de déterminer
ce qui revient respectivement à la nature et à la culture dans un comportement
humain, les enquêtes du zoologiste américain Kinsey.

19. C'est le titre d'un ouvrage de Lesser, traduit de l'allemand en français par
P. Lyonnet, en 1745.

beaucoup d'anecdotes, dont certaines ressemblent fort à des fables. Confrontons Darwin et Montaigne. Leurs animaux ont un langage, le discernement réfléchi de l'utile, une industrie, des ruses, le sens de la beauté, la capacité d'abstraire et celle de raisonner. Sur ce dernier point, l'exemple est identique chez Montaigne et chez Darwin. Au renard de l'*Apologie*, dont les habitants de la Thrace utilisent la faculté de « ratiocination » en vue de déterminer l'épaisseur d'une couche de glace, correspondent, dans la *Descendance*, les chiens de traîneau du Dr Hayes [20]. Montaigne accorde à l'éléphant « quelque participation de religion », Darwin prête à son chien une forme de « croyance aux esprits », et au singe un sentiment pour son gardien, qui est « adoration ». Et, tout en nous gardant bien de trouver chez Montaigne une anticipation du concept de sélection sexuelle, nous rappelons qu'il a écrit : « Les animaux ont choix, comme nous, en leurs amours, » et font quelque triage de leurs femelles ». En conclusion, Montaigne et Darwin raillent en commun, encore qu'à des fins opposées, la sottise anthropocentriste. « La présomption, dit le » premier, est notre maladie naturelle et originelle ». « Si » l'homme n'avait pas été son propre classificateur, dit le second, » il n'eût jamais songé à fonder un ordre séparé pour s'y » placer » [21].

L'anthropocentrisme est plus aisé à rejeter que l'anthropomorphisme. Montaigne en témoigne quand, après avoir noté que chaque vivant rapporte à ses propres qualités les qualités de toutes autres choses — « le lion, l'aigle, le dauphin ne prisent rien » au-dessus de leur espèce » — il imagine, mais sur un mode humain, quelle représentation de leur univers peuvent se faire un oison ou une grue. De même Darwin. Il dénonce bien le préjugé qui, dans l'élaboration de la systématique zoologique, a d'abord conduit l'homme à ménager, pour lui-même, un règne séparé. Mais il n'aperçoit pas qu'en bonne logique, une fois affirmée l'homogénéité des facultés mentales d'un Newton (ou d'un Darwin) et celle des animaux, même dits supérieurs, toutes les classifications, explicites ou implicites, formées par des vivants se valent, en tant que procédés vitaux d'organisation et de repérage de leurs milieux respectifs de vie, puisqu'en toutes ces classifications, tout être vivant réfère son expérience à ses intérêts spécifiques. Darwin admet l'existence chez l'animal d'un certain sens des

20. *Descendance*, p. 78.
21. *Ibid.*, p. 163.

affinités zoologiques [22] et de la capacité d'adopter des attitudes identiques à l'égard d'une consigne indéterminée, donc de généraliser [23]. C'est dire que, selon lui, rien, dans les classifications opérées par l'homme, ne transcende les possibilités de l'animal. Or, pour pouvoir reprocher à l'homme l'anthropocentrisme de ses classifications, il faudrait admettre soit que les classifications animales ne sont pas zoocentriques, soit que la raison humaine est capable de classifications selon d'autres normes que celles auxquelles les animaux sont soumis. Si donc on formule un tel reproche, dans le contexte d'une théorie évolutionniste des facultés mentales, c'est qu'en fait on continue à prêter, sans en prendre conscience, à l'intelligence animale, précurseur de l'intelligence humaine, les pouvoirs d'une intelligence humaine capable de s'instituer juge d'une intelligence animale, c'est-à-dire au fond de s'en séparer.

En somme, la *Descendance de l'homme* aurait seulement opéré un coup de force dans la nomenclature. L'adjectif *sapiens*, jusqu'alors accolé à *homo*, serait désormais accolé à *animal*, *homo* y compris. Mais, dans ce transfert, l'adjectif conserverait quelque empreinte du susbtantif auquel il était initialement appliqué.

Il ne saurait être question, est-il besoin de le dire, d'incriminer Darwin. Il s'agit au contraire de saisir, dans la limitation intérieure à son projet, un enseignement sur la nature même de ce projet. On n'a pas prêté, nous semble-t-il, assez d'attention à un passage de la *Descendance* dans lequel Darwin reconnaît au vivant, en tant que tel, son originalité relativement à la matière.

« L'organisme le plus humble est encore quelque chose de bien » supérieur à la poussière inorganique que nous foulons aux » pieds » [24].

Qui peut parler ainsi de la poussière, sinon un vivant qui n'est pas humble, s'il est vrai que l'humilité c'est le statut de l'humus foulé aux pieds ? N'est-ce pas là du biomorphisme ? Mais peut-on être biologiste sans se sentir du côté des vivants, même si l'on recherche des formes de passage entre la matière et la vie ? De même, on ne saurait faire grief à la pensée d'un anthropologiste, traitant du psychisme comparé de l'animal et de l'homme d'un

22. *Ibid.*, p. 75.
23. *Ibid.*, pp. 87-88.
24. *Ibid.*, pp. 180-81.

point de vue génétique, de quelque reste d'adhérence à la forme de l'homme. Ce n'est pas selon les normes d'une mentalité d'animal qu'on pourrait expliquer la mentalité de l'homme, s'il est vrai que le seul animal capable de percevoir un homme comme homme — condition nécessaire pour en expliquer la nature — c'est l'homme.

C'est qu'en effet les études récentes en psychologie animale aboutissent, parmi leurs résultats les plus intéressants, à établir que l'homme est perçu par l'animal comme animal-stimulus, congénère, associé ou ennemi, déclenchant ou orientant des réactions, dans des situations dont la configuration est déterminée par des constantes innées spécifiques de l'animal percevant, telles que distance de fuite, marques du territoire, rapport hiérarchique, attitude nuptiale. L'oison Martina, observé par Konrad Lorentz, ne ressemble pas du tout à l'oison dont Montaigne imagine qu'il perçoit l'homme dans un univers d'oison, sous la forme d'un maître devenu serviteur. Dès sa naissance, l'oison Martina adopte Lorentz comme sa mère, mais dans la mesure où Lorentz s'ingénie à se comporter devant lui comme sa mère l'oie[25]. Et de même, Hediger a montré que :

« la tendance à l'assimilation qui apparaît chez l'homme sous
» forme d'anthropomorphismes divers, prend chez les animaux,
» la forme correspondante d'un véritable zoomorphisme »[26].

L'animal perçoit l'homme en l'animalisant, et, par exemple, en l'incorporant à sa hiérarchie sociale (problème du cornac, du gardien de zoo, du dompteur).

Cette façon de considérer l'animal comme le « sujet » de son expérience, au point de vue duquel il importe de se placer, pour parvenir à en parler sans assimilation anthropomorphique, a été rendu possible par trois étapes, successives et subordonnées l'une à l'autre, dans l'histoire de la psychologie.

Tout d'abord, il a fallu cesser de considérer que les conduites animales ne peuvent recevoir de sens que par interprétation analogique, à partir d'une expérience humaine consciemment vécue. Il a fallu, ensuite, que l'étude objective du comportement animal abandonnât sa référence initiale à la physiologie, tenue pour une

---

25. « Un homme actif, diligent, estimerait insensé de vivre comme une oie, parmi les oies, pendant tout un été comme je l'ai fait... », dit Lorentz (*Les animaux ces inconnus*, Paris, 1953, p. 97).
26. *Les animaux sauvages en captivité*, p. 211 (Payot, 1953).

province de la mécanique, afin de se référer à la biologie, entendue comme étude spécifique des relations entre l'organisme et le milieu. Il convenait enfin que l'expérimentation perdît la forme exclusive d'une insertion de l'animal dans un milieu de vie analytique, c'est-à-dire artificiellement créé, et qu'elle prît aussi la forme d'une reconstitution des situations spontanément vécues par l'animal, dans un milieu aussi proche que possible de celui dans lequel il exerce naturellement son mode de vie spécifique[27].

A ce renversement de perspective, les principes et les conséquences de la biologie darwinienne ont manifestement contribué, dans la mesure où les concepts de concurrence, de lutte pour la vie, d'adaptation par sélection naturelle ont été progressivement convertis, en partie sous l'influence de la philosophie pragmatiste, en concepts de psychologie « instrumentaliste » ou « opérationiste »; dans la mesure aussi où les polémiques entre darwiniens et lamarckiens ont conduit à l'institution d'expériences destinées à distinguer, dans les comportements des animaux, ce qui relève de l'hérédité génétique et ce qui dépend de l'apprentissage.

En 1883, l'ouvrage de Romanes, *Mental Evolution in Animals,* se présente encore comme une somme d'histoires et de récits, dans lesquels, comme l'indique le titre, une large place est faite à la « mentalité » animale. Mais cette notion de mentalité est absente, en 1900, du titre de l'ouvrage de C. Lloyd Morgan, *Animal Behaviour.* Par l'élimination explicite de ce concept, Morgan illustre la portée du principe comparatiste sur lequel il fonde une psychologie animale sans référence à la psychologie humaine : pour interpréter un comportement animal, il faut éviter de supposer plus — c'est-à-dire des pouvoirs psychiques plus « élevés » — s'il suffit de moins. Jacques Lœb fait un usage radical du principe de Morgan, en rabaissant jusqu'à zéro, c'est-à-dire jusqu'au mécanisme, le niveau de psychisme requis pour l'interprétation de certains comportements d'orientation. Bien que, dans ses premiers travaux, en 1899, J. von Uexküll se rattache à l'école de la mécanique animale, c'est lui qui, après Morgan, apporte à la psychologie animale son deuxième principe fondamental. J. von Uexküll étudie le comportement d'après l'idée d'une relation fonctionnelle entre l'organisme de l'animal et le milieu qu'il détermine par sa structure. Dans l'environnement *(Umwelt)* de l'animal, celui

25. Ce fut le cas des célèbres observations de W. Köhler, dans la station de Ténériffe, où les anthropoïdes jouissaient de toute la liberté compatible avec les exigences de l'observation.

que perçoit l'observateur humain, c'est seulement avec un milieu spécifique de stimulations et d'influences *(Merkwelt)* que l'animal se trouve en rapports dans son genre de vie.

Ainsi la notion de milieu spécifique de vie s'est-elle substituée, en psychologie animale, à la notion de milieu géographique que Darwin avait empruntée aux travaux des naturalistes et des géographes des premières années du XIXe siècle. A ces milieux spécifiques de vie correspondent des modes de vie pouvant désormais supporter des comparaisons qui transgressent les affinités de la structure anatomique. La psychologie animale a donc pu renoncer aux rubriques abstraites que la psychologie humaine, fût-elle celle des associationnistes, imposait encore, dans la *Descendance de l'homme*, à la comparaison entre l'homme et les animaux. Darwin parlait de l'attention, de la curiosité, etc., comme de facultés communes, variables simplement dans leur ampleur. Mais la curiosité d'un singe est celle d'un animal arboricole [28] et, sous ce rapport, le singe ressemble davantage à l'écureuil qu'au chien. L'attention d'un animal est inséparable de sa façon de capturer ses proies. La grenouille attend et le crapaud cherche. Il y a dissociation du comportement et de la structure.

En conclusion, il est bien vrai que Darwin a le mérite d'avoir substitué à l'idée selon laquelle l'animal est une approche ou un « défaut » de l'homme, l'idée selon laquelle l'homme est un animal évolué, c'est-à-dire perfectionné. Ainsi l'animalité se voyait-elle reconnaître, pour l'explication de l'humanité, une valeur positive. Mais étudier l'animal comme un être positif, et non plus désormais comme un être privatif, obligeait à étudier positivement l'animal en tant qu'animal, sans le dépasser vers l'avenir humain que lui assignait pourtant la théorie de l'évolution. Cette étude, en ce qui concerne la psychologie, a été favorisée par le darwinisme, sans qu'on puisse dire toutefois que Darwin l'ait, lui-même, inaugurée.

28. Cf. Buytendijk, *Traité de psychologie animale*, Paris, 1952, pp. 288-9.

CLAUDE BERNARD

I. — L'IDÉE DE MÉDECINE EXPÉRIMENTALE SELON CLAUDE BERNARD *

Commémorer, un siècle après, la publication en 1865 de l'*Introduction à l'étude de la médecine expérimentale*, c'est d'abord, pour l'historien des sciences biologiques ou pour l'historien de la médecine, s'interroger sur le sens de son entreprise. Les commémorations sont, par institution académique, des stimulants occasionnels d'études ou de recherches en histoire des sciences. Sans aller jusqu'à le déplorer, il faut bien convenir qu'elles impriment à cette histoire un cours désordonné, une allure d'incohérence qui, à la limite, lui interdiraient les motivations durables, le travail suivi, les convergences organiques. Qui décide, en effet, de l'intérêt que l'histoire des sciences doit prêter au rappel de tel événement, au revival de telle théorie ? Est-ce simplement le calendrier des corps savants ? Est-ce l'orgueil national ou, à défaut, la vanité nationaliste ? Est-ce un besoin propre à la cité scientifique de fixer la date du baptême à un âge si avancé qu'il est parfois posthume ? Et pourquoi ce besoin obéit-il à une règle de périodicité si inconstante que tantôt elle fait renaître tel mort vingt-cinq ou cinquante ans après et tantôt fait tirer les salves de la célébrité pour le 150ᵉ anniversaire d'une naissance ?

Mais célébrer la publication d'un ouvrage ce n'est pas, pour l'histoire des sciences, s'assujettir à la contingence d'un accident. Si l'on ne sait pas bien quel est le poète latin qui a dit que

* Conférence donnée au Palais de la Découverte, le 6 février 1965 (Série Histoire des Sciences).

les livres ont leur destin, au moins est-il certain que l'une des
tâches de l'historien des sciences est de s'interroger sur ce destin,
de rechercher s'il tient ou non au contenu même de l'ouvrage,
au sens des énoncés qu'il contient et à un certain rapport de ce
sens à celui d'autres travaux du même ordre, antérieurs, contemporains ou postérieurs, et enfin de se demander si le rapport de
ce sens avec son avenir de durée, de renforcement éventuel, ou au
contraire de dégradation en bruit pur et simple, a été ignoré,
ou pressenti, ou expressément prévu par l'auteur même de
l'ouvrage.

L'influence d'un ouvrage est un type de relation entre le passé
et le présent qui s'établit dans le sens rétrograde. Passé le temps
de la communication directe entre maître et élèves, la culture
scientifique s'opère par l'aspiration des lecteurs et non par la
pression des lectures. Si l'*Introduction* de Cl. Bernard est un livre
plein de sens actuel, c'est-à-dire actif, agissant, c'est parce qu'il
est toujours réactivé. Un livre n'est pas lu parce qu'il existe.
Il n'existe comme livre, comme dépôt de sens, que parce qu'il
continue à être lu. Si le livre de Cl. Bernard est toujours rouvert,
c'est parce que son titre même indique à la pensée scientifique
une ouverture. L'*étude* de la médecine expérimentale ce n'est pas
l'apprentissage d'une discipline constituée, achevée, c'est l'application à une tâche à poursuivre. « Je ne fais, dit Cl. Bernard,
» que signaler une voie progressive ». C'est parce que la voie
signalée par Cl. Bernard est encore aujourd'hui progressive que
l'*Introduction* conserve son sens d'assignation d'un champ heuristique où la constitution de la vérité est, par essence, historique.
Et c'est parce que l'auteur de l'*Introduction* en a eu conscience
que l'œuvre de 1865 concerne l'histoire des sciences tout autrement
que sa thèse de doctorat ès sciences de 1853.

Les *Recherches sur une nouvelle fonction du foie considéré
comme organe producteur de matière sucrée chez l'homme et
chez les animaux* sont un objet pour l'histoire positive des recherches et découvertes qui ont constitué, au XIXᵉ siècle, cette branche
de la physiologie animale qu'on nomme, depuis 1909, l'endocrinologie. Ce travail fait commencer la science des sécrétions
internes. Quant à l'*Introduction*, elle concerne l'histoire réflexive
des règles méthodologiques et des concepts spécifiquement biologiques, tel que celui de *milieu intérieur*, qui, au jugement même
de Cl. Bernard, doivent rendre possible l'extension et le succès
des recherches en physiologie, dont ses premières découvertes
sont le commencement authentique. L'*Introduction* n'est pas

seulement, comme la thèse de 1853, un objet pour l'histoire des sciences. Elle est déjà, étant réflexive, un travail d'historien à quelque degré. Elle apporte une contribution à l'histoire des sciences, car elle contient un raccourci d'histoire de la médecine et de la biologie dont Cl. Bernard estime, à juste titre, ne pouvoir se dispenser pour mieux rendre sensible, aux yeux de tous, son projet de médecin-physiologiste. En parlant de l'*Introduction* sous ce rapport, on ne doit pas, et il convient d'en avertir, la séparer de l'ouvrage dont elle se donne pour l'introduction, savoir ces *Principes de Médecine Expérimentale,* auxquels il a travaillé longtemps, les reprenant sans cesse pour les laisser finalement inachevés, et tels qu'ils ont été publiés en 1947. On ne peut dissocier ces deux ouvrages. Il faut beaucoup emprunter au second pour bien comprendre le premier. Dans l'*Introduction,* l'histoire de la biologie et de la médecine n'est qu'allusive parce que, dans les *Principes,* elle est plus développée, et mise en forme comme histoire des systèmes et des méthodes. Ce fait même commande la forme conceptuelle du bref exposé que nous nous proposons de consacrer à l'idée de Médecine expérimentale selon Claude Bernard.

*
* *

En l'année 1804, Cabanis publie l'ouvrage, déjà presque terminé en 1795, *Coup d'œil sur les Révolutions et sur la Réforme de la Médecine,* dont le premier chapitre pose la question, « l'art de » guérir est-il fondé sur des bases solides ? », question qui reçoit, après examen, la réponse suivante : « L'art de guérir est donc » véritablement fondé, comme tous les autres, sur l'observation » et sur le raisonnement ». Plus loin, s'interrogeant sur ce que doit être la réforme de la médecine de son temps, Cabanis la fait consister dans l'application à l'art de guérir de quatre espèces d'analyse, selon la *Logique* de Condillac : pour les faits, analyse de description, analyse historique, analyse de décomposition, pour les idées, analyse de déduction. La réforme de l'enseignement doit procéder des mêmes principes. C'est pourquoi la pathologie, la séméiotique et la thérapeutique ne peuvent être bien cultivées et enseignées que dans les écoles cliniques instituées dans les hôpitaux, et non dans les salles d'Université, « où l'on entend » des livres sans voir la nature ».

Un lecteur de Cabanis, aujourd'hui, est frappé du fait que si l'auteur utilise constamment les termes de *fait,* d'*observation,* d'*examen,* d'*expériences* ou d'*expérience,* de *comparaison,* d'*empi-*

risme rationnel, jamais celui d'*expérimentation* ne vient sous sa plume. Une seule fois il est question d'une « méthode expéri-
» mentale et pratique, fruit de l'observation continuelle et de
» l'emploi, sans cesse répété, des instruments ». *(Chap. III, § 7).*
Mais, notons-le bien, cette méthode générale, appliquée à la partie pratique de la médecine, nous renvoie au lit des malades.
La Réforme, dont Cabanis expose le projet, à l'aube du XIXᵉ siècle, ne tend en rien à faire de la médecine autre chose qu'une science d'observation. Quand, en 1797, il avait été nommé professeur de clinique à l'Hospice de perfectionnement, Cabanis avait consacré son cours à Hippocrate. Dans le Discours d'ouverture, resté célèbre, il déclare que tout annonce une grande révolution de la médecine, il pense que ce qui va se faire dans l'art de guérir est indiqué par ce qui s'est fait dans plusieurs branches des sciences physiques, « par le perfectionnement de l'art expéri-
» mental et par l'application plus rigoureuse des méthodes de
» raisonnement », il reconnaît aux Modernes la gloire exclusive d'avoir créé « l'art d'interroger la nature, en changeant les
» circonstances d'après lesquelles ses opérations s'exécutent dans
» l'état le plus régulier ». Mais c'est pour ajouter aussitôt :
« Pour le talent de l'observation, nous ne pouvons pas... lutter
» avec les Anciens ». La Réforme sera donc un retour aux sources, aux Anciens, « car s'il est une science dont les dogmes doivent se
» fonder principalement sur l'observation c'est la médecine sans
» doute ». On voit que nous avons ici à peine une nuance de restriction par rapport à l'aphorisme millénaire : *ars medica tota in observationibus.*

En résumé, réformée par l'analyse condillacienne, mais fidèle à la tradition hippocratique, telle est la médecine qu'annonce Cabanis, dans un ouvrage qui se termine ainsi : « Au moment
» où la Nation française va consolider son existence républicaine,
» la médecine, rendue à toute sa dignité, commence elle-même
» une ère nouvelle, également riche en gloire et féconde en bien-
» faits ». S'il est bien vrai qu'après le *Coup d'œil...* de Cabanis la médecine est entrée dans une ère nouvelle, convenons qu'il n'a pas été bien plus heureux dans l'anticipation du futur médical qu'il ne l'était en annonçant à la France la consolidation de son existence républicaine, l'année même du sacre de Napoléon Iᵉʳ Empereur.

En composant l'*Introduction,* en élaborant péniblement les *Principes,* Cl. Bernard ne s'est pas proposé, bien entendu, de répondre à Cabanis, au bout d'un demi-siècle. Et pourtant la

lecture comparative des deux textes nous fait trouver chez
Cabanis, dont pourtant Cl. Bernard sait bien qu'il est fort loin
d'un métaphysicien doctrinaire, la somme de toutes les positions
que la médecine expérimentale se propose d'attaquer. De même
que certains philosophes croient à une philosophie éternelle,
beaucoup de médecins, aujourd'hui encore, croient à une médecine
éternelle et originaire, la médecine hippocratique. Il pourra donc
sembler choquant que nous fassions consister — dans le refus des
atténuations et par durcissement volontaire — la coupure historique à laquelle commence la médecine moderne dans l'idée de
la médecine expérimentale comme déclaration de guerre à la
médecine hippocratique. Ce n'est pas pour autant une dépréciation
d'Hippocrate. Cl. Bernard utilise en effet, quoique de façon très
libre, la loi des trois états de l'esprit humain, formulée par
Auguste Comte. Il reconnaît que « l'état de médecine expéri-
» mentale suppose une évolution antérieure » (Principes, p. 71).
Mais si l'histoire de la médecine conduit à rendre justice à Hippocrate, fondateur de la médecine d'observation, le souci de l'avenir
prescrit à la médecine non pas de nier la médecine d'observation,
mais de s'en séparer (Principes, p. 32). L'hippocratisme est un
naturisme; la médecine d'observation est passive, contemplative,
descriptive comme une science naturelle. La médecine expérimentale est une science conquérante. « A l'aide de ces sciences
» expérimentales actives, l'homme devient un inventeur de phéno-
» mènes, un véritable contremaître de la création; et l'on ne
» saurait, sous ce rapport, assigner des limites à la puissance qu'il
» peut acquérir sur la nature... » (Introduction, p. 71). En général,
au contraire, une science d'observation « prévoit, se gare, évite,
» mais ne change rien activement » (Principes, p. 26). Et en particulier « la médecine d'observation voit, observe et explique les
» maladies, mais elle ne touche pas à la maladie... Quand il
» (Hippocrate) sort de l'expectation pure pour donner des remè-
» des, c'est toujours dans le but de favoriser les tendances de la
» nature, c'est-à-dire de faire parcourir à la maladie ses périodes »
(Principes, p. 152, note 2). Cl. Bernard désigne comme hippocra-
tistes tous les médecins qui, dans les temps modernes, n'ont pas
mis en tête de leurs préoccupations la guérison des malades, mais
se sont préoccupés avant tout de définitions, de classification des
maladies, qui ont préféré au traitement le diagnostic et le pronostic. Ce sont des nosologistes : Sydenham, Sauvages, Pinel,
même Laënnec, tous ceux qui tiennent les maladies pour des
essences dont les maladies des malades altèrent le type plus

souvent qu'elles ne le manifestent. De même Cl. Bernard tient-il pour de simples naturalistes tous les médecins, y compris Virchow, qui depuis Morgagni et Bichat ont fondé une nouvelle science des maladies sur l'anatomie pathologique, par la recherche des relations étiologiques entre les altérations de structure et les troubles symptomatiques. N'en doutons pas, puisque Cl. Bernard le proclame, la médecine expérimentale, si elle ne le peut tout de suite, veut du moins à terme détruire les nosologies et ignorer l'anatomopathologie *(Principes,* p. 156), car, pour elle, les maladies n'existent pas comme *entités* distinctes. Il n'existe que des organismes dans des conditions de vie normales ou anormales, et les maladies ne sont que des fonctions physiologiques dérangées. La médecine expérimentale c'est la physiologie expérimentale du morbide. L'*Introduction* dit (p. 365) : « Les lois physiologiques » se retrouvent dans les phénomènes pathologiques ». Les *Principes* (p. 171) répètent : « Tout ce qui existe pathologiquement doit se » trouver et s'expliquer physiologiquement ». D'où la conclusion : « Le médecin expérimentateur exercera successivement son » influence sur les maladies dès qu'il en connaîtra expérimenta- » lement le *déterminisme* exact, c'est-à-dire la cause prochaine » *(Introduction,* p. 401). C'est bien le congé donnée à la médecine expectante. Nous avions vu Cabanis séparer historiquement l'art d'observer des Anciens et l'art d'expérimenter des Modernes, Cl. Bernard ne voit pas différemment l'histoire de la médecine scientifique. « L'antiquité, dit-il, semble ne pas avoir eu l'idée » des sciences expérimentales ou du moins ne pas avoir cru » à leur possibilité » *(Principes,* p. 139). Mais alors que Cabanis renvoyait la médecine aux Anciens et à l'observation, Cl. Bernard lui fait entrevoir sur la voie de l'expérimentation un avenir de domination et de puissance. « Dominer scientifiquement la nature » vivante, la conquérir au profit de l'homme : telle est l'idée » fondamentale du médecin expérimentateur » *(Principes,* p. 165). L'idée de la médecine expérimentale, la domination scientifique de la nature vivante, c'est l'hippocratisme renversé, dans la mesure où l'idée de l'hippocratisme s'exprimait en 1768 dans un traité de Guindant, *La nature opprimée par la médecine moderne* [1].

Faute d'ailleurs de pouvoir faire plus qu'indiquer une voie nouvelle, Cl. Bernard se voit conduit à consentir à la coexistence

---

1. Le titre complet de l'ouvrage est le suivant : « La nature opprimée par la médecine moderne, ou la nécessité de recourir à la méthode ancienne et hippocratique dans le traitement des maladies » (Paris, Debure, 1768, XXIV-400 pp. in-12).

provisoire de la médecine expérimentale naissante avec la médecine empirique établie. Médecine empirique désigne, dans l'*Introduction*, comme dans les *Principes*, cette tradition de la médecine agissante, secourable aux malades, ne se contentant pas de l'observation, mais pratiquant dans ses tentatives de traitement des expériences peu ou point préméditées, peu analytiques, peu critiques, condensées en prescriptions thérapeutiques dont l'efficacité et la fidélité relatives restent rebelles à toute légitimation explicative. En un sens l'empirisme fait un premier pas vers la méthode expérimentale, le dos tourné à la médecine hippocratique. « Tout médecin qui donne des médicaments actifs à ses malades » coopère à l'édification de la médecine expérimentale » *(Introduction*, p. 373). Mais, ajoute Cl. Bernard, pour sortir de l'empirisme et mériter le nom de science, cette expérimentation médicale doit être *fondée* sur la connaissance des lois vitales physiologiques ou pathologiques *(Ibid.)*. *Fonder*, le terme revient à plusieurs reprises chez Cl. Bernard, comme aussi celui de *constituer*. Même si ces termes n'ont pas, à l'époque, et s'agissant de physiologie expérimentale, un sens aussi rigoureux et aussi pur que celui qu'ils prennent aujourd'hui dans l'épistémologie des mathématiques, ils doivent retenir notre attention, comme exprimant le sens profond du projet de Cl. Bernard et soutenant sa conscience ombrageuse d'une responsabilité personnelle incessible. « La » médecine expérimentale, est-il dit dans les *Principes* (p. 151), » en est encore à chercher ses fondements ». Et plus loin : « La » médecine empirique règne en plein aujourd'hui. *C'est moi qui* » *fonde la médecine expérimentale, dans son vrai sens scienti-* » *fique; voilà ma prétention* ».
Examinons cette prétention.

★
★ ★

Attachons-nous d'abord à l'expression même de *médecine expérimentale*. Cl. Bernard ne peut pas avoir oublié les leçons de son maître Magendie. Dans une de ses *Leçons sur le sang* (15 décembre 1837), Magendie avait indiqué à la médecine ses obligations les plus urgentes : « Eclairons, par toutes les lumières que nous » fournit l'époque où nous vivons, la pathologie : au lieu de la » simple et stérile annotation des signes, *créons la médecine expé-* » *rimentale* qui nous révélera sans doute le mécanisme des alté» rations morbides, et dès lors il nous sera possible d'attaquer » avec vigueur les causes de ces altérations, de les modifier, et

» même de les prévenir » *(Leçons sur les Phénomènes physiques de la vie*, t. IV, p. 6). Dans la même leçon, il avait défini l'étude vraiment scientifique de la médecine comme la recherche de la manière dont se produisent les altérations pathologiques, et il avait qualifié d'histoire naturelle le tableau des périodes d'une maladie comme la phtisie pulmonaire, histoire naturelle inutile à la thérapeutique. « C'est la cause qu'il faudrait connaître », ajoutait-il [2]. Bref Magendie invite à l'action collective : *Créons* la médecine expérimentale. Cl. Bernard qui vient après déclare : « C'est *moi qui fonde...* ». En tout cas, l'expression de médecine expérimentale appartient à Magendie avant Bernard. Magendie a-t-il créé, inventé cette expression, ou bien l'a-t-il seulement réinventée, ce qui d'ailleurs revient au même ? Il est certain que l'expression se trouve au XVIIe siècle, dans un écrit de l'abbé Mariotte, son *Essai de Logique* : « Les médecins pourront » se contenter de savoir qu'un tel remède est propre à guérir » d'un tel mal; ou du moins qu'un tel remède venu d'un tel » pays guérit ordinairement d'un tel mal un homme d'un tel » tempérament. Mais il faut avoir une connaissance exacte de ces » expériences et les avoir trouvées très souvent véritables à point » nommé; c'est ce qu'on pourra appeler *Médecine expérimentale* » et dont on pourra se servir jusqu'à ce qu'on ait découvert les » véritables causes des maladies et des effets des remèdes » [3]. Nous avouons notre difficulté à accepter les ingénieuses conjectures de Pierre Brunet qui, dans un article des *Archives internationales d'Histoire des sciences* (n° 1, octobre 1947) sur la méthodologie de Mariotte, se demande si l'influence de Mariotte n'a pu se transmettre jusqu'à Cl. Bernard par l'intermédiaire de Zimmermann dont il avait lu et plusieurs fois cité le *Traité de l'expérience* (1763; trad. fr. 1774), Zimmermann ayant été lui-même influencé, durant son séjour en Hollande, par les physiciens hollandais grands admirateurs de Mariotte. Il nous semble que l'existence de l'expression chez Magendie coupe court à toutes ces suppositions d'influence bien indirecte. Et quand nous disons que

---

2. Ce n'est donc pas Cl. Bernard, ce n'est même pas Magendie, qui a le premier caractérisé comme histoire naturelle la médecine de style hippocratique. Il semble que ce soit de Blainville : « La méthode hippocratique tant vantée est-elle de la médecine ? Ne serait-ce pas plutôt de l'histoire naturelle des maladies ? » *(Cours de physiologie générale et comparée*, tome I, 1833, p. 21).

3. Avant Mariotte, Malebranche, en 1674, a opposé la *médecine expérimentale* à la *médecine raisonnée* (cf. *Recherche de la vérité* : conclusion des trois premiers livres). L'*Essai de Logique* de Mariotte est de 1678.

Magendie a réinventé l'expression nous entendons dire qu'il a déplacé le concept, car ce qu'il nomme — et ce que Bernard nommera — médecine expérimentale c'est précisément la découverte des véritables causes des maladies et des effets des remèdes, dont la médecine expérimentale selon Mariotte, c'est-à-dire à la lettre l'empirisme thérapeutique, n'est qu'un substitut temporaire.

Recevant de Magendie le nom, Cl. Bernard reçoit aussi de lui une certaine idée de la discipline à constituer, l'identité d'objet et de méthode en physiologie et en pathologie. Dans une de ses *Leçons sur les Phénomènes physiqes de la vie* (28 décembre 1836), Magendie affirme : « La pathologie est encore la physiologie.
» Pour moi les phénomènes pathologiques ne sont que les phéno-
» mènes physiologiques modifiés ». A la prendre comme simple proposition théorique, l'idée n'est pas nouvelle. Pour un médecin, même médiocrement cultivé, au début du XIXᵉ siècle, l'idée d'une pathologie dépendante de la physiologie s'associe au nom encore prestigieux de Haller. Dans le Discours préliminaire qu'il a mis en tête de sa traduction française de la Dissertation de Haller *De partibus corporis humani sentientibus et irritabilibus* (1752) Tissot écrit, en 1755 : « Si la dépendance de la pathologie à la physiologie était
» plus connue, il ne serait pas besoin de faire sentir combien la
» nouvelle découverte aura d'influence sur l'art de guérir; mais
» malheureusement il nous manque un ouvrage intitulé *Appli-*
» *cation de la théorie à la pratique*, c'est ce qui me détermine
» à hasarder quelques idées sur les avantages pratiques de l'irri-
» tabilité ». Suivent des considérations sur l'administration de l'opium, des toniques, des purgatifs, etc. Sans doute ne s'agit-il ici que d'un système, alors que Magendie prétend lire et donner à lire dans les faits eux-mêmes, séparément de toute interprétation, l'identité physique du physiologique et du pathologique. Et pourtant, il a fallu un système médical, le dernier des systèmes au dire de Cl. Bernard lui-même *(Principes*, p. 181, note), pour que l'idée de la médecine expérimentale, l'idée de l'identité des méthodes de pensée au laboratoire et à la clinique, se présente, sur les ruines des systèmes nosologiques, pour procurer à la médecine l'accès au statut d'une science progressive. Ce système qui a rendu possible la médecine sans systèmes c'est celui de Broussais.

Cl. Bernard n'a pas toujours été heureux, nous semble-t-il, dans sa conception des rapports entre une science expérimentale comme la physiologie et l'histoire de cette même science (cf. *Intro-*

duction, pp. 277 et 283). Par contre il faut reconnaître qu'il a su tirer des réflexions sur sa pratique de chercheur un critère de discrimination, en histoire des sciences, entre périodes préscientifiques et périodes authentiquement scientifiques, et qu'il a fort lucidement situé, pour la médecine, le moment de la coupure à l'époque de Broussais. « Avec les théories, dit-il dans les » *Principes* (p. 180), il n'y a plus de *révolution* scientifique... avec » les doctrines et les systèmes il y a des révolutions... (lire » Cabanis, sur la révolution en médecine) ». Disons autrement : au XVIIIᵉ siècle, les systèmes se juxtaposent alors même qu'ils se réfutent. Ce que Cabanis et Cl. Bernard appellent des révolutions — Bouillaud également, dans l'*Essai sur la philosophie médicale et sur les généralités de la clinique médicale,* 1836 — n'empêche nullement la survivance de systèmes incompatibles avec d'autres systèmes plus jeunes, parce que la réfutation d'une explication au profit d'une autre est une opération de logique, à partir d'observations non décisives faute d'analyse expérimentale. L'information médicale conserve tout. Les *Elementa physiologiæ* de Haller sont un traité de physiologie dont le style est celui d'une somme historique. Les nosologies se contredisent sans s'éliminer l'une l'autre.

Au contraire, dit Cl. Bernard : « Jamais un expérimentateur ne » se survit; il est toujours au niveau du progrès; il sacrifie autant » de théories qu'il faut pour avancer » *(Principes,* p. 179). Proposer la médecine expérimentale, ce n'est donc pas proposer un système, mais la négation des systèmes, c'est proposer le recours à l'expérimentation pour vérifier la théorie médicale : « C'est sous ce » rapport que la médecine expérimentale est une médecine nou- » velle » *(Principes,* p. 181).

Cl. Bernard n'ignore pas qu'avant Magendie, Broussais, en renversant le système le plus majestueux et le plus impérieux de l'époque, celui de Pinel, a rendu possible le nouvel esprit de la médecine. « C'était l'opinion de Broussais que la pathologie » n'était que la physiologie, puisqu'il l'appelait la *médecine physio-* » *logique.* Ç'a été là tout le progrès de sa manière de voir » *(Principes,* p. 211). Sans doute, Broussais s'est-il enfermé dans le système de l'irritation et s'est-il déconsidéré par l'abus des sang-sues et de la saignée. Pourtant, on n'oubliera pas que la publication, en 1816, de l'*Examen de la doctrine médicale généralement adoptée* fut, selon le mot de Louis Peisse *(La médecine et les médecins,* t. II, p. 401), « un 89 médical ». Pour réfuter la *Noso-graphie philosophique,* et la doctrine de l'essentialité des fièvres,

Broussais empruntait à l'anatomie générale de Bichat la notion
de la spécificité des altérations propres à chaque tissu en raison
même de sa texture. Il identifiait les concepts de fièvre et
d'inflammation, distinguait selon les tissus différents lieux de
naissance et différentes voies de propagation, et fondait ainsi la
diversité symptomatique des fièvres. Il expliquait l'inflammation
par un excès d'irritation modifiant le mouvement du tissu et
capable, à la longue, de le désorganiser. Il renversait le principe
fondamental de l'anatomie pathologique, en enseignant que la
dysfonction précède la lésion. Il fondait la médecine sur la physiologie et non plus sur l'anatomie. Tout cela est résumé dans un
passage bien connu de la préface à l'*Examen* de 1816 : « Les
» traits caractéristiques des maladies doivent être puisés dans
» la physiologie... débrouillez-moi par une savante analyse
» les cris souvent confus des organes souffrants... faites-moi
» connaître leurs influences réciproques ». Evoquant, dans son
Essai de philosophie médicale (1836), ce nouvel âge de la médecine, Bouillaud écrivait : « La chute du système de la *Nosographie*
» *philosophique* n'est-elle pas l'un des événements les plus
» culminants de notre ère médicale et n'est-ce pas avoir fait
» une révolution dont le souvenir ne s'effacera pas que d'avoir
» ainsi renversé un système qui avait gouverné le monde médical ?
» (p. 175) ». Plus lapidairement Michel Foucault écrit dans la
Naissance de la clinique : « Depuis 1816 l'œil du médecin peut
» s'adresser à un organisme malade ». Littré, à qui le concept de
« partage » entre types d'explication est familier (il parle du
« grand partage qu'a fait Bichat » entre qualités occultes et qualités irréductibles) pouvait donc constater, en 1865 même :
« Tandis qu'autrefois la théorie en médecine était suspecte et ne
» servait, pour ainsi dire, que de cible aux faits qui la démolis-
» saient, aujourd'hui, en vertu de la subordination aux lois physio-
» logiques, elle est devenue un instrument effectif de recherche
» et une règle fidèle de conduite »(*Médecine et Médecins*, p. 362).
Sans doute Cl. Bernard a raison de dire que la médecine physiologique de Broussais « n'était en réalité fondée que sur des idées
» physiologiques et non sur le principe même de la physiologie »
(*Principes*, p. 442). Il n'en est pas moins vrai que l'*idée* de
Broussais pouvait devenir *programme* et susciter une *technique*
médicale tout à fait différente de la technique à laquelle elle-
même adhérait. Et de fait ce qui était idée de doctrine chez
Broussais devenait idée de méthode chez Magendie. C'est pourquoi
la révolution opérée par le système de Broussais n'est pas à

l'alignement des autres. La médecine physiologique, même si elle affectait la forme d'un système, opérait un partage décisif, dans la première moitié du XIXᵉ siècle, entre les systèmes et la recherche, entre le temps des révolutions et le temps du progrès, parce que l'idée suscitait des moyens que l'époque rendait possibles. Entre Haller et Broussais, il y avait eu Lavoisier. La fin des systèmes ne tient pas, dit Cl. Bernard, à la pénurie des hommes de grande intelligence. « C'est le temps de la médecine qui est » assez avancé pour ne plus permettre de *systèmes* » *(Principes*, p. 432).

En reconnaissant que Broussais avait détruit la pathologie comme type de connaissance des maladies spécifiquement séparées de la connaissance des phénomènes physiologiques, Cl. Bernard ne renonçait pas pour autant à revendiquer pour lui-même l'originalité de son idée, ce qui revenait à dire que seul il avait appelé la physiologie expérimentale à supporter le poids des responsabilités d'une médecine scientifique ou physiologique. Mais que faisait-il de Magendie ? En 1854, suppléant de Magendie, ses premiers mots étaient pour dire à ses auditeurs : « La médecine » scientifique que je dois enseigner n'existe pas ». En 1865, il constate que « la médecine expérimentale ou la médecine scienti- » fique tend de tous côtés à se constituer en prenant pour base la » physiologie... cette direction est aujourd'hui définitive » *(Introduction*, pp.405-406). Dans les *Principes* (p. 51 *sq)*, il dresse le *bilan* des vingt années écoulées depuis son premier cours. C'est alors qu'il révèle lui-même la raison de la conviction qui est la sienne : « C'est moi qui fonde la médecine expérimentale ». Magendie a ouvert une voie, dit Bernard, mais cela ne suffisait pas, car il n'a fixé ni but, ni méthode. En outre, même s'il en avait eu le goût ou l'intention, Magendie n'aurait pu le faire, car il n'avait pas les moyens d'administrer la preuve qu'on peut déduire une conduite thérapeutique d'une connaissance physiologique, il n'avait pas les moyens de raccorder effectivement la clinique et le laboratoire. C'est la conscience de cette possibilité, de cette réalité même qui soutient l'entreprise fondatrice de Cl. Bernard. « Je crois qu'il existe actuellement un assez grand nombre de » faits qui prouvent clairement que la physiologie est la base » de la médecine, en ce sens qu'on peut faire rentrer un certain » nombre de phénomènes pathologiques dans les phénomènes » physiologiques et montrer que ce sont les mêmes lois qui

» régissent les uns et les autres » *(Principes,* p. 53). Simplifions. La prétention de *fonder* une discipline dont il ne revendique ni l'idée de la possibilité, ni les premières acquisitions, repose chez Cl. Bernard sur la physiopathologie du diabète, c'est-à-dire en définitive sur la découverte de la fonction glycogénique du foie. Cette découverte est publiée en 1853. Dès l'année universitaire 1854-1855, les *Leçons de physiologie expérimentale appliquée à la médecine* exposent (22ᵉ leçon, 13 mars 1855), après la physiologie de ce qu'on a appelé depuis la glycémie, la pathogénie du diabète. Des développements analogues sont repris en 1858 dans les *Leçons sur les propriétés physiologiques et les altérations pathologiques des liquides de l'organisme* (Leçons 3, 4 et 5). Aux yeux de Cl. Bernard, l'explication expérimentale du mécanisme du diabète garantit la validité simultanée et séparable des principes qu'il dégage dans l'*Introduction* de 1865 : principe de l'identité des lois de la santé et de la maladie; principe du déterminisme des phénomènes biologiques; principe de la spécificité des fonctions biologiques, c'est-à-dire distinction du milieu intérieur et du milieu extérieur. Fonder la médecine expérimentale c'est démontrer la cohérence et la compatibilité de ces principes et, par suite, mettre la médecine expérimentale hors de contestation, en montrant aux contradicteurs, aux systématiques attardés de l'ontologie et du vitalisme, que ces principes fondent aussi, comme apparences inévitables, les phénomènes sur quoi ils cherchent à baser leurs objections. Magendie affirmait, repoussait, anathématisait. Magendie mécanisait le vivant et tenait le vitalisme pour une folie. La découverte des sécrétions internes, la formation du concept de milieu intérieur, la mise en évidence de quelques phénomènes de constance et de quelques mécanismes de régulation dans la composition de ce milieu, voilà ce qui permet à Cl. Bernard d'être déterministe sans être mécaniste, et de comprendre le vitalisme comme erreur et non comme sottise, c'est-à-dire d'introduire dans la discussion des théories physiologiques une méthode d'échange des perspectives. Quand Cl. Bernard annonce, avec une assurance qu'on pourrait prendre pour de la suffisance, qu'il n'y aura plus de révolutions en médecine, c'est parce qu'il ne sait pas nommer philosophiquement ce qu'il a pourtant conscience d'opérer. Il ne sait pas nommer l'idée qu'il a de son idée de la médecine expérimentale. Il ne sait pas dire qu'il opère une révolution copernicienne. Au moment où on peut démontrer que l'existence d'un milieu intérieur assure à un organisme une possibilité d'autonomie relativement aux variations de ses conditions d'existence dans le milieu extérieur, on peut à la fois expliquer et réfuter l'illusion vitaliste. Au moment ou on peut démontrer que dans une maladie comme le diabète ce n'est pas l'état pathologique qui a créé les phénomènes qui en constituent le principal symptôme, on est en droit d'affirmer qu'en se plaçant au point de vue de la santé on se place du même coup en situation de comprendre la maladie. A ce moment la réaction culturelle de l'homme à la maladie change de sens. Quand on admettait que les maladies sont des essences ou qu'elles ont leur nature, on ne pensait, comme le dit, on l'a vu, Cl. Bernard, qu'à « s'en garer », ce qui est une façon de s'en accommoder. A partir du moment où la médecine expérimentale s'estime capable de déterminer les conditions de la santé et de définir la maladie comme une déviation de ces conditions, l'attitude pratique de l'homme à l'égard des maladies devient une attitude de refus et d'annulation. La médecine expérimentale n'est alors qu'une des figures du rêve démiurgique que rêvent, au milieu du XIXe siècle, toutes les sociétés industrielles, à l'âge où, par le biais de leurs applications, les sciences sont devenues un pouvoir social. Voilà pourquoi Cl. Bernard sera spontanément reconnu par son époque comme l'un des hommes qui la signifient. « Ce n'est pas un grand physiologiste, c'est la Physiologie », dit J.-B. Dumas à Victor Duruy le jour des obsèques, transformant ainsi un homme en institution.

On peut se demander si, en toute modestie d'ailleurs, Cl. Bernard ne s'est pas identifié lui-même à la physiologie. Quand il énonce sa prétention d'être, lui, celui qui fonde la médecine expérimentale, il ne fait que se montrer conscient de ceci que ce sont ses propres recherches et elles seules, comme nous venons de le dire, qui permettent, par l'explicitation principielle des concepts impliqués dans les règles de leur efficacité, de réfuter compréhensivement les objections à l'idée de la médecine expérimentale.

Cl. Bernard sait qu'il n'a inventé ni le terme, ni le projet, mais en réinventant le contenu, il a fait de l'idée son idée. « La méde- » cine scientifique moderne est donc fondée sur la connaissance » de la vie des éléments dans un *milieu intérieur;* c'est donc une » conception différente du corps humain. Ces idées sont de moi » et c'est là le point de vue essentiel de la médecine expéri- » mentale » *(Principes,* p. 392). Mais se souvenant sans doute d'avoir écrit dans l'*Introduction :* « L'art c'est moi, la science » c'est nous », il ajoute : « Ces idées nouvelles et ce point de vue » nouveau je ne les ai pas inventés dans mon imagination, ni

» créés de toute pièce, ils se sont montrés à moi, comme étant
» le résultat pur et simple de l'évolution de la science, et c'est ce
» que j'espère bien prouver. D'où il résulte que mes idées sont
» bien plus solides que si elles étaient une vue purement person-
» nelle » *(Ibid.).*

Nous retrouvons ici les questions initiales de cette conférence.
Cent ans après 1865, nous devons convenir que c'est à l'occasion
d'un événement que nous cherchons la signification historique
d'une contribution personnelle à une tâche impersonnelle. Ce qui
autorise Cl. Bernard à prétendre *fonder* une science qu'il n'a pas
créée et qui n'en finira pas désormais de se recréer, ce qui
l'autorise à prétendre fonder, lui-même, une « physiologie expéri-
» mentale qui ne sera jamais finie ni close systématiquement »
(Principes, p. 35), c'est la physiologie bernardienne, une physiologie qui dans son orientation, dans son sens de recherche et de
progression, dans son contenu par suite, n'est pas la physiologie
de Magendie, ni de du Bois-Reymond, ni de Ludwig. En fait
Cl. Bernard n'a pas su dire que fondation, promotion, et renouvellement d'une science vont de pair. C'est pourtant ce qu'il
semble bien qu'il veuille dire en disant que c'est *sa* physiologie qui
fonde *la* physiologie.

A plusieurs reprises nous avons dit : ...« Cl. Bernard n'a pas
» su dire... ». On pourrait nous objecter qu'il n'a pas dit cela
seulement que nous pensons qu'il aurait dû dire. Nous ne faisons
pas difficulté de convenir que nous ne partageons pas certaine
admiration de commande pour Cl. Bernard écrivain. Mais peut-
être nous accordera-t-on qu'en tentant de situer historiquement
et de conceptualiser épistémologiquement l'*Introduction* de
Cl. Bernard nous lui avons rendu un plus juste hommage, puisque
nous lui avons tout emprunté. Comme l'a dit un philosophe que
nous ne citons pas volontiers, Victor Cousin : « La gloire n'a
» jamais tort : il ne s'agit que d'en retrouver les titres ».

BIBLIOGRAPHIE

Claude BERNARD. — Introduction à l'étude de la médecine expérimentale. (Editions du Cheval Ailé, Genève, 1945.)

— Principes de médecine expérimentale. (Les Classiques de la Médecine, n° 5, 1963, Masson, Paris.)

— Leçons de physiologie expérimentale appliquée à la médecine. (Paris, 1855.)

— Leçons sur le diabète et la glycogenèse animale. (Paris, 1877.)

J. BOUILLAUD. — Essai sur la philosophie médicale et sur les généralités de la clinique médicale. (Paris, 1836.)

F. J. V. BROUSSAIS. — Examen de la doctrine médicale généralement adoptée et des systèmes modernes de nosologie. (Paris, 1816.)

P. J. G. CABANIS. — Coup d'œil sur les Révolutions et sur la Réforme de la Médecine. (Œuvres philosophiques, publiées par Lehec et Cazeneuve, tome II, Paris, P.U.F., 1956.)

Michel FOUCAULT. — Naissance de la clinique. (Paris, P.U.F., 1963.)

F. J. HAAS. — Essai sur les avantages cliniques de la doctrine de Montpellier. (Paris-Montpellier, 1864.)

F. MAGENDIE. — Leçons sur les phénomènes physiques de la vie. (Paris, 1842.)

II. — THEORIE ET TECHNIQUE
DE L'EXPERIMENTATION CHEZ CLAUDE BERNARD

Dans l'un des *Eloges* qu'il a composés en 1713 pour les académiciens morts avant le renouvellement de l'Académie royale des Sciences, dans l'Eloge de Mariotte, Condorcet s'attache et s'attarde à l'un de ses ouvrages moins connus que les autres, son *Essai de Logique*. Condorcet considère cette logique comme l'exposé, tout original, d'une méthode effectivement suivie dans la recherche, comme une démarche personnelle directement proposée à l'observation d'autrui, et il ajoute : « Les auteurs de logiques » ne ressemblent que trop souvent aux mécaniciens qui donnent » des descriptions d'instruments dont ils ne seraient pas en état » de se servir ». En relevant cette appréciation sur l'origine des rapports entre la pratique scientifique et sa théorie, notre dessein concerne Mariotte plus encore que Condorcet. C'est parce que l'*Essai de Logique* contient, avec environ cent cinquante ans d'avance sur Magendie, l'expression de « médecine expérimen- » tale », elle-même vraisemblablement empruntée à la *Recherche de la Vérité* de Malebranche. Mais, au XVIIᵉ siècle, médecine expérimentale signifie médecine empirique et c'est en ce sens que l'entendent Malebranche et Mariotte. Malebranche l'oppose à « médecine raisonnée » et Mariotte ne la tient que pour le substitut provisoire de « la connaissance des causes des maladies » et des effets des remèdes ». Or, l'ouvrage dont nous célébrons aujourd'hui la longévité séculaire s'offre à nous comme le manifeste d'une médecine expérimentale arrachée à l'empirisme initial, d'une médecine expérimentale raisonnée, mais aussi comme la mise en forme réfléchie d'une expérience d'expérimentateur. C'est la rédaction, durant un loisir imposé par la maladie, des pensées nées au temps du labeur, des notes jetées sur le papier au laboratoire même. Nous voici encore, comme le disait Condorcet, bien loin d'un mécanicien composant un discours sur des instruments dont il n'aurait point l'usage.

Comment d'ailleurs ne pas rappeler aujourd'hui, au Collège de France, ce qu'en ces mêmes lieux, à l'occasion du centenaire de la naissance de Claude Bernard, en 1913, Henri Bergson disait de l'*Introduction à la médecine expérimentale* : « Nous nous » trouvons devant un homme de génie qui a commencé par faire » de grandes découvertes et qui s'est demandé ensuite comment » il fallait s'y prendre pour les faire; marche paradoxale en appa- » rence, et pourtant seule naturelle, la manière inverse de pro- » céder ayant été tentée beaucoup plus souvent et n'ayant jamais » réussi ». Avoucns-le pourtant, depuis cent ans que des philosophes la lisent et la commentent, le paradoxe de conception et d'exécution auquel la célèbre *Introduction* doit son existence et son style n'a jamais fait l'objet, de leur part, d'une exposition et d'une élucidation systématiques. C'est comme si le texte avait été défendu par sa clarté même contre les entreprises indiscrètes de l'exégèse et de la critique. A vrai dire, pendant longtemps un lecteur de l'*Introduction*, s'il voulait contrôler la pertinence des réponses qu'il proposait aux questions qu'elle lui semblait poser, n'avait guère à sa disposition, en dehors du *Rapport* de 1867 et des articles réunis dans la *Science expérimentale*, que les célèbres cours du Collège de France, de la Sorbonne et du Muséum rédigés par quelques élèves du maître. La publication successive, depuis une vingtaine d'années, d'inédits longtemps confidentiels, au premier rang desquels il faut mentionner les *Principes de médecine expérimentale* et, il y a quelques semaines à peine, le *Cahier de notes*, c'est-à-dire le fameux *Cahier rouge* en son intégralité; le récolement, entrepris par le Dr Grmek, des cahiers de laboratoire de Cl. Bernard et des papiers conservés au Collège de France, tout cela doit permettre, à la fin, la lecture du texte de l'*Introduction* comme en surimpression de tout ce que son auteur a pu écrire à quelque occasion que ce soit, de semblable ou de différent sur des sujets dont il y est traité.

Dans les quelques lignes, mi-admiratives par convention, mi-sévères par conviction, qu'il consacre à Bacon (moins sévères toutefois que ne l'était à la même époque le jugement de Liebig), Cl. Bernard écrit : « Les grands expérimentateurs ont apparu avant les » préceptes de l'expérimentation ». Nous ne pouvons douter qu'il n'applique à lui-même sa propre maxime. Le *Cahier de notes* nous

en livre l'explication : « Chacun suit la voie. Les uns sont préparés
» de longue main et marchent en suivant le sillon qui était tracé.
» Moi je suis arrivé dans le champ scientifique par des voies
» détournées et je me suis délivré des règles en me jetant à
» travers champs... ». De quelles règles l'homme qui s'est d'abord
formé à la pratique expérimentale dans l'ombre de Magendie a-t-il
conscience de s'être délivré ? Les noms de deux physiologistes
qu'il cite à plusieurs reprises nous l'indiquent : Helmholtz, pour
lequel il marque toujours de l'estime, du Bois-Reymond qu'il
apprécie moins. Les règles dont il s'agit sont des règles de l'investigation propre aux physiciens d'obédience mathématicienne.
« On m'a dit que je trouvais ce que je ne cherchais pas, tandis
» que Helmholtz ne trouve que ce qu'il cherche; c'est vrai, mais
» la direction exclusive est mauvaise. Qu'est-ce que la physiologie ?
» De la physique, de la chimie, etc., on n'en sait plus rien, il
» vaut mieux faire de l'anatomie. Müller, Tiedemann, Eschricht
» ont été dégoûtés et se sont jetés dans l'anatomie ». Bref, Claude
Bernard revendique pour lui-même un mode de recherche en
physiologie dont les hypothèses de départ et les idées directrices
aient été élaborées dans le domaine propre à la physiologie : le
corps organisé vivant, en défiance des principes, des perspectives
et des habitudes mentales importés de sciences pourtant à la fois
aussi prestigieuses, et aussi indispensables comme instruments
subordonnés, que peuvent l'être pour un physiologiste, au milieu
du XIX° siècle, la physique et la chimie.

On n'attachera, selon nous, jamais assez d'importance à ce fait
d'ordre chronologique que Cl. Bernard enseigne publiquement
pour la première fois la spécificité de l'expérimentation en physiologie, dans la Leçon du 30 décembre 1854, la troisième du cours
qu'il donne pour la dernière fois, comme suppléant de Magendie
au Collège de France, sur la physiologie expérimentale appliquée
à la médecine. Cette Leçon reprend les expériences et les conclusions de la thèse soutenue l'année précédente, pour le doctorat
ès sciences, sur une nouvelle fonction du foie considéré comme
producteur de matière sucrée chez l'homme et les animaux.
« On a lieu de s'étonner, dit Cl. Bernard, qu'une action organique
» d'une telle importance, et si facile à voir, n'ait pas été décou-
» verte plus tôt ». Cela tient, montre-t-il, à l'habitude, jusqu'alors
invincible en physiologie, d'étudier les phénomènes de dynamique
fonctionnelle d'un point de vue emprunté à l'anatomie, et à la
physique ou à la chimie. Or, de ce point de vue, on ne peut
rien découvrir d'original par rapport au domaine dans lequel

on s'est d'abord enfermé. Qui veut expliquer une fonction doit
d'abord en explorer l'allure là même où elle trouve à la fois son
siège et son sens, dans l'organisme. D'où un précepte dont on
peut dire que, onze années plus tard, l'*Introduction* ne sera que le
développement : « Ni l'anatomie ni la chimie ne suffisent pour
» résoudre une question physiologique; il faut surtout l'expéri-
» mentation sur les animaux qui, permettant de suivre dans un
» être vivant le mécanisme d'une fonction, conduit à la décou-
» verte de phénomènes qu'elle seule peut mettre en lumière et
» que rien d'autre n'aurait pu faire prévoir ». C'est rigoureusement
parce que les premières Leçons du Collège de France sont postérieures à la thèse de doctorat ès sciences que l'affirmation selon
laquelle les grands expérimentateurs sont antérieurs aux préceptes de l'expérimentation, que la revendication de non-confor-
misme scientifique — « je me suis délivré des règles en me jetant
» à travers champs » — doivent nous apparaître comme bien plus
que l'usage littéraire d'aphorismes ou d'apophtegmes, mais expressément comme la généralisation réfléchie de l'enseignement tiré
d'une aventure intellectuelle intégralement vécue. C'est, semble-t-il,
cela seulement qui a toujours mérité le nom de méthode. Gaston
Bachelard a écrit : « Les concepts et les méthodes, tout est
» fonction du domaine d'expérience; toute la pensée scientifique
» doit changer devant une expérience nouvelle; un dicours sur la
» méthode scientifique sera toujours un dicours de circonstance,
» il ne décrira pas une constitution définitive de l'esprit scien-
» tifique ». Confronté à ces exigences dialectiques du *Nouvel
Esprit Scientifique*, il n'est pas certain que Cl. Bernard n'ait pas
été tenté de croire qu'il décrivait dans l'*Introduction* la constitution définitive de l'esprit scientifique en physiologie, mais nous
sommes assurés qu'il a compris et enseigné que toute la pensée
scientifique en physiologie devait changer devant une expérience
nouvelle, si nouvelle qu'elle le faisait consentir au jugement que
d'aucuns portaient sur lui comme un reproche : avoir trouvé ce
qu'il ne cherchait pas. Il faut même dire : avoir trouvé le contraire
de ce qu'il cherchait.

Dans la troisième partie de l'*Introduction*, le premier exemple
proposé de la recherche expérimentale dirigée au départ par une
hypothèse ou une théorie, c'est précisément la succession des
expériences au terme desquelles un homme peut dire : « Cette
» glycogénie animale que j'ai découverte... ». Cl. Bernard expose
avec simplicité comment la recherche de l'organe destructeur du
sucre, supposé exclusivement fourni à l'animal par l'alimentation

végétale, l'a conduit à la découverte imprévue et d'abord incroyable de l'organe formateur de la même substance. Il ajoute qu'en abandonnant la théorie selon laquelle l'élaboration du sucre est un phénomène de synthèse végétale, et en tenant pour acquis un fait bien constaté, incompatible avec la théorie, il s'est conformé à un précepte indiqué au deuxième chapitre de la première partie de l'*Introduction*. Il est pourtant ici tout à fait évident que faute d'avoir été vécue avant d'être mise en forme, cette conduite d'abandon de théorie ne serait qu'un banal précepte d'hygiène mentale, de l'ordre : il n'est pas bon de croire sans être prêt à décroire.

De même, si Cl. Bernard recommande, dans la première partie de l'*Introduction*, de ne jamais accepter une différence d'allure du phénomène observé à plusieurs reprises, sans supposer et rechercher une différence correspondante dans les conditions de sa manifestation, ce n'est pas tant en vertu d'une sorte de foi générale dans le déterminisme, qu'en raison de deux événements personnellement vécus, l'un de critique, l'autre de recherche, rapportés dans la troisième partie. Il s'agit, d'une part, des circonstances dans lesquelles il a lui-même mis fin à la controverse entre Longet et Magendie sur la sensibilité récurrente des racines rachidiennes antérieures; et c'est surtout aussi en raison des circonstances qui ont suscité, à partir d'une contradiction apparente dans les résultats de dosages fortuitement décalés de quelques heures la célèbre expérience dite du foie lavé.

L'*Introduction à l'étude de la médecine expérimentale* doit donc être lue dans le sens rétrograde. Une lecture dans le sens direct du discours a trop souvent conduit à la présenter comme la vérification d'une recommandation d'Auguste Comte. Il enseigne, dans la première leçon du *Cours de philosophie positive*, que « la » méthode n'est pas susceptible d'être étudiée séparément des » recherches où elle est employée », ce qui sous-entend que l'emploi d'une méthode suppose au préalable la possession de la méthode. Bien au contraire, l'enseignement de Claude Bernard c'est que la méthode n'est pas susceptible d'être formulée séparément des recherches dont elle est issue.

C'est en effet la nature singulière, paradoxale à l'époque, de ce qu'il a découvert sans avoir eu l'idée de le rechercher qui a permis à Claude Bernard une première conceptualisation des résultats de ses premières recherches, commandant ensuite logiquement le résultat de toutes ses autres recherches. Qui ne se réfère pas au concept de *milieu intérieur* ne peut pas comprendre

les motifs de l'obstination de Cl. Bernard à préconiser et à promouvoir une technique expérimentale qu'il ne crée pas sans doute,
mais qu'il renouvelle en lui donnant un fondement spécifique :
la technique des vivisections, qu'il lui faut défendre à la fois
contre les gémissements de la sensiblerie et les objections de la
philosophie romantique. « La science antique n'a pu concevoir
» que le milieu extérieur; mais il faut, pour fonder la science
» biologique expérimentale, concevoir de plus un *milieu intérieur*.
» Je crois avoir le premier exprimé clairement cette idée et avoir
» insisté sur elle pour faire mieux comprendre l'application de
» l'expérimentation aux êtres vivants ». Insistons sur ce point :
c'est le *concept* de milieu intérieur qui est donné comme fondement théorique à la *technique* de l'expérimentation physiologique.
Dès 1857, dans la troisième Leçon sur les propriétés physiologiques
des liquides de l'organisme, Cl. Bernard affirme : « Le sang
» est fait pour les organes, c'est vrai; mais je ne saurais trop le
» répéter, il est fait aussi par les organes ». Or n'est-ce pas le
concept de *sécrétion interne*, formé deux ans auparavant, qui
permet à Cl. Bernard cette revision radicale de l'hématologie ?
Car la différence est considérable entre le rapport du sang au
poumon et le rapport du sang au foie. Dans le premier cas, le
sang est l'organe par lequel l'organisme est appliqué au monde
inorganique, alors que, dans le second, il est l'organe par lequel
l'organisme est appliqué à lui-même, tourné vers lui-même, en
rapport avec lui-même. Nous n'hésitons pas à le redire : sans
l'idée de sécrétion interne, pas d'idée du milieu intérieur, et sans
l'idée du milieu intérieur, pas d'autonomie de la physiologie
comme science.

Au XVIIIe siècle, Kant avait identifié les conditions de possibilité
de la science physique avec les conditions transcendantales de la
connaissance en général. Cette identification avait trouvé ses
limites, à l'époque de la *Critique du jugement* (deuxième partie :
Critique du jugement téléologique), dans la reconnaissance du fait
que les organismes sont des totalités dont la décomposition analytique et l'explication causale sont subordonnées à l'usage d'une
idée de finalité, régulatrice de toute recherche en biologie. Selon
Kant, il ne peut pas y avoir de Newton du brin d'herbe, c'est-à-dire
pas de biologie dont le statut scientifique soit comparable, dans
l'encyclopédie du savoir, à celui de la physique. Jusqu'à Cl. Bernard, les biologistes ne pouvaient que se partager entre l'assimilation, matérialiste et mécaniste, de la biologie à la physique, et la
séparation, commune aux vitalistes français et aux philosophes

allemands de la nature, de la physique et de la biologie. Le
Newton de l'organisme vivant c'est Cl. Bernard, c'est-à-dire
l'homme qui a su apercevoir que les conditions de possibilité de
la science expérimentale du vivant ne sont pas à chercher du côté
du savant, mais du côté du vivant lui-même, que c'est le vivant
qui fournit par sa structure et ses fonctions la clé de son déchif-
frement. Cl. Bernard pouvait enfin, renvoyant dos à dos mécanisme et vitalisme, ajuster la technique de l'expérimentation biologique à la spécificité de son objet. Comment ne pas être saisi
par l'opposition, probablement non préméditée, de deux textes.
Dans les *Leçons sur les phénomènes physiques de la vie*, Magendie
affirmait : « Je vois dans le poumon un soufflet, dans la trachée
» un tuyau porte-vent, dans la glotte une anche vibrante... Nous
» avons pour œil un appareil d'optique, pour la voix un instrument
» musical, pour l'estomac une cornue vivante » (Leçons du 28 et
du 30 décembre 1836). Dans le *Cahier de notes*, Cl. Bernard écrit :
« Le larynx est un larynx et le cristallin un cristallin, c'est-à-dire
» que leurs conditions mécaniques ou physiques ne sont réalisées
» nulle part ailleurs que dans l'organisme vivant ». Bref, Cl. Bernard, même s'il a retenu de Lavoisier et de Laplace, par la
médiation de Magendie, l'idée de ce qu'il devait nommer lui-même
le déterminisme, ne doit qu'à lui-même ce concept biologique de
milieu intérieur qui permet enfin à la physiologie d'être, au même
titre que la physique, une science déterministe, sans céder à la
fascination du modèle proposé par la physique.

Le concept de milieu intérieur ne suppose pas seulement l'élaboration préalable par Cl. Bernard du concept de sécrétion interne,
mais aussi la référence à la théorie cellulaire dont il retient, en fin
de compte, et malgré une complaisance décroissante pour la
théorie du blastème formateur, l'apport essentiel : l'autonomie
des éléments anatomiques des organismes complexes et leur
subordination fonctionnelle à l'ensemble morphologique. C'est
en acceptant résolument la théorie cellulaire — « cette théorie
» cellulaire n'est pas un vain mot », dit-il, dans les *Leçons sur les
phénomènes de la vie communs aux animaux et aux végétaux* —
que Cl. Bernard a permis à la physiologie, sur le plan expérimental
de l'analyse des fonctions, de se présenter comme science fondant
sa propre méthode. En effet, la théorie cellulaire permettait de
comprendre la relation entre le tout et la partie, entre le composé
et le simple, dans l'ordre des êtres organisés, tout autrement que
selon un modèle mathématique ou mécanique. Cette théorie
révélait un type de structure morphologique tout à fait différent

de ce qu'on avait appelé jusqu'alors *fabrique* ou *machine*. On pouvait désormais concevoir un mode d'analyse, de séparation et de modification du vivant, utilisant des moyens mécaniques, physiques ou chimiques, permettant d'intervenir artificiellement dans l'économie d'un tout organique sans altérer essentiellement la qualité organique de ce tout. La cinquième des *Leçons de physiologie opératoire* contient, sur cette nouvelle conception des rapports du tout et de la partie, des textes décisifs. D'une part, Cl. Bernard nous enseigne que « tous les organes, tous les tissus » ne sont qu'une réunion d'éléments anatomiques, et la vie de » l'organe est la somme des phénomènes vitaux propres à chaque » espèce de ces éléments ». D'autre part, il nous prévient que la réciproque de cette proposition n'est pas vraie : « En cherchant » à faire l'analyse de la vie par l'étude de la vie partielle des diffé- » rentes espèces d'éléments anatomiques, il nous faudra éviter » de tomber dans une erreur trop facile, et qui consisterait à » conclure de la nature, de la forme et des besoins de la vie » totale de l'individu, à la nature, la forme et aux besoins de la vie » des éléments anatomiques ». Bref, une idée de physiologie générale, composant le concept de milieu intérieur avec la théorie cellulaire, a permis à Claude Bernard de constituer en théorie et en pratique une méthode expérimentale spécifique de la physiologie, une méthode de style non cartésien, et pourtant sans concession aux thèses du vitalisme ou du romantisme. Sous ce rapport l'opposition est radicale entre Cl. Bernard et Cuvier, l'auteur de la Lettre à Mertrud qui préface les *Leçons d'anatomie comparée*, entre Cl. Bernard et Auguste Comte, l'auteur de la 40ᵉ leçon du *Cours de philosophie positive*, fidèle à l'enseignement de de Blainville dans l'introduction au *Cours de physiologie générale et comparée*. Pour ces trois auteurs, l'anatomie comparée est le susbtitut de l'expérimentation impossible, du fait que la recherche analytique du phénomène simple revient à altérer l'essence d'un organisme fonctionnant comme un tout. La nature, en nous présentant, comme le dit Cuvier, « dans toutes les classes » d'animaux presque toutes les combinaisons possibles d'orga- » nes », nous permet de conclure, soit de leur réunion, soit de leur privation « des conclusions très vraisemblables sur la nature » et l'usage de chaque organe ». Au contraire, l'anatomie compa- rées est, aux yeux de Cl. Bernard, la condition de possibilité d'une physiologie générale, à partir d'expériences de physiologie compa- rée. L'anatomie comparée apprend au physiologiste que la nature a préparé les voies à l'analyse physiologique par la variété des

structures. L'individuation croissante des organismes, dans la
série animale, est ce qui permet, paradoxalement, l'étude analytique des fonctions. Dans les *Principes de médecine expérimentale*,
Cl. Bernard écrit : « On a souvent examiné la question de savoir
» si pour analyser les phénomènes de la vie, il valait mieux étudier
» les animaux élevés que les animaux inférieurs. On a dit que
» les animaux inférieurs étaient plus simples : je ne le pense
» pas, et d'ailleurs, tous les animaux sont aussi complets les
» uns que les autres. Je pense même que les animaux élevés
» sont plus simples parce que la différenciation est poussée
» plus loin ». Et de même dans les *Notes détachées* : « Un animal
» élevé dans l'échelle présente des phénomènes vitaux mieux
» différenciés, plus simples en quelque sorte dans leur nature,
» tandis qu'un animal inférieur dans l'échelle organique offre
» des phénomènes plus confus, moins exprimés et plus difficiles
» à distinguer ». Bref, plus l'organisme est complexe, plus le
phénomène physiologique peut être séparé. En physiologie, le
distinct est le différencié, le distinct fonctionnel doit s'étudier
sur l'être morphologiquement complexe. Dans l'élémentaire, tout
est confus parce que confondu. Si les lois de la mécanique cartésienne s'étudient sur les machines simples, les lois de la physiologie bernardienne s'étudient sur des organismes complexes.
Quand il s'agit des propriétés des corps comme en physique
et en physiologie, il faut prendre le phénomène pour classification
et au lieu d'avoir des *corps simples*, il faut avoir des *phénomènes
simples*. « C'est ce que je dois donc faire pour la physiologie »,
écrit Cl. Bernard dans le *Cahier de notes*. Cessons donc d'être
dupes de l'apparente similitude des termes et des concepts. Le
phénomène simple dont parle Claude Bernard n'a rien de commun
avec la nature simple cartésienne. Une méthode d'établissement
d'un phénomène physiologique simple, comme par exemple la
dissociation sous l'action du curare de la contractilité musculaire
et de l'excitabilité du nerf moteur, ne saurait avoir rien d'autre
que le nom en commun avec une méthode générale de résolution
des équations algébriques. L'exhortation au doute n'a pas le
même sens selon qu'elle attend de céder devant l'évidence ou
devant l'expérience. La recommandation de « diviser la difficulté »
n'a pas le même sens selon qu'il s'agit de dissocier dans la
fonction de motricité animale l'élément nerveux sensitif, l'élément
nerveux moteur et l'élément musculaire, ou selon qu'il s'agit
de classer les courbes géométriques et de résoudre les équations
par l'abaissement de leur degré et la multiplication de binômes

ou d'équations arbitraires. Claude Bernard ni Descartes n'ont rien à gagner à la confusion des genres de leurs objectifs et de leurs méthodes.

Par contre, parvenus dans notre lecture rétrograde à la première partie de l'*Introduction*, il nous est enfin permis d'y voir autre chose qu'un discours sur une méthode universelle, promis à une surenchère d'admiration de la part de ses préfaciers successifs. Il peut paraître surprenant qu'aucun d'entre eux ne se soit soucié d'appliquer à l'élucidation du texte la méthode même de Cl. Bernard, la méthode des variations et la méthode comparative. Une connaissance historique, même sommaire, de l'état de la recherche et de l'enseignement en biologie et en médecine, en France, dans la première moitié du xixe siècle, permet de comprendre qu'en publiant son *Introduction*, Cl. Bernard sacrifiait à la règle d'un genre fort cultivé depuis les premières années du siècle. Lorsqu'en 1831, la Faculté de Médecine de Paris ouvre un concours pour une chaire de physiologie, les candidats, parmi lesquels Bérard aîné, Bouillaud, Gerdy, Piorry, Trousseau et Velpeau, ont à composer une « Dissertation sur les généralités » de la physiologie, sur le plan et la méthode qu'il conviendrait » de suivre dans l'enseignement de cette science ». Toutes ces dissertations comportent des développements sur l'observation en médecine, sur l'expérimentation en biologie animale et humaine, aussi bien que sur les rapports de la physiologie avec la physique et avec la chimie. La meilleure de ces dissertations, à notre avis celle de Bouillaud (qui d'ailleurs ne fut pas reçu à ce concours et devait l'être au concours pour la chaire de clinique médicale), contient un chapitre consacré à la méthode expérimentale et rationnelle, à l'idée d'analyse et de synthèse. Après tant d'autres, depuis Christian Wolff, Haller ou Zimmermann, Bouillaud s'interroge sur la différence de l'observation et de l'expérimentation, sur le rapport des faits et des idées, de l'expérience et de la théorie. A ce développement, on peut faire correspondre, presque thème pour thème, la première partie de l'*Introduction*. Il sera repris, cinq ans plus tard, par Bouillaud dans son *Essai sur la philosophie médicale et sur les généralités de la clinique médicale*. La composition de cet ouvrage, historique dans sa première partie, méthodologique dans sa deuxième, clinique dans la troisième, statistique dans la quatrième, correspond, à l'ordre près, à la composition des *Principes de médecine expérimentale*. Parmi les autres candidats au concours de 1831 se trouvait, nous l'avons dit, Gerdy, professeur agrégé d'anatomie, de physiologie, d'hygiène et de chirurgie. Un an plus tard, Gerdy publiait une *Physiologie médicale dialectique et critique.* Si l'art d'étudier l'anatomie et la physiologie y est développé en une vingtaine de pages, les considérations générales sur la vie, les propriétés vitales, le principe vital y tiennent soixante-dix pages. Quand on sait que Gerdy est cité, à la troisième partie de l'*Introduction*, comme étant ce critique de Cl. Bernard, à la *Société philomathique* en 1845, pour qui les résultats les expériences sur le vivant peuvent être différents, du fait de la vitalité, en dépit de l'identité des conditions opératoires, on ne s'étonne pas de lire dans sa *Physiologie médicale* que les expériences sont de peu d'avantage pour reconnaître les usages et le mécanisme de l'action des organes. De même Jules-Joseph Virey, célèbre par sa polémique en 1831 avec Etienne Geoffroy Saint-Hilaire, dans la *Gazette médicale*, sur les principes du vitalisme en physiologie, publiait, en 1844, *De la physiologie dans ses rapports avec la philosophie.*

Nous avons déjà fait allusion aux considérations sur la méthode en biologie qu'A. Comte avait exposées dans la 40ᵉ Leçon du *Cours de philosophie positive*, rédigée en 1836. Quand on sait quel rôle a joué Charles Robin dans la *Société de biologie* en 1848, dont lui-même et Cl. Bernard furent les premiers vice-présidents, quand on sait que Charles Robin a rédigé le manifeste de fondation dans la stricte fidélité à l'enseignement d'A. Comte, on ne s'étonne pas de voir Cl. Bernard obligé si fréquemment, dans l'exposé de ses convictions méthodologiques, de se situer, sans même le dire, par référence aux dogmes positivistes. A la mort de Cl. Bernard, en 1878, la revue de Charles Renouvier, la *Critique philosophique*, a publié une série d'articles de François Pillon sur la biologie et la philosophie biologique de Cl. Bernard comparées à celles d'A. Comte.

Enfin, il n'est pas permis de commenter la première partie de l'*Introduction* sans tenir compte des relations de Cl. Bernard et de Michel-Eugène Chevreul, du dialogue ininterrompu entre les deux maîtres du Muséum, au Muséum même, de la lecture de Chevreul par Cl. Bernard. Si Chevreul n'est cité que dans l'introduction de l'*Introduction*, les références à ses thèses méthodologiques y sont fréquentes, quoique moins nombreuses et moins explicites que dans la troisième des *Leçons de physiologie opératoire.* Sans doute le traité *De la méthode « a posteriori » expérimentale* est-il de 1870, et la *Distribution des connaissances humaines du ressort de la philosophie naturelle* est-elle de 1865. Mais les *Lettres à M. Villemain sur la méthode en général et sur la définition du mot « fait »* sont de 1855, et la fameuse définition du fait comme abstraction a été longuement méditée par Cl. Bernard. Les *Notes détachées*, le *Cahier de Notes*, les *Leçons de physiologie opératoire* en témoignent.

Tels sont quelques représentants d'un genre dont, à la même époque, l'*Introduction* est une espèce. Et encore n'avons-nous rien dit de Littré, le positiviste, ni de Chauffard, l'antipositiviste, rien de Lordat et du dernier carré montpelliérain de vitalistes. On voit à quel point la première partie de cette *Introduction* tient à son époque par les problèmes qu'elle examine, par les intentions de critique et de polémique qu'elle accomplit, par les modèles méthodologiques qu'elle accepte ou qu'elle refuse. Il faut la lire à côté d'autres textes contemporains ou à peine antérieurs pour qu'apparaisse pleinement sa différence surprenante. C'est une idée proprement prométhéenne de la médecine expérimentale et de la physiologie qui lui donne sa résonance propre, car la méthode expérimentale selon Claude Bernard c'est plus qu'un code pour une technique de laboratoire, c'est une idée pour une éthique. La différence radicale entre l'*Introduction* et tout autre essai ou traité de méthode à l'époque tient dans cette proclamation : « A l'aide de ces sciences expérimentales actives, » l'homme devient un inventeur de phénomènes, un véritable » contremaître de la création; et l'on ne saurait sous ce rapport » assigner de limites à la puissance qu'il peut acquérir sur la » nature par les progrès futurs des sciences expérimentales ». L'expérimentation, au niveau même de sa technique, enferme une théorie philosophique de la science de la vie qui renvoie elle-même à une philosophie de l'action de la science sur la vie.

La première partie de l'*Introduction* ne traiterait pas de la méthode expérimentale comme elle le fait, si de 1845 à 1855 Claude Bernard n'avait réussi, à travers erreurs et rectifications, préméditations et improvisations, envers et contre l'incompréhension ou la mauvaise foi des critiques, à coordonner tous les résultats de ses expériences dans la théorie de la production animale de sucre, s'il n'avait par suite aperçu l'étiologie du diabète dans le prolongement de la glycogénèse, et d'une façon générale la pathologie dans la conséquence de la physiologie, en sorte que dès l'expérimentation la recherche physiologique s'auréolait de la gloire de la thérapeutique.

Cela a été parfaitement compris par un grand physiologiste disparu, l'un des titulaires de la chaire d'Histoire naturelle des corps organisés au Collège de France, André Mayer. Dans l'article sur l'Histoire naturelle et la Physiologie qu'il a composé pour le Livre jubilaire du quatrième centenaire de cette Maison, André Mayer décrit l'état d'esprit que les maîtres du Collège ont contribué à créer, au XIXᵉ siècle, en matière de recherches sur la structure et les fonctions de l'organisme, et il nous montre comment les premières conquêtes d'une recherche mal inspirée ont suscité une sorte de romantisme scientifique, une confiance sans réserve dans l'avenir du pouvoir de l'homme sur les êtres vivants et sur l'homme lui-même.

S'il est permis de comparer Claude Bernard à Descartes, ce n'est pas en raison de quelques préceptes de méthodologie réduits à leur forme littéraire et coupés de tout rapport, de caractère technique, à leurs objectifs spécifiques. C'est en raison d'une commune ambition de démiurgie supportée par la confiance dans l'avenir du savoir. Mais il ne s'agit pas du même savoir. Il faut bien le dire, Claude Bernard ne pouvait rêver à nouveau, au XIXᵉ siècle, le rêve cartésien de domination de l'homme sur la nature et sur la vie, qu'à la condition de rompre avec la conception cartésienne de la vie. Il fallait être le théoricien révolutionnaire du milieu intérieur et de ses régulations pour écrire comme elle est écrite, jusque dans son exposé d'apparentes généralités méthodologiques, l'*Introduction à l'étude de la médecine expérimentale*.

III. — CLAUDE BERNARD ET BICHAT *

Dans l'*Introduction à l'étude de la médecine expérimentale*, le nom de Bichat n'est pas cité une seule fois. On serait mal venu de conclure que Claude Bernard n'a rien à en dire. Au contraire, le *Rapport sur les progrès et la marche de la physiologie générale en France*, les *Leçons sur les phénomènes de la vie communs aux animaux et aux végétaux, La science expérimentale*, citent abondamment Bichat. Dans le *Carnet de notes*, récemment publié par le Dr Grmek, Bichat est nommé cinq fois, et Magendie pas une seule. Les dernières leçons professées au Muséum d'Histoire naturelle, en 1876, trois quarts de siècle après la mort de Bichat, se réfèrent à ses travaux, comme à ceux d' un « fondateur » qui a tiré la physiologie « de l'ornière anatomique ». Le *Rapport* associe Bichat à Lavoisier et à Laplace : ils sont « les trois » grand hommes qui imprimèrent à la physiologie une direction » décisive et durable ». Certes, quand il parle de Magendie, Cl. Bernard s'enorgueillit de sa descendance scientifique, il célèbre l'action et l'influence de celui qui a plié la physiologie à la discipline expérimentale. Mais à Bichat le *Rapport* accorde du génie et le rang du plus grand anatomiste des temps modernes. Fonder, être un fondateur, ce mérite que Cl. Bernard revendique pour lui-même quant à la médecine expérimentale, il le reconnaît aussi à Bichat quant à l'anatomie générale et à la physiologie.

C'est déjà un bel éloge que cette appréciation, sous la plume d'un maître de la physiologie, vers la fin de sa vie : « Bichat » s'est trompé, comme les vitalistes ses prédécesseurs, sur la » théorie de la vie, mais il ne s'est pas trompé sur la méthode

---

* Communication lue à Cracovie, le 28 août 1965, à l'occasion du XIe Congrès international d'Histoire des Sciences tenu à Varsovie - Cracovie.

» physiologique. C'est sa gloire de l'avoir fondée en plaçant
» dans les propriétés des tissus et des organes les causes immé-
» diates des phénomènes » *(Leçons sur les phénomènes de la
vie,* II, 448). Mais, plus jeune, quelque vingt ans plut tôt, Claude
Bernard avait confié à un feuillet de son *Carnet de notes* (p.
99) ce que les *Leçons sur les phénomènes de la vie* devaient faire
apparaître plus tard comme son ambition permanente : « Dans
» mes recherches, je tends réellement à amener un concordat
» entre l'animisme et le matérialisme. Tout doit être dominé
» par le vrai vitalisme, c'est-à-dire la théorie des évolutions ».
Or une précieuse annotation du Dr Grmek nous fait connaître
un premier jet de cette confidence, raturé par Claude Bernard :
« Tout cela dominé par le vrai vitalisme de Bich(at) ». Il nous
semble que déterminer les vrais rapports d'affinité et de distinction entre l'idée de vie selon Claude Bernard et l'idée de vie
selon Bichat vient de retracer — ici de façon nécessairement
sommaire — la suite de raisons par laquelle « la théorie des
» évolutions » s'est substituée, pour Claude Bernard, en tant que
« vrai vitalisme », à la doctrine de Bichat.

Nous supposons connues la première partie des *Recherches physiologiques sur la vie et la mort* (1800) et les Considérations générales en tête de l'*Anatomie générale appliquée à la physiologie et
à la médecine* (1801). Dans le second de ces textes, Bichat écrit
que la matière ne jouit des propriétés vitales que par intermit-
tence, alors qu'elle possède les propriétés physiques d'une matière
continue. Or Claude Bernard écrit dans le *Cahier de notes* (p. 164) :
« La propriété vitale est temporaire. La propriété physique est
» éternelle ». Dans l'un et l'autre des deux textes Bichat revendique pour la science des corps organisés « un langage différent »
de celui qu'emploie la science des corps inorganiques, car la
plupart des mots importés de celle-ci dans celle-là y introduisent
des idées qui ne s'allient nullement avec les phénomènes. Or
quand Claude Bernard distingue dans l'organisme deux ordres
de phénomènes, ceux de création vitale et ceux de destruction
organique, il déclare que « le premier de ces deux ordres de phéno-
» mènes est sans analogue direct; il est en particulier, spécial
» à l'être vivant : cette synthèse évolutive est ce qu'il y a de
véritablement vital » *(Leçons sur les phénomènes de la vie,* I, 40).
En termes d'épistémologie moderne, Claude Bernard aussi bien
que Bichat refuse tout modèle physique ou matériel de ce qu'il
considère comme spécifiquement vital. Et pourtant ce refus ne
repose pas sur les mêmes postulats. Bichat sépare les phéno-

mènes et les lois physiologiques des phénomènes et des lois physiques par « la nature et l'essence » (Anatomie générale, I, p. LII). Claude Bernard sépare la biologie « par son problème » spécial et son point de vue déterminé » (Introduction, p. 144). Bichat soutient que « l'instabilité des forces vitales, cette facilité » qu'elles ont de varier à chaque instant, en plus ou en moins, » impriment à tous les phénomènes vitaux un caractère d'irrégu- » larité qui les distingue des phénomènes physiques, remarquables » par leur uniformité » (Recherches, 1re partie, art. VII). Claude Bernard insiste sur « la mobilité et la fugacité des phénomènes » de la vie, causes de la spontanéité et de la mobilité dont » jouissent les êtres vivants » (Introduction, p. 145). Mais où Bichat situait « l'écueil » contre lequel échouent les calculs des physiciens-médecins, Claude Bernard ne voit qu'une « diffi- » culté » à l'application des sciences physiques et chimiques en biologie et à la découverte du déterminisme des phénomènes.

Ce que Claude Bernard refuse de la célèbre définition : « La vie » est l'ensemble des fonctions qui résistent à la mort » c'est l'idée d'un « antagonisme entre les forces extérieures générales et les » forces intérieures ou vitales » (Leçons sur les phénomènes de la vie, I, 29), mais il en retient la relation nécessaire entre la vie et la mort qui fait que « nous ne distinguons la vie que par » la mort et inversement » (ibid., p. 30). Dans son souci de main- tenir, contre les tentatives de réduction matérialiste, la spécificité des phénomènes biologiques, Claude Bernard retient de Bichat une forme de dualité qu'il s'interdit de convertir en opposition. Le dualisme de Bichat est un dualisme de forces en lutte, il est agonistique et même, du point de vue de la vie, manichéen. La dualité vie-mort, selon Claude Bernard, n'exclut pas « l'union et » l'enchaînement ». Les métaphores de Bichat sont empruntées à l'art de la guerre. Les métaphores de Claude Bernard sont importées du droit constitutionnel. La seule force vitale qu'il pourrait admettre « ne serait qu'une sorte de force législative, » mais nullement exécutive » (Leçons sur les phénomènes de la vie, I, 51). D'où la distinction de la force vitale, dirigeant ce qu'elle n'exécute pas et des agents physiques, exécutant ce qu'ils ne dirigent pas (ibid.).

Dans ses écrits les mieux élaborés, et dont la responsabilité doit lui être attribuée sans réserves, dans l'Introduction, dans le Rapport, dans la Science expérimentale, Claude Bernard distingue les lois, générales et communes à tous les êtres (il n'y a pas de physique et de chimie vitales), et les formes ou procédés, spécifiques de l'organisme. Cette spécificité est dite tantôt morphologique, tantôt évolutive. En fait, l'évolution c'est pour l'individu, à partir du germe, l'acheminement réglé vers la forme. La forme c'est l'impératif secret de l'évolution. Quand l'*Introduction* affirme : « Les conditions physiologiques évolutives spéciales » sont le *quid proprium* de la science biologique », le *Rapport* confirme : « Il est évident que les êtres vivants, par leur nature » évolutive et régénérative, diffèrent radicalement des corps » bruts, et sous ce rapport il faut être d'accord avec les vita» listes » (note 211). Ce qui constitue la biologie dans sa différence avec toute autre science c'est d'avoir à considérer l'idée directrice de l'évolution vitale, c'est-à-dire de la création de la machine vivante, « idée définie qui exprime la nature de l'être vivant et » l'essence même de la vie » (*Introduction*, p. 142).

Cette notion d'idée directrice organique pourrait bien être elle-même l'idée directrice constante de la pensée biologique de Claude Bernard. En ce cas, on comprendrait qu'elle soit restée un peu vague, à la fois manifestée et masquée par les termes multiples dont il s'est servi pour exprimer son idée de l'organisation : *idée vitale, dessein vital, sens des phénomènes, ordre dirigé, arrangement, ordonnance, préordonnance vitale, plan, consigne, éducation*, etc... Est-il téméraire de proposer qu'à travers ces concepts, pour lui équivalents, il pressent, sans pouvoir en fixer le statut scientifique, ce que nous appellerions aujourd'hui l'anti-hasard, non au sens d'indéterminisme, mais au sens de neguentropie ? Une note du *Rapport* nous paraît autoriser cette interprétation : « ...Si des conditions matérielles » spéciales sont nécessaires pour donner naissance à des phéno» mènes de nutrition ou d'évolution déterminés, il ne faudrait » pas croire pour cela que c'est la matière qui a engendré la loi » d'ordre et de succession qui donne le sens ou la relation des » phénomènes : ce serait tomber dans l'erreur grossière des » matérialistes ». Il est certain, en tout cas, que Claude Bernard à identifié, dans l'*Introduction*, la nature physique et le désordre, et qu'il a considéré que par rapport aux propriétés de la matière les propriétés de la vie sont improbables : « Ici, comme partout, » tout dérive de l'idée qui elle seule crée et dirige; les moyens de » manifestation physico-chimiques sont communs à tous les phéno» mènes de la nature et restent confondus pêle-mêle comme les » caractères de l'alphabet dans une boîte où une force va les » chercher pour exprimer les pensées ou les mécanismes les plus » divers » (p. 143). Si l'on retient enfin que l'hérédité, facteur encore obscur en 1876 et hors du pouvoir de l'homme, apparaît cependant à Claude Bernard comme essentiel des lois morphologiques, des lois de l'évolution ontogénique (*Leçons sur les phénomènes de la vie*, I, p. 342), est-ce forcer et fausser le sens des mots que de proposer qu'à l'époque où les physiciens élaborent le concept d'entropie Claude Bernard élabore, par ses propres moyens, et en défiance de l'impérialisme des concepts physiques en biologie, des concepts analogues à ceux que les biologistes contemporains utilisent, à l'école de la cybernétique, sous le nom d'information et de code génétique ? Après tout, le terme de code est polysémique. Et quand Claude Bernard écrit que la force vitale est législatrice, sa métaphore peut passer pour une anticipation. Rien de plus pourtant qu'une anticipation partielle, car Claude Bernard ne paraît pas soupçonner que même l'information — ou pour parler comme lui, la législation — requiert une certaine quantité d'énergie. En sorte qu'en dépit de l'appellation de *vitalisme physique* qu'il revendiquait pour sa doctrine (*Leçons sur les phénomènes de la vie*, II, 524) on est en droit de se demander si, faute de reconnaître à l'idée vitale le statut de force, eu égard à l'idée qu'il se faisait des forces physiques, Claude Bernard a réussi à dépasser le vitalisme métaphysique qu'il condamnait chez Bichat.

A l'exception d'Auguste Comte, personne, au XIX⁰ siècle, n'a parlé de Bichat en termes aussi chaleureux que Claude Bernard. C'est que, de tous les biologistes du XIX⁰ siècle, le théoricien du milieu intérieur était celui que sa conception de la vie organique rendait non certes le plus indulgent mais le plus compréhensif pour l'illusion qu'avait engendrée la doctrine des propriétés vitales, inconstantes, et rebelles à la prévision comme au calcul. Parce que l'animal supérieur mène une vie indépendante des fluctuations du milieu cosmique, parce qu'il n'oscille pas comme ce milieu, celui qui a les yeux fixés sur le milieu est porté à croire à l'absence de déterminisme des fonctions organiques. Or cette vie libre est, en réalité, une vie constante, mais dont les conditions déterminées sont intra-organiques. Qui donc pouvait comprendre l'illusion vitaliste comme telle mieux que l'homme qui a écrit : « Les phénomènes de la vie ont une élasticité qui » permet à la vie de résister, dans des limites plus ou moins » étendues, aux causes de troubles qui se trouvent dans le milieu » ambiant » (*Pensées. Notes détachées*, p. 36) ? Le concept de milieu était, au XVIII⁰ siècle, un concept de mécanique et de physique. Son importation en biologie, au XIX⁰ siècle, favorisait les conceptions mécanistes de la vie. Le génie de Claude Bernard, en créant le concept de milieu intérieur, opérait la dissociation en biologie des concepts de déterminisme et de mécanisme. Or ce concept d'abord paradoxal de milieu intérieur, qui rend au déterminisme ce que Bichat s'efforçait de soustraire au mécanisme, exigeait pour être formé l'adoption de quelques idées que Claude Bernard trouvait précisément dans le sillage de Bichat.

C'est la fidélité à l'esprit de l'*Anatomie générale* qui a permis à Claude Bernard de réfuter la conception de la vie développée dans les *Recherches physiologiques*. Le génie de Bichat a consisté à décentraliser la vie, à l'incarner dans les parties des organismes, à rendre compte des fonctions par les propriétés des tissus.

Si, à l'époque où Claude Bernard enseigne au Muséum la physiologie générale, l'analyse morphologique a situé l'élément organique dans la cellule, au-delà du tissu, si la vie a été décentralisée « au-delà du terme fixé par Bichat », si donc l'explication physiologique s'est attachée aux propriétés des cellules, il n'en est pas moins vrai que la physiologie des éléments anatomiques a été fondée par Bichat. « Les opinions modernes sur les phénomènes » vitaux sont fondées sur l'histologie; elles ont en réalité leur » source dans les idées de Bichat » (*Leçons sur les phénomènes de la vie*, II, 452). Or la théorie du milieu intérieur est, sous certains rapports, la conséquence nécessaire de ce fait que l'organisme est composé de cellules et que les organes, les appareils, les systèmes ne sont montés que pour le service des éléments cellulaires. Le milieu intérieur, produit de l'organisme en son tout, est en quelque sorte l'organe de la solidarité des parties élémentaires. Voilà en quel sens la physiologie générale de Claude Bernard reconnaît sa dette envers l'anatomie générale de Bichat.

Cette fidélité a pu paraître excessive. Claude Bernard a pu paraître reprendre à son compte, au niveau des structures cellulaires, l'erreur qu'il avait dénoncée chez ses devanciers, au niveau des structures macroscopiques : l'étude des fonctions organiques par la déduction anatomique, la subordination de la physiologie à l'anatomie. « C'est... à l'élément histologique qu'il faut toujours » arriver pour avoir la raison des mécanismes vitaux. C'est lui » qui est toujours en jeu dans tous les actes physiologiques » (*Rapport*, note 214).

Le fonctionnalisme physiologique de Claude Bernard serait donc encore trop étroitement analytique, parce que trop fidèle à la décomposition morphologique. « Chez Claude Bernard,

» l'anatomisme n'est encore condamné qu'en paroles » (F. Dagognet, *La raison et les remèdes*, p. 133). D'où, par exemple, le blocage des idées relatives à la pathogénie du diabète. L'expérience du foie lavé et la piqûre du plancher du IVᵉ ventricule ont fait surestimer le rôle du tissu hépatique et du tissu nerveux, et ont détourné l'attention des observations cliniquès de Bouchardat (1846) et de Lancereaux (1870) sur le rôle du pancréas. Attribuer une fonction à une seule glande, même sous le contrôle du système nerveux, c'est encore de la déduction anatomique.

Nous estimons, par conséquent, ne pas avoir déformé l'histoire effective de la méthodologie physiologique en montrant que Claude Bernard est resté bien plus fidèle qu'on ne le dit généralement à l'enseignement et à l'esprit de Xavier Bichat. « Ce » qui étonne dans les excès des novateurs de la veille c'est » toujours la timidité » (Paul Valéry, *Rhumbs*).

IV. — L'EVOLUTION DU CONCEPT DE METHODE DE CLAUDE BERNARD A GASTON BACHELARD *

En octobre 1949, le président d'un Congrès International de philosophie des sciences, réuni à Paris, prononçant son discours d'ouverture sur *Le problème philosophique des méthodes scientifiques* déclarait : « L'heure n'est sans doute plus à un Discours » de la méthode... Les règles générales de la méthode cartésienne » sont désormais des règles qui vont de soi. Elles représentent » pour ainsi dire la politesse de l'esprit scientifique ». Peut-être Gaston Bachelard, car c'était lui, se souvenait-il d'un passage de sa thèse de doctorat de 1927 : « Sans doute un discours sur la » méthode peut à jamais déterminer les règles de prudence à » observer pour éviter l'erreur. Les conditions de fécondité spiri- » tuelle sont plus cachées et, en outre, elles se modifient avec » l'esprit scientifique »[1]. Déjà décidé à proposer au philosophe la leçon du savant, comme il devait continuer à le faire durant plus d'un quart de siècle, il avait rapporté un mot du chimiste Georges Urbain : « L'application d'une bonne méthode est » toujours féconde au début. Cette fécondité s'atténue suivant » une fonction d'allure exponentielle et tend asymptotiquement » vers zéro. Chaque méthode est destinée à devenir désuète, » puis caduque »[2]. On voit déjà combien les philosophes étaient avertis du danger qu'il y aurait à considérer la méthode, les méthodes, comme un domaine réservé, comme un objet spécifique de leur réflexion.

* Conférence prononcée sur l'invitation de la Société de Philosophie de Dijon, et à l'occasion de l'inauguration de l'amphithéâtre Gaston-Bachelard à la nouvelle Faculté des Lettres et Sciences humaines, le 24 janvier 1966.
1. *Essai sur la connaissance approchée*, 1927, p. 61.
2. *Ibid.*, p. 62.

Il faudrait consacrer un travail séparé et exprès aux circonstances dans lesquelles la méthode est devenue un objet spécifique de la philosophie. Si l'on consulte les *Remarques du Père Poisson sur la méthode de M. Descartes* (1670) on se fera quelque idée de ces circonstances. Dans la philosophie médiévale, la Logique est traitée comme un instrument universel, elle est la science des sciences. Quand la science cartésienne se révèle capable de supplanter, en mécanique et en optique par exemple, la science scolastique qui ne tient ses promesses qu'en paroles, la tentation est grande de substituer à la Logique, dans ses fonctions de propédeutique universelle à la science, la Méthode cartésienne comme une nouvelle propédeutique, susceptible elle aussi d'une exposition indépendante. Le Père Poisson parle indifféremment de la Méthode de Descartes ou de la Logique de Descartes : « Cette méthode qui forme ainsi le jugement, peut » être appelée Logique, puisqu'elle a même fin qu'on donne aux » autres qui portent le même nom ». Bref, à la condition d'oublier que, dans l'énoncé des règles de la méthode, Descartes a exposé en un langage apparemment clair, en réalité technique jusqu'à frôler l'hermétisme, des procédés inédits de résolution d'équations algébriques, on peut traiter en général de la méthode, puis en général des méthodes. Si Poisson, et avant lui Clauberg, disent indifféremment Logique de Descartes ou Méthode de Descartes, c'est en fait la *Logique de Port-Royal* (1662) qui a délié les préceptes du *Discours de la méthode* de leur connexion, pourtant constamment indiquée par Descartes, avec les problèmes mathématiques dont ils codifient la tactique de résolution, et qui, en les combinant avec quelques impératifs des *Règles pour la direction de l'esprit* alors inédites, peut prétendre, au onzième chapitre de la quatrième partie, réduire la méthode des sciences à huit règles principales. Mais au prix de quelle altération de sens, de quelle réduction de portée ! La huitième de ces règles est ainsi énoncée : « Diviser, autant qu'il se peut, chaque genre » en toutes ses espèces, chaque tout en toutes ses parties, et » chaque difficulté en tous les cas ». Ainsi, sous le nom de division, la Logique des Messieurs de Port-Royal confond des opérations qui n'ont, à bien regarder, rien de commun : la subordination hiérarchique des universaux, la décomposition de type chimique, et la division spécifiquement cartésienne, à savoir la réduction des équations en facteurs linéaires. C'est donc finalement cette promotion arbitraire de la méthode par l'extension illimitée de ses domaines de validité, plutôt que l'identification par Descartes

de sa science et de la méthode, qui justifierait les sarcasmes de Leibniz. « Il s'en faut de peu, disait-il, que je n'assimile les
» règles de Descartes à ce précepte de je ne sais plus quel
» chimiste : prenez ce qu'il faut et procédez comme il faut, vous
» obtiendrez alors ce que vous souhaitez obtenir. N'admettez
» rien qui ne soit véritablement évident (c'est-à-dire, cela seul
» que vous devez admettre); divisez le sujet selon les parties
» requises (c'est-à-dire, faites ce que vous devez faire); procédez
» selon l'ordre (l'ordre selon lequel vous devez procéder); faites
» des énumérations complètes (c'est-à-dire celles que vous devez
» faire) : c'est exactement là la manière des personnes qui disent
» qu'il faut rechercher le bien et fuir le mal. Tout cela est assu-
» rément juste; seulement il manque les critères du bien et
» du mal » [3].

Qu'on nous permette d'enjamber un siècle d'histoire des traités ou des manuels de Logique, de ne rien dire de Christian Wolff, de Crouzas, de Condillac, de Kant même, et d'en venir au moment où un jeune préparateur en pharmacie, venu de Lyon à Paris dans l'espoir d'y connaître la gloire littéraire avec un *Arthur de Bretagne*, drame en cinq actes en prose avec chant, est orienté, par un professeur de poésie française à la Sorbonne, vers les études médicales, à quoi il se décide enfin comme à un pis-aller. Nous sommes en 1834, et il s'agit de Claude Bernard. Il est peu probable que Claude Bernard se soit, à cette époque, intéressé à un ouvrage dont nous savons, par ses notes, qu'il l'a lu et commenté une trentaine d'années plus tard : le premier tome du *Cours de philosophie positive* publié en 1830. Dans la première leçon de ce *Cours*, A. Comte enseigne que « la méthode » n'est pas un objet d'étude séparable des recherches où elle est « employée ». Or la relation d'emploi suppose l'indépendance permanente, en dépit du recouvrement précaire, de l'emploi et de l'employé. C'est avouer, en définitive, l'extériorité de la méthode à la recherche. C'est si vrai qu'Auguste Comte parle de méthode positive, qu'il conçoit qu'on puisse plus tard, « faire *a priori* un véritable
» cours de méthode », qu'il assigne pour but essentiel à l'étude de la méthode de « parvenir à se former un bon système d'habi-
» tudes intellectuelles ». En sorte qu'on n'éprouve aucune surprise à lire, en 1856, dans la *Synthèse subjective*, dont le sous-titre est *Système de logique positive, ou Traité de philosophie mathé-*

3. *Philosophischen Schriften*, ed. Gehrardt, IV, p. 329.

matique, le passage suivant : « La méthode universelle se trouve
» composée de trois éléments : la déduction, l'induction et la
» construction dont la succession est représentée par leur clas-
» sement, suivant l'importance et la difficulté croissantes ».

1856 c'est aussi l'année où paraît un petit livre, aujourd'hui
fort oublié, du grand chimiste organicien Michel-Eugène Chevreul,
*Lettres à M. Villemain sur la méthode en général et sur la défi-
nition du mot « fait »*. Dans la deuxième de ces lettres, Chevreul
distingue une méthode générale et des méthodes spéciales, et il
définit ainsi la méthode générale expérimentale : « Le raison-
» nement suggéré par l'observation des phénomènes institue donc
» des expériences d'après lesquelles on reconnaît les causes d'où
» ils dépendent et ce raisonnement constitue la méthode que
» j'appelle expérimentale, parce qu'en définitive l'expérience est
» le contrôle, le *critérium* de l'exactitude du raisonnement dans
» la recherche des causes ou de la vérité ». Il faut convenir que,
non prévenus de l'existence de l'ouvrage qui contient ce texte,
nous l'aurions localisé sans hésitation dans l'ouvrage de Claude
Bernard aujourd'hui centenaire.

Le manuscrit qui a été publié par J. Chevalier, sous le titre
Philosophie, est un recueil de notes de lectures faites par
Cl. Bernard, en 1865, lorsque, malade, il a passé un an dans sa
maison du Beaujolais pour y rédiger l'*Introduction à l'étude de
la médecine expérimentale*. L'une de ces lectures est celle du
Cours de philosophie positive. On y trouve, à deux reprises, une
référence à l'opuscule de Chevreul. C'est de lui que Cl. Bernard
tient la distinction de la méthode *a priori* et de la méthode
a posteriori, et l'identification de méthode *a posteriori* et de
méthode expérimentale. Il est difficile de dire si Cl. Bernard a été
influencé par l'ouvrage de Chevreul comme par un modèle. En
tout cas l'idée lui est commune avec Chevreul qu'il y a, dans
toutes les sciences expérimentales, identité du mode de raisonnement, que la différence des objets d'application, corps bruts
ou être vivants, introduit seulement des différences dans la
complexité et les difficultés d'investigation. « Les principes de
» l'expérimentation... sont incomparablement plus difficiles à
» appliquer à la médecine et aux phénomènes des corps vivants
» qu'à la physique et aux phénomènes des corps bruts »[4].

L'épistémologie de Gaston Bachelard non seulement ignore

---

4. *Introduction à l'étude de la médecine expérimentale*, introduction, p. 26 de
l'édition Garnier-Flammarion, avec préface de François Dagognet, Paris, 1966.

mais repousse l'idée commune, à quelques nuances près, à A. Comte, à Chevreul, à Cl. Bernard, selon laquelle il existe *une* méthode positive ou expérimentale constituée de principes généraux dont seule l'application est diversifiée par la nature des problèmes à résoudre. A Comte qui parle d'un bon système d'habitudes mentales, Bachelard répond : « Les méthodes scientifiques... » ne sont pas le résumé des habitudes gagnées dans la longue » pratique d'une science »[5]. A Claude Bernard qui déclare : « Il » ne suffit pas de vouloir faire des expériences pour en faire; » il faut bien savoir ce que l'on veut faire et il faut éviter l'erreur » au milieu de cette complexité d'études : il faut donc fixer la » méthode, et c'est mon lot »[6], Bachelard répond : « L'esprit » doit se plier aux conditions du savoir. Il doit créer en lui une » structure correspondant à la structure du savoir. Il doit se » mobiliser autour d'articulations qui correspondent aux dialec- » tiques du savoir »[7]. Fixons dit l'un, mobilisons dit l'autre.

Mais peut-être pouvons-nous proposer un mode de lecture de l'*Introduction à l'étude de la médecine expérimentale* qui ferait apparaître, dans ce texte fatigué par tant de commentaires qui en ont confondu l'intelligence avec la redite, une assez surprenante fraîcheur. Interrogeons Claude Bernard à partir d'une question bachelardienne, la question que la *Philosophie du Non* adresse au savant : « Comment pensez-vous ? Quels sont vos » tâtonnements, vos essais, vos erreurs ? Sous quelle impulsion » changez-vous d'avis ? Pourquoi restez-vous si succincts quand » vous parlez des conditions psychologiques d'une nouvelle recher- » che ? Donnez-nous vos idées vagues, vos contradictions, vos » idées fixes, vos convictions sans preuves... Dites-nous ce que » vous pensez non pas en sortant du laboratoire, mais aux heures » où vous quittez la vie commune pour entrer dans la vie scien- » tifique »[8]. Interroger Claude Bernard de la sorte revient à lire l'*Introduction* à rebours, et nous avons déjà tenté de justifier un tel renversement par le bénéfice qu'il procure dans l'intelligence du texte[9]. A ne retenir que la première partie de l'ouvrage, on croit n'avoir affaire qu'à un traité général de la méthode.

---

5. *Le problème philosophique des méthodes scientifiques*, in Congrès international de philosophie des sciences, I, Epistémologie, Paris, 1949, p. 32.
6. *Principes de médecine expérimentale*, éd. par L. Delhoume, Paris, 1947, p. 22.
7. *La philosophie du Non*, Paris, 1940, p. 144.
8. *Ibid.*, p. 13.
9. Voir plus haut l'étude *Théorie et technique de l'expérimentation selon Claude Bernard*.

Ainsi découpé, le texte trahit une pensée flottante, embarrassée, oscillant entre deux schémas épistémologiques de la relation entre faits et théorie. Tantôt on suit l'ordre qui va des faits aux faits par théorie interposée, tantôt on croit apercevoir un ordre qui va de la théorie à la théorie par faits interposés. Cet expérimentalisme ne sait quelle distance il doit tenir d'une part vis-à-vis de l'empirisme, d'autre part vis-à-vis du rationalisme. Et pourtant, bien avant ceux que les manuels élémentaires d'enseignement créditent de la distinction entre faits bruts et faits scientifiques, c'est Claude Bernard qui a enseigné que la science ne se compose pas avec des faits bruts [10]. Mais si l'on commence la lecture par l'historique des travaux que résume la troisième partie de l'*Introduction*, on comprend que les apparentes généralités méthodologiques de la première partie sont l'enveloppe littéraire des leçons que l'expérimentateur a tirées de ses aventures expérimentales, dans le laboratoire où des hypothèses librement, sinon arbitrairement imaginées l'ont conduit, à travers déceptions ou échecs, à des réalités imprévues. C'est donc uniquement par conformité à un modèle académique d'exposition que Claude Bernard procède des généralités à leurs applications prétendues, comme s'il cessait d'avoir présente à l'esprit la formule par laquelle il condamne lui-même la vanité verbale de la méthode de Bacon : « Les grands expérimentateurs ont apparu avant les » préceptes de l'expérimentation » [11].

Ainsi, questionné à la manière de Bachelard, Claude Bernard tient un langage épistémologique assez différent de celui qu'on lui prête ordinairement, en partie par sa faute d'ailleurs. On peut aller plus loin et montrer que son expérimentalisme n'est ce qu'il est que par sa relation à des théories explicatives des phénomènes physiologiques dont les unes sont par lui reçues et acceptées et d'autres construites par lui-même. Parmi les premières, la théorie cellulaire concernant la structure de l'organisme, parmi les secondes, la théorie du milieu intérieur et de la constance des conditions physiologiques des fonctions. Ces deux théories,

---

10. « Sans doute, il est beaucoup de travailleurs qui n'en sont pas moins utiles à la science quoiqu'ils se bornent à lui apporter des faits bruts ou empiriques. Cependant, le vrai savant est celui qui trouve les matériaux de la science et qui cherche en même temps à la construire en déterminant la place des faits et en indiquant la signification qu'ils doivent avoir dans l'édifice scientifique. » (*Rapport sur les progrès et la marche de la physiologie générale en France*, 1867, p. 221, note 209.
11. *Introduction à l'étude de la médecine expérimentale, op. cit.*, p. 86.

composées dans un système d'axiomes, définissent ce que, dans les *Leçons sur les phénomènes de la vie communs aux animaux et aux végétaux* (1878), il appelle une « conception fondamentale » de la vie » [12]. On comprend alors la portée de ce qui pourrait ne sembler qu'une restriction, dans la déclaration suivante : « Les faits sont les seules réalités qui puissent donner la formule » à l'idée expérimentale et lui servir de contrôle; mais c'est à la » condition que la raison les accepte » [13]. Un expérimentalisme rationnel de cette espèce peut-il ne pas trouver grâce aux yeux de Gaston Bachelard, de celui qui, reprenant à son compte un mot d'Alexandre Koyré, enseigne qu'un fait, pour être vraiment scientifique, doit être vérifié théoriquement, alors même qu'il pense manifestement à des théories plus rigoureuses, plus fortement structurées que ne pouvaient l'être, au milieu du XIXᵉ siècle, des théories de biologie générale ?

Il y a pourtant, chez Gaston Bachelard, une exigence de révolution épistémologique permanente dont l'œuvre et la pensée de Claude Bernard ne contiennent aucun indice. Celui qui invente le concept de milieu intérieur ne le tient que pour une révolution dans l'ordre de la biologie et non pas dans l'ordre de l'épistémologie biologique. Et cependant, à partir du moment où l'on conçoit l'organisme comme un tout produisant pour ses éléments morphologiques, les cellules, le milieu de composition constante par compensation ou tamponnement des écarts, dans lequel elles doivent vivre, on substitue à une représentation géométrique de l'organisme une représentation topologique. Dans l'organisme à milieu intérieur les parties ne sont pas à distance les unes des autres, elles ne vivent pas juxtaposées dans l'espace métrique où on se les représente. Dans ces conditions on peut admettre que certaines mathématiques ne soient pas utilisables pour décrire et expliquer certains aspects des phénomènes biologiques. Mais le théoricien du milieu intérieur n'a cessé d'estimer que la biologie n'est pas mathématisable, en quoi il en est au même point qu'Aristote, alors que sa conception des rapports du tout et de la partie en biologie est non-aristotélicienne [14]. Si donc l'on applique à la pensée de Cl. Bernard les catégories de l'épistémologie bachelardienne, on doit constater que, pourtant universellement

---

12. Pour l'exposé de cette conception, voir plus bas *le Concept et la Vie*.
13. *Introduction à l'étude de la méthode expérimentale, op. cit.,* p. 88.
14. Cf. plus bas, *Le tout et la partie dans la pensée biologique* et *le Concept et la Vie*.

loué pour avoir enseigné le doute scientifique, il n'a pas réussi à douter de la façon dont il concevait l'avenir de la physiologie et de la médecine expérimentales. Claude Bernard pensait qu'on irait plus loin que Claude Bernard sur les chemins qu'il avait ouverts, il ne formait pas l'idée d'une biologie non-bernardienne. L'auteur de la *Philosophie du Non*, s'il se fût intéressé à l'histoire de la biologie, n'eût pas manqué d'évoquer, à côté des pensées non-baconiennes, non-euclidiennes, non-cartésiennes, quelque pensée non-bernardienne dont la biochimie macromoléculaire est le domaine d'exercice.

Confrontée à la théorie bachelardienne de la méthode, la théorie bernardienne se distingue par l'absence de dialectisation de ses concepts fondamentaux. Cette différence est éclatante quand on prend l'exemple du déterminisme. On sait assez que Claude Bernard a revendiqué pour lui, et non sans raison, l'originalité et l'honneur d'avoir introduit le mot dans la langue française et avec son acception scientifique [15], c'est-à-dire le fait indubitable, « absolu », de conditions matérielles déterminant l'existence des phénomènes. C'est pour lui un « axiome expérimental » [16], le principe absolu de toute théorie relative, l'invariant de toutes les variations heuristiques. Mais Claude Bernard n'a, semble-t-il, jamais soupçonné la possibilité de distinguer dans le déterminisme l'idée et la formule, la norme et le modèle. Il n'a pas compris que le déterminisme dont il empruntait le modèle « aux » hommes qui cultivent les sciences physico-chimiques » n'était pas seulement un principe constitutif des faits, mais qu'il était aussi un fait théorique historiquement et techniquement constitué. S'il l'eût compris, il lui eût été impossible d'écrire que « la » biologie doit prendre aux sciences physico-chimiques la méthode » expérimentale mais garder ses phénomènes spéciaux et ses lois » propres » [17]. Comme si la découverte de lois propres restait sans influence sur le concept d'une loi générale des lois. Comme si le déterminisme était une trame identique pour toute toile phénoménale, trame que le grattage expérimental ferait apparaître. En regard de cette assimilation obstinée du droit et du fait déterministes, Gaston Bachelard a enseigné que « le déter-

---

15. Cette question a fait l'objet d'une étude minutieuse et convaincante de M. Lucien Brunelle, dans une thèse de Doctorat de troisième cycle sur l'invention et l'application du concept de déterminisme par Claude Bernard.

16. *Introduction...*, *op. cit.*, p. 109.

17. *Ibid.*, p. 110.

» minisme part de choix et d'abstractions et que peu à peu il
» devient une véritable technique » [18], que pour enseigner correctement le déterminisme « il faut soigneusement garder les formes,
» trier les lois, purifier les corps » [19]. Claude Bernard identifie
le déterminisme et l'impératif d'extension expérimentale. Pour
Gaston Bachelard « la psychologie du déterminisme est faite de
» véritables restrictions expérimentales » [20]. C'est que si Claude
Bernard a dit que les sciences expérimentales sont des sciences
actives, conquérantes, que l'expérimentateur se fait le contremaître de la création [21], il n'a pas poussé son idée jusqu'à exorciser
le réalisme selon lequel les phénomènes sont, même au terme
de l'expérimentation, des données. Bachelard, au contraire,
enseigne que seul est instructif le phénomène théoriquement
construit et techniquement produit : « La véritable phénomé-
» nologie scientifique est donc bien essentiellement une phénomé-
» notechnique » [22].

En fin de compte, lire l'*Introduction* de Claude Bernard à la
lumière qui rayonne de l'œuvre épistémologique de Gaston Bachelard, c'est sans doute cesser de penser que cet ouvrage centenaire
est d'un maître à penser universel. Que faire d'ailleurs d'un maître
à penser universel ? Mais c'est restituer à l'ouvrage une présence
historique saisissante. Il est la mise en forme littéraire d'une
recherche de physiologiste dont certaines découvertes ont révo-
lutionné la connaissance des organismes. Mais il n'est pas l'œuvre
d'un penseur capable de pressentir, sans bien entendu pouvoir
l'inventer, la signification épistémologique à venir de ses propres
découvertes. Que le dernier mot reste à Gaston Bachelard, moins
pour une condamnation du passé que pour un avertissement à
l'avenir : « Les concepts, les méthodes, tout est fonction du
» domaine d'expérience; toute la pensée scientifique doit changer
» devant une expérience nouvelle; un discours de la méthode
» scientifique sera toujours un discours de circonstance, il ne
» décrira pas une constitution définitive de l'esprit scientifique » [23].

18. *Le nouvel esprit scientifique*, 1934, p. 107.
19. *Ibid.*, p. 108.
20. *Ibid.*, p. 107.
21. *Principes de médecine expérimentale*, p. 86.
22. *Le nouvel esprit scientifique*, p. 13.
23. *Ibid.*, p. 135.

GASTON BACHELARD

I. — L'HISTOIRE DES SCIENCES DANS L'ŒUVRE EPISTEMOLOGIQUE DE GASTON BACHELARD *

Lorsqu'en novembre 1940, Gaston Bachelard fut appelé à succéder à Abel Rey, décédé, cette succession comportait, à côté de l'enseignement de l'histoire et de la philosophie des sciences à la Faculté des Lettres de la Sorbonne, la Direction de l'Institut d'Histoire des Sciences et des Techniques que l'Université de Paris avait fondé le 28 janvier 1932.

Bien que l'histoire des sciences ne tienne pas en France, dans le cours d'études supérieures, la même place importante qu'elle tient en plusieurs pays étrangers, cet enseignement y connaît une manière de tradition qui l'associe à la philosophie des sciences. Quelque jugement que l'on veuille porter sur cette tradition, au moins n'est-il pas contestable qu'elle tient au fait qu'au XIXe siècle l'histoire des sciences, genre littéraire né au XVIIIe dans les Académies scientifiques, a été introduite dans les mœurs et les institutions françaises de la culture par les soins d'une école philosophique qui déclarait fonder son autorité et faire reposer son crédit sur la nécessité de son propre avènement, en vertu d'une loi de développement historique de l'esprit humain. Il s'agit de l'école positiviste. Bornons-nous à rappeler rapidement qu'une chaire d'histoire générale des sciences, dont Auguste Comte n'avait pu obtenir de Guizot, en 1832, la création à son profit, fut soixante ans plus tard créée au Collège de France et occupée par

* Extrait des *Annales de l'Université de Paris*, 1963, n° 1.

Pierre Laffitte, président de la Société positiviste; que la succession de Laffitte fut refusée à Paul Tannery au bénéfice d'un autre positiviste, Wyrouboff. Citons ici Abel Rey : « A l'époque où » vivaient en France les Paul Tannery et les Duhem, la chaire » d'histoire des sciences au Collège de France fut confiée à des » hommes dont l'œuvre, en ce qui concerne cette histoire, est » inexistante; elle fut rétablie après une interruption de quelques » années pour Pierre Boutroux dont l'œuvre devait être bruta-» lement arrêtée par une mort prématurée »[1]. Entre temps la Faculté des Lettres de la Sorbonne créait une chaire d'histoire de la philosophie dans ses rapports avec les sciences, d'abord occupée par Gaston Milhaud, puis par Abel Rey. Le titre de l'enseignement devenait alors : Histoire et Philosophie des Sciences.

***

Gaston Bachelard, venant de Dijon, arrivait à Paris avec un bagage d'œuvres célèbres : *Lautréamont* (1939), *La formation de l'esprit scientifique* (1938), *La psychanalyse du feu* (1938), *La dialectique de la durée* (1936), *Le Nouvel Esprit scientifique* (1934), *Les intuitions atomistiques* (1933), *L'Intuition de l'Instant* (1932), *La valeur inductive de la relativité* (1929). Et pourtant, ce sont sans doute les deux thèses de doctorat de 1927 qui avaient destiné — sans, bien entendu, qu'il le pressentît — Gaston Bachelard à l'illustration éclatante de l'alliance entre l'histoire des Sciences et la philosophie des Sciences.

La thèse principale, *Essai sur la Connaissance approchée*, était une étude épistémologique dans laquelle l'auteur tentait d'exposer « comment les concepts de réalité et de vérité devaient recevoir » un sens nouveau d'une philosophie de l'inexact ». La thèse complémentaire, *Etude sur l'évolution d'un problème de physique : la propagation thermique dans les solides*, était une étude d'histoire des sciences, mais en un sens vraiment neuf. Dans le premier chapitre : la formation des concepts scientifiques au XVIIIe siècle, Bachelard se propose de montrer que la succession historique des problèmes scientifiques n'est pas ordonnée selon leur complexité croissante. Le phénomène *initial* d'une recherche n'est pas un phénomène *primitivement* simple. C'est « la solution

---

1. *L'Histoire des sciences dans l'enseignement* (Publications de l'*Enseignement scientifique*, n° 2), 1933, p. 13.

» trouvée qui réfléchit sa clarté sur les données » et qui incline
à méconnaître le fait que « le problème a été longtemps obscurci
» par de graves et tenaces erreurs »[2]. L'histoire d'un problème de
physique connaît deux temps : 1° le temps où la recherche prend
pour objet initial des hypothèses, où l'on croit expliquer un
phénomène en relayant des analogies les unes par les autres,
dès que l'expérience oblige à changer de fil : « Le xviii᷎ siècle
» s'achevait sans que l'on eût tenté une véritable liaison mathé-
» matique des phénomènes thermiques »; 2° le temps, qui commence, dans le cas donné, par les travaux de Biot, où un problème
physique est mis en équation, où « le calcul s'adapte d'aussi près
» que possible à l'expérience et conduit insensiblement à une
» vérification expérimentale, intimement mêlée, elle-même, au
» calcul »[3]. Notons tout de suite que, dès le premier travail,
Bachelard considère la physique mathématique comme la science
royale. Sans doute, il tient Fourier pour un fondateur en matière
de thermologie mathématique, mais non sans quelque nuance
restrictive : « Le pouvoir instructif des mathématiques auquel
» Fourier a donné toute sa confiance doit cependant s'adresser
» à des éléments physiques »[4]. Mais c'est de Lamé que déjà
— et pour toujours — Bachelard célèbre et la méthode et la
leçon : « Avec Lamé, le calcul doit tout faire. Il doit fournir
» l'hypothèse, coordonner les domaines, construire de toutes
» pièces le phénomène. Non pas étudier les lois, mais les décou-
» vrir. Jamais un si grand rôle n'a été assigné au raisonnement »[5].
    L'histoire d'un problème ainsi reconstitué s'achève en une leçon
concernant le rapport de la science et de son histoire — et à plus
longue portée, indirectement, concernant la façon de composer
l'histoire de la science : « Le développement scientifique n'est pas
» un développement simplement historique; une force unique le
» parcourt et l'on peut dire que l'ordre des pensées fécondes
» est une matière d'ordre naturel »[6]. Naturel, et non simplement
humain. Une science a son destin et non seulement une chrono-
logie. De l'histoire de la science, philosophiquement questionnée,
c'est-à-dire quant à la formation, à la réformation et à la forma-
lisation des concepts, surgit une philosophie de la science. Il serait

---

2. *Op. cit.*, p. 7.
3. *Ibid.*, p. 31.
4. *Ibid.*, p. 54.
5. *Ibid.*, p. 104.
6. *Ibid.*, p. 159.

trop facile de dire que le philosophe retrouve ici la philosophie qu'il a apportée. Ce n'est pas Bachelard qui est responsable de la succession qu'il étudie, de Biot à Fourier, Poisson et Lamé. Ce n'est pas Bachelard qui est responsable du fait que la lecture de Lamé conduit à lire Fourier autrement que ne l'avait lu Auguste Comte. Le chapitre quatrième de l'étude de Bachelard a pour titre : Auguste Comte et Fourier. Il est équitable et généreux pour Comte, il s'efforce de comprendre l'intention d'attitudes philosophiques ordinairement raillées ou blâmées. Mais la conclusion est aussi peu positiviste que possible. L'évolution du problème de la propagation thermique autorise une conception non positiviste (au sens de Mach, aussi bien qu'au sens de Comte) de la théorie physique. « On pourrait accuser de témérité la prévi-
» sion qui s'appuie plutôt sur une doctrine que sur des faits.
» Mais on est bien obligé de convenir que cette prévision qui
» part d'une mathématique réussit physiquement et qu'elle entre
» dans l'intimité du phénomène. Il ne s'agit pas d'une généra-
» lisation, mais au contraire en devançant le fait, l'idée découvre
» le détail et fait surgir des spécifications. *C'est l'idée qui voit*
» *le particulier dans toute sa richesse, par-delà la sensation* qui
» ne saisissait que le général »[7].

*
**

La thèse de 1927 illustre une conception de l'histoire des sciences. Dans son rapport à la philosophie des sciences à laquelle manque encore le concept par l'invention duquel Gaston Bachelard s'est révélé, en l'histoire des sciences, comme un novateur génial : le concept d'*obstacle épistémologique*. Sans doute Bachelard, on vient de le voir, a exprimé son dissentiment concernant certaine façon d'écrire l'histoire des sciences en perspective de complication progressive, dans la méconnaissance de la ténacité des erreurs qui ont longtemps obscurci un problème. La racine de ces erreurs, la raison de cette ténacité n'est pas encore indiquée, bien que peut-être déjà soupçonnée. Mais dès le chapitre premier de *La Formation de l'Esprit scientifique* nous apprenons que cette racine doit être cherchée dans la connaissance elle-même et non hors d'elle. Ce que l'esprit scientifique doit surmonter fait obstacle dans l'esprit même. C'est, à la lettre, un

---

7. *Ibid.*, p. 159.

instinct de conservation de la pensée[8], une préférence donnée
aux réponses plutôt qu'aux questions. L'existence d'obstacles
épistémologiques rend différentes les tâches de l'épistémologue
et de l'historien des sciences. L'épistémologue doit retracer
l'évolution de la pensée scientifique,, et pour cela il doit choisir
parmi les documents recueillis par l'historien et il doit les juger.
« L'historien des sciences doit prendre les idées comme des faits.
» L'épistémologue doit prendre les faits comme des idées, en les
» insérant dans un système de pensées »[9]. Mais, en contrepartie,
l'attention aux obstacles épistémologiques va permettre à
l'histoire des sciences d'être authentiquement une histoire de la
pensée. Elle gardera l'historien de la fausse objectivité qui consisterait à dresser l'inventaire de tous les textes dans lesquels à une
époque donnée, ou à des époques différentes, apparaît le même
mot, dans lesquels les projets de recherches semblables paraissent
s'exprimer dans des termes substituables. Un même mot n'est
pas un même concept. Il faut reconstituer la synthèse dans
laquelle le concept se trouve inséré, c'est-à-dire à la fois le
contexte conceptuel et l'intention directrice des expériences ou
observations[10]. Alors l'histoire est bien l'histoire de la science,

---

8. *Op. cit.*, p. 15.
9. *Ibid.*, p. 17.
10. Nous nous plaisons à reproduire un beau texte de J.-B. Biot qui exprime
la même règle de critique historique : « Je ne puis quitter cette époque mémorable, sans discuter ici une allégation qui a eu beaucoup de retentissement dans
l'histoire de la science chimique, d'autant qu'elle me semble très loin de mériter
l'importance qu'on lui a donnée. Il ne s'agit rien moins que d'enlever à Lavoisier,
et aux chimistes modernes, la découverte fondamentale de la combinaison des
métaux avec un des éléments de l'air atmosphérique, pour la reporter aux premières années du XVIIe siècle, et en faire honneur à un médecin français de ce
temps, appelé Jean Rey. Lorsqu'un fait nouveau, considérable, fécond en conséquences, vient à se produire dans le monde scientifique, accompagné de preuves
qui en établissent la certitude, et d'applications qui en découvrent la portée, c'est
une habitude naturelle aux esprits contemporains que de rechercher curieusement
s'il n'en existe pas d'anciennes traces. S'ils en trouvent, même d'indécises, ils les
saisissent, et les ravivent pour ainsi dire, avec une facilité de conviction remplie
d'indulgence. Ce travail critique est fort méritant, quand il est équitable. Car il
est toujours à propos de rendre justice aux inventeurs méconnus. Mais, en se
reportant au point de vue où ils s'étaient placés en attribuant aux expressions
dont ils se sont servis, le sens qu'on y attachait de leur temps ; en donnant à leurs
idées toute l'étendue qu'ils avaient pu eux-mêmes vouloir embrasser ; il faut
ensuite appliquer à leurs productions les règles immuables de la discussion scientifique. On devra donc y faire une juste différence entre les assertions et les
preuves, entre les aperçus et les vérités établies ; car il n'y aurait ni utilité, ni
équité, ni philosophie, à admettre d'un auteur ancien, comme démontré, ce qu'on
refuserait comme hypothétique d'un contemporain. Si l'on apprécie le livre de

l'histoire d'une évolution valorisée par ses exigences bien mieux que par ses résultats bruts. « L'histoire, dans son principe, est » en effet hostile à tout jugement normatif. Et cependant, il faut » bien se placer à un point de vue normatif, si l'on veut juger » de l'efficacité d'une pensée » [11].

Il faut bien saisir l'originalité de la position de Bachelard, face à l'histoire des sciences. En un sens, il n'en fait jamais. En un autre sens, il ne cesse d'en faire. Si l'histoire des sciences consiste à recenser des variantes dans les éditions successives d'un Traité, Bachelard n'est pas un historien des sciences. Si l'histoire des sciences consiste à rendre sensible — et intelligible à la fois — l'édification difficile, contrariée, reprise et rectifiée, du savoir, alors l'épistémologie de Bachelard est une histoire des sciences toujours en acte. D'où l'intérêt qu'il porte aux erreurs, aux horreurs [12], aux désordres, à tout ce qui représente la frange d'histoire historique non recouverte par l'épistémologie historique. Par exemple, l'histoire de l'électricité fait sa place à Aldini (1762-1834), neveu de Galvani, et à ses expériences de décharge électrique à travers diverses substances organiques (lait, urine, vin, bière, etc.) en vue de déterminer la variation des propriétés du fluide électrique selon les corps traversés (Essai théorique et expérimental sur le galvanisme, 1804). Mais, fait remarquer Bachelard, le concept de résistance formé par Ohm en 1826 (cf. Die galvanische Kette mathematisch bearbeitet, 1827), épure l'hypothèse quasi sensualiste d'Aldini par abstraction et mathématisation, en formant une sorte de nœud de concepts [13].

En d'autres termes l'historien et l'épistémologue ont en commun (ou du moins devraient avoir en commun) la culture scientifique d'aujourd'hui. Mais la situant différemment dans leurs perspectives, ils lui confèrent une fonction historique différente. L'historien procède des origines vers le présent en sorte que la science d'aujourd'hui est toujours à quelque degré annoncée dans le passé. L'épistémologue procède de l'actuel vers ses commencements en sorte qu'une partie seulement de ce qui se donnait hier pour science se trouve à quelque degré fondée par le présent. Or, en même temps qu'elle fonde — jamais, bien entendu, pour

Jean Rey, d'après ces règles, le compte est facile... » — J.-B. Biot, Mélanges scientifiques et littéraires, tome II, 1858 (p. 187) : A propos des « Recherches chimiques sur la respiration des animaux », par Regnault et Reiset.
11. La Formation de l'Esprit scientifique, p. 17.
12. Cf. Op. cit., p. 21 : « Nous exposerons en vrac notre musée d'horreurs. »
13. Ibid., p. 105.

toujours mais incessamment à nouveau — la science d'aujourd'hui
détruit aussi, et pour toujours. De l'histoire sensualiste et
substantialiste de l'électricité au XVIIIᵉ siècle « il ne reste rien,
» absolument rien, dans la culture scientifique dûment surveillée
» par la cité électricienne » [14].

Bref, tant que la philosophie n'a pas fourni à l'histoire des
sciences ce concept-clé d'obstacle épistémologique, l'épistémologie
risque d'être la victime d'une histoire des sciences trop candide
« qui ne restitue presque jamais les obscurités de la pensée » [15]
qui fait que « nous prenons pour des lumières toutes les lueurs
» du passé ». L'épistémologue est alors incliné à une psychologie
statique de l'esprit scientifique. Comme E. Meyerson, il caractérise de façon unitaire, par la recherche du réel et de l'identique,
une pensée scientifique qui ne cesse pourtant, grâce à des techniques de détection et de mesure toujours plus puissantes et
plus précises, de trouver la réalité à des niveaux différents.
« Croire que l'état d'esprit d'un chimiste prélavoisien comme
» Macquer soit semblable à l'état d'esprit d'un chimiste contem-
» porain, c'est précisément se cantonner dans un matérialisme
» sans dialectique » [16]. En dépit de ce que le rapprochement peut
avoir pour certains de paradoxal ou de scandaleux, il faut bien
dire que Meyerson croit, tout comme Auguste Comte, à la fixité
des démarches et des procédés de la raison, à l'unité de la pensée
scientifique et du sens commun. Bien entendu, Comte, l'ennemi
intime de Meyerson, dit phénomène et loi où son critique dit
réalité et cause. Mais l'un et l'autre pensent que le progrès de
la connaissance se fait d'une marche inchangée sur un chemin
définitif. Bachelard renvoie dos à dos Meyerson et Comte en
refusant la continuité des démarches intellectuelles du sens
commun et de la raison scientifique. « Comment peut-on proposer
» de reporter nos intuitions sensibles sur des êtres qui échappent
» à notre intuition ?... La science contemporaine s'est entièrement
» dégagée de la préhistoire des données sensibles. Elle pense
» avec ses appareils, non avec les organes des sens » [17]. Dans le
Discours d'ouverture du Cours sur l'histoire générale des Sciences
(26 mars 1892), Pierre Laffitte définissait, entre autres, les avantages intellectuels de l'histoire des sciences : « La méthode histo-

14. *Rationalisme appliqué*, p. 141.
15. *Ibid.*, p. 9.
16. *Rationalisme appliqué*, p. 9.
17. *Activité rationaliste de la physique contemporaine*, p. 84.

» rique constitue un véritable *microscope mental;* car ce qui, dans
» l'exposition courante de la science se présente comme une
» succession rapide nous apparaît alors séparé par de longs inter-
» valles et avec toutes les difficultés que les grands esprits ont
» dû vaincre pour trouver et propager ». Il est manifeste que
Laffitte transpose ici le temps dans l'espace, et le ralentissement
dans le grossissement. L'histoire des sciences ralentit un développement qui apparaît alors avec ses temps morts, ses frottements,
ses « difficultés ». Mais qui dit difficulté ne dit pas obstacle.
Le microscope mental ne fait pas de différence entre difficulté et
obstacle, entre retard et errance. Pour Bachelard, l'histoire des
sciences est une *Ecole.* On y porte des jugements et on y enseigne
à en porter. « L'histoire des sciences est, pour le moins, un
» tissu de jugements implicites sur la valeur des pensées et des
» découvertes scientifiques » [18]. Un microscope ne juge pas. Un
microscope peut déceler un mouvement, mais il ne saurait révéler
une dialectique.

Gaston Bachelard a largement usé — et cela dès les thèses
de 1927, quoique alors discrètement — du terme et du concept
de dialectique. Si le terme apparaît, pour la première fois, en 1936,
dans un titre d'ouvrage, *La Dialectique de la Durée,* l'exposition
du concept et sa naturalisation dans le monde des concepts
épistémologiques est l'œuvre du *Nouvel Esprit scientifique.* Ce
concept de conquête dialectique de la pensée vive sur la contre-
pensée inerte est un concept assez proche, dans l'*Essai sur la
Connaissance approchée* ou le *Nouvel Esprit scientifique* du
concept biologique de mutation, du concept psychologique d'animation. « Si l'on savait doubler la culture objective par une
» culture psychologique, en s'absorbant entièrement dans la
» recherche scientifique avec toutes les forces de la vie, on senti-
» rait la soudaine animation que donnent à l'âme les synthèses
» créatrices de la Physique mathématique » [19]. C'est dans la *Philosophie du Non,* qui se donne pour une philosophie du nouvel
esprit scientifique, que le concept de dialectique apparaît, non
certes comme une catégorie, mais comme une norme de la pensée
épistémologique de Bachelard. « On devrait toujours se méfier

18. *Actualité de l'Histoire des Sciences,* p. 8.
19. *Le Nouvel Esprit scientifique,* p. 179.

» d'un concept qu'on n'a pas encore pu dialectiser. Ce qui empêche
» sa dialectique c'est une *surcharge* de son contenu. Cette sur-
» charge empêche le concept d'être délicatement sensible à toutes
» les variations des conditions où il prend ses justes fonctions.
» A ce concept on donne sûrement *trop* de sens, puisque jamais
on ne le pense *formellement*. Mais si on lui donne trop de sens il
» est à craindre que deux esprits différents ne lui donnent pas
» le *même* sens »[20]. On en revient donc, encore et toujours, à la
relation interne, intime, de l'épistémologie et de l'histoire.
L'histoire illustre la dialectique de la pensée bien plutôt qu'elle
n'est elle-même une dialectique objective. « La philosophie du non
» n'a rien à voir... avec une dialectique *a priori* »[21]. La philosophie
du non n'est pas structurée par la dialectique de l'histoire générale. C'est elle au contraire qui confère à l'histoire des sciences
une structuration dialectique : « Nous saisissons toutes les occa-
» sions pour insister de page en page sur le caractère novateur
» de l'esprit scientifique contemporain. Souvent ce caractère nova-
» teur sera suffisamment marqué par le simple rapprochement
» de deux exemples dont l'un sera pris dans la physique du XVIIIᵉ
» ou du XIXᵉ siècle, et l'autre dans la physique du XXᵉ siècle. De
» cette manière on verra que dans le détail des connaissances
» comme dans la structure générale du savoir, la science physique
» contemporaine se présente avec une incontestable nouveauté »[22].

L'usage enfin simultané des trois concepts de dialectique, du
nouvel esprit scientifique, d'obstacle épistémologique conduit
Bachelard à mettre en forme une doctrine précise, définie, susceptible d'applications, relative aux rapports de l'épistémologie et de
l'histoire des sciences. Elle est exposée, au début de 1951, dans
le premier chapitre de *L'Activité rationaliste de la physique
contemporaine*, et à la fin de la même année dans une Conférence
du Palais de la Découverte, *L'Actualité de l'histoire des Sciences*.
Elle repose sur un nouveau concept, celui de récurrence historique. Elle applique ce concept au développement historique de
la dialectique de l'onde et du corpuscule. Bachelard constate
d'abord que les « mécaniques contemporaines : mécanique relati-

20. *La Philosophie du Non*, p. 134.
21. *Ibid.*, p. 135.
22. *Le Nouvel Esprit scientifique*, pp. 17-18.

» viste, mécanique quantique, mécanique ondulatoire sont des
» sciences sans aïeux »[23]. Il y a donc une « rupture historique
» dans l'évolution des sciences modernes »[24], et pourtant, synthèse
des pensées newtoniennes et des pensées fresnelliennes, la
mécanique ondulatoire doit être tenue pour une *synthèse historique*. Cette synthèse est un *acte épistémologique*. « La notion
» d'actes épistémologiques... correspond à des saccades du génie
» scientifique qui apporte des impulsions inattendues dans le
» cours du développement scientifique »[25]. L'acte épistémologique
divise le cours d'une histoire en faisant surgir l'opposition d'un
positif et d'un négatif. On reconnaît le positif à ceci qu'il continue
d'agir dans la pensée moderne, à ceci qu'il constitue un *passé
actuel*[26]. « Il faut sans cesse former et reformer la dialectique
» d'histoire périmée et d'histoire sanctionnée par la science actuel-
» lement active »[27]. C'est cette référence à la science *actuellement*
active qui interdit de confondre la conception de l'histoire récurrente soit avec un relativisme historique en sciences, soit avec
une esthétique des facettes de l'histoire. Le « scepticisme instruit »
de Pierre Duhem prétend ne pouvoir décider entre deux théories
comme la théorie corpusculaire et la théorie ondulatoire de la
lumière, admet l'équivalence des hypothèses, ne croit pas à l'existence de critères de discrimination[28]. Gœthe (c'est nous qui l'appelons ici, et non Bachelard) pense que « de temps en temps il faut
» récrire l'histoire non parce qu'on découvre des faits nou-
» veaux, mais parce qu'on aperçoit des aspects différents,
» parce que le progrès amène à des points de vue qui laissent
» apercevoir et juger le passé sous des angles neufs ». Mais
comment, en science, dissocier le progrès et la découverte de faits
nouveaux, comment opposer les faits et les points de vue ?
D'ailleurs en s'opposant obstinément à l'optique newtonienne,
Gœthe a montré qu'il aurait fait un mauvais historien des sciences,
incapable de distinguer le périmé du sanctionné. Bachelard prend
l'exemple de la théorie du *phlogistique* : son histoire est une
histoire périmée. Au contraire, la théorie du *calorique* a inspiré les
travaux de Black qui « affleurent dans les expériences positives

23. *Activité rationaliste de la physique contemporaine*, p. 23.
24. *Ibid.*
25. *Ibid.*, p. 25.
26. *Ibid.*
27. *Ibid.*
28. *Ibid.*, p. 47.

» de la détermination des chaleurs spécifiques »[29]. Puisque la notion de chaleur spécifique est une notion scientifique *pour toujours*, les travaux de Black entrent comme éléments dans une histoire de la physique sanctionnée. Voilà donc défendue et illustrée l'*histoire récurrente*, l'*histoire jugée*, l'*histoire valorisée*. « L'histoire des sciences apparaîtra alors comme la plus irréver- » sible de toutes les histoires... L'histoire des sciences est l'histoire » des défaites de l'irrationalisme »[30]. Bachelard a bien le sentiment qu'il risque ici de heurter la conscience de quelques historiens des sciences plus attentifs peut-être à la déontologie usuelle de l'historien (ne pas juger !) qu'à la spécificité de l'objet auquel ils s'appliquent. C'est pourquoi il insiste sur le fait que « l'histoire » des sciences ne saurait être une histoire empirique »[31] et que des valeurs rationnelles doivent ordonner l'histoire de la science puisqu'elles polarisent l'activité scientifique elle-même : « Les » historiens des sciences sont souvent hostiles à ces détermina- » tions de *valeurs;* mais sans en faire l'aveu, ils traitent eux- » mêmes de la *valorisation humaine* propre au travail scienti- » fique. Ils ne manquent pas en effet de nous décrire les *luttes* » *du génie.* Ces luttes du génie s'analysent souvent dans la simple » dialectique des malheurs sociaux et du bonheur spirituel... » L'homme de génie échoue socialement et réussit intellectuel- » lement — et l'avenir lui donne raison. Il a pour lui la postérité. » La *valeur* d'un homme de génie devient l'apanage de la cité » scientifique. Le récit de valorisation se retrouve à toutes les » pages de l'histoire des sciences »[32].

Ainsi, qui se proposerait de composer une histoire récurrente complète de la science optique devrait laisser « la physique de » Descartes dans sa solitude historique »[33], tandis qu'elle devrait considérer que la construction du rayon réfracté par Huygens à partir de l'hypothèse de l'ondulation « est un acquis définitif » pour la science »[34]. Quant à Newton, l'explication du phénomène des anneaux par la théorie des accès suffit à montrer que son optique « est en somme corpusculaire dans son image simple, » préondulatoire dans sa théorie savante » et que, même lorsqu'il accorde sa préférence à la théorie corpusculaire, « ses doctrines

29. *Activité rationaliste de la physique contemporaine*, p. 26.
30. *Ibid.*, p. 27.
31. *Actualité de l'histoire des sciences*, p. 13.
32. *Activité rationaliste de la physique contemporaine*, pp. 27-28.
33. *Activité rationaliste de la physique contemporaine*, p. 35.
34. *Ibid.*, p. 36.

» de la lumière sont d'une réelle sensibilité dialectique »[35]. Peu importe alors qu'Euler ait cru pouvoir réfuter Newton, s'il ne l'a fait que sur la base d'analogies phénoménologiques entre la lumière et le son. Si Fresnel a institué le premier (« Enfin Fresnel » vint ! ») l'optique physique sur une base indestructible, c'est dans la mesure où son calcul suscite des applications, des constructions de phénomènes sans précédents ni exemples dans l'expérience commune : les interférences. « Nous sommes ici devant un passé » scientifique vivant, toujours actuel... Les travaux de Fresnel » sont, à cet égard, des modèles de science active »[36].

On conçoit pourquoi et comment la philosophie du nouvel esprit scientifique trouve une de ses premières applications dans un nouvel art d'écrire l'histoire des sciences. Cette histoire ne peut plus être une collection de biographies, ni un tableau des doctrines, à la manière d'une histoire naturelle. Ce doit être une histoire des filiations conceptuelles. Mais cette filiation a un statut de discontinuité, tout comme l'hérédité mendélienne. L'histoire des sciences doit être aussi exigeante, aussi critique que l'est la science elle-même. A vouloir obtenir des filiations sans rupture, on confondrait toutes les valeurs, les rêves et lès programmes, les pressentiments et les anticipations; on trouverait partout des précurseurs pour tout. A vouloir fonder la science contemporaine non pas sur la cohérence d'axiomes sans prémisses et la cohésion de techniques sans antécédents, mais sur la profondeur de l'enracinement dans le passé de l'intelligence humaine on referait, après Dutens, les *Recherches sur l'origine des découvertes attribuées aux modernes* (1766).

Mais, comme le dit Bachelard, « il est inutile de mettre un » faux problème à l'origine d'un vrai problème, absurde même » de rapprocher alchimie et physique nucléaire »[37]. Lès savants contemporains n'ont pas réalisé le rêve des alchimistes. « L'art, » la littérature réalisent des rêves, la science non »[38]. Puisque la pensée scientifique réforme incessamment son passé, puisqu'il lui est essentiel d'être une révolution continuée, Bachelard peut

35. *Ibid.*, pp. 38-39.
36. *Ibid.*, pp. 45-46.
37. *Matérialisme rationnel*, p. 104.
38. *Ibid.* p. 103.

affirmer : « La science, dans ces conditions, n'a rien à gagner
» à ce qu'on lui propose de fausses continuités alors qu'il s'agit
» de franches dialectiques » [39].

Bref l'historien des sciences ne doit pas être victime de la
confusion entre la continuité du discours historique et la continuité de l'histoire [40]. En fait, plus longtemps l'historien séjourne
au lieu des origines, dans la zone des rudiments, et plus il est
porté à confondre la lenteur des premiers progrès et la continuité du progrès. « En somme, voici l'axiome d'épistémologie
» posé par les continuistes : puisque les débuts sont lents les
» progrès sont continus. Le philosophe ne va pas plus loin. Il
» croit inutile de vivre les temps nouveaux, les temps où préci-
» sément les progrès *éclatent* de toute part, faisant nécessaire-
» ment éclater l'épistémologie traditionnelle » [41].

Il semble bien que nous touchions à la genèse de la pensée de
Bachelard. Il est le premier épistémologue français qui ait pensé,
écrit et publié, au xxᵉ siècle, à la hauteur chronologique et conceptuelle des sciences dont il traitait. Et cela apparaît dès *La valeur
inductive de la Relativité*, en 1929 : « Un des caractères extérieurs
» les plus évidents des doctrines relativistes, c'est leur nouveauté.
» Elle étonne le philosophe lui-même devenu subitement, en face
» d'une construction aussi extraordinaire, le champion du sens
» commun et de la simplicité. Cette nouveauté est ainsi une
» objection, elle est un problème ». Un hommage à Bachelard
n'est pas tenu de mentionner les noms des philosophes qui ont
cru devoir se faire les champions du sens commun et de la
simplicité, non plus d'ailleurs que des philosophes qui ont cru
devoir se faire les champions de la mode, en renchérissant sur
ce que l'assentiment des physiciens enfermait encore de prudence.
De la physique relativiste Bachelard disait, dès 1929, qu'elle
est « une doctrine que ses antécédents historiques n'expliquent
» pas » et qu'elle « n'a de rapport avec l'histoire que sur le
» rythme d'une dialectique » [42]. Bachelard a eu d'abord conscience
des ruptures épistémologiques. C'est ensuite qu'il a élaboré les
concepts philosophiques aptes à en rendre compte. Cette élaboration l'a conduit à proposer une conception des rapports entre
science et histoire de la science qui constituait, elle aussi, une

39. *Ibid.*
40. *Ibid.* p. 209.
41. *Ibid.*, p. 210.
42. *Valeur inductive de la Relativité*, p. 6.

rupture : une conception non positiviste. Le positivisme se fonde sur une loi des trois états qui est une loi de progrès, c'est-à-dire, selon A. Comte, de développement continu dont la fin est au commencement. La philosophie de Gaston Bachelard se fonde sur une norme de rectification qui s'exprime par trois lois des trois états (cf. Discours préliminaire à *La Formation de l'Esprit scientifique*), mais sans fermeture du troisième sur le premier, sans méconnaissance du fait qu'en science on ne revient jamais, au fond, sur une négation, quand cette négation s'est traduite par une déformation de concepts primordiaux, soutenue par un nouveau mode de calcul.

Un jeune épistémologue, M. Michel Serres, a parfaitement caractérisé le rôle décisif que l'épistémologie de Bachelard confère à l'histoire des sciences : « Une science parvenue à maturité est » une science qui a entièrement consommé la coupure entre » son état archaïque et son état actuel. L'histoire des sciences » ainsi nommée pourrait alors se réduire à l'exploration de l'inter- » valle qui les sépare de ce point précis de rupture de récurrence, » pour ce qui concerne l'explication génétique. Ce point est » facilement assignable dès le moment où le langage utilisé dans » cet intervalle rend incompréhensibles les tentatives antérieures. » Au-delà de ce point, il s'agit d'archéologie » [43]. En renouvelant aussi profondément le sens de l'histoire des sciences, en l'arrachant à sa situation jusqu'alors subalterne, en la promouvant au rang d'une discipline philosophique de premier rang, Gaston Bachelard a fait plus que frayer une voie, il a fixé une tâche. Un hommage à sa mémoire, digne de lui, devrait ne pas consister seulement à faire sentir quel vide succède à sa perte, il consisterait avant tout à pouvoir donner l'assurance que la leçon de cet homme de génie ne sera pas perdue.

---

43. *Géométrie de la Folie* (à propos de l'*Histoire de la Folie*, de M. Foucault), in *Mercure de France*, sept. 1962, p. 80, note.

II. — GASTON BACHELARD ET LES PHILOSOPHES *

Pour parler de l'homme que fut Gaston Bachelard, il suffit à
qui l'a fréquenté de s'en remettre à sa mémoire et à son cœur.
Mais, on se tromperait grandement, en estimant que l'œuvre
épistémologique est d'un accès aussi aisé que le fut l'homme. Il n'y
a pas de correspondance entre les vertus d'une vie et les valeurs
d'une philosophie. C'est ainsi que Bachelard qui a toujours eu la
gentillesse du Oui a inventé la Philosophie du Non. Comme sans
se douter qu'il parlait aussi de lui-même, il a dit de Lautréamont :
« L'œuvre de génie est l'antithèse de la vie ». Indulgent aux poètes
et aux peintres, Bachelard était exigeant pour les philosophes.
Dans son œuvre épistémologique, le « philosophe » est un personnage typique, parfois même légèrement caricatural : il joue le
rôle du mauvais élève dans l'école de la science contemporaine,
élève parfois paresseux, parfois distrait, toujours en retard d'une
idée sur le maître. Le philosophe auquel Bachelard décoche géné-
reusement ses flèches d'épistémologue c'est l'homme qui, en
matière de théorie de la connaissance, s'en tient à des solutions
philosophiques de problèmes scientifiques périmés. Le philosophe est en retard d'une mutation de l'intelligence scientifique.
Par exemple, si on veut poser aujourd'hui le problème philosophique de l'abstraction de telle façon qu'il intéresse un savant, il
faut admettre qu'une théorie comme celle de Berkeley ne puisse
plus être envisagée comme la solution possible d'un tel problème.
Le philosophe doit sortir de la caverne philosophique, s'il ne veut
pas se condamner à se repaître d'ombres, cependant que les
savants non seulement voient la lumière mais la font. « L'atome
» des philosophes, vieux symbole de la conciliation des carac-

* Extrait de *Sciences*, nᵒ 24, mars - avril 1963.

» tères contradictoires, fait place à l'atome des physiciens, pour
» l'étude duquel s'associent les attitudes philosophiques les plus
» diverses »[1]. Et encore, plus vigoureusement, grâce à une comparaison : « Devant la science moderne, notre entendement
» fonctionne encore comme un physicien qui prétendrait compren-
» dre une dynamo au moyen d'un agencement de machines
simples »[2].

Ce personnage du philosophe qu'avec l'âge Bachelard a pris
à partie toujours plus sévèrement, il est fait, en quelque sorte, de
la somme des surprises, parfois irritées, que Bachelard éprouve
devant le fait qu'il est le premier à prendre conscience du débor-
dement, du dépassement par les progrès des sciences des
« positions » de la philosophie. « Le physicien a été obligé trois
» ou quatre fois depuis vingt ans de reconstruire sa raison et
» intellectuellement parlant de se refaire une vie »[3]. Cependant
le philosophe reste l'homme « qui, par métier, trouve en soi des
» vérités premières » qui vit sur la certitude de l'identité de
l'esprit où il croit lire « la garantie d'une méthode permanente,
» fondamentale, définitive »[4]. Une thèse comme celle qu'expose
la *Philosophie du Non* « doit troubler le philosophe ». Comment
en irait-il autrement ? « Finalement la philosophie de la science
» physique est peut-être la seule philosophie qui s'applique en
» déterminant un dépassement de ses principes. Bref elle est
» la seule *philosophie ouverte*. Toute autre philosophie pose
» ses principes comme intangibles, ses premières vérités comme
» totales et achevées. Toute autre philosophie se fait gloire de
» sa *fermeture* »[5].

Le philosophe c'est l'homme d'une seule doctrine : il est idéaliste
ou réaliste, rationaliste ou positiviste. Mais la science moderne
ne se laisse enfermer dans aucune doctrine exclusive. Pour
comprendre ses méthodes effectives, pour suivre le travail et la
marche de la raison, il faut coordonner plusieurs philosophies.
Le philosophe ne peut pas être moins hardi, moins ingénieux,
ni moins complet que le savant. Il faut admettre un principe de
complémentarité dans l'épistémologie de la physique comme dans
la physique elle-même. « La science, somme de preuves et d'expé-
» riences, somme de règles et de lois, somme d'évidences et de

1. *Les intuitions atomistiques* (1933), p. 155.
2. *Philosophie du Non* (1940), p. 67.
3. *Le Nouvel Esprit Scientifique* (1934), p. 175.
4. *Philosophie du Non*, pp. 8-9.
5. *Ibid.*, p. 7.

» faits, a donc besoin d'une philosophie à double pôle » [6]. Cette philosophie bipolaire, cette conscience de la réciprocité de validation qui unit empirisme et rationalisme — « L'empirisme a » besoin d'être compris, le rationalisme a besoin d'être appliqué » — c'est, aux yeux de Bachelard, la manifestation d'un *progrès philosophique*, en philosophie des sciences s'entend. Dans la *Philosophie du Non*, Bachelard note que « la science ordonne la » philosophie elle-même » [7], dans *Le Nouvel Esprit scientifique* il va jusqu'à affirmer que « la science crée de la philosophie » [8], et dans *Le Rationalisme appliqué* il oppose aux utopies de la théorie philosophique de la connaissance la connaissance scientifique « créant de toutes pièces des types de connaissance nouveaux » [9]. Mais, ajoute-t-il mélancoliquement : « Cette extension des métho- » des, cette multiplication des objets n'attirent pas l'attention » des philosophes » [10]. Bachelard est alors comme contraint d'assu- mer, lui seul, plusieurs philosophies, du fait de son attention alter- nante, mais non divisée, aux notions engagées dans l'évolution de la pensée scientifique. « Une connaissance particulière peut » bien s'*exposer* dans une philosophie particulière, mais elle ne » peut se *fonder* sur une philosophie unique... Une seule philo- » sophie est donc insuffisante pour rendre compte d'une connais- » sance un peu précise » [11]. Et plus radicalement : « Nous croyons » à la nécessité pour une *épistémologie* complète d'adhérer à un » polyphilosophisme » [12].

Dans son Lautréamont, Bachelard a écrit : « L'intelligence doit » avoir un mordant; tôt ou tard l'intelligence doit blesser » [13]. Il est possible que le mordant de Bachelard ait blessé quelques-uns de ceux qu'il nomme philosophes, pour la raison non pas qu'ils se reconnaissaient dans ce « portrait-robot » mais bien qu'ils n'y reconnaissaient précisément personne. Et pourtant, Bachelard mort, il n'est pas inélégant, aujourd'hui, de noter que son agres- sivité d'épistémologue, que sa récrimination polémique visaient entre autres une philosophie de la science dont l'auteur est parfois désigné nommément mais toujours si invariablement caractérisé

---

6. *Philosophie du Non*, p. 5.
7. *Ibid.*, p. 22.
8. *Le Nouvel Esprit Scientifique*, p. 3.
9. *Le Rationalisme appliqué* (1949), p. 113.
10. *Ibid.*
11. *La Philosophie du Non*, pp. 48-49.
12. *Le Rationalisme appliqué*, p. 36.
13. P. 185.

que l'ignorance ou la méprise ne sont pas permises au lecteur de *l'Activité rationaliste de la physique contemporaine*. Il s'agit d'Emile Meyerson. Ni le concept réaliste de *chose*, ni l'impératif rationnel d'*identité*, sorte de norme logique gelée, ne peuvent plus — et peut-être, au fond, n'ont jamais pu vraiment — aux yeux de Bachelard, procurer les bases d'un commentaire actif et actuel des façons d'opérer et des modes de penser du physicien de la période post-maxwellienne. « Faire du savant, à la fois,
» un réaliste absolu et un logicien rigoureux conduit à juxtaposer
» des philosophies générales, inopérantes. Ce ne sont pas là des
» philosophies au travail. Ce sont des philosophies de *résumé*
» qui ne peuvent servir qu'à caractériser des périodes historiques.
» Par les progrès techniques, la « réalité » étudiée par le savant
» change d'aspect, perdant ainsi ce caractère de permanence
» qui fonde le réalisme philosophique. Par exemple, la réalité
» électrique au XIXᵉ siècle est bien différente de la réalité électrique
» au XVIIIᵉ siècle ». Ces réserves qui, dans *Le Rationalisme appliqué*, visent expressément Meyerson, sont développées à longueur de pages dans l'*Activité rationaliste* [14]. Dans la science contemporaine, la notion de corpuscule repousse tous les cadres philosophiques dans lesquels le réalisme meyersonien cherche à la faire tenir. Rien de commun entre l'atomisme des philosophes et la philosophie corpusculaire moderne : le corpuscule n'est pas un petit corps; l'élément n'a pas de géométrie (ni dimensions, ni forme, ni situation fixe); le corpuscule n'est pas un individu; le corpuscule peut être annihilé, et le *quelque chose* qui subsiste n'est plus désormais une *chose*. Interpréter les acquisitions de l'atomistique contemporaine selon les thèses habituelles du *chosisme* c'est montrer devant le décalage de l'esprit scientifique et de l'esprit philosophique une indifférence de philosophe qui « garde ses absolus dans le temps même où la science en prouve » le déclin ».

On se tromperait gravement pourtant si l'on interprétait la constance et la vigueur des impatiences de Bachelard comme l'expression de son désir d'humilier la philosophie devant la science. Bien au contraire, on doit considérer ses travaux comme une tentative obstinée pour réveiller la philosophie de son « sommeil dogmatique », pour susciter en elle la volonté de revaloriser sa situation face à la science actuelle. L'œuvre épistémologique de Bachelard tend à donner à la philosophie une chance

14. Cf. pp. 75-89.

de devenir contemporaine de la science. « Il faut penser la
» philosophie corpusculaire dans le temps même de son appa-
» rition et s'éduquer philosophiquement dans les dialectiques
» mêmes de son évolution » [15].

En quoi consistent, selon Bachelard, les nouveaux caractères
de la science par quoi la philosophie doit consentir à se laisser
instruire ? Avant tout en ceci que dans la science contemporaine
la preuve est un travail. Léon Brunschvicg avait insisté, à plusieurs
reprises, sur le fait qu'il n'y a pas de vérité avant la vérification [16].
La science ne reflète pas la vérité, elle la dit. Mais la vérification
brunschvicgienne reste encore un concept de philosophie intellec-
tualiste. La preuve, telle que la conçoit Bachelard, est un travail
parce qu'elle consiste dans une réorganisation de l'expérience.
« La science n'est pas le pléonasme de l'expérience » [17]. S'il arrive
à la pensée scientifique de recevoir un donné, c'est seulement en le
reprenant qu'elle fait la preuve de sa capacité de le comprendre.
Comme le travail, au sens strict, est *antiphysie*, de même le travail
scientifique est antilogie, refus de recevoir des concepts, des objets
désignés, un langage usuel, et corrélativement décision de recom-
mencer les commencements sémantiques, de réordonner l'ordre
syntaxique — n'est-ce pas là l'esprit de l'axiomatique ? — de
substituer la cohérence obtenue à la cohésion constatée, de
produire finalement les phénomènes au lieu de les enregistrer.
La science n'est pas une phénoménologie, c'est une phénoménotechnique [18]. Dès les *Intuitions atomistiques* Bachelard caractérise
la science moderne non comme science de phénomènes, mais
comme science d'*effets* (Zeeman, Stark, Compton, Raman) cherchés sans que des phénomènes semblables aient été d'abord
trouvés dans l'expérience [19]. Dans la science moderne les instruments ne sont pas des auxiliaires, ils sont les nouveaux organes
que l'intelligence se donne pour mettre hors du circuit scientifique les organes des sens, en tant que récepteurs. Un instrument,
dit Bachelard, c'est un *théorème réifié* [20], une théorie matéria-
lisée [21]. « La science contemporaine s'est entièrement dégagée de

15. *Activité rationaliste de la physique contemporaine*, p. 87.
16. Dans *Le Nouvel Esprit Scientifique* (p. 11) Bachelard écrit : « Le monde
scientifique est notre vérification. »
17. *Le Rationalisme appliqué*, p. 38.
18. *Le Nouvel Esprit Scientifique*, p. 13.
19. *Loc. cit.*, p. 139.
20. *Intuitions atomistiques*, p. 140.
21. *Nouvel Esprit Scientifique*, p. 12.

» la préhistoire des données sensibles. Elle pense avec ses appa-
» reils non pas avec les organes des sens » [23]. En résumé, la preuve
scientifique est travail parce qu'elle réorganise le donné, parce
qu'elle suscite des effets sans équivalents naturels, parce qu'elle
construit ses organes.

Mais l'assimilation des concepts de preuve et de travail va bien
au-delà de ces ressemblances de premier abord. De même qu'il n'y
a pas de travail bien fait qui soit totalement inutile, de même
il n'y a pas d'expérience négative qui ne soit au fond positive si
elle est bien faite [23]. Tel est, par exemple, le cas de l'expérience de
Michelson, à propos de laquelle Bachelard constate, à nouveau
dans l'*Activité rationaliste*, « qu'au point où en sont les sciences
» physiques et mathématiques contemporaines, il n'y a plus
» d'*échec radical* [24] ». Mais il ajoute aussitôt qu'il n'y a pas de
succès définitif. N'est-ce pas là le destin même du travail ? De
plus, le travail est, dans la collectivité humaine, activité divisée
et solidarisée. Il en va de même du travail de la preuve. « L'union
» des travailleurs de la preuve » [25] telle est l'admirable formule
par laquelle Bachelard enseigne que la science se fait en tant
non seulement qu'on y travaille ensemble à la preuve, mais qu'on
y travaille ensemble la preuve. On y travaille la preuve en instituant un *accord discursif* au sein de la Cité scientifique, mais
aussi en instituant au sein de la société globale les conditions
d'un déterminisme technique qui matérialise en l'appliquant la
théorie rationnelle des effets qu'il suscite et qu'il conserve. « Sans
» l'homme sur la terre : pas d'autres causalités électriques que
» celle qui va de la foudre au tonnerre : un éclair et du bruit.
» Seule la société peut lancer de l'électricité dans un fil; seule
» elle peut donner aux phénomènes électriques la causalité
» linéaire du fil, avec les problèmes des embranchements... Il
» est impossible de porter le son d'un continent à un autre, par
» des moyens naturels, si puissant qu'on imagine le porte-voix.
» L'intermédiaire électronique est indispensable et cet intermé-
» diaire est humain, est social » [26]. Encore une fois un dragon
philosophique, un monstre, l'hypothèse du déterminisme universel [27], se trouve vaincu par le labeur scientifique. Un déterminisme

22. *Activité rationaliste de la physique contemporaine*, p. 84.
23. *Nouvel Esprit Scientifique*, p. 9.
24. *Loc. cit.*, p. 47. Cf. même idée dans *Le Rationalisme appliqué*, p. 111.
25. *Le Rationalisme appliqué*, chap. III.
26. *Activité rationaliste*, p. 221.
27. *Ibid.*, p. 211.

total est un *déterminisme de l'insignifiant*. L'établissement d'une liaison réelle entre phénomènes suppose inséparablement la mesure et la détection, l'analyse et les appareils, la protection contre les perturbations, bref une théorie mathématique et une technique expérimentale de la causalité. « Mais alors le détermi-
» nisme est une notion qui signe la *prise humaine* sur la
» nature » [28]. Prise humaine, c'est-à-dire reprise par la théorie et par la pratique, reprise qui ne suscite pas seulement des phénomènes jamais observés, mais aussi des matières jamais éprouvées. La chimie moderne est une science de *choses sociales* : « Les subs-
» tances étudiées par le matérialisme instruit ne sont plus, à
» proprement parler, des *données naturelles*. Leur étiquette
» sociale est désormais une marque profonde. Le matérialisme
» instruit est inséparable de son statut social » [29].

Dans les dernières lignes du *Nouvel Esprit Scientifique*, c'est par des images à signification biologique — mutations, nature naturante, élan vital, animation — que Gaston Bachelard s'efforce de décrire l'expérience du philosophe qui dialectise ses concepts et recrée sa culture au contact des révolutions de la science contemporaine. Il en va de même de la *Philosophie du Non* [30]. C'est avec le *Rationalisme appliqué* que le nouvel esprit scientifique et la philosophie du non vont être interprétés comme la conscience d'une dialectique de travail. On dirait que le concept d'application, avec sa double signification psychologique et technique, a induit dans l'esprit de Bachelard l'image du labeur. Mais peut-être faut-il voir ici, dans l'ouvrage épistémologique de 1949, l'influence des images travaillées dans l'ouvrage poétique de 1948, *La Terre et les rêveries de la Volonté*. A quoi on pourrait objecter que Bachelard n'a jamais manqué de dénoncer dans la théorie bergsonienne de l'*homo faber* une impuissance radicale à rendre compte de la progressivité de la science. « Si la théorie
» de l'*homo faber* est adaptée à la vie commune, elle ne l'est pas
» à cette instance révolutionnaire qu'est la pensée scientifique
» à l'égard de la pensée commune » [31]. Nous ferions alors remarquer que l'analyse par Bachelard du « lyrisme dynamique du
» forgeron » le conduit à proposer une révision du concept

---

28. *Ibid.*, p. 218.
29. *Le matérialisme rationnel* (1953), p. 31.
30. *Loc. cit.*, p. 143 *in fine* et 144.
31. *La Rationalisme appliqué*, p. 163. Cf. aussi *Le matérialisme rationnel*, pp. 13-16.

d'*homo faber*, à l'occasion de l'exploit de Siegfried reconstituant son épée brisée : « Il est bien loin des pensées de l'ajustage, de » l'accolage, de la juxtaposition qu'on aime à attribuer à un » *homo faber* : il lime l'épée brisée pour en faire de la poussière. » C'est déjà espérer une vertu dialectique, c'est appliquer à fond » le principe : détruire pour créer » [32]. Vers 1948, la pensée de Gaston Bachelard paraît avoir joué avec les concepts de dialectique et de travail pour leur découvrir, dans l'échange des rôles, une fonction philosophique commune. En tout cas, ce qui était nouveauté proposée dans *Le Rationalisme appliqué* devient thème de développement autonome dans *Le Matérialisme rationnel* : la longue introduction, Phénoménologie et Matérialité, esquisse une philosophie de la *conscience du travail;* une philosophie du recommencement du monde chimique [33] qui pourvoit le monde minéral d'une profondeur humaine. « La rupture entre nature » et technique est peut-être encore plus nette en chimie qu'en ce » qui touche les phénomènes étudiés par la physique » [34].

Dès lors, les philosophes doivent en prendre leur parti. Si la science est un travail, la philosophie ne peut plus être un loisir. La culture épistémologique n'admet pas les rêveries du repos. En effet, « le repos est dominé nécessairement par un psychisme » *involutif* » [35], or la science moderne fait de la discontinuité une obligation de la culture. C'est pourquoi il faut attirer l'attention sur ce fait que, dans sa carrière d'épistémologue, Bachelard a traité deux fois successivement d'une même problématique. Au *Nouvel Esprit Scientifique* répond *La Philosophie du Non;* dans le premier de ces ouvrages, mécanique non-newtonienne et épistémologie non-cartésienne annoncent la longue série ultérieurement constituée des diverses variables de la fonction Non — : géométrie non-euclidienne, chimie non-lavoisienne, électrologie non-maxwellienne, logique non-aristotélicienne, rationalisme non-kantien, etc. Aux *Intuitions atomistiques* répond *L'Activité rationaliste de la physique contemporaine,* spécialement dans les chapitres III et IV : la notion de corpuscule et la diversité des corpuscules. Au *Pluralisme cohérent de la chimie moderne* répond *Le Matérialisme rationnel.* Bachelard n'a donc pas seulement travaillé, mais aussi retravaillé ses concepts philosophiques. Pour

32. *La Terre et les Rêveries de la Volonté,* p. 168.
33. *Ibid.,* p. 22.
34. *Ibid.,* p. 209.
35. *La Terre et les Rêveries du repos,* p. 5.

ne prendre qu'un exemple, en 1932, le pluralisme cohérent de la chimie est interprété à la lumière du concept d'*harmonie*. En 1953, à propos de la systématique moderne des corps simples, on rencontre une seule fois le mot d'harmonie, comme par un hasard de réminiscence, et plutôt comme image que comme concept.

L'exigence d'une philosophie qu'accompagne la science, Bachelard ne l'a pas formulée pour « torpiller », au sens socratique du terme, les philosophes ses contemporains, car il ne cherchait pas à les engourdir mais à les stimuler. A cette exigence, il s'est soumis le premier. « Connaître, dit-il, ne peut éveiller qu'un seul désir : connaître davantage, connaître mieux. Le passé de la culture a pour véritable fonction de préparer un avenir de culture »[36]. Il est beau que la mort d'un Philosophe fasse la preuve de son alignement intime sur sa propre philosophie. Quand Bachelard a cessé de pouvoir poursuivre le travail philosophique d'accompagnement du travail scientifique, il a cessé de vivre.

36. *Activité rationaliste*, p. 223.

III. — DIALECTIQUE ET PHILOSOPHIE DU NON
CHEZ GASTON BACHELARD *

« La philosophie du non n'a rien à voir... avec une dialectique
» a priori. En particulier, elle ne peut guère se mobiliser autour
» des dialectiques hégéliennes »[1]. Cette déclaration de Gaston
Bachelard a désavoué, pour avant et pour après sa mort, toute
tentative d'interprétation de sa pensée aux fins de confirmation
de telle ou telle dialectique de l'Idée, de l'Histoire ou de la Nature.

Ce que Bachelard nomme dialectique c'est le mouvement
inductif qui réorganise le savoir en élargissant ses bases, où
la négation des concepts et des axiomes n'est qu'un aspect de
leur généralisation. Cette rectification des concepts, Bachelard
la nomme d'ailleurs enveloppement ou inclusion aussi volontiers que dépassement[2]. Oscar Wilde disait que l'imagination imite
et que seul l'esprit critique crée. Bachelard pensait que seule
une raison critique peut être architectonique[3].

Pour qui se refuse à confondre aventureusement les mille et
une acceptions d'un terme devenu aujourd'hui à tout faire, la
dialectique selon Bachelard désigne une conscience de complémentarité et de coordination des concepts dont la contradiction
logique n'est pas le moteur. Cette dialectique procède si peu de
contradictions qu'elle a au contraire pour effet rétroactif de
les montrer illusoires, non pas certes au niveau de leur dépassement mais au niveau de leur position. Les contradictions naissent non des concepts, mais de l'usage inconditionnel de concepts
à structure conditionnelle. « La notion de parallèle comportait une

---

* Extrait de la *Revue internationale de philosophie*, n° 66, 4, Bruxelles, 1963.
1. *La philosophie du non*, p. 135.
2. *Ibid.*, pp. 7, 133, 137, 138.
3. *La formation de l'esprit scientifique*, p. 10. *La philosophie du non*, p. 139.

» structure conditionnelle. On le comprend quand on voit prendre
» à la notion une autre structure dans d'autres conditions »[4].
La contradiction c'est tantôt le décalage entre l'expérience et les
connaissances antécédentes, tantôt la diversité des sens que des
concepts utilisés comme des êtres et non comme des fonctions
prennent pour des esprits différents. Ici la dialectique de Bachelard revient presque à celle de Socrate : « Deux hommes, s'ils
» veulent s'entendre vraiment, ont dû d'abord se contredire. La
» vérité est fille de la discussion non pas fille de la sympathie »[5].
Rien de surprenant donc si cette épistémologie socratique appelle
pour sa garantie une « philosophie dialoguée »[6] où s'échangent
les valeurs du rationalisme et de l'expérimentalisme, et pour son
fondement la « structure dialoguée » d'un sujet divisé par sa
vocation même de connaissance[7].

Nous ne pensons pas qu'il y ait lieu de parler d'une histoire
dialectique du concept de dialectique dans l'œuvre de Bachelard,
car nous sommes convaincu qu'il a saisi, dès sa thèse de doctorat,
Essai sur la connaissance approchée, en 1927, non seulement le
sens de croissance mais aussi l'allure de l'accroissement de la
science contemporaine. Pourtant nous aimerions suivre, au cours
de ses publications successives, les variations de Bachelard sur
son thème épistémologique de prédilection.

Le dernier chapitre de la thèse de 1927 a pour titre : *Rectification et Réalité*. Il se présente donc comme en polémique avec
le célèbre *Identité et Réalité*. Ce même chapitre contient une
phrase qui est une allusion rapide : « La dissolution est certes
» un phénomène général, mais ce n'est pas tout le phénomène ».
On peut bien dire explicitement aujourd'hui qu'en militant pour
la reconnaissance d'un progrès de la Réalité, Bachelard inaugurait
sa carrière de philosophe par une rupture sans éclat avec les
thèmes épistémologiques alors accrédités dans la philosophie
universitaire française par les travaux d'Emile Meyerson et André
Lalande. Rupture soulignée par de fréquentes références à
Hamelin, dont on sait que Lalande, Meyerson — et Léon Brunsch-

4. *La philosophie du non*, p. 133.
5. *Ibid.*, p. 134.
6. *Le rationalisme appliqué*, chap. I.
7. *Ibid.*, p. 63.

vicg — ont constamment refusé et réfuté la dialectique synthétique. Le nom d'Hamelin apparaît dans l'*Essai sur la connaissance approchée* dès ses premières pages, encore que Bachelard estime trop exigeante une synthèse faite par voie d'opposition totale. En 1927, il écrit : « La connaissance doit être maintenue autour » de son centre. Elle ne peut se déformer que peu à peu, sous » l'impulsion d'une hostilité modérée »[8]. En 1940, il maintient que « la négation doit rester en contact avec la formation première »[9]. En 1927, Bachelard cherche chez Hamelin[10], chez Renouvier[11], chez Fichte[12] des garants philosophiques pour une épistémologie décidément perspectiviste. « L'objet c'est la perspective des » idées »[13]. C'est pour rendre compte du recul incessant du point de fuite que Bachelard emprunte quelques notions, ou peut-être seulement quelques métaphores, à des tenants de ce qu'Hamelin nomme la méthode synthétique, mais sans adhésion entière. Si Hamelin pense que la construction synthétique doit s'achever, se fermer, que le rationalisme doit se vouloir absolu et ne demeure un probabilisme que « jusqu'à son achèvement »[14], Bachelard estime que « l'idéalisme plus que tout autre système doit poser » un monde qui reste ouvert à l'évolution et par conséquent » imparfait »[15]. Donc, selon lui, la synthèse ou la rectification, qui est « la véritable réalité épistémologique »[16] ne peut être la synthèse hamelinienne mais seulement « à la manière hame-» linienne »[17]. En 1940 Bachelard renouvelle sa référence à Hamelin, en accord avec une étude récente sur les nouvelles théories de la physique dont l'auteur tient que l'opposition hamelinienne traduit mieux que la contradiction hégélienne la complémentarité des concepts physiques. Avec les thèses dialectiques de Hamelin, dit Bachelard, « la dialectique philosophique se » rapproche de la dialectique scientifique »[18]. Il n'a pas oublié en 1940 ce qu'il avait écrit en 1936, dans un ouvrage où le terme de dialectique figure dans le titre, pour réfuter la thèse bergso-

---

8. *Essai*, p. 16.
9. *La philosophie du non*, p. 137.
10. *Essai*, pp. 16, 246, 293.
11. *Ibid.*, pp. 244, 255, 281.
12. *Ibid.*, p. 277.
13. *Essai*, p. 246.
14. *Essai sur les éléments principaux de la représentation*, 2ᵉ éd., p. 512.
15. *Essai sur la connaissance approchée*, p. 292.
16. *Ibid.*, p. 300.
17. *Ibid.*, p. 293.
18. *La philosophie du non*, p. 136.

nienne concernant le caractère illusoire de l'idée de néant. Il prend appui sur la psychologie d'un esprit scientifique tourmenté par l'idée du vide pour conclure que « la négation est la nébuleuse » dont se forme le jugement positif réel », que « toute connais- » sance prise au moment de sa constitution est une connaissance » polémique » [19]. A une dialectique logique qui traite les notions comme des choses, Bachelard oppose « la psychologie de l'éclair- » cissement des notions ». Or entre deux notions comme le vide et le plein, il y a « une parfaite corrélation », l'une ne s'éclaircit pas sans rapport à l'autre. Ici encore le concept de corrélation nous renvoie à Hamelin.

Peu importe, d'ailleurs, à qui nous sommes renvoyés. Bachelard, grand liseur et liseur généreux, aime à saluer des rencontres au fil de ses lectures. Mais il ne convient pas d'attribuer à ces rencontres plus qu'il ne convient d'attribuer à des occasions contingentes. En fait Bachelard s'est toujours assez peu soucié de rechercher des rencontres avec des philosophes. Ce n'est pas dans telle ou telle philosophie qu'il recherche les axes conceptuels de son épistémologie, c'est dans les mémoires et les traités scientifiques. S'il lui arrive de s'autoriser de philosophes, petits ou grands, anciens ou contemporains, c'est en grande liberté. Ce n'est pas de philosophies de philosophes que lui vient son idée de la raison. Ce n'est pas davantage d'ailleurs de philosophies de savants. C'est de la science des savants. Chez lui, pas d'analyse réflexive des principes de la raison, pas de déduction transcendantale des catégories. Rien qui ressemble à une « application » factice du rationalisme critique » comme le fut autrefois la thèse d'Arthur Hannequin [30]. C'est à la science d'ordonner la philosophie [21]. Si donc il apparaît « qu'on ne pourra bien dessiner le » simple qu'après une étude approfondie du complexe » [22], l'épistémologie devra se dire non-cartésienne. S'il apparaît que les substances chimiques élémentaires se résolvent en électrons dont la substantialité est évanescente, si l'électron « échappe à la » *catégorie de conservation* » [23] le concept de substance n'est susceptible que d'un usage non-kantien. Et si la solidarité des

19. *La dialectique de la durée*, pp. 23 et 24.
20. *Essai critique sur l'hypothèse des atomes dans la science contemporaine (1895)*. Cf. *La philosophie du non*, p. 57, et aussi le chapitre sur Hannequin dans *Les intuitions atomistiques*.
21. *La philosophie du non*, p. 22.
22. *Le nouvel esprit scientifique*, p. 153.
23. *La philosophie du non*, p. 63.

trois catégories : substance, unité, causalité entraîne que la
modification de la première retentit sur l'usage des autres, il
faut examiner « la possibilité d'établir un kantisme de deuxième
» approximation, un non-kantisme susceptible d'inclure la philo-
» sophie criticiste en la dépassant »[24].

⋆⋆⋆

Ici se noue la difficulté. D'une part, Bachelard est très éloigné
du positivisme. Il ne donne pas sa philosophie scientifique pour
une science philosophique. D'autre part, il ne décolle pas de la
science quand il s'agit d'en décrire et d'en légitimer la démarche.
Il n'y a pas pour lui de distinction ni de distance entre la science
et la raison. La raison n'est pas fondée dans la véracité divine ou
dans l'exigence d'unité des règles de l'entendement. Ce rationaliste
ne demande à la raison aucun autre titre généalogique, aucune
autre justification d'exercice, que la science dans son histoire :
« L'arithmétique n'est pas fondée sur la raison. C'est la doctrine
» de la raison qui est fondée sur l'arithmétique élémentaire. Avant
» de savoir compter, je ne savais guère ce qu'était la raison. En
» général, l'esprit doit se plier aux conditions du savoir. Il doit
» créer en lui une structure correspondant à la structure du
» savoir »[25]. Une possibilité de méprise doit être, sur ce point,
signalée. En affirmant que la raison doit obéir à la science
évoluante[26], Bachelard ne nous invite pas à parler d'une évolution
de la raison. En effet, il est difficile de débarrasser de toute trace
d'essentialisme un rationalisme évolutionniste. Dire que la raison
évolue, c'est dire qu'on pourrait à la rigueur en concevoir des
traits antérieurs à l'évolution, comme on dit du cœlacanthe qu'à
la différence d'autres poissons il n'a pas évolué. Alors que Lalande
distinguait de la raison constituée une raison constituante, alors
que Brunschvicg distinguait du substrat des habitudes mentales
la norme de la raison, Bachelard enseigne que la science seule est
constituante, que la science seule est normative de l'usage des
catégories[27]. Conséquemment, il se soucie peu de savoir si, dans
l'histoire du rationalisme, Descartes ou Kant ont été, par esprit
de système, infidèles à l'idéal de rationalité qui inspira initialement leurs philosophies. Un exemple peut nous en convaincre.

24. *Ibid.*, pp. 93-94.
25. *Ibid.*, p. 144.
26. *Ibid.*
27. *La philosophie du non*, p. 90.

Dans le dernier de ses ouvrages, *Héritage de mots, héritage d'idées*, Léon Brunschvicg rappelle, à l'article *Raison*, « quel » intérêt s'attache à séparer entièrement dans leur origine et » dans leur destinée l'usage analytique et l'abus dialectique de la » raison » et souligne, à l'actif de l'usage analytique, la perspicacité avec laquelle dans l'*Analytique de la raison pure* (analogies de l'expérience) Kant « anticipait de façon frappante les résultats » de la science » c'est-à-dire l'énoncé des principes de conservation et de dégradation de l'énergie [28]. Or il se trouve que Bachelard a esquissé, à deux reprises, un *rationalisme de l'énergie*, en physique d'abord, en chimie ensuite [29]. Pour que le principe de conservation, dit-il, prenne tout son sens, il faut qu'il s'applique, comme tout principe général, à un objet bien défini, en l'espèce à un système matériel isolé, ce qui suppose un affinement sans cesse croissant des techniques d'isolement et des mesures d'approximation. Mais, dans cette voie, on aboutit à la remise en question de la continuité spatio-temporelle de l'énergie, propriété par laquelle les premiers concepts de l'énergétique du XIXᵉ siècle paraissaient reconnaître la juridiction du principe kantien de permanence de la substance [30].

Le non-cartésianisme, le non-kantisme de cette nouvelle épistémologie sont rendus plus manifestes encore par la reconnaissance d'une diversité de rationalismes, par la constitution de *rationalismes régionaux*, c'est-à-dire par les déterminations des fondements d'un secteur particulier du savoir. Fonder la science électrique dans sa régionalité c'est la fonder directement, conférer à ses lois une valeur apodictique autonome, sans recours à un autre type d'apodicticité, par exemple du mécanisme. Ces régions de rationalité diverse ne sont pas proposées à la pensée scientifique par l'expérience commune : « La pensée scientifique... doit souvent » renverser un privilège attribué à tort à des concepts « spatiaux » » et « oculaires »... La vue n'est pas nécessairement la bonne » avenue du savoir » [31]. Entre les régions empiriques et les régions rationnelles de phénomènes doit s'interposer une psychanalyse de la connaissance, un renoncement aux images premières, aux erreurs premières, une substitution de la phénoménotechnique qui

---

28. *Op. cit.*, pp. 12 et 13.
29. *L'activité rationaliste de la physique contemporaine*, chap. V. — *Le matérialisme rationnel*, chap. VI.
30. *L'activité rationaliste de la physique contemporaine*, p. 137.
31. *Le rationalisme appliqué*, p. 137.

inscrit le phénomène dans la science à la phénoménologie qui le décrit. Bachelard s'est donc exercé à constituer un rationalisme de l'électrisme [32], puis un rationalisme de la mécanique, enfin un rationalisme de la dualité électrisme-mécanisme.

La pluralité des rationalismes régionaux peut-elle être comprise dans l'unité d'un rationalisme général ? Non, si par généralité on entend un produit de réduction. Oui, si l'on entend par là une démarche d'intégration, car plutôt que rationalisme général il faut dire rationalisme intégral, et mieux rationalisme intégrant [33]. Le rationalisme est une activité de structuration [34]. Si Bachelard n'a pas consacré d'étude spéciale à l'épistémologie structurale, c'est que toute sa recherche épistémologique est précisément structurale, ce n'est pas faute, on en conviendra, d'ignorer que la mathématique contemporaine est purement — mais non simplement — formelle, opérationnelle, structurale [35]. Le congé définitif est cette fois donné à ce qui restait de platonisme dans le rationalisme. L'Idée est restée longtemps auréolée d'un prestige d'archétype, même chez Descartes et Kant qui pensaient s'en être détournés. On doit reconnaître à Bergson le mérite de la clairvoyance sur ce point, alors même qu'on lui refuse une lucidité comparable dans son appréciation des démarches de la science moderne [36]. Le rationalisme de Bachelard expulse l'Idée au profit de la structure et enseigne enfin que, dans la connaissance, les formes n'ont pas pour fonction de recevoir mais de donner : « L'idée n'est pas de l'ordre de la réminiscence, elle est plutôt

---

32. Qui veut voir renouveler le problème de la conceptualisation scientifique doit lire et relire les pages rigoureuses qui concernent la formation du concept de capacité électrique, dans *Le rationalisme appliqué*, pp. 145 et suiv.

33. *Le rationalisme appliqué*, p. 132.

34. *Ibid.*, p. 133.

35. Cf. par exemple *La philosophie du non*, p. 133.

36. Bergson a dénoncé la méconnaissance de la continuité et de la qualité par la science au temps même où la mathématique et la physique se faisaient aptes à rendre raison de l'une et de l'autre. Et c'est sans doute à lui, avant tout autre, que pense Bachelard quand il écrit : « Combien doivent apparaître injustes les polémiques qui tendent à refuser à la science le pouvoir de connaître les qualités, les convenances des qualités, alors que la science ordonne avec précision les nuances les plus nombreuses. Injuste aussi de refuser à la science l'esprit de finesse alors que la science étudie des phénomènes d'une extrême délicatesse. Limiter l'esprit scientifique aux pensées du mécanisme, aux pensées d'une courte géométrie, aux méthodes de comparaison quantitative, c'est prendre la partie pour le tout, le moyen pour la fin, une méthode pour une pensée. » (*Le rationalisme appliqué*, p. 209.)

» de l'ordre de la prescience. L'idée n'est pas un résumé, elle est
» plutôt un programme. L'âge d'or des idées n'est pas derrière
» l'homme, il est devant » [37]. Parce qu'il sait qu'une forme mathématique est une relation fonctionnelle entre objets quelconques,
qu'il n'y a pas d'axiome séparément de l'organisation axiomatique
d'une théorie et qu'une même structure permet de construire
plusieurs organisations théoriques, Bachelard peut écrire : « Le
» rationalisme intégral ne pourra donc être qu'une domination
» des différentes axiomatiques de base» [38]. Dans le rationalisme
intégral, les correspondances interrégionales assurent l'échange
des applications, garantissent la réversibilité de la relation d'application. « Il y a maintenant *échange d'applications*, de sorte qu'on
» peut voir un rationalisme d'une géométrie qui s'applique algé-
» briquement et un rationalisme d'une algèbre qui s'applique
» géométriquement. *Le rationalisme appliqué* joue dans les deux
» sens » [39]. A une vingtaine d'années de distance, *Le rationalisme
appliqué* confirme la décision prise dans l'*Essai sur la connaissance approchée* de détacher la théorie de la connaissance des
formes *a priori*, formes dépourvues de sens hors du rapport
à la matière informée : « Il faut donc soigneusement prendre
» la connaissance au moment de son application, ou tout au
» moins en ne perdant jamais de vue les conditions de son appli-
» cation » [40]. Toutefois les années passées à appliquer le rationalisme ont entraîné un changement manifeste dans le vocabulaire
utilisé par Bachelard pour commenter, à l'usage des philosophes, la
mobilité d'un savoir qui a obligé le physicien « trois ou quatre fois
» depuis vingt ans de reconstruire sa raison et intellectuellement
» parlant de se refaire une vie » [41].

⁎
⁎

Après *La philosophie du non*, les études épistémologiques de
Bachelard ne comportent plus de références à des philosophes
de l'opposition. Le terme de dialectique est conservé, utilisé
abondamment, mais la signification en est renouvelée. Dans le
devenir du savoir, c'est moins la rupture d'avec le moment

37. *Le rationalisme appliqué*, p. 122.
38. *Ibid.*, p. 133
39. *Ibid.*, p. 157.
40. *Essai*, p. 261.
41. *Le nouvel esprit scientifique*, p. 175.

antérieur qui est soulignée que la valorisation du moment postérieur. L'épistémologie dialectique est exposée moins dans son
rapport avec la logique qu'avec la psychologie. *Le nouvel esprit
scientifique* s'était proposé de montrer que « l'esprit a une
» structure variable dès l'instant où la connaissance a une
» histoire »[42]. Le moteur de cette histoire, l'agent de mobilité
avait été identifié avec le doute, mais doute non-cartésien, essentiel
et non provisoire, durable parce que non général. *Le rationalisme
appliqué* reprend l'examen des conditions d'exercice de ce doute.
Un doute universel « ne correspond à aucune instance réelle
» de la recherche scientifique »[43]. Un doute appliqué, spécifié par
l'objet à connaître, conduit à une problématique. Or une problématique se constitue au sein d'une science en cours, et jamais
à partir du vide intellectuel ou devant l'inconnu. A partir d'un
doute radical aucune science ne pourrait commencer. Aussi ne
commence-t-elle jamais, mais recommence-t-elle toujours. *Le
nouvel esprit scientifique* parlait de « pensée anxieuse »[44],
Le rationalisme appliqué parle de « cette raison risquée, sans
» cesse reformée, toujours auto-polémique »[45].

Comme le doute cartésien s'accompagnait d'une théorie de
l'erreur, le doute non-cartésien en suppose une autre. On sait
assez, sur ce sujet, quel recours Bachelard épistémologue a reçu
de Bachelard lecteur, critique et psychanalyste des rêveurs et des
poètes. *La formation de l'esprit scientifique*, en exposant et en
illustrant le concept d'obstacle épistémologique a fondé positivement l'obligation d'errer. Descartes expliquait comment l'erreur
est possible. Bachelard la montre nécessaire, non par le fait de
ce qui est extérieur à la connaissance mais par l'acte même de
la connaissance. « C'est dans l'acte même de connaître, intime-
» ment, qu'apparaissent par une sorte de nécessité fonctionnelle
» des lenteurs et des troubles »[46]. Mais une entreprise qui consiste,
de l'aveu de son auteur, à rechercher dans la psychanalyse des
obstacles épistémologiques les conditions psychologiques du
progrès de la science, ne risque-t-elle pas de disqualifier la science
dans sa prétention à l'objectivité ? Le psychologisme n'a pas bonne

---

42. *Op. cit.*, p. 173.
43. *Le rationalisme appliqué*, p. 51.
44. *Op. cit.*, p. 177.
45. *Op. cit.*, p. 47.
46. *La formation de l'esprit scientifique*, p. 13.

presse. Bachelard le sait et n'ignore pas l'objection possible [47].
Il se défend en faisant apparaître la rectification de l'erreur
comme valorisation du savoir. « Un vrai sur fond d'erreur, telle
» est la forme de la pensée scientifique. L'acte de rectification
» efface les singularités attachées à l'erreur. Sur un point parti-
» culier la tâche de dépsychologisation est achevée » [48]. En effet,
la rectification du savoir est récurrente, elle est réorganisation
du savoir à partir des bases mêmes. La réorganisation de la
connaissance abolit son historicité [49].

Nous devons confesser que, sur ce point, Bachelard nous paraît
avoir mieux mesuré que surmonté une difficulté philosophique
capitale. Fonder l'objectivité de la connaissance rationnelle sur
l'union des travailleurs de la preuve, la validité du rationalisme
sur la cohésion d'un corrationalisme; fonder la fécondité de *mon*
savoir sur la division du *moi* en moi d'existence et moi de
surexistence, c'est-à-dire de coexistence au sein d'un *cogitamus*,
toute cette tentative est ingénieuse, convaincue, mais non pleinement efficace à convaincre [50]. Bachelard continue à utiliser le vocabulaire de la psychologie et de l'interpsychologie pour exposer un
rationalisme de type axiologique. Le Sujet divisé dont il présente
la structure n'est divisé que parce qu'il est Sujet axiologique :
« Toute valeur divise le sujet valorisant » [51]. Or si nous pouvons
admettre les concepts de psychisme normatif [52] et de psychologie
normative [53], n'avons-nous pas sujet de nous étonner devant celui
de « psychologisme de normalisation » ? Retenons du moins que
lorsque le concept de normativité rationaliste s'impose à Bachelard pour donner un statut à une psychologie de la connaissance
scientifique qui ne s'achève pas en psychologisme, le concept de
dialectique cesse de lui paraître adéquat. Quand il faut caractériser la relation, au sein du moi divisé par la conscience des
valeurs épistémologiques, entre le sujet contrôlé et le sujet contrô-
lant, « le mot de dialectique n'est plus... le mot absolument propre,
» car le pôle du sujet assertorique et le pôle du sujet apodictique

47. *Le rationalisme appliqué*, pp. 46-49. — *L'activité rationaliste de la physique contemporaine*, p. 3.
48. *Le rationalisme appliqué*, p. 48.
49. *Ibid.*, p. 49.
50. *Le rationalisme appliqué*, ch. III.
51. *Ibid.*, p. 65.
52. *Ibid.*, p. 66.
53. *Le nouvel esprit scientifique*, p. 136.

» sont soumis à une évidente hiérarchie » [54]. En tout état
de cause, on ne refusera pas à Bachelard une totale lucidité
concernant la difficulté de constituer de fond en comble le vocabulaire d'une épistémologie rationaliste sans référence à une
théorie ontologique de la raison ou sans référence à une théorie
transcendantale des catégories.

**

Alors même que le mot de dialectique apparaissait à Bachelard
propre à caractériser la conduite de rationalité, cette dialectique
opérait tout autrement qu'une dialectique à rythme ternaire
obligé. Dans une telle dialectique, c'est le dépassement qui crée
rétroactivement la tension entre les moments successifs du
savoir. Le concept de dialectique chez Bachelard revient à l'affirmation, sous une forme ramassée et abrupte, que la raison c'est
la science même. Distinguer, comme on l'a fait jusqu'à lui, raison
et science c'est admettre que la raison est puissance de principes
indépendamment de leur application. Inversement, identifier
science et raison c'est attendre de l'application qu'elle fournisse
un dessin des principes. Le principe vient à la fin. Mais comme
la science n'en finit pas de finir, le principe n'en finit pas de
dépasser le stade du préambule. La Philosophie du Non c'est une
philosophie du travail [55], en ce sens que travailler un concept
c'est en faire varier l'extension et la compréhension, le généraliser par l'incorporation des traits d'exception, l'exporter hors de
sa région d'origine, le prendre comme modèle ou inversement
lui chercher un modèle, bref lui conférer progressivement, par
des transformations réglées, la fonction d'une forme. La pensée
scientifique contemporaine est caractérisée, dit Bachelard, « par
» une énorme puissance d'intégration et une extrême liberté
» de variation » [56].

Liberté de variation plutôt que volonté de négation [57], voilà ce
que traduit le *Non* partout présent dans cette épistémologie
dialectique. Quand on ne perd pas de vue que cette épistémologie
n'a pas pris racine dans une philosophie mais qu'elle a trouvé

54. *Le rationalisme appliqué.* p. 60.
55. Nous avons déjà insisté sur ce point dans notre article *Gaston Bachelard et les Philosophes* (*Sciences*, n° 24, mars - avril 1963).
56. *L'activité rationaliste de la physique contemporaine*, p. 16.
57. *La philosophie du non*, p. 135.

ses modèles dans la science, on n'est pas dupe du mot d'ordre bachelardien : de la polémique avant toute chose ! Dans la progression du savoir, le *non* n'a point le sens d'*anti*. La *Philosophie du Non* a été pensée sur le modèle des géométries non-euclidiennes, sur le modèle des mécaniques non-newtoniennes. C'est une épistémologie générale sur le modèle de la géométrie générale. Philosophie de la connaissance rectifiée, philosophie du fondement par récurrence, la dialectique selon Gaston Bachelard désigne comme un fait de culture le vecteur de l'approximation scientifique dont elle renforce le sens en le proposant comme règle : « En toutes circonstances, l'*immédiat* doit céder le pas au » *construit* » [58].

_____

58. *La philosophie du non*, p. 144.

III

INVESTIGATIONS

I. — BIOLOGIE

I. — DU SINGULIER ET DE LA SINGULARITE EN EPISTEMOLOGIE BIOLOGIQUE [1]

Dans l'Introduction à l'*Histoire naturelle des animaux sans vertèbres*, Lamarck écrit, dès les première pages : « Les animaux sont des êtres si étonnants, si curieux, et ceux surtout dont je suis chargé de donner la démonstration sont si singuliers par la diversité de leur organisation et de leurs facultés, qu'aucun des moyens propres à nous en donner une juste idée et à nous éclairer le plus à leur égard ne doit être négligé. » [2] Quelques pages plus loin ce sont « les animaux en général » qui sont désignés comme *êtres singuliers*, parce que, selon Lamarck, on ne se trouve pas encore en état de donner une définition solidement fixée de ce qui constitue l'animal. Les arguments de Lamarck évoquent impérieusement le célèbre article de Diderot dans l'*Encyclopédie* : « Qu'est-ce que l'animal ? Voilà une question dont on est d'autant plus embarrassé qu'on a plus de philosophie, et plus de connaissance de l'histoire naturelle. » Le *Dictionnaire raisonné universel d'Histoire Naturelle* de Valmont de Bomare qui, constamment enrichi, a connu sept éditions entre 1762 et 1800, fait du terme « singulier » un véritable abus. On ne s'étonne pas de le trouver aux articles « puceron » et « polype » [3], deux insectes dont l'auteur fait remarquer qu'ils sortent de la loi générale établie pour la génération des

1. Cette étude est le développement d'une Communication à la Société belge de Philosophie, à Bruxelles, le 10 février 1962.
2. *Op. cit.*, 2ᵉ éd. 1835, I, p. 11.
3. *Op. cit.*, 3ᵉ éd. 1776, VII, pp. 256 sqq. et 363 sqq. Voir aussi l'article « Zoophytes », I , p. 433.

quadrupèdes, des oiseaux, etc. (article *Puceron* : génération des pucerons) ou plus exactement qu'ils sont contraires à des lois « que nous avions regardées comme générales » (article *Polype* : polypes d'eau douce). Si Valmont de Bomare est un démonstrateur vulgarisateur, Lamarck est un professionnel, de plus il est un inventeur. Mais il reste un homme du xviiiᵉ siècle, c'est-à-dire d'un âge où les recherches en morphologie, en physiologie, en éthologie des organismes restent dominées par un impératif général de classification et d'ordination scalaire.

Que la singularité de certaines structures et fonctions vitales fondamentales tienne à ce point en éveil l'attention des naturalistes du xviiiᵉ siècle s'explique non seulement par l'obstacle que le singulier oppose à une recherche avide d'assimilations, mais aussi par le fait qu'à l'époque l'histoire naturelle est l'affaire des « curieux » autant qu'elle l'est des « savants ». Un domaine d'intérêts partagé entre le curieux et le savant est nécessairement un domaine que se disputent le goût de surprendre et la volonté de comprendre. L'histoire naturelle n'est d'ailleurs pas la seule à connaître cette divergence des axes d'intérêt. Dans son *Eloge de Homberg* Fontenelle écrit : « Il se composait une Physique toute de faits singuliers et peu connus, à peu près comme ceux qui, pour apprendre l'Histoire au vrai, iraient chercher les pièces originales cachées dans les Archives. Il y a, de même, les Anecdotes de la Nature. » Ce n'est certainement pas par hasard que, dans le *Discours préliminaire de l'Encyclopédie*, d'Alembert, après avoir opposé le « véritable esprit systématique » à l'esprit de système, en vient à parler de l'aimant. Voilà un objet bien propre à faire sombrer dans les systèmes des esprits qui ne se seraient voulus que systématiques. L'aimant, écrit d'Alembert, a donné lieu à des découvertes « surprenantes », la variation de sa déclinaison vers les pôles est « étonnante », toutes ses propriétés sont « singulières » et leur origine générale nous est « inconnue ». L'exemple est pertinent. Il permet de comprendre la dépendance obligée du goût pour l'occulte relativement au goût pour le singulier. L'occultisme naît aisément dans le sillon de l'empirisme. Quand on est ouvert à toutes les apparences, prêt à recevoir de n'importe quoi la lumière sur quoi que ce soit, le démon de l'analogie peut faire flèche de tout bois rare. L'admiration provoquée par les propriétés de l'aimant est allée jusqu'à susciter des systèmes du magnétisme universel. Pomponazzi, Bruno, Paracelse, Mesmer plus tard, n'ont pas hésité à identifier magnétisme et causalité universelle, dans le macrocosme et le microcosme. Inversement, l'esprit rationaliste, celui pour qui la science est premièrement théorie et démonstration, se méfie de ce qui apparaît comme rare ou bizarre. Plus il entre de théorie dans la relation d'une expérience et moins cette expérience apparaît comme spectaculaire. Descartes, par exemple, a toujours enseigné qu'en matière d'expériences il faut commencer par les plus communes et qu'il faut déjà être avancé en théorie pour entreprendre l'étude de phénomènes insolites. Au XVIIIᵉ siècle les sciences mathématisées, celles que d'Alembert, dans le *Discours préliminaire*, nomme physico-mathématiques, c'est-à-dire, selon lui, l'optique et la mécanique, n'ont que faire des Anecdotes de la nature, à la différence des recherches fascinées par les singularités de la pierre d'aimant ou de l'étincelle électrique.

Toutefois si les singularités physiques ou organiques apparaissent alors si remarquables, si singulièrement importantes pour la connaissance de la nature, c'est au moins autant parce qu'elles servent à contester la portée des systèmes que parce qu'elles incitent l'imagination à en construire incessamment. Bien entendu, ce ne sont pas les mêmes esprits qui sont sensibles à cette valeur de contestation ou à cette valeur de séduction. On sait assez et pourtant on oublie trop que le XVIIIᵉ siècle est, à la fois, celui des Lumières et celui de l'illuminisme. Chez les naturalistes, il est de bon ton de condamner les « systèmes » et de prôner les « méthodes », de critiquer la réduction de la variété des êtres par référence à quelque rapport unique. De ce point de vue, la bienfaisance du singulier réside dans son pouvoir de dislocation du système qui ne peut le recevoir, dans l'assurance qu'il donne de la résistance de la nature, productrice de singularités, à se laisser contenir dans un carcan de lois ou de règles. Par les singularités la nature proclame sa sauvagerie. Le naturaliste qu'a rendu célèbre sa description de l'ornithorynque — cet animal qu'Eugenio d'Ors a qualifié de baroque [4] —, Blumenbach, a écrit : « On a de nombreux exemples que les aberrations de la Nature hors de sa marche accoutumée répandent parfois plus de jour sur des recherches obscures que ne fait son cours ordinaire et régulier. » [5]

C'est à propos d'animaux moins rares et moins baroques que l'ornithorynque que Buffon a donné du singulier une définition

---

4. Cité par Barthez, dans les *Nouveaux éléments de la science de l'homme*, 2ᵉ éd. Paris, 1806, t. II, p. 6.
5. *Du Baroque*, Paris, Gallimard, 1937, p. 59-61.

qui nous servira d'abord de guide. Il s'agit du cochon et du sanglier. « Ces animaux sont singuliers, l'espèce en est pour ainsi dire unique, elle est isolée, elle semble exister plus solitairement qu'aucune autre... Que ceux qui veulent réduire la nature à de petits systèmes, qui veulent renfermer son immensité dans les bornes d'une formule considèrent avec nous cet animal et voient s'il n'échappe pas à toutes leurs méthodes[6]. » En identifiant d'une part singulier et unique, d'autre part singulier et isolé, Buffon reconnaît les deux fonctions de cet adjectif, exclusif et partitif, qualitatif et quantitatif. Le singulier est seul parce que différent de tout autre, le singulier est seul parce que séparé. C'est le concept d'un être sans concept, qui n'étant que lui-même interdit toute autre attribution à lui que de lui-même. Or, comme on le sait depuis les Mégariques, une telle attribution enferme encore une différence entre le terme pris comme ce dont il y a à dire et le terme pris comme la seule chose qu'on puisse en dire, ce qui revient à référer implicitement le terme à tous les attributs possibles, sans quoi serait impossible la constatation d'échec de toute référence à autre chose qu'à lui-même. La singularité est en quelque sorte garantie par la vanité reconnue de toute recherche de relations. Donc le singulier n'est pas tant l'être qui refuse le genre que l'être constituant lui-même son propre genre, faute de pouvoir participer à d'autres. Inclassable puisque unique en son genre. C'est en quoi il doit être distingué de l'extraordinaire, qui ne rompt pas avec un genre, mais avec la règle du genre, la règle étant ici une moyenne tenue pour norme. Un géant ou un nain restent des hommes. Les axones des cellules nerveuses du calmar sont dits géants mais non singuliers. Les hémisphères de Magdebourg, construits pour l'expérience fameuse d'Otto de Guericke, donnèrent une idée de la force extraordinaire de la pression atmosphérique, à un moment où l'observation des fontainiers de Florence avait perdu son caractère de phénomène singulier. Sans analogue, tel est le singulier ; hors module, tel est l'extraordinaire. C'est relativement à des concepts considérés comme types ou lois de la nature que nous rencontrons du singulier dans l'expérience ; c'est relativement à des habitudes de perceptions que la nature nous semble contenir de l'extraordinaire.

_____

6. *Histoire naturelle des quadrupèdes* : le cochon.

La fonction épistémologique du singulier doit être étudiée dans l'histoire d'une discipline qui n'est pas encore la Biologie, qui ne peut pas l'être avant la découverte d'une structure générale, tissulaire ou cellulaire, des organismes, avant la découverte de lois fondamentales d'énergétique chimique. Point de biologie avant et sans Bichat, avant et sans Lavoisier, même si ceux qui inventent le mot, en 1802, Treviranus et Lamarck, ne se réclament ni de l'un ni de l'autre.

Ce n'est pas hasard si Lamarck traite de singuliers les invertébrés et les animaux en général, dans l'introduction à un ouvrage de classification. On sait que Lamarck est venu à la zoologie par ordre, pour ainsi dire, et pour des raisons de carrière au Museum. Sa formation et sa grande compétence initiales sont celles d'un botaniste. Or si c'est en prenant les animaux pour objet qu'Aristote a fixé pour longtemps les règles de la classification des êtres vivants, il se trouve que, depuis la Renaissance, la classification a d'abord été l'occupation active des botanistes. De Tournefort à Linné c'est la botanique qui a fourni à la zoologie des modèles pour la taxinomie. La précellence de la botanique, à ce point de vue, a des raisons biologiques plutôt que logiques. La classification exige la précision dans la description des caractères. La description précise exige l'observation prolongée à loisir. Or le végétal est le vivant immobile et passif. Une plante sauvage est une plante qui n'a pas été cultivée, ce n'est pas une plante qui fuit. Au contraire l'animal, hors de la domestication, réagit à l'approche de l'homme comme à celle d'un animal, conformément à l'impératif vital de la distance de fuite. Un animal sauvage ce n'est pas seulement, pour l'homme, un hors la loi de la domestication, c'est un agresseur en puissance. La concurrence vitale contrarie l'attitude contemplative, la relation théorique de l'homme à l'égard de l'animal.

A cette première raison de retard de la taxinomie zoologique s'en ajoute une seconde, relevée par Louis Roule dans son étude sur Lamarck, et qui est de l'ordre technique. Aussi longtemps que les naturalistes n'ont pas disposé d'instruments et de procédés de dissection fine, permettant l'examen des structures organiques internes, la plante a pu paraître un être plus simple que l'animal. Après Lamarck lui-même[7], Roule fait remar-

7. « Les végétaux sont des corps vivants non *irritables* dont les caractères essentiels sont : ... 4° de n'avoir point d'organes spéciaux intérieurs », in *Histoire naturelle des animaux sans vertèbres*, 2ᵉ éd. 1835, tome I, introduction, p. 77.

quer que « les plantes, comparées aux bêtes, sont presque des êtres d'extérieur[8]. » Les organes végétaux principaux : racines, tiges, feuilles, fleurs sont apparents, manifestes. En outre la plupart des plantes qui ont suscité les premiers intérêts de l'homme, intérêts alimentaires, thérapeutiques, industriels, sont des phanérogames présentant une même structure générale d'organisation et rendant possible l'aperception d'homologies. Au contraire, le règne animal est plus riche en embranchements et en plans d'organisation, c'est pourquoi les analogies y sont moins aisément saisissables, et les singularités y apparaissent plus nombreuses. Quand Lamarck est chargé de leur inventaire et de leur classification, les invertébrés se présentent comme des résidus de rangements, comme une collection de singularités morphologiques.

Le fondateur de la zoologie systématique, Aristote, avait aussi inventé les rudiments conceptuels de la zoologie comparative. C'est lui qui avait fait de l'analogie, entendue comme correspondance fonctionnelle — et non plus, comme proportion mathématique, à la manière de Platon — un moyen de détermination des genres. La correspondance indiquée par Pierre Belon (1517-1564) entre les pièces du squelette de l'homme et de l'oiseau nous semble trop peu stricte pour permettre à son auteur de soutenir l'honneur, qui lui est souvent fait, d'avoir repris, à la Renaissance, l'entreprise comparatiste d'Aristote. Pour cela, il a fallu attendre Vicq d'Azyr, Camper, et surtout Cuvier. Par contre il ne paraît pas contestable que, par convergence de l'exotisme et du naturalisme en cours à l'époque, les principaux ouvrages de zoologie, à la Renaissance, n'aient été que des recueils de singularités. La zoologie de Konrad Gessner (1516-1565) se plait à la description d'animaux étranges, rhinocéros, baleine, lama, girafe, sans oublier des monstres mythiques.

Mais le décalage conceptuel, à la fin du XVIIᵉ siècle, entre une botanique classificatrice comme celle de Tournefort et une zoologie presqu'exclusivement monographique, devait provoquer un déplacement du lieu de perception de la singularité organique. Si le règne animal apparaît riche de singularités morphologiques il offre cependant à considérer l'unité d'une fonction essentielle, la génération sexuée. Relativement à quoi le monde végétal, pris en bloc, se présente lui-même comme une singularité. Comme la reproduction par bouture, la reproduction par graines,

8. *Lamarck et l'interprétation de la nature*, Paris, Flammarion, 1927, p. 91.

base de la technique agricole, reste sans explication, faute de trouver ailleurs un analogue. Tournefort qui a pris la fleur comme critère de la distinction des classes végétales s'interroge sur la sexualité des plantes, et sans ignorer les « amours » des palmiers d'Andalousie, n'en tire aucune conclusion certaine concernant la nécessité de la fécondation pour la reproduction végétale. La raison s'en trouve, à nouveau et à son tour, dans un fait biologique. Les plantes usuelles, aisément observables, sont en majorité monoïques, et portent sur le même pied, souvent sur la même fleur, les organes de sexe différent. Exception dans le règne animal, l'hermaphrodisme, est la règle dans le règne végétal. Ainsi cette singularité animale, toujours grevée du poids des mythes concernant l'androgynie, ne peut pas être le terme d'une analogie entre le végétal et l'animal. Privé de sexe, le végétal en général est regardé comme singulier relativement à l'animal en général. On distingue sans doute, depuis Théophaste, des plantes femelles et des plantes mâles, mais avec le sens de fécondes et de stériles, porteuses ou non de graines.

C'est Camerarius (1665-1721) qui réduit la singularité de la reproduction végétale, et distingue la fleur mâle par la présence des étamines, la fleur femelle par la présence du pistil, qui reconnaît la diœcie et la monœcie, et qui se risque à un rapprochement entre la monœcie et l'hermaphrodisme des limaçons signalé par Swammerdam. Linné diffuse et confirme la théorie de Camerarius. En 1761, Kœlreuter publie une théorie générale de la pollinisation.

Mais une nouvelle singularité apparaît désormais parmi les végétaux relativement à ceux dont la sexualité est enfin manifeste, à ceux dont la classification se fonde précisément sur les caractères de l'organe sexuel, de la fleur. Pour ces végétaux, Linné crée la classe des cryptogames. Ses successeurs cherchent obstinément, chez les cryptogames, la division sexuelle et le processus de pollinisation dont l'observation des phanérogames, confirmant enfin celle des animaux, paraît autoriser la généralisation. Il faut attendre la découverte des générations alternantes chez les mousses et les fougères pour qu'à nouveau la singularité soit intégrée, avec la pseudo-généralité qu'elle discrédite, dans une théorie générale de la fécondation [9].

9. Sur toutes ces questions, on consultera avec profit l'étude de J. F. Leroy, *Histoire de la notion de sexe chez les plantes*, Conférence du Palais de la Découverte, Paris, 1959, et aussi, bien entendu, *L'histoire de la botanique du XVIe siècle à 1860*, par J. von Sachs, trad. fr., Paris, 1892.

La substitution du concept général de reproduction sexuée à la surprenante singularité de la reproduction végétale favorise l'invention d'analogies entre les deux règnes, au point qu'à la fin du XVIIIe siècle, lorsque Vaucher (1763-1841) observe le phénomène de la conjugaison des algues il se demande s'il n'a pas affaire à des animaux. C'est, à l'envers, la question que s'était posée Trembley à propos du mode de reproduction des polypes (1741). L'hydre d'eau douce, singularité fameuse, comme les pucerons parthénogénétiques de Bonnet, comme le corail de Peyssonnel, avait remis en question les divisions traditionnelles du monde organique, les visions hiérarchiques du monde et même de la société, dans la mesure où la question de la génération, liée à la question du mélange des espèces ou à celle de la monstruosité, pouvait sans incohérence conduire un Diderot à écrire, dans *Le rêve de D'Alembert* : « Voyez-vous cet œuf ? c'est avec cela qu'on renverse toutes les écoles de théologie et tous les temples de la terre ? » S'interroger sur la possibilité naturelle d'animaux-plantes se reproduisant par bouturage, comme le firent Trembley, Réaumur, Buffon, Bonnet, c'était rechercher chez le végétal un modèle analogique pour rendre compte d'une fonction essentielle chez un organisme présentant par ailleurs des fonctions jugées proprement animales, telles que la digestion et la locomotion.

On voit donc, au XVIIIe siècle, la zoologie et la botanique faire échange d'appareils conceptuels pour la réduction des singularités qui viennent inopinément brouiller l'image de ressemblances, d'affinités et de différences que le taxinomiste contemple dans le miroir qu'il croit avoir tendu à la Nature.

C'est finalement du conflit des réductions analogiques que naissent, par interférence, les nouveaux concepts requis par l'interprétation de nouvelles observations.

Quand Blumenbach prétend que les aberrations de la nature répandent plus de jour sur des questions obscures que ne le fait son cours régulier, quand Buffon écrit que les productions irrégulières et les être anormaux sont pour l'esprit humain de précieux exemplaires « où la nature, paraissant moins conforme à elle-même, se montre plus à découvert », il semble qu'ils confondent le surgissement d'un problème et l'élaboration de sa solution. Détonant comme un scandale ou une extravagance

sur un fond de régularité familière, le singulier constitue le
problème. Il suscite la recherche d'une solution mais il ne
l'apporte pas. Les aberrations ne répandent pas du jour ni ne
découvrent la nature, mais elles focalisent en quelque sorte
l'objet sur lequel on doit concentrer la lumière. Le singulier joue
son rôle épistémologique non pas en se proposant lui-même pour
être généralisé, mais en obligeant à la critique de la généralité
antérieure par rapport à quoi il se singularise. Le singulier
acquiert une valeur scientifique quand il cesse d'être tenu pour
une variété spectaculaire et qu'il accède au statut de variation
exemplaire. Gaston Bachelard a montré que le propre de l'esprit
pré-scientifique consiste à rechercher des variétés plutôt qu'à
provoquer des variations. La différence des modes du regard
successivement porté sur les faits de monstruosité peut servir
ici d'exemple [10]. Certes, au XVIIIᵉ siècle, le monstre n'est pas
encore généralement déchu de son statut ambivalent d'erreur et
de prodige. Les monstres sont d'autant plus remarqués, décrits
et publiés, que les études d'embryologie, sans lesquelles il ne
peut y avoir tératologie positive, sont paralysées par la doctrine
de la préformation, et plus encore par celle de l'emboîtement des
germes. Le débat qui, entre 1724 et 1743, oppose, dans l'Académie
des Sciences, Duverney et Winslow à Lemery, les doctrinaires de
la monstruosité originaire au défenseur de la monstruosité accidentelle, n'aboutit pas à une décision. Cependant la technique
d'incubation artificielle des œufs d'oiseaux domestiques, introduite d'Egypte en Europe, à la Renaissance, devient plus précise
et plus expérimentale grâce à la mise au point des échelles ther-
mométriques. Les fours à poulet, dont Réaumur codifie les règles
de construction et d'usage, diminuent les échecs mais n'évitent
pas toujours l'apparition de monstruosités. Au cours de l'Expé-
dition d'Egypte, Etienne Geoffroy Saint-Hilaire forme le projet
de provoquer artificiellement la formation de monstres. Provoquer a ici un double sens qui n'échappe pas à celui qui dira plus
tard : « Je cherchais à entraîner l'organisation dans des voies
insolites. » C'est le même qui, fortifié dans l'idée newtonienne
d'une unité de plan de composition des organismes, idée reprise
et illustrée par Buffon, vulgarisée par Diderot et par d'autres,
moins prestigieux, tel Robinet, met en rapport ses expériences
de tératologie et ses observations d'anatomiste comparatiste,

10. Voir à ce sujet notre étude : La monstruosité et le monstrueux, dans *La
connaissance de la vie*, 2ᵉ éd., Vrin, Paris, 1965.

orientées par la théorie des analogies, c'est-à-dire des homologies, de structure. Grâce au principe de la continuité des variations sur un même type, la singularité cesse de contredire à l'analogie, elle la supporte. Son intérêt pour les singularités de l'organisation animale faisait dire à Buffon : « Il faut ne rien voir d'impossible, s'attendre à tout et supposer que tout ce qui peut être est. » Entre s'attendre à tout et provoquer l'insolite, entre supposer que tout ce qui peut être est et pousser l'organisation à devenir tout ce dont on la suppose capable, il y a toute la différence qui sépare une histoire naturelle spéculative et une biologie expérimentale. Mais un principe est commun à Buffon et à Etienne Geoffroy Saint-Hilaire, celui de la continuité des formes de la vie. Dans une série continue toute singularité peut trouver sa place comme degré, comme passage, ou comme espèce dite mitoyenne. Malgré l'apparence et malgré qu'on en ait dit rien n'est moins leibnizien. « J'ai des raisons pour croire, dit Leibniz, que toutes les espèces possibles ne sont point compossibles dans l'univers tout grand qu'il est ... je crois qu'il y a nécessairement des espèces qui n'ont jamais été et ne seront jamais, n'étant pas compatibles avec cette suite des créatures que Dieu a choisie [11]. » En regardant les singularités, les anomalies inclassables, comme autant d'invitations à chercher le possible organique dans les lacunes du régulier, Buffon a sans doute confondu le possible mathématique et le possible biologique. C'est là l'effet non seulement de l'ignorance des lois véritables de la reproduction et de l'hérédité mais aussi de la conviction magique plus que scientifique, selon laquelle « la nature ne tend pas à faire du brut mais de l'organique » en sorte que « l'organique est l'ouvrage le plus ordinaire de la nature et apparemment celui qui lui coûte le moins [12]. » Lorsque, au XIXᵉ siècle, Auguste Comte s'efforcera de légitimer l'usage, dans la science de l'organisation, du pouvoir déductif et constructif du raisonnement mathématique, ce ne sera expressément que pour autoriser la fiction d'organismes utopiques chargés uniquement d'un rôle à la fois logique et esthétique, celui de rétablir dans la série animale une continuité de droit [13]. Entre Buffon et A. Comte, l'anatomie comparée de Cuvier a établi qu'en matière d'organisation toute combinaison logiquement concevable n'est pas organiquement possible.

11. *Nouveaux Essais sur l'entendement humain*, livre III, chap. 6, § 14.
12. *Histoire des animaux*, chap. 2 : de la reproduction en général.
13. *Cours de philosophie positive*, 40ᵉ leçon : éd. Schleicher, t. III, pp. 226-227.

*
**

Diderot a fort bien compris quelle sorte de soutien l'étude des singularités organiques apportait à l'hypothèse, on devrait dire au mythe, d'une ingéniosité inépuisable de la nature, capable de variations infinies sur un prototype de l'animal. Dans les *Pensées sur l'interprétation de la nature*, les écarts morphologiques, les erreurs organiques sont crédités du pouvoir de fournir aux naturalistes un principe positif d'explication de la diversité des formes vivantes et de leurs rapports [14]. Le même Diderot, traduisant le titre de l'ouvrage monumental de Haller, dont l'utilisation qu'il en fait ressemble à un pillage, a intitulé *Eléments de Physiologie* un recueil d'écarts, d'anomalies, de singularités morphologiques ou fonctionnelles, notamment relatives à la génération [15]. Qui importerait sans précaution dans l'histoire de la physiologie au XVIIIᵉ siècle la définition actuelle d'une science que le XIXᵉ siècle a réellement fondée, en la rendant indépendante de l'anatomie, pourrait être tenté de prendre Diderot en défaut d'information ou de perspicacité. La physiologie, alors cultivée et enseignée comme branche de la médecine, n'avait-elle pas, depuis Descartes et Harvey, basé sur des analogies avec des mécanismes usuels l'explication des fonctions organiques fondamentales ?

Les iatromécaniciens n'avaient-ils pas désingularisé, pour ainsi dire, les lois de la vie en les assimilant aux lois mécaniques de la matière ? La physiologie pouvait passer pour une somme d'analogies plutôt que pour une collection de singularités. Ni Boerhaave ni La Mettrie n'étaient ignorés de Diderot. Et pourtant Diderot, parce qu'il a bien compris la leçon de Haller, tout en paraissant s'accorder avec La Mettrie, est un témoin lucide du refus progressif d'allégeance des physiologistes à l'égard des mathématiciens et de la constitution en cours d'une science singulière par ses concepts et ses techniques, adéquate à la spécificité de son objet.

Quand Descartes expliquait les fonctions de l'organisme animal en général, humain en particulier, comme il faisait des mouvements d'une machine, horloge ou orgue, il avait recours à une analogie. C'était même, dans son œuvre scientifique, la seule

---

14. *Op. cit.*, § XII.
15. *Eléments de physiologie*, édition critique par Jean Mayer, Paris, Didier, éd , 1964.

analogie qui ne fût pas simple comparaison didactique. L'automatisme des bêtes était un refus radical de l'animisme qui avait, à la Renaissance, autorisé toutes les analogies : la terre est un vivant, elle a des entrailles, elle sent, elle engendre ; le monde a une âme comme les plantes, comme les animaux, comme l'homme. L'analogie qui fondait la mécanique animale avait pour effets de réduire le merveilleux, de nier la spontanéité du vivant, de garantir l'ambition d'une domination rationnelle du cours de la vie humaine. La mathématique cartésienne ignorait les analogies et n'admettait que des équivalences. La théorie générale des proportions rendait la quantité continue, objet de la géométrie, et la quantité discontinue, objet de l'arithmétique, susceptibles d'un même traitement par une théorie générale des équations, l'algèbre. La physique cartésienne ne connaissait que des comparaisons. L'imagination était appelée à faciliter la reconstruction intelligible de mécanismes cachés. Cribles, éponges, tourbillons étaient des métaphores, non des analogies. Une matière homogène, l'espace euclidien, un mouvement unique, le déplacement, excluaient toute référence analogique à une réalité différente.

Par la réduction analogique des fonctions animales aux effets des lois mécaniques dans les machines simples, Descartes devait devenir, en France, comme Galilée en Italie, le patron d'une école ou plutôt d'une tradition théorique dont on peut suivre d'abord la vitalité, puis la survie, jusqu'au milieu du XIXᵉ siècle, et qu'on nomme communément l'iatromécanisme. Mais patronage n'est pas initiative. L'initiative des nouvelles recherches en médecine revenait aux médecins eux-mêmes. Un des grands de l'iatromécanisme, Baglivi, l'a proclamé : « La Statique de Sanctorius et la circulation du sang harveyenne sont les deux pôles par lesquels toute la masse de la vraie médecine est gouvernée, ayant été restaurée et solidement assise par ces découvertes : tout le reste en constitue des ornements plutôt que des compléments [16]. » Le médecin que Daremberg a loué comme « le plus sensé et le plus cicéronien des iatromécaniciens [17] » avait bien compris, vers la fin du XVIIᵉ siècle, que la balance de Sanctorius et les analogies d'hydrodynamique utilisées par Harvey étaient les premiers nouveaux instruments de la médecine théorique moderne. Venant

---

16. *Canones de medicina solidorum ad rectum statices usum*, canon X, in *Opera omnia*, Venise, 1754, p. 241.
17. *Histoire des sciences médicales*, p. 783.

après Borelli et Bellini, Baglivi pouvait, sans craindre le reproche d'auto-apologie, porter un jugement sur la méthode de la
médecine mathématique. C'est un texte important que le chapitre sixième du premier livre de la *Praxis Medica* (1696) sur la
bonne et la mauvaise espèce d'analogies. La bonne analogie c'est
celle de Borelli et de Bellini, l'usage des lois anatomo-mécaniques.
La mauvaise analogie c'est celle dont usent les chimistes. S'il
en va ainsi, c'est parce que « le corps humain, aussi bien dans
sa structure que dans les effets qui en dépendent, procède du
nombre, du poids et de la mesure [18]. »

Il n'importe pas beaucoup ici que Frédéric Hoffmann ait
recherché les fondements de sa médecine dans une dynamique
non-cartésienne, celle de Leibniz. Cette médecine est restée strictement mécanique aussi bien dans ses principes théoriques que
dans les idées directrices de la pratique et de la clinique, au point
de prêter à la nature médicatrice, dont l'idée est reçue et
conservée de la tradition hippocratique, les ressorts et les lois
des machines artificielles. N'est-ce pas une belle preuve d'ingéniosité que d'avoir donné à une dissertation physico-médicale
le titre *De natura morborum medicatrice mechanica* (1699) ?
Mécanique, cette médecine ou cette physiologie se distingue de
toute médecine ou physiologie, à la mode anglaise de l'époque,
qui cherche dans l'attraction newtonienne un modèle d'explication pour des phénomènes vitaux comme les sécrétions ou la
contraction musculaire. Mécanique, cette médecine ou cette
physiologie s'oppose à la médecine de Stahl qui a trouvé dans
la chimie les titres propres à soutenir la réhabilitation de
l'animisme. Dans la *Disquisito de mecanismi et organismi diversitate* (1706) et dans la *Demonstratio de mixti et vivi corporis
vera diversitate* (1707) Stahl définit l'organisme, concept nouveau sous ses noms latin ou français [19], comme un composé hété-
rogène de corps mixtes. Cette hétérogénéité de composition
expose les corps vivants à une prompte dissolution et à une
facile corruption. Cependant le corps vivant dure et se conserve
en vertu d'une cause particulière et intrinsèque, étrangère à
l'ordre des corps mixtes non vivants, « *a toto regno mixtorum
non-vitalium alienissima.* » Le principe d'opposition à la destinée

18. *Op. cit.*, p. 9. — Sur les modèles et analogies mécaniques en médecine,
on peut consulter l'article important de L. Belloni, *Schemi e Modelli della
macchina vivente nel seicento*, in Physis, V, 1963, n° 3.

19. Leibniz a utilisé avant Ch. Bonnet, le terme *organisme* en français dans
des Lettres à Lady Masham, cf. Gehrardt, *Phil. Schr.* III, 340, 350, 356.

de destruction physico-chimique du corps ne saurait être lui-même corporel. La vie c'est donc l'âme, et l'âme intelligente.

Cette doctrine n'aurait pas obtenu sans doute toute l'influence qu'on lui connaît en fait si elle n'avait rencontré, sur le terrain de la description des phénomènes, certains faits d'observation que la mécanique animale de style cartésien, leibnizien ou newtonien, laissait obscurs. Sous le nom de mouvement tonique vital, Stahl reprenait l'idée propre — à défaut du nom — à Glisson [20], selon laquelle tout tissu vivant réagit, par une propriété d'irritabilité, à tout stimulus directement appliqué, même dans le cas où l'organe existe, par artifice, à l'état séparé. Dans la doctrine de l'irritabilité, Stahl est le relais entre Glisson et Haller, et sous ce rapport il faut souscrire au jugement de Castiglioni selon lequel « Stahl peut être considéré comme le premier qui ait orienté la médecine vers la biologie [21]. »

En nommant irritabilité et sensibilité les propriétés spécifiques du muscle et du nerf, Haller distinguait l'une et l'autre de tout effet de causes mécaniques et de toute expression d'un pouvoir psychique. Il libérait la physiologie de la tutelle où la tenait la mécanique en mettant en évidence, expérimentalement, l'existence de propriétés vitales sans analogues dans le domaine des corps inertes.

Il appartenait aux médecins de l'Ecole de Montpellier, à Bordeu, à Barthez d'étendre à toutes les fonctions organiques le pouvoir de réaction sensitive aux impressions : au premier, de décentraliser la sensibilité pour la distribuer à tous les organes, vivants partiels dont la vie du tout est la somme ; au second, d'insister au contraire sur les phénomènes de sympathie organique, pour devoir attribuer la fonction spécifique de sensibilité à un principe actif vital, formule destinée à marquer la singularité ou l'originalité de la vie, relativement au corps et à l'âme, sans hypothèse sur la nature substantielle du principe. Ce positivisme physiologique avant la lettre c'est la défense et illustration d'une science de l'organisme qui n'est l'extension d'aucune autre discipline, d'une science qui se veut singulière par le refus de toutes analogies.

C'est de cette singularisation progressive de la physiologie, dont bien des articles de l'*Encyclopédie* portent la marque, que

---

20. Cf. Owsei Temkin, *The classical roots of Glisson's doctrine of irritation*, Bulletin of the History of Medicine, XXXVIII, 1964, n° 4.
21. *Histoire de la médecine*, trad. fr., Paris, 1931, p. 479.

Diderot a été le témoin passionné et le héraut. Le post-scriptum à l'avertissement des *Pensées sur l'interprétation de la nature* contient cette recommandation : « Aie toujours présent à l'esprit que la nature n'est pas Dieu, qu'un homme n'est pas une machine, qu'une hypothèse n'est pas un fait. » Le jour où Bichat résume en quelque sorte la doctrine de Stahl dans le mot célèbre : « La vie est l'ensemble des fonctions qui résistent à la mort » le moment n'est pas éloigné où le besoin de désigner l'étude de la vie dans sa singularité se satisfera par l'invention d'un mot. Le XIXe siècle a deux ans lorsque meurt Bichat et que naît conceptuellement la Biologie.

L'ironie de l'histoire n'épargne pas l'histoire de la science. Barthez, Bichat, Lamarck ont méconnu l'importance de la chimie et refusé l'explication des phénomènes de respiration et de chaleur animale que Lavoisier avait trouvée dans sa révolution chimique. La physiologie du XIXe siècle, à partir de Magendie, devait chercher à nouveau des modèles et des analogies physiques et chimiques aptes à la désingulariser, en attendant que Claude Bernard revendique, à son tour, pour elle, le droit à un objet non pas insulaire mais spécifique. Au même moment la biologie darwinienne reconnaissait dans les petites variations individuelles, c'est-à-dire en somme dans les singularités morphologiques ou fonctionnelles, la cause d'apparition de types organiques susceptibles, en dépit de leur nature approximative et provisoire, de supporter des relations d'homologie sans référence à quelque plan de création ou à quelque système naturel.

II. — LA CONSTITUTION DE LA PHYSIOLOGIE COMME SCIENCE *

Naissance et renaissance de la physiologie

Lorsqu'en 1554, le célèbre Jean Fernel (1497-1558) entreprit de réunir, sous le titre de *Universa Medicina*, ses traités déjà publiés, il exposa dans une préface sa conception de la médecine, des rapports qu'elle soutient avec les autres disciplines et des parties dont elle se compose. *Physiologia* est le nom de la première, sous lequel Jean Fernel reproduit son traité de 1542, *De naturali parte medicinæ*. L'objet de la physiologie est défini comme « la nature » de l'homme sain, de toutes ses forces et de toutes ses fonctions ». Peu importe ici que Fernel ait de la nature humaine une idée plus métaphysique que positive. L'essentiel à retenir c'est l'acte de naissance, en 1542, de la physiologie, comme étude distincte de la pathologie et la précédant, la pathologie précédant elle-même l'art du pronostic, l'hygiène et la thérapeutique.

Depuis lors, le terme de physiologie s'est progressivement consolidé dans sa signification actuelle de science des fonctions et des constantes du fonctionnement des organismes vivants. Au XVIIe siècle, paraissent successivement, entre autres, *Physiologia medica* (Bâle, 1610) de Theodor Zwinger (1553-1588), *Medicina physiologica* (Amsterdam, 1653) de J. A. Vander-Linden (1609-1664), *Exercitationes physiologicæ* (Leipzig, 1668) de Johannes Bohn (1640-1718). Au XVIIIe siècle, si dès 1718 Frédéric Hoffmann (1660-1742) publie des *Fundamenta Physiologiæ*, c'est toutefois

* Cette étude a paru comme Introduction au tome I de *Physiologie*, sous la direction de Charles Kayser, 3 volumes, Editions Médicales Flammarion, Paris, 1963.

A. von Haller (1708-1777) qui donne incontestablement à la physiologie son statut de recherche indépendante et d'enseignement spécialisé. Ses *Elementa Physiologiæ*, en huit volumes parus de 1757 à 1766, font figure d'ouvrage classique pendant un demi-siècle. Mais déjà en 1747, quand après avoir utilisé dans ses cours, pendant vingt ans environ, les *Institutiones Medicinæ* de son maître Boerhaave, Haller se décide à publier son premier manuel, *Primæ lineæ physiologiæ*, il propose dans le discours introductif une définition de la physiologie qui en fixe, pour de longues années, l'esprit et la méthode : « On aura peut-être à m'objecter » que cet ouvrage est purement anatomique, mais la physiologie n'est-elle pas l'anatomie en mouvement ? »

Cette définition, devenue aphorisme, peut sembler étrange. L'anatomie est la description des organes, la physiologie est l'explication de leurs fonctions. Comment prétendre déduire des techniques de la première les règles de la seconde ? En fait, toute physiologie ainsi entendue revenait plus ou moins à un *De usu partium* dans la tradition de Galien, à un discours sur l'utilité et l'usage des parties de l'organisme. Ce qui impliquait, même dans la pensée de ceux qui n'assimilaient pas métaphoriquement l'organisme animal à une machine, une double conviction : tout d'abord que les organes ont une finalité de même ordre que celle des outils, constructions artificielles préméditées; et ensuite que leurs fonctions peuvent être déduites du seul examen de leur structure. C'est ce qu'on appelait la déduction anatomique. La découverte par Harvey de la circulation du sang, exposée dans un ouvrage dont le titre comporte les mots : *Exercitatio anatomica* (1628), avait reposé, en partie, sur l'utilisation explicite de principes de cette sorte. Le cœur fonctionne comme une pompe, les valvules des veines, comme des portes d'écluse, etc. Mais Harvey avait introduit, dans sa théorie, des considérations d'une tout autre sorte, relatives au rythme du pouls, à la quantité de sang chassée par le cœur dans l'aorte durant un temps donné. Il avait cherché à lier des phénomènes les uns aux autres, sans les rapporter à une structure. Il avait déduit en somme le mécanisme du fonctionnement. Haller, lui-même, en imposant à beaucoup de ses contemporains les concepts d'*irritabilité* et de *sensibilité* pour l'explication des fonctions respectives du muscle et du nerf, avait accrédité la croyance en l'existence de propriétés physiologiques sans rapport évident avec des structures anatomiques manifestes. Et à la fin du XVIIIᵉ siècle, les découvertes de Lavoisier concernant la respiration et les sources de la chaleur animale devaient apporter à ce sens physiologique nouveau une éclatante confirmation. La fonction respiratoire se trouvait expliquée sans que fut invoquée la structure anatomique du poumon et du cœur. Le corps vivant n'apparaissait plus aux physiologistes à l'image d'un atelier de mécanicien, mais à celle d'un laboratoire de chimiste. Ce n'était plus une machine, mais un creuset. Le point de vue fonctionnel allait désormais l'emporter sur le point de vue structural.

Sur ce point, l'anatomie comparée devait contribuer à diminuer, aux yeux des physiologistes, le prestige de la simple anatomie. La publication, en 1803, des *Mémoires sur la respiration* de Spallanzani révélait que l'absorption d'oxygène et la libération d'acide carbonique ne sont pas liées chez l'animal à la présence obligée d'un appareil pulmonaire. Des expériences paradoxales perdaient alors leur singularité. En 1742, Abraham Trembley, le célèbre observateur des Polypes, avait réussi à retourner comme un doigt de gant l'hydre d'eau douce, et s'était émerveillé de voir l'animal continuer à vivre, en digérant par sa surface extérieure intériorisée, en respirant par sa cavité intérieure extériorisée. L'expérience ne démentait donc pas Burdach, lorsqu'il proposait, pour des raisons pourtant plus philosophiques qu'expérimentales, que « l'idée de la fonction crée son organe pour se réaliser ». En 1809, la *Philosophie zoologique* de Lamarck subordonnait, en biologie, la structure à l'usage et vulgarisait l'idée dont l'orthopédiste Jules Guérin (1801-1886) devait donner la formule : « La fonction » fait l'organe ». A ne considérer, parmi les fonctions physiologiques, que celles dont l'étude constitue l'originalité du XIXᵉ siècle, celle du système nerveux central (le XVIIᵉ siècle avait été celui de la circulation, le XVIIIᵉ celui de la respiration) on doit être frappé par le fait suivant. Cette étude commence avec Gall, très hostile à Lamarck, par la proclamation d'un principe de dépendance rigoureuse des fonctions cérébrales par rapport à des sièges — Gall dit : des organes — strictement localisés. Mais, vers 1880, avec Goltz, c'est le principe de l'indépendance des fonctions à l'égard des localisations cérébrales qui semble triompher, à la surprise du jeune Sherrington, hôte, à l'époque, de l'Institut de physiologie de Strasbourg.

Aucun physiologiste du XIXᵉ siècle n'a eu plus que Claude Bernard le sentiment que désormais la déduction anatomique, en physiologie, était insuffisante. Nul n'a exprimé cette conviction aussi nettement que lui, dans ses leçons du Collège de France sur *La physiologie expérimentale appliquée à la médecine*

(1855-1856). Il faut dire que Claude Bernard s'autorisait, en la matière des circonstances et conditions dans lesquelles il avait fait, lui-même, une importante découverte : « Si j'ai été amené » à trouver la fonction glycogénique du foie, c'est par le point » de vue physiologique; c'est en poursuivant le phénomène de la » disparition du sucre dans l'organisme, que j'ai vu qu'il y avait » un point où, bien loin de disparaître, cette substance se formait » en plus grande quantité, formation qui est devenue alors une » fonction du foie. Mais ce n'est pas, je le répète, en me deman- » dant à quoi pouvait servir le foie, d'après la structure anato- » mique de cet organe; de même... ce n'est pas en me demandant » à quoi pouvait servir le pancréas que j'ai été conduit à trouver » que cet organe avait pour fonction d'agir d'une manière spéciale » dans la digestion des corps gras; c'est en poursuivant expéri- » mentalement dans l'intestin de l'animal vivant, les modifications » de la graisse que j'ai vu le point où ces modifications s'opéraient, » et que j'ai été conduit à en attribuer la cause au suc pancréa- » tique dont la fonction s'est trouvée déterminée de cette » manière ».

Il convient d'ailleurs de bien entendre Claude Bernard. L'anatomie qui est ici visée c'est l'anatomie macroscopique, c'est l'observation des organes à l'état cadavérique. Or d'une part c'est un bien pauvre modèle de la fonction vivante d'une structure ou texture inerte mise en mouvement. D'autre part, à séparer un organe du tout organique, on perd de vue la raison du mouvement qui réside dans l'ensemble, et on admet implicitement que la correspondance entre organe et fonction est exclusivement uni- voque. On méconnaît alors, selon Claude Bernard, un fait biolo- gique essentiel : « Une fonction exige toujours la coopération » de plusieurs organes, et de même un organe a ordinairement » plusieurs usages. Les organes même les mieux délimités en » sont là ». Sous ce rapport, Claude Bernard s'opposait, peut-être sans le savoir, à l'un de ceux que son maître Magendie s'était employé à déconsidérer auprès de l'Ecole de Paris. En effet, celui qui devait être, pendant la première moitié du XIXᵉ siècle, le coryphée parfois assez despotique de l'Ecole de Montpellier, Jacques Lordat (1773-1870), avait écrit que, dans l'étude simul- tanée de l'anatomie et de la physiologie, il convenait d'adopter l'ordre anatomique : « Si l'on s'obstinait à garder invariablement » celui des fonctions, on serait obligé de revenir plusieurs fois » sur les mêmes parties, d'autant que, comme le remarque

» Vander-Linden [1], la plupart de nos organes sont faits, selon
» l'expression des Anciens, à la manière des glaives de Delphes »
(Conseils sur la manière d'étudier la physiologie de l'homme, 1813.)
On ne peut pas ne pas remarquer, en passant, combien le
principe de polyvalence fonctionnelle invoqué par Lordat et
Bernard perd de sa portée, le jour où l'histologie vient démembrer
les organes délimités selon la tradition millénaire de l'anatomie.
Quand, par exemple, on identifie les îlots de Langerhans (1869),
on cesse de tenir le pancréas pour un seul et simple organe.
Mais il faut accepter le principe dans son contexte d'époque.
Alors, l'opposition des conclusions qu'en tirent Lordat et Bernard
marque le point où surgit le sens de la révolution physiologique
du XIXᵉ siècle. Et il faut rechercher ce qui a rendu possible
pour la physiologie la conquête d'une autonomie que l'anatomie
lui avait refusée jusqu'alors.

Dans le *Rapport sur les progrès et la marche de la physiologie
générale en France* (1867), Claude Bernard a qualifié de « Renais-
» sance » le mouvement de rénovation méthodologique commu-
niqué aux études physiologiques par la triple impulsion de
Lavoisier et de Laplace, de Bichat et de Magendie. Les sciences
physico-chimiques, l'anatomie générale et l'expérimentation sur
les organismes vivants auraient été les fondations solides de la
physiologie moderne. Ce tableau, toujours fidèle, peut supporter
toutefois, sans dommage pour son auteur, quelques retouches,
commandées par un recul de près d'un siècle. En fait, l'anatomie
générale a dû attendre sa révolution propre, la constitution et
la consolidation de la théorie cellulaire, pour servir utilement la
physiologie. D'un autre côté, l'expérimentation directe sur les
organismes vivants, par vivisection, par ablation ou par greffes
d'organes, par modification des régimes de vie, est bien antérieure
au XIXᵉ siècle. Par exemple, les recherches de Poiseuille sur la
pression sanguine (1828) ont été précédées par celles de Stephen
Hales (1733); les travaux de Flourens sur le mécanisme de crois-

---

1. *Medicina physiologica* (1653); II, 2, § 12. Vander-Linden contredit ici Aristote
qui avait écrit : « La nature ne procède pas mesquinement comme les couteliers de
Delphes dont les couteaux servent à plusieurs usages, mais pièce par pièce; le plus
parfait de ses instruments n'est pas celui qui sert à plusieurs travaux mais à un
seul » (*Politique*, I, 1, § 6). Vander-Linden (1609-1664) fut, à Leyde, le prédécesseur
de Drelincourt, lui-même prédécesseur de Boerhaave.

sance des os (1841) prolongeaient les expériences de Duhamel du Monceau (1739-1743). Ce n'est donc pas tant pour avoir systématisé l'emploi de l'expérimentation que Magendie doit conserver, à juste titre, sa réputation de pionnier de la physiologie moderne, mais plutôt pour avoir été le propagandiste énergique, et parfois brutal, d'une conversion intellectuelle. C'est pour avoir importé en physiologie « le sentiment de la véritable science » qu'il avait puisé auprès de Laplace, son protecteur, comme l'a dit, dans l'*Eloge* qu'il a fait de son maître, Claude Bernard. Magendie a imposé à ses contemporains l'idée que la médecine était encore à faire, et que, pour ce faire, des disciplines comme la physique et la chimie devaient étendre leur législation présente et à venir aux phénomènes organiques, sans aucune restriction, et non pas seulement jusqu'à un certain point. Au XVIII\u1d49 siècle, Frédéric Hoffmann, reprenant un mot d'Hippocrate, avait déclaré que le médecin commence où le physicien s'arrête *(ubi desinit physicus, ibi incipit medicus)* [2], c'est-à-dire que le médecin doit se laisser guider par les lois de la vitalité qui ne se réduisent pas aux lois physiques. Au XIX\u1d49 siècle, on peut mesurer exactement les progrès de l'empire de la physique en physiologie par la confrontation des titres de trois ouvrages. William Edwards (1777-1849) publie, en 1824, *De l'influence des agents physiques sur la vie*. Magendie publie, en 1842, les *Leçons sur les phénomènes physiques de la vie*. T. H. Huxley publie, en 1868, *On the physical basis of life*. D'abord conçue comme influencée par des agents physiques, la vie est ensuite considérée comme manifestée dans des phénomènes physiques, et enfin comme fondée sur eux.

Mais il faut dire tout de suite que l'ascendant progressif des sciences physico-chimiques sur la recherche en physiologie a tenu essentiellement au fait que ces sciences ont été, pour tous les physiologistes, des auxiliaires techniques indispensables, alors même qu'elles n'étaient pas, pour certains d'entre eux, des modèles théoriques irrécusables. S'il ne faut pas prendre strictement à la lettre l'affirmation souvent réitérée de Claude Bernard selon laquelle la physiologie est devenue scientifique en devenant expérimentale, il est certain, du moins, qu'entre l'expérimentation physiologique du XVIII\u1d49 siècle et celle du XIX\u1d49, la différence radicale tient à l'utilisation systématique par celle-ci de tous les instruments et appareils que les sciences physico-chimiques en plein

---

2. Le même aphorisme est prêté au rival de Hoffmann, G.-E. Stahl.

essor lui ont permis d'adopter, d'adapter ou de construire tant pour la détection que pour la mesure des phénomènes. Sans doute, on doit consentir à Carl Ludwig (1816-1895) et à son école, en Allemagne, durant la deuxième moitié du xixᵉ siècle, un attachement électif aux techniques physico-chimiques et une sorte d'ingéniosité collective dans la construction et l'utilisation d'appareils. En regard, les recherches de Claude Bernard ont un aspect plus artisanal et aussi, semble-t-il, plus spécifiquement biologique, étant davantage orientées vers la pratique des vivisections. Mais il serait oiseux de souligner ici quelque opposition d'esprits ou de génies nationaux. Car l'histoire de la physiologie, qui n'est pas l'histoire des physiologistes, nous montre, au contraire, une cohérence réelle dans l'instruction réciproque, et un échange manifeste de bons procédés d'emprunt dans l'évolution des techniques instrumentales. Par exemple, plus encore que la construction de la pompe à mercure destinée à la séparation des gaz du sang, c'est la construction du fameux *kymographe* (1846) qui a rendu C. Ludwig célèbre. Or, selon la phylogénèse technologique, l'ancêtre de cet instrument est incontestablement l'*hémodynamomètre* de J.-L.-M. Poiseuille (1799-1869). L'ingéniosité propre de Ludwig a consisté à conjuguer le manomètre artériel de Poiseuille avec un enregistreur graphique. De sorte que quand E.-J. Marey (1830-1904) s'est attaché à développer et à perfectionner, en France, la méthode graphique, il s'est trouvé être le débiteur indirect de Poiseuille en étant le débiteur direct de Ludwig.

Ce serait pourtant donner une idée infidèle de l'essor de la physiologie au siècle dernier que de retenir exclusivement l'aspect instrumental de l'expérience. A lire certains aperçus historiques ou certains manifestes méthodologiques, on pourrait croire que les instruments ou les techniques qui les utilisent sont d'eux-mêmes des pensées. Certes le fait d'utiliser tel ou tel instrument entraîne de lui-même le choix d'une hypothèse sur la nature de la fonction étudiée. Par exemple, le chariot inducteur de Du Bois-Reymond matérialise une certaine idée des fonctions du nerf et du muscle, mais on ne saurait dire qu'il en tienne lieu ni qu'il en dispense, pour la raison simple qu'un instrument peut servir à explorer, mais n'est d'aucun secours pour questionner. C'est pourquoi on ne saurait suivre sans réserves les historiens, occasionnels ou professionnels, de la physiologie qui, renchérissant sur l'hostilité déclarée de Claude Bernard pour les théories expli-

catives, attribuent à la seule expérimentation empirique[3] les
progrès de la physiologie au XIXᵉ siècle. Les théories condamnées
par Claude Bernard sont des systèmes, comme l'étaient l'animisme
ou le vitalisme, c'est-à-dire des doctrines qui répondent à une
question en logeant la question dans la réponse. Mais on sait
assez que Claude Bernard n'a jamais tenu la recherche, la découverte et la réunion de faits expérimentaux pour des activités
semblables à la cueillette des fruits sauvages ou à l'exploitation
d'une carrière. « Sans doute, écrit-il, il est beaucoup de travailleurs
» qui n'en sont pas moins utiles à la science lorsqu'ils se bornent
» à lui apporter des faits bruts ou empiriques. Cependant, le vrai
» savant est celui qui trouve les matériaux de la science et qui
» cherche en même temps à la construire en déterminant la place
» des faits et en indiquant la signification qu'ils doivent avoir
» dans l'édifice scientifique »[4]. Et l'*Introduction à l'Etude de la
médecine expérimentale* (1865) est un long plaidoyer pour le
recours à l'idée dans la recherche, étant bien entendu qu'une idée
scientifique est une idée directrice et non une idée fixe.

S'il est vrai que l'expérimentation empirique a permis à
Magendie d'établir en 1822 la différence de fonction des racines
rachidienne antérieure et postérieure, il faut bien reconnaître
que Sir Charles Bell (1774-1842), onze ans auparavant, n'avait pas
été desservi par une « idée » *(Idea of a new anatomy of the brain,
1811)* : du moment que deux nerfs innervent une même partie
du corps, ce n'est pas pour y produire un même effet, mais deux
effets différents; or les nerfs rachidiens sont à la fois moteurs et
sensitifs, donc ils ne le sont pas sous le même rapport anatomique; étant donné que le nerf rachidien a deux racines, chacune
des racines est un nerf fonctionnellement différent.

S'il est vrai que la physiologie de la nutrition a tiré ses
premières connaissances des méthodes d'analyse chimique de
Liebig et des recherches de Magendie relatives aux effets sur le
chien de régimes alimentaires différemment composés, on doit
admettre pourtant que les travaux de W. Prout (1785-1850) sur
l'équilibre des saccharides, des graisses et des albumines dans
l'alimentation humaine n'ont pas eu à souffrir de son « idée »,
à savoir que l'alimentation de l'homme, dans la variété de ses
régimes traditionnels ou réfléchis, n'est qu'une imitation plus ou

---

3. C'est ainsi que Claude Bernard nomme la méthode de Magendie. Voir *Rapport*
de 1867, p. 6.

4. *Ibid.*, p. 221, note nº 209.

moins spontanée, plus ou moins déguisée, du prototype de tous les aliments, le lait.

S'il est vrai que la physiologie des organes des sens est dominée au XIXe siècle par les travaux d'Hermann Helmholtz, on doit remarquer que leur importance tient à la fois à l'ingéniosité expérimentale de leur auteur, inventeur d'instruments justement célèbres (l'ophtalmoscope, 1850), et aux larges bases mathématiques de sa culture de physicien. Un esprit mathématicien, quand il se tourne vers les sciences de la nature, ne peut pas ne pas user d'idées. Elève de Johannes Müller, dont la loi de l'énergie spécifique des nerfs et des organes des sens sert d'idée directrice à toute la psychophysiologie de l'époque, Helmholtz a su allier à l'exigence personnelle de mesure et de quantification qui le distinguait de son maître, le sens philosophique de l'unité de la nature qu'il tenait de lui, et dont l'influence est manifeste dans tous ses travaux sur les rapports du travail musculaire et de la chaleur. Si le mémoire de 1848, assignant dans le muscle au travail la source principale de la chaleur, fait état des données obtenues grâce à des instruments de thermométrie spécialement construits par Helmholtz, le mémoire de 1847 sur la conservation de la force *(Uber die Erhaltung der Kraft)* s'inspire d'une certaine idée de l'unité et de l'intelligibilité des phénomènes.

On sait aussi que dans ses derniers cours au Muséum, publiés par A. Dastre sous le titre : *Leçons sur les phénomènes de la vie communs aux animaux et aux végétaux* (1879-1878), Claude Bernard a exposé ses idées et notamment l'idée de l'unité des fonctions vitales : « Il n'y a qu'une seule manière de vivre, qu'une seule » physiologie pour tous les êtres vivants ». A cette date l'idée était, en somme, le bilan d'une carrière et le résumé d'une œuvre. Mais avant d'être ce bilan et ce résumé, l'idée avait été, sans doute, le stimulant d'une recherche. C'est elle qui avait permis à Claude Bernard, durant les années quarante du siècle, de mettre en doute en France — comme le faisait, en Allemagne, Liebig — les conclusions de Dumas et Boussingault dans leur *Statique chimique* (1841). Ces auteurs affirmaient que les animaux ne font que décomposer les substances organiques dont la composition incombe au régime végétal, spécialement les hydrocarbones. Tous les travaux de Claude Bernard sur la fonction glycogénique du foie, depuis la communication de 1848 à l'Académie des Sciences jusqu'à la thèse de doctorat ès sciences en 1853, se présentent comme les conséquences d'un postulat, qu'il n'y a pas de différence entre animaux et végétaux sous le rapport de la production

des principes immédiats, qu'il n'y a pas de hiérarchie entre
les règnes de la vie et même que, du point de vue physiologique,
il n'y a pas de règnes. Quand Claude Bernard répond à ses contradicteurs qu'il lui répugne, à lui, d'admettre que les animaux ne
puissent faire ce que font les végétaux, quand il repousse une
certaine conception de la division du travail entre organismes,
il leur livre peut-être le secret, non mystérieux, d'une réussite.
Certes, ce « sentiment » ne saurait être un « argument » comme
il est dit dans les *Leçons de physiologie expérimentale appliquée
à la médecine* (1855-1856). Et même, ce n'est pas une hypothèse
de travail concernant les fonctions de tel ou tel organe. Mais si
ce n'est pas pour une découverte déterminée — la fonction glycogénique du foie — sa condition de possibilité expérimentale, c'est
du moins, quand l'expérimentation a donné des résultats, une
condition d'accueil intellectuel à la possibilité d'une signification,
en elle-même déconcertante pour la plupart des esprits à l'époque.

Comme on le voit par les exemples précédents, choisis dans
différents domaines de recherches, les progrès d'une science
expérimentale n'exigent nullement l'acéphalie des expérimentateurs. Claude Bernard a écrit qu'on ne peut comprendre ce qu'on
trouve quand on ne sait pas ce qu'on cherche [5]. Cette revendication
de lucidité dans la conduite du travail scientifique doit naturellement inspirer la mise en perspective historique des acquisitions
du savoir durant une période donnée. En conséquence, l'histoire
d'une science ne saurait être une simple collection de biographies,
ni à plus forte raison un tableau chronologique agrémenté d'anecdotes. Elle doit être aussi une histoire de la formation, de la
déformation et de la rectification de concepts scientifiques. Toute
science étant une branche de la culture, l'instruction y est une
des conditions de l'invention. Si l'on oublie le rôle joué par
l'information des savants dans leurs contributions personnelles
à l'avancement d'une recherche, il est normal que l'on confonde
avec l'empirisme l'expérimentalisme de la science moderne. En
fait, la qualification d'empirisme tient à l'insuffisance d'ouverture
du champ chronologique. Tel paraît se comporter en empirique
pour qui n'aperçoit pas les prédécesseurs dont il tient son savoir.
Au fond, la moindre observation implique une prise de position
à l'égard d'un savoir, elle tend à le valider ou à le contester.
« L'observation scientifique, dit Gaston Bachelard, est toujours
» polémique ». Celui qui passe pour empirique n'est, le plus

5. *Rapport* de 1867, p. 131.

souvent, qu'un non-systématique par rapport à ceux de ses contemporains qui se reposent sur l'acquis du moment. Et par suite, à retracer l'histoire d'un problème, au lieu de raconter des aventures de savants, on fait apparaître sans artifice une relative rationalité. Il ne saurait en aller différemment pour ce qui concerne la physiologie.

Ce n'est d'ailleurs qu'à ce prix qu'on peut situer selon leur juste valeur de signification les accidents qui interdisent à toute recherche un développement paisible, les impasses de l'exploration, les crises des méthodes, les fautes de technique parfois heureusement converties en voies d'accès, les nouveaux départs non prémédités. Car si une science n'était qu'empirique, l'histoire, à bien regarder, en serait impossible, comme elle l'est de toute succession de coups de chance. Il faut esquisser des époques du savoir pour pouvoir tirer profit des anecdotes de la recherche. Un bon exemple peut être pris ici de l'histoire des problèmes concernant la digestion. C'est l'invention d'une technique expérimentale, celle des fistules gastriques, qui a permis, dans la deuxième partie du XIXᵉ siècle, l'acquisition des connaissances, aujourd'hui classiques, en matière de philosophie digestive. On sait, en particulier, quel parti Ivan Pavlov (1849-1936) a tiré de cette technique renouvelée par lui, dès 1890. Mais il faut savoir aussi que cette technique a été inaugurée par les travaux quasi simultanés, et tout à fait indépendants, de Bassov à Moscou[6], en 1842, et de Blondlot à Nancy[7] (*Traité analytique de la digestion, considérée particulièrement dans l'homme et les animaux vertébrés*, 1843). Or il y avait alors près de deux siècles que Regner de Graaf (1641-1673) avait réussi à pratiquer sur le chien une fistule pancréatique (*Disputatio medica de natura et usu succi pancreatici*, 1664) sans que depuis on eût tenté de transposer le point d'application du procédé opératoire. Les expériences de Réaumur, en 1752, et de Spallanzani, en 1870, instituées en vue de décider entre l'explication chimique (van Helmont) et l'explication mécanique (Borelli) des phénomènes de la digestion, avaient multiplié les dispositifs les plus ingénieux, mais aussi les plus indirects, pour recueillir du suc gastrique par la voie œsophagienne. Ni l'un ni l'autre ne paraît avoir imaginé, même pour en

---

6. Bassov (Vassili-Alexandrowitch), 1812-1879.
7. Nicolas Blondlot, né en 1810, était professeur de chimie et de pharmacie à la Faculté de Nancy. Sa technique de fistulation est exposée par Claude Bernard dans les *Leçons de Physiologie opératoire* (26ᵉ leçon).

discuter la possibilité, la fistulation artificielle de l'estomac.
L'invention de la fistule gastrique artificielle procède de la publication par un médecin américain, William Beaumont (1785-1853),
du résultat de ses observations sur un chasseur canadien, Alexis
Saint-Martin, présentant, après blessure par arme à feu, une fistule
stomacale dont les bords adhéraient aux parois de l'abdomen.
Beaumont, qui avait pris l'homme à son service, a consigné le
résultat de ses observations sur les contractions et la sécrétion
gastriques dans un mémoire (*Experiments and observations on
the gastric juice and the physiology of digestion*, 1833). L'histoire
de la chirurgie présente d'autres cas de fistules stomacales,
quoique peu nombreux. Aucun n'a été l'occasion d'une étude
semblable à celle de Beaumont. Et c'est là qu'il faut situer
l'origine spontanée d'un artifice expérimental systématiquement
pratiqué depuis Bassov et Blondlot. Mais il n'est pas accidentel
qu'un tel accident ait été, à son époque, patiemment utilisé
d'abord, intentionnellement reproduit ensuite. Ce sont les recherches chimiques, alors en plein essor, sur la composition des
aliments qui ont stimulé, corrélativement, les recherches chimiques sur les sécrétions du tube digestif. On doit à Prout les
premières analyses chimiques du suc gastrique (1824). La nécessité d'obtenir ce suc en quantités notables, et sans mélange
d'aliments, posait à l'ingéniosité des physiologistes le problème
de son prélèvement dès le début de la sécrétion commandée par
ses excitants spécifiques, et du choix de l'animal dont la conformation anatomique et l'allure des fonctions digestives fussent les
plus favorables.

Ce n'est d'ailleurs pas seulement dans les cas d'invention de
techniques d'examen et d'étude que l'accidentel et l'imprévu
reçoivent leur signification et leur valeur de la chaîne de succes-
sions et de la trame de relations sur lesquelles ils se détachent.
Il faut en dire autant des problèmes eux-mêmes, qui ne naissent
pas nécessairement sur le terrain où ils trouvent leur solution.
L'histoire de la physiologie ne peut être totalement étrangère
à l'histoire de la clinique et de la pathologie médicales, durant le
même temps. Le rapport de ces disciplines ne peut être conçu
dans un seul sens, quoique le plus familier aux physiologistes, celui qui va de la physiologie vers la pathologie.
L'histoire de la physiologie nerveuse et celle de la physiologie
endocrinienne, au XIXe siècle, nous offrent des exemples incontes-
tables de cas où c'est l'observation clinique et l'induction étiologique qui ont attiré l'attention sur des désordres ou des dérèglements fonctionnels dont les physiologistes ignoraient initia-

lement de quels mécanismes normaux de régulation ils constituaient la suspension ou l'écart. L'histoire de la physiologie de
la surrénale ou de la thyroïde est inintelligible sans son rapport
à l'étude clinique de la maladie d'Addison ou à la chirurgie des
goitres, et par suite à leurs contingences historiques propres. Sous
ce rapport, l'œuvre d'une physiologiste comme Brown-Séquard
(1817-1894) se distingue nettement de l'œuvre d'un Claude Bernard,
en ceci qu'elle a plus fréquemment trouvé ou cherché dans l'expérience médicale le point de départ de ses recherches.

Au terme de ce rapide aperçu des circonstances dans lesquelles
la physiologie s'est constituée au XIXᵉ siècle comme science autonome, une conclusion paraît s'imposer. La physiologie n'est pas
une science qu'on puisse définir par la spécificité de sa méthode,
car elle a usé — et continue à user — successivement ou simultanément de toutes les méthodes, car elle a accepté ou demandé
— et elle continue à le faire — le secours de toutes les sciences,
qu'il s'agisse des mathématiques (biométrie), de la physique (électrologie, thermologie et thermodynamique), de la chimie, et avant
tout des autres sciences biologiques (histologie, cytologie). Il n'est
guère plus aisé de définir la physiologie par ses problèmes. C'est
ce que Claude Bernard avait tenté, dans la seconde partie du
Rapport de 1867. C'est ce qu'avait tenté à nouveau, en 1894, Max
Verworn (1863-1923), dans le premier chapitre de son *Allgemeine
Physiologie* qui constitue une intéressante introduction historique
et méthodologique, dont l'inspiration scientiste héritée de Hæckel
ne parvient pas à oblitérer la fidélité à l'enseignement de Johannes
Müller. « Müller, dit Verworn, choisissait toujours la méthode
» d'après le problème du moment et jamais le problème d'après
» la méthode comme cela arrive fréquemment aujourd'hui. Ce
» n'est pas la méthode qui doit être unifiée en physiologie, mais
» bien le problème ». Nous ne pensons pas qu'aucun physiologiste
accepterait aujourd'hui de définir, comme Claude Bernard et
Verworn, le problème de la physiologie : l'explication de la vie.
Indépendamment de ceci qu'une telle définition fait double emploi
avec celle du problème de la biologie, il n'est pas certain que
le terme de vie, pris absolument, ait sa place ailleurs que dans une
problématique philosophique. La physiologie animale contemporaine accepte comme une donnée la multiplicité des modes de vie
de certains organismes, elle se propose de déterminer les constan-

tes fonctionnelles de ces modes de vie et de les ramener, si possible, à quelques types généraux.

Or, il est aujourd'hui impossible de parler d'un problème de physiologie sans préciser à quelle échelle de l'organisation biologique il se situe et reçoit son sens. L'unité de la physiologie, déjà pour Claude Bernard et à plus forte raison pour Max Verworn, c'était l'unité de la physiologie cellulaire. La création, en 1875, au Collège de France, d'une chaire d'histologie pour un élève de Claude Bernard, Ranvier (1835-1902), n'avait pas eu seulement pour fin la consécration de l'ingéniosité et de l'efficacité de nouvelles techniques en microtomie, elle témoignait surtout de l'obligation faite à la physiologie de poursuivre à un nouveau plan de structure la recherche de son objet et de ses problèmes. « La vie, écrivait » Claude Bernard, réside exclusivement dans les éléments orga- » niques du corps; tout le reste n'est que *mécanisme*. Les organes » réunis ne sont que des appareils construits en vue de la conser- » vation des propriétés vitales élémentaires »[8]. Mais trente ans plus tard, le *Traité d'Histologie* de Prenant, Bouin et Maillard (1904) faisait place à la notion de degrés d'individualité et de « sous-multiples cellulaires », et M. Heidenhain élaborait à la même époque la conception des histosystèmes, c'est-à-dire des degrés d'organisation et de leurs phénomènes spécifiques. Depuis lors, la détection des structures moléculaires de la matière vivante a encore invité les biologistes à rectifier leurs idées sur ce que Claude Bernard appelait les « radicaux de la vie »[9]; elle a permis d'une part le dépassement du concept d'organisation par celui de structure, elle a imposé d'autre part la reconversion, pour certaines de ses tâches, du physiologiste en histo-physicien et en histo-chimiste. Du point de vue des techniques et des méthodes, le terme de physiologie paraît désigner aujourd'hui la marge de tolérance d'une rubrique universitaire — et peut-être, demain, industrielle — plutôt que l'unité rigoureuse d'un concept scientifique. Du moins, toutes les recherches physiologiques ont-elles un projet commun, trouvant leur sens dans l'esprit qui les oriente vers la définition et la mesure des constantes de certaines fonctions qu'il faut bien continuer d'appeler vitales, au moment même où l'on s'efforce d'en construire, hors de toute référence aux êtres vivants, des modèles physico-chimiques. Que la physiologie ne

8. *Leçons de Physiologie opératoire*, publiées en 1879 par Mathias Duval : début de la quatorzième leçon.

9. *Rapport* de 1867, p. 136.

puisse entièrement faire elle-même apparaître son propre sens
au même niveau d'objectivité que les objets d'observation et
d'expérimentation que lui assigne progressivement son histoire,
cette limitation ne lui est pas propre et ne constitue pas une
infériorité. Mais c'est une question sans intérêt ici, ᴄuel qu'en
puisse être l'intérêt ailleurs.

Les physiologistes du XIXᵉ siècle : Ecoles et individualités

Un historien de la physiologie doit-il s'excuser d'avouer que,
pour lui, l'hémistiche de Victor Hugo « Ce siècle avait deux ans... »
évoque moins la naissance du poète que la mort de Xavier Bichat,
à l'âge de trente et un ans ? Un étudiant de dix-neuf ans, François
Magendie préparait le concours de l'internat. L'année précédente
était né, à Coblence, Johannes Müller, Les dix-huit années qui
séparent la naissance de Müller de celle de Magendie séparent
exactement la publication des ouvrages par lesquels l'un et l'autre
naissent, une seconde fois, comme fondateurs de la physiologie
moderne. Le premier tome du *Précis élémentaire de physiologie*
a paru en 1816, le premier tome du *Handbuch der Physiologie des
Menschen,* en 1833-1834. Müller s'y réfère fréquemment aux travaux
de Magendie. Magendie fonde, en 1821, le *Journal de Physiologie
expérimentale,* l'année même où l'Académie des Sciences lui
décerne une mention honorable au Prix de physiologie expérimentale, fondé en 1818 par Monthyon, à l'instigation de Laplace. C'est
en 1834 que Müller devient l'éditeur d'*Archiv für Anatomie, Physiologie und wissenschaftliche Medizin* qui continue, à travers
quelques avatars, la revue *Archiv für Physiologie* fondée en 1796
par J. C. Reil. Ce n'est donc pas la complaisance qui suggère,
mais la succession des événements qui impose de commencer
par la France un sommaire historique de la physiologie au
·XIXᵉ siècle.

LES PHYSIOLOGISTES EN FRANCE

Deux manuels, les *Nouveaux éléments de physiologie* (1801) de
Richerand et l'*Essai de physiologie positive* de Fodéré (1806) ne
suffisent pas à inscrire le nom des auteurs dans l'histoire de la
physiologie. Ce sont les travaux de J.-J.-C. Legallois (1770-1814) qui
inaugurent en France la physiologie positive. Sa thèse de 1801,

Le sang est-il identique dans tous les vaisseaux qu'il parcourt ?
formule en termes de chimie biologique le problème des sécrétions
et contient quelques pressentiments du concept de sécrétion
interne. Quand à son mémoire de 1812, *Expériences sur le principe
de la vie, notamment sur celui des mouvements du cœur et sur le
siège de ce principe*, il établit la localisation dans la moelle
épinière des centres de mouvements involontaires, et il contient
des idées méthodologiques fort pertinentes sur la technique des
vivisections et sur l'intérêt de l'anatomie comparée pour l'analyse
des fonctions physiologiques. Tant par l'objet des travaux que
par les méthodes, la physiologie de Legallois apparaît comme
une préfiguration de celle de Flourens d'une part, de celle de
Claude Bernard d'autre part.

On s'étonne de voir quelques historiens de la physiologie ne
faire aucune mention à Poiseuille (1799-1869), alors qu'on enseigne
encore aux étudiants les lois qui portent son nom, alors que
Magendie faisait grand cas de lui (la thèse de Poiseuille, *Recherches sur la force du cœur aortique*, 1828, a été publiée dans le
Journal de Physiologie) et cite abondamment ses techniques et
leurs résultats dans les *Leçons sur les phénomènes physiques
de la vie*. Poiseuille a été trois fois lauréat de l'Académie des
Sciences pour le Prix de physiologie expérimentale (1829, 1831,
1835), c'est-à-dire plus souvent que Magendie. D'une part, les
mesures de Poiseuille sur la pression du sang dans le système
artériel (1828 et 1860) l'ont conduit à des résultats, contestés alors
par les cliniciens, aujourd'hui classiques, résumés dans un théorème selon lequel la force appliquée à une masse sanguine est
indépendante de sa position dans le système artériel et du calibre
de l'artère. D'autre part, il a formulé des lois d'hydrodynamique
dans les tubes de très petit diamètre (1840-1841) et mesuré la
viscosité sanguine. Et enfin, la construction, en 1825, de l'*hémodynamomètre*, ancêtre de tous les appareils de manométrie
utilisés en physiologie, fait de Poiseuille l'initiateur incontesté
de l'instrumentation physiologique au XIXe siècle [10].

De Magendie (1783-1855) il a déjà beaucoup été question. Il faut
insister ici sur sa personnalité et son rôle de chef d'école. Sa
réputation a rapidement dépassé les frontières. Son *Précis de
physiologie* a été traduit en allemand, dès 1820, par C. F. Hen-

---

10. Les physiciens ont plus fidèlement que les physiologistes conservé la mémoire
de Poiseuille. Dans le système d'unités G.G.S., l'unité de viscosité a été nommée
poise.

singer, en anglais, en 1831, par E. Milligan. Ses auditeurs étrangers furent nombreux : parmi eux, on doit citer Moritz Schiff (1823-1896), l'un des fondateurs de l'endocrinologie, qui vécut à Paris en 1844-1845. Il n'est pas aisé de caractériser l'influence exercée par Magendie. Tout a été dit pour ou contre son empirisme, son scepticisme, son matérialisme. En fait, son œuvre représente un moment nécessaire dans l'évolution de la physiologie. Pour en comprendre la portée, il ne faut pas la séparer de l'œuvre médicale de son contemporain, Broussais. Sous la Révolution et l'Empire, les sciences physico-chimiques avaient joui en liberté des faveurs du pouvoir, en raison de leur efficacité dans le domaine de l'industrie, de l'économie, et par suite de la puissance militaire. Mais sous l'Empire et la Restauration, les sciences dites morales, que les philosophes du XVIIIᵉ siècle n'avaient pas séparées des sciences de la nature, étaient l'objet, de la part du pouvoir, d'une sollicitude inspirée par un souci manifeste de domestication. Magendie et Broussais se trouvèrent contraints d'être dogmatiques contre l'orthodoxie, au sein d'une Université qui croyait voir partout se profiler l'ombre de Cabanis. Dans son premier Mémoire sur les *Rapports du physique et du moral* (1798), Cabanis avait loué l'Institut pour la sagesse dont il avait fait preuve « en appelant des physiologistes dans la section » de l'analyse des idées ». Magendie et Broussais commençaient leur carrière à une époque où la tendance eût été plutôt à l'introduction des psychologues, c'est-à-dire de métaphysiciens spiritualistes, dans la section de physiologie. Si les *Mémoires d'Outre-tombe* renferment une violente diatribe contre Gall, ce n'est pas seulement en raison d'une anecdote, c'est parce que l'auteur avait compris, aussi bien que Napoléon, que la physiologie du cerveau n'était pas elle-même consonante avec le *Génie du Christianisme*. Si Magendie avait pour les théories en physiologie l'horreur qui l'a rendu célèbre, c'est que trop d'entre elles apportaient de l'eau au moulin éclectique de la philosophie officielle. Nommé, en 1830, dans la chaire de médecine du Collège de France, Magendie institua alors le premier laboratoire de physiologie expérimentale. Auparavant, il avait organisé des cours privés·de démonstrations de physiologie. En dehors de ses travaux sur les fonctions des nerfs rachidiens (1822), il faut rappeler ses recherches sur l'absorption (1821), sur les effets des alcaloïdes (1822) et sur le liquide céphalo-rachidien (1825 et 1842). Avant Ch. Richet, Magendie a traité de ce qu'on n'appelait pas encore l'anaphylaxie, au cours de ses leçons sur le sang, publiées en anglais à Philadelphie

(*Lectures on the blood*, 1839), avant d'être incorporées aux *Leçons sur les phénomènes de la vie* (1842).

P. Flourens (1794-1867), élève de Cuvier, professeur d'anatomie puis de physiologie comparée au Muséum, successeur de Duvernoy au Collège de France (1855), secrétaire perpétuel de l'Académie des Sciences, se présente comme le continuateur de Legallois et le réfutateur de Gall. D'une part, il localisa dans le bulbe rachidien le centre respiratoire, le fameux « nœud vital », d'autre part il chercha à démontrer que l'intelligence et la volonté sont des fonctions du cerveau total. Il mit en évidence la fonction cérébelleuse de coordination motrice et s'intéressa au rôle des canaux semi-circulaires dans l'équilibration. En outre, on lui doit la preuve expérimentale de la fonction du périoste dans l'ostéogénèse. La technique de Flourens consistait presque exclusivement en résections et ablations d'organes. Ce n'était pas un « physiologiste physicien », comme Magendie disait de Poiseuille. Les principales publications de Flourens sont : *Recherches expérimentales sur les propriétés et les fonctions du système nerveux dans les animaux vertébrés* (1824); *Expériences sur les canaux semi-circulaires de l'oreille* (1830); *Note touchant l'action de l'éther sur les centres nerveux* (1847); *Théorie expérimentale des os* (1847). Il n'est pas interdit de retenir que les contributions de Flourens à l'histoire de la biologie, particulièrement sur Buffon, Cuvier, E. Geoffroy Saint-Hilaire, ne sont pas négligeables. Mais son hostilité au darwinisme ne lui a pas valu que des admirateurs.

F.-A. Longet (1811-1871) continua, lui aussi, les recherches de Legallois sur la moelle épinière, mais à la lumière des travaux de Bell et de Magendie sur les nerfs rachidiens et des travaux de Marshall-Hart et de J. Müller sur les actions réflexes. On lui doit la première bonne description de l'innervation du larynx. Il a publié, en 1841, des *Recherches sur les propriétés et les fonctions des faisceaux de la moelle épinière*, en 1842, un *Traité d'anatomie et de physiologie du système nerveux*, et en 1850-1852 un *Traité de physiologie* qui a connu plusieurs éditions.

Claude Bernard (1813-1878), d'abord assistant, puis suppléant, enfin successeur (1855) de Magendie au Collège de France, a attaché durablement son nom à un ensemble de découvertes dont l'ampleur et l'unité n'ont cessé d'être de mieux en mieux estimées. Il n'a jamais fait figure de savant méconnu ou maudit, dans un siècle qui en compte quelques-uns, moins toutefois que de poètes. Gloire nationale, Claude Bernard se prête aisément aux banalités d'usage ou au dithyrambe de circonstance. Il est difficile d'en parler ou d'en écrire, parce qu'il est le plus connu de tous les physiologistes français, ce qui ne veut pas dire qu'il soit très bien compris. On ne paraît pas, en général, avoir assez remarqué que son attitude d'esprit à l'égard des sciences physico-chimiques alliait la réserve à la déférence. Ce qui le distingue de Magendie ce n'est pas seulement d'avoir défendu un rationalisme expérimental contre un empirisme expérimental dans l'ordre des méthodes de recherche, c'est aussi et peut-être surtout d'avoir gardé ses distances de biologiste à l'égard des sciences auxiliaires. L'époque le lui permettait. En 1865 *(Introduction)* et en 1867 *(Rapport)*, alors que la réfutation du vitalisme visait des attardés démunis, dont les parades n'étaient que verbales, l'allégeance aux vainqueurs, physiciens et chimistes, risquait de réduire la physiologie en esclavage. En somme, la situation était renversée depuis le début de la carrière de Magendie et grâce à son œuvre et à son impulsion, Claude Bernard pouvait écrire : « Les physiciens, les mécaniciens » et les chimistes considèrent comme étant de leur domaine des » phénomènes mécaniques, physiques et chimiques qui appartien- » nent cependant à la physiologie. Sans aucun doute, ainsi que » nous l'avons répété souvent, il n'y a qu'une mécanique, qu'une » physique et qu'une chimie quant aux lois qui régissent les phéno- » mènes des corps vivants et des corps bruts. Mais nous avons vu » que ce serait néanmoins une erreur d'assimiler complètement » les phénomènes des corps vivants à ceux qui se passent dans les » corps bruts. A raison des procédés toujours spéciaux que la » nature organique emploie, l'étude de ces phénomènes appartient » réellement au physiologiste. C'est ainsi que les fermentations » doivent être comprises dans les phénomènes physiologiques » de nutrition, de développement, etc. »[11]. Ainsi s'explique l'idée que Claude Bernard s'est toujours fait du rôle et, par suite, de l'équipement d'un laboratoire de physiologie. Il a déploré, dans le *Rapport* aussi bien que dans l'*Introduction*, la rareté des laboratoires français et l'insuffisance de leurs ressources; mais il a réagi inversement contre le « luxe d'instruments dans lequel sont » tombés certains physiologistes », et cela pour des raisons scientifiques : « Il faut bien savoir que plus un instrument est compli- » qué, plus il introduit de causes d'erreur dans les expériences. » L'expérimentateur ne grandit pas par le nombre et la complexité » de ses instruments; c'est le contraire »[12]. La réserve à l'égard

---

11. *Rapport* de 1867, note n° 225.
12. *Introduction à l'étude de la médecine expérimentale* : fin de la 2ᵉ partie.

des bénéfices de l'instrumentation n'est qu'un des symptômes de la méfiance de Claude Bernard pour l'usage des mesures en biologie et pour les calculs qui les exploitent. Si le personnage de Bernard ressemble par certains points à celui de Magendie, sa pensée conserve une fidélité discrète à l'inspiration de Bichat. Et ce n'est pas par hasard si toutes ses découvertes ont fini par s'éclairer mutuellement dans l'unité du concept de « milieu inté- » rieur » (1865), initialement formé par généralisation du concept de « sécrétion interne » (1865). Le milieu intérieur physiologique ou organique c'est, pour Claude Bernard, le sang considéré comme le répartiteur des réserves alimentaires et énergétiques néces- saires à la constance de l'activité des cellules. L'idée de milieu intérieur implique l'adhésion à la théorie cellulaire, prise dans un sens associationniste. L'organisme fait un milieu pour ses élé- ments, et le milieu fait, des éléments, un organisme. Le concept de sécrétion interne, chez Claude Bernard, n'est pas encore le concept d'un message chimique intra-organique, il est le concept d'une condition d'autonomie de l'organisme, pris comme un tout, par rapport au milieu extérieur. « Les phénomènes de la vie ont » une élasticité qui permet à la vie de résister, dans des limites » plus ou moins étendues, aux causes de troubles qui se trouvent » dans le milieu ambiant » [13]. A l'époque où lamarckisme et darwinisme inclinaient, quoique différemment, à rechercher par quels mécanismes les êtres vivants sont soumis au milieu exté- rieur, Claude Bernard élaborait la théorie des fonctions par lesquelles les vivants se font de moins en moins passivement dépendants de leur milieu de vie. C'est cette « élasticité » physio- logique qui nous paraît être l'idée d'abord latente, puis à la fin explicite, de toute l'œuvre scientifique de Claude Bernard. De là l'insistance, parfois hyperbolique, avec laquelle il a proclamé la juridiction du déterminisme sur les phénomènes organiques. Elle s'explique par le souci de préserver contre un malentendu possible, contre la confusion entre l'élasticité et l'indéterminisme, ce que Claude Bernard tenait pour l'allure spécifique des phéno- mènes étudiés par le physiologiste.

Des nombreuses publications proprement scientifiques de Claude Bernard, on ne peut retenir ici que les mémoires ou les traités les plus importants : *Du suc gastrique et de son rôle dans la nutrition* (Thèse de médecine, 1843); *Découverte de la fonction du pancréas dans l'acte de la digestion* (1850); *Recherches sur une*

---

13. *Pensées. Notes détachées* (publiées par L. Delhoume, 1937), p. 36.

nouvelle fonction du foie considéré comme organe producteur de matière sucrée chez l'homme et les animaux (Thèse de sciences, 1853); *Influence du grand sympathique sur la température des parties auxquelles ses filets se distribuent* (1854); *Leçons sur les effets des substances toxiques et médicamenteuses* (1857); *Leçons sur la chaleur animale* (1876); *Leçons sur le diabète et la glycogénèse animale* (1877); *Leçons de physiologie opératoire* (1879). Il ne paraît pas sans intérêt de signaler que les premières leçons données au Collège de France (1853-1854) furent publiées en anglais à Philadelphie : *Notes of M. Bernard's Lectures on the blood* (1854), d'après les notes prises par un auditeur américain, le Dr Atlee (1828-1910).

On ne saurait passer sous silence, même dans un sommaire historique, que la renommée internationale de sa personnalité et de son enseignement amena à Claude Bernard, comme auparavant à Magendie, de nombreux auditeurs et visiteurs étrangers en dépit de la médiocrité de son laboratoire, comparé à l'Institut de K. Ludwig. Parmi les physiologistes qui lui doivent une partie de leur formation, il faut citer : pour les Etats-Unis d'Amérique, J. Dalton (1825-1890) et S. W. Mitchell (1830-1914); pour l'Italie, Vella (1825-1890) et Mosso (1846-1910); pour la Russie, Tarchanov (1848-1909). Elie de Cyon (1842-1912) a travaillé chez Claude Bernard, mais aussi chez Ludwig, qui a collaboré à ses recherches sur les réflexes vaso-moteurs (1867).

Les élèves de Claude Bernard les plus notoires sont Ranvier, P. Bert, A. Dastre et J.-A. d'Arsonval (1851-1940), connu pour ses recherches d'électrothérapie (1892) et à qui l'on doit la publication de nombreux papiers inédits de Claude Bernard.

De Paul Bert (1833-1886), professeur à la Faculté des Sciences de Bordeaux, puis assistant de Claude Bernard, avant de devenir professeur à la Sorbonne, John F. Fulton a écrit que ses recherches sur les effets de la dépression barométrique étaient une des pierres milliaires de la physiologie. Les effets de la vie en altitude avaient déjà donné lieu à de nombreuses études dans le cas où l'adaptation est permanente et avaient posé, dans le cas des ascensions à haute altitude, le problème du mal des montagnes. Mais, depuis le début du siècle, les ascensions en aérostats, entreprises dans un but sportif ou scientifique (Biot et Gay-Lussac, 1804), avaient attiré l'attention sur la maladie des ballons *(the balloon sickness)*. D. Jourdanet avait publié, en 1875, *Influence de la pression de l'air sur la vie de l'homme*. Ami de P. Bert, il l'avait encouragé à des recherches physiologiques sur les effets de la pression et de la dépression, et l'avait soutenu financièrement. La catastrophe du ballon *Zenith*, en 1875, accrut dramatiquement l'intérêt pour ces recherches. En 1878, Paul Bert publiait *La pression barométrique, recherches de physiologie expérimentale*, où il établissait que l'anoxémie est la cause des syncopes en haute altitude. Cet ouvrage, toujours classique, a été traduit en anglais en 1943, pour des raisons qui, manifestement, touchent à l'actualité des questions posées aux physiologistes par les récentes performances de l'aviation civile ou militaire.

E.-J. Marey (1830-1904) appartient, comme Paul Bert, à la génération des physiologistes qui ont fait leur apprentissage au milieu du siècle, alors que la physiologie avait conquis son indépendance et trouvé son style. On doit à Marey d'avoir repris, modifié et développé, en France, les techniques d'inscription graphique mises au point par Ludwig et d'avoir importé, en physiologie, pour l'étude du mouvement des organismes, les techniques de la photographie en série déjà utilisées par les astronomes (Janssen, inventeur du « revolver photographique », pour l'étude du passage de Vénus, Paris, 1874). On a vu que l'hémodynamomètre de Poiseuille avait fourni à Ludwig un des éléments du kymographe. Inversement, c'est le sphygmographe de Karl Vierordt (1853), construit par composition du sphygmomètre et de l'enregistreur graphique de Ludwig, qui est l'ancêtre des appareils de Marey. Associé à Chauveau (1827-1917), Marey a utilisé le sphygmographe comparatif à l'étude des mouvements de la circulation *(Physiologie médicale de la circulation du sang*, 1863). C'est aussi en collaboration avec Chauveau que Marey a construit et utilisé la sonde cardiaque pour l'enregistrement des pulsations du cœur *(Appareils et expériences cardiographiques*, 1863). Les travaux de Marey sur la locomotion humaine et animale étudiée selon la méthode graphique sont résumés dans *La Machine animale* (1873). Des travaux sur le même sujet, selon la méthode chronophotographique et qui font de Marey un des pères du cinématographe, sont réunis dans *Le Mouvement* (1894). On sait que des recherches analogues furent entreprises en Californie, dès 1880, et rassemblées dans le célèbre : *Animals in motion* (1899) de E. Muybridge (1830-1904) dont la naissance et la mort coïncident curieusement avec celles de Marey. Les résultats des recherches poursuivies par Marey dans son laboratoire du Parc des Princes ont été en partie consignés dans sa *Physiologie expérimentale* (1876-1880) qui contient, en outre, quelques mémoires de son assistant François-Franck (1849-1921) sur la physiologie nerveuse. Marey avait succédé à Flourens au Collège de France en 1867.

Une place à part doit être faite enfin à Charles Brown-Séquard (1818-1894), successeur en 1878 de Claude Bernard au Collège de France, après plusieurs séjours alternés en France et aux Etats-Unis d'Amérique. Il a toujours associé la recherche expérimentale et la clinique médicale, entretenant de bons rapports avec Charcot et Vulpian. Ses travaux ont porté sur les fonctions de la moelle épinière, mais il est un pionnier des recherches relatives aux régulations endocriniennes, au sens actuel du terme. En 1856, il publiait *Recherches expérimentales sur la physiologie et la pathologie des glandes surrénales*. En 1889-1893, il a poursuivi des études analogues sur la sécrétion interne du testicule. En juin 1889, il fit à la Société de Biologie, une retentissante communication sur la puissance dynamogéniante chez l'homme d'un liquide extrait des testicules d'animaux. Les sarcasmes excités à l'époque par les ambitions du thérapeute ont détourné d'apercevoir sur-le-champ que Brown-Séquard se faisait de la sécrétion interne une idée assez différente de celle de Claude Bernard et qu'au mot près il anticipait, en 1891, le concept d'hormone (1905), car il voyait dans les sécrétions internes des substances grâce auxquelles les cellules « sont rendues solidaires les unes des » autres par un mécanisme autre que les actions du système » nerveux »[14]. Aux travaux de Brown-Séquard il faut rattacher ceux d'Eugène Gley 1857-1930) sur la thyroïde et les parathyroïdes.

Terminons en rappelant le nom de Charles Richet (1850-1935), ses travaux sur la chaleur animale et la découverte du phénomène d'anaphylaxie (1888-1892).

LES PHYSIOLOGISTES EN ALLEMAGNE

Coblence qui avait été, sous la Révolution, le point de ralliement des émigrés royalistes, était chef-lieu de département français quand y naquit Johannes Müller. Avant de devenir causes de l'éveil d'une conscience nationale allemande, les conquêtes de la Révolution et de l'Empire ouvrirent ce qu'Albert Thibaudet a appelé « un marché d'échanges européen de l'intelligence ». Quand les régimes politiques changent quatre fois en vingt-cinq ans sur des territoires dont les frontières sont nomades, on doit changer de lieu pour ne pas changer d'aveu, ou bien l'on devient cosmopolite sur place. Il arrive ainsi que de nouvelles conjonc-

14. *Archives de physiologie normale et pathologique*, 1891, III, p. 496.

tions d'idées dans un même esprit soient rendues possibles. On peut être en avance d'un régime politique et en retard d'une vision littéraire, ou scientifique, de la nature, et inversement. Le décalage de la géographie des idées et de la géographie des frontières doit interdire de simplifier l'histoire.

Parce que Claude Bernard a rapporté une discussion sur Bichat entre Tiedeman et Magendie dans le laboratoire du Collège de France, parce que J. von Liebig, excédé des élucubrations philosophiques dans l'enseignement de la chimie, est venu travailler chez Gay-Lussac en 1820, il serait puéril de conclure à la vérité expérimentale en-deçà du Rhin, à l'erreur métaphysique au-delà, pendant le premier tiers du siècle. C'est pourtant ce qu'ont fait quelquefois, sur des indices guère plus significatifs, les historiens des sciences, en France, quand la docilité aux conclusions du positivisme leur a masqué l'origine romantique de certains de ses axiomes.

La société des esprits avait le goût et les moyens d'être ouverte. Le bilinguisme avait été pour beaucoup une nécessité. C'était l'époque proche de celle où Rivarol entreprenait, sur demande à Hambourg, un *Dictionnaire de la langue française*. Mais c'était aussi l'époque où beaucoup de savants allemands écrivaient encore en latin (J. Müller 1822 et 1830, von Baer 1827, Rudolf Wagner 1835, Helmholtz 1842, etc.). Les traductions d'une langue à l'autre étaient peut-être plus promptes et fréquentes qu'aujourd'hui. Le *Précis* de Magendie, on l'a vu, fut traduit trois ans après sa publication. Inversement, A. L. J. Jourdan (1788-1848), le traducteur de l'*Histoire de la Médecine* de Sprengel, le préfacier du *Dictionnaire des Sciences médicales* (1820-1825), introduisait en France, un an après sa publication, le *Traité de physiologie de l'Homme* (1830) de Tiedemann, et mieux encore le *Manuel de Physiologie* de Johannes Müller (1845, d'après la 4e édition 1844).

Le premier grand traité qui ait revendiqué en Allemagne le titre de physiologie expérimentale est celui de K. F. Burdach (1776-1847), auquel collaborèrent von Baer, Rathke, R. Wagner et J. Müller, *Die Physiologie als Erfahrungswissenschaft*, dont le premier tome parut en 1826. Ce n'est pourtant pas Burdach qui devait donner à la physiologie allemande son style expérimental, c'est Müller, et en raison de postulats philosophiques tout autres que ceux de Magendie.

J. Müller fit ses études médicales à Bonn, dans un milieu intellectuel fort attaché aux idées de la *Naturphilosophie*, idées dont il devait s'éloigner, au cours d'un stage à Berlin en 1824, sans pour autant se convertir à l'empirisme. Dans un des chapitres du *Handbuch* relatifs à la vie intellectuelle (Livre VI, 1, ch. 2), il fonde sur une théorie des idées générales une profession de foi méthodologique : « Les plus importantes vérités dont les sciences de » la nature s'enorgueillissent n'ont été trouvées ni par l'analyse » d'idées philosophiques, ni par la simple observation, mais par le » concours du raisonnement et de l'observation qui a permis de » distinguer ce qu'il y avait d'essentiel et d'accidentel dans les » faits, et d'arriver ainsi à des principes d'où l'on déduit beaucoup » de phénomènes. C'est là plus que l'observation empirique; c'est, » si l'on veut, l'observation philosophique ». Or, quelques pages plus loin, traitant de l'association des idées, Müller évoque des conversations avec Gœthe sur la métamorphose des figures de fleurs. Sachant d'ailleurs quelle influence la lecture de Gœthe naturaliste a exercée sur Müller, on ne se trompera pas beaucoup en tenant les propositions rapportées ci-dessus pour une sorte de médiation, certainement logique, et peut-être historique, entre l'idée de l'expérience selon Gœthe et l'idée de l'expérience selon Claude Bernard.

Si les premiers travaux de Müller *Sur la physiologie comparée du sens de la vue chez l'homme et les animaux* (1826), d'où la loi de l'énergie spécifique des nerfs est induite, relèvent autant de la philosophie que de la physiologie proprement dite, ceux qu'il publie en 1830 sur la structure des glandes sécrétrices et sur le développement des organes génitaux sont le fruit d'une méthode plus rigoureuse, alliant l'expérimentation à la comparaison anatomique. Ayant quitté Bonn, où il enseignait depuis 1824, pour Berlin, en 1833, Müller commença à publier le *Handbuch* qui contenait, avec quelques mois de retard sur le premier mémoire de Marshall Hall, l'exposé de ses recherches, parallèles et indépendantes, sur les actions réflexes, en liaison avec des expériences menées depuis 1827 en vue de confirmer la loi de Bell-Magendie.

Il faut dire quelques mots du *Manuel* de Müller, témoin monumental d'une conception vieillie, mais peut-être non dépassée : Celle d'une science de la vie dont une vision philosophique constitue non le principe mais le fondement. L'ordre en est le suivant : Prolégomènes; I, la circulation, sang et lymphe; II, les changements chimiques, respiration, nutrition, sécrétion, digestion; III, physique des nerfs; IV, mouvements, la voix et la parole; V, les sens; VI, les facultés intellectuelles; VII, la génération; VIII, le développement. Cet ordre est historique, procédant, en gros, des fonctions les plus tôt expliquées vers celles dont la connaissance est la plus neuve, de Harvey à von Baer par Lavoisier et Marshall Hall. Mais, abstraction faite des deux derniers livres d'embryologie, si l'on groupe deux à deux les six premiers, on obtient une série de concepts : énergie, coordination, relation, qui composent une idée de la vie, énergie coordonnée dans ses rapports avec l'environnement. L'évolution de la science physiologique, après Müller, n'ajoutera rien à ce programme, alors même qu'elle le démembrera pour mieux l'exécuter. On comprend l'influence exercée par ce livre sans précédent et sans second. Müller savait tout et avait tout lu. Il ne rapporte jamais un fait sans référence aux circonstances et à l'auteur de la découverte. A le lire, on voit la physiologie se constituer. Müller n'est pas seulement quelqu'un qui enseigne la physiologie tout en contribuant à la faire, il est manifeste qu'il la pense. Il était donc destiné à la faire penser par d'autres et par là à leur en donner le goût.

Müller, s'il avait le sens des services que la physique et la chimie peuvent rendre à la physiologie, et s'il utilisait lui-même, en ces domaines, les travaux de ses contemporains, n'avait pas lui-même le goût des recherches selon leurs méthodes. Plutôt que physicien ou chimiste, il était naturaliste et naturaliste comparatiste. Sa lecture de Kant, des postkantiens et de Gœthe soutenait sa conviction qu'il y a une originalité de la vie. Aussi n'a-t-il pas, à proprement parler, ouvert des voies ou inventé des techniques telles que ses élèves n'eussent qu'à les prolonger ou à les exploiter Mais il leur a donné la passion et la culture qui leur permirent d'ouvrir ou d'inventer les leurs. L'arbre généalogique de la postérité scientifique de Müller est large et ramifié. Il comporte aussi bien les noms de Schwann, Virchow et Haeckel, fondateurs et propagandistes de la théorie cellulaire, que les noms de physiologistes proprement dits et, parmi les plus grands, ceux de E. du Bois-Reymond (1818-1896), E. Brücke (1819-1892), H. Helmholtz (1819-1892).

Ces trois condisciples furent les trois piliers de la Société de physique qu'ils fondèrent à Berlin en 1845. Et du jour (1847) où Carl Ludwig, de Marburg, les rencontra et devint leur ami commun, une nouvelle voie fut ouverte à la physiologie allemande. En 1848 Ludwig déclarait à du Bois-Reymond : « Il ne peut pas » ne pas arriver que la physiologie n'aboutisse à se fondre dans » la physique et la chimie des organismes ». Un tel projet commandait de lui-même ses moyens. Chez du Bois-Reymond et Helmholtz le laboratoire de physiologie se changea en laboratoire

de physique. Ludwig rêva d'une usine de physiologie et finit
par la construire.

Du Bois-Reymond a créé les instruments et les techniques
de l'électrophysiologie. Ses *Recherches sur l'électricité animale*
(1848-1849) ont eu pour occasion l'examen des faits rapportés par
Matteucci dans l'*Essai sur les phénomènes électriques chez les
animaux* (1840). Elles ont été suivies, en 1875, par les *Mémoires
réunis sur la physique générale du muscle et du nerf*. L'invention
du chariot inducteur, de l'électrode impolarisable ont été pour
du Bois-Reymond des titres de célébrité moins inconstants que
l'énoncé de la loi selon laquelle le courant continu n'excite le nerf
que dans ses instants de variation. Il fut moins exigeant pour
lui-même qu'il ne fut sévère pour les autres, en science aussi bien
qu'en philosophie ou en politique. On connaît au moins de lui
la conclusion d'un discours sur les limites de la connaissance :
Ignorabimus (1872). L'humilité de cet agnosticisme s'accommoda
toutefois de la recherche et de la jouissance des honneurs universitaires, académiques et politiques.

E. Brücke enseigna successivement à Königsberg et à Vienne.
Comme Helmholtz, il fit des recherches de physiologie sensorielle
et manqua même de construire l'ophtalmoscope. Il lia à ses
travaux sur la perception des couleurs des questions d'esthétique
(*Principes scientifiques des beaux-arts*, trad. franç., 1878). Il
faut savoir que Sigmund Freud, élève de Brücke en physiologie
de 1876 à 1882, fut orienté par lui vers la médecine. C'est Brücke
qui fit accorder à Freud la bourse d'études grâce à laquelle il vint
suivre à Paris en 1885 l'enseignement de Charcot, dont il traduisit
par la suite les *Leçons du mardi à la Salpêtrière*.

Si l'on doit entendre par science la mesure des phénomènes
et la détermination de leurs rapports selon des lois mathématiquement exprimées, les travaux de Helmholtz sont, au XIXe siècle,
le canon de la physiologie scientifique. L'apport de Helmholtz à
l'énergétique a été décisif (1847). C'est lui qui a mesuré le premier
la vitesse de transmission de l'influx nerveux (1850). La *Théorie
de la perception des sons* (1862) et le *Traité d'optique physiologique* (1867) étendent aux fibres nerveuses et à leurs récepteurs
périphériques, dans la membrane basilaire ou la rétine, la spécificité que Müller avait déjà attribuée aux nerfs. Helmholtz n'est
pas à proprement parler le créateur de la psychophysique.
E. J. Weber (1795-1878) avait déjà, par son mémoire *De subtilitate
tactus* (1834), fourni à son élève Fechner (1801-1887) les bases de la
loi psychophysique fondamentale (1858). Mais Helmholtz a rompu

le lien qui unissait encore à la métaphysique la psychophysique
de Fechner. Il est significatif que Helmholtz, d'abord professeur
de physiologie à Heidelberg (1858), où il eut W. Wundt comme
élève et assistant, ait été appelé à Berlin, en 1871, comme professeur de physique.

Johannes Müller avait été l'inspirateur enthousiaste des physiologistes allemands. Carl Ludwig (1816-1895) fut l'instituteur méthodique des physiologistes du monde, par l'exemple direct ou par
l'influence à distance. Ayant étudié à Marburg, où il fut en rapport
avec le physicien Bunsen, Ludwig publiait en 1843 son premier
travail sur le mécanisme de la sécrétion rénale, fondé sur l'étude
de la perméabilité des membranes. Il enseigna successivement à
Zürich (1849), à Vienne (1855), où il retrouva Brücke, enfin à
Leipzig (1865). Quand on oppose la richesse, à l'époque, des laboratoires allemands et la pauvreté des laboratoires français, il faut
distinguer les dates et les lieux. Schwann a prétendu que l'Institut
de Müller à Berlin ne comptait, quand il y travaillait, qu'un seul
microscope. Celui de Vienne, quand Brücke y fut nommé, n'était
guère mieux pourvu. Du Bois-Reymond et Helmholtz, le premier
surtout, avaient multiplié les appareils d'expériences. Mais
Ludwig ne pouvait trouver nulle part un modèle de ce dont
il rêvait, et qu'il mit quatre années à réaliser. En 1869, fut inauguré
le fameux Institut de Leipzig, dont on a dit qu'il fonctionnait
à la fois comme une administration et une usine. Il était divisé
en trois départements de recherches : physiologie, chimie, anato-
mie-histologie. Pendant vingt ans environ, l'activité de Ludwig
fut celle d'un savant et d'un chef de service. Müller avait insufflé
un esprit, Ludwig ouvrit un champ. Pour faire fructifier les
leçons de Müller, il fallait quelque génie personnel. Pour suivre
l'exemple de Ludwig et continuer dans les voies défrichées par
lui, il fallait de la rigueur et de la patience. A l'exception de celui
de Pavlov, on ne relève parmi les disciples immédiats de Ludwig
aucun nom capable de soutenir la comparaison avec ceux des
élèves de Müller. Avec Ludwig, la physiologie devenait une élaboration anonyme. Par le rendement des travaux collectifs et par
la persistance durable du sillon magistral, l'époque de Ludwig
est la grande époque de la physiologie allemande, au moment où
la pathologie de Virchow (1821-1902) assurait à la médecine
allemande son rayonnement. Les recherches de Ludwig ont principalement porté sur l'endosmose (1849), les mouvements du cœur
et la fibrillation ventriculaire (1850), l'innervation des glandes
salivaires (1861), les gaz du sang pendant le travail muscu-

laire (1861), les effets physiologiques de la pression artérielle (1865), la mesure de la pression du sang dans les capillaires (1875). Avant sa venue à Leipzig, il avait publié un *Lehrbuch der physiologie* (1852-1855). Dans l'Institut de Ludwig, les chercheurs étaient répartis en groupes, où les étrangers étaient souvent plus nombreux que les Allemands. Parmi les plus connus, Luciani et Mosso étaient Italiens; Setchenov et Pavlov étaient Russes; Bowditch, Welch, Mall étaient Américains; Horsley et Stirling étaient Anglais.

Parmi les nombreux physiologistes allemands dont les attaches avec les écoles précédentes sont indirectes, il faut placer au premier plan Pflüger et Goltz. E. Pflüger (1829-1910), élève de du Bois-Reymond, travailla d'abord dans la direction tracée par son maître et publia, en 1858, des *Recherches sur la physiologie de l'électrotonus*. Dans sa maturité, il travailla surtout à des questions relatives à la nutrition, à la respiration, au métabolisme cellulaire, à l'occasion desquelles il construisit des appareils spéciaux, tels que l'aérotonomètre (1869). Dans ses dernières années d'activité, il s'intéressa à l'embryologie expérimentale. Les manuels d'enseignement ont conservé longtemps, même après les travaux de Sherrington, la mémoire de Pflüger, en faisant état des « lois » de l'irradiation des réflexes (1853). En formant, en 1877, le concept de quotient respiratoire, il se donnait un titre plus durable à la reconnaissance des physiologistes. Müller disparu, c'est Pflüger qui a maintenu dans la physiologie allemande l'idée kantienne selon laquelle la vie n'est pas qu'un simple mécanisme, en sorte que la connaissance de son déterminisme physico-chimique n'exclut pas la prise en considération de sa finalité. Il fut le fondateur de la revue : *Archiv für die gesamte Physiologie des Menschen und der Tiere*, couramment appelée *Pflügers Archiv* (1869).

Léopold Goltz (1834-1902) vint de la chirurgie à la physiologie par l'anatomie. Cela explique son peu de goût naturel pour l'usage des techniques physiques et chimiques en physiologie. Il est, parmi les physiologistes allemands, celui qui ressemble le plus à Claude Bernard, au moins par la préférence accordée aux méthodes d'exploration fonctionnelle sur les animaux vivants. Il fut le premier titulaire de la chaire de physiologie à l'Université allemande de Strasbourg, après l'annexion en 1870 de l'Alsace-Lorraine. Ses recherches ont presque exclusivement porté sur les fonctions du système nerveux central, spécialement sur celles du cortex cérébral, étudiées d'abord chez la grenouille (1869), puis chez le chien (1880-1892). Les chiens décérébrés de Goltz

sont restés célèbres *(Der Hund ohne Grosshirn*, 1892). L'un d'eux
vécut dix-huit mois, après ablation successive des deux hémisphères à un an d'intervalle. Goltz constata que la décortication de
l'aire motrice ne privait pas l'animal, comme l'avait prétendu
Hitzig, de sa « conscience musculaire ». Il généralisa ses consta-
tations en refusant la théorie des localisations sensorielles de
Ferrier et H. Munk. A cette époque, Sherrington fit un stage bref
à l'Institut de physiologie de Strasbourg. Ultérieurement, Goltz,
en collaboration avec son assistant et futur successeur Ewald
(1855-1921), pratiqua sur le chien des sections de moelle infra-
bulbaire et supra-lombaire, pour l'étude des fonctions nerveuses
chez l'animal antérieur, moyen et postérieur *(Der Hund mit
verkürztem Ruckenmark*, 1896).

Ce bref historique néglige forcément plus de physiologistes
allemands qu'il n'en retient. Au moins s'est-il appliqué à n'oublier
aucun de ceux dont l'œuvre et l'influence ont permis aux autres
de figurer légitimement dans des études moins limitées.

LES PHYSIOLOGISTES EN GRANDE-BRETAGNE

Il a fallu attendre l'année 1878 pour que l'Angleterre possédât,
à son tour, une revue fondée par des physiologistes, le *Journal
of physiology*. C'est là un des signes qu'une science dans laquelle
les Anglais ont tenu depuis une place de premier plan, avec Langley, Sherrington, Bayliss, Starling, Hill, Dale et Adrian, n'a pris
son essor qu'à l'image et sous l'impulsion des écoles allemande
et française. Ce sont pourtant des Anglais, Charles Bell (1774-1842)
et Marshall Hall (1790-1857) qui ont posé au début du siècle les
bases de la neurophysiologie. Mais ils font figure plutôt de continuateurs de Robert Whytt que de précurseurs de Langley ou de
Sherrington. Entre eux et les physiologistes de la fin du siècle,
on perçoit une coupure dans les techniques et les méthodes,
coupure dont la responsabilité, on l'a vu, doit être cherchée
ailleurs que sur le sol national. W. Sharpey (1802-1880), M. Foster
(1836-1907) et Ferrier (1834-1928) sont les trois plus grands noms
dans la période intermédiaire.

LES PHYSIOLOGISTES EN RUSSIE

Quant au XVIIIe siècle et au début du XIXe, il faut parler plutôt
de savants en Russie que de savants russes. En biologie, C. F. Wolff

et E. von Baer, grâce à leur enseignement à Saint-Pétersbourg et à leurs publications dans les *Novi Commentarii* et les *Acta de l'Académie impériale des sciences*, avaient projeté sur l'embryologie une lumière venue de l'Est, mais réfléchie plutôt que directe, au moins jusqu'à Kowalewski (1840-1901).

Mais c'est sous l'impulsion de savants russes que la physiologie moderne a commencé en Russie, non sans qu'ils soient allés chercher à Leipzig, à Vienne ou à Paris, à l'exemple des autres physiologistes de l'époque, des modèles autant que des techniques. Tarchanov et surtout Setchenov ont été les fondateurs de l'école russe de physiologie à Saint-Pétersbourg et à Moscou. Tarchanov a mis en évidence le réflexe psycho-galvanique. Setchenov a découvert l'inhibition centrale des réflexes (1863) et il a, par là, fourni à son élève Ivan Pavlov une direction de recherche. C'est à Pavlov qu'il faut faire réellement remonter l'essor de la physiologie russe, tant au point de vue des techniques — très compliquées et minutieuses, comme on sait, dans l'étude des réflexes conditionnels (tour du silence) — qu'au point de vue des principales directions de la recherche. Pavlov avait d'abord commencé par des travaux sur la digestion (invention de la technique du « petit estomac » pour l'étude de la sécrétion gastrique), ce qui explique qu'il n'ait guère retenu que des phénomènes sécrétoires dans l'étude des réactions conditionnelles. Lorsqu'en 1904, il fut le premier physiologiste — quoique le quatrième médecin — couronné d'un Prix Nobel, la physiologie russe reçut la consécration internationale de son autonomie.

LES PHYSIOLOGISTES AUX ETATS-UNIS D'AMERIQUE

A l'exception de William Beaumont qui a dominé par ses observations la physiologie de la digestion, durant le premier tiers du XIXᵉ siècle, les U.S.A. ont attendu le retour et l'implantation dans leurs Universités de chercheurs attirés en Europe par la renommée de Claude Bernard et de Ludwig, pour revendiquer, à leur tour, leur contribution à l'essor de la physiologie moderne. Dalton a introduit à Buffalo en 1854 la physiologie opératoire de Claude Bernard. Bowditch (1840-1911), élève de Ludwig en 1869, a fondé en 1871 le premier laboratoire de physiologie expérimentale à l'Université Harvard de Boston et l'on compte, parmi ses élèves, H. Cushing (1869-1934) et W. B. Cannon (1871-1945). Un autre élève de Ludwig, W. H. Welch (1850-1934), organisa en 1885 un laboratoire de biologie au Johns Hopkins Hospital de Balti-

more, alors qu'à l'Université de la même ville, un Irlandais,
H. Newell-Martin (1849-1896), élève de M. Foster, avait été appelé
à créer, en 1876, l'enseignement de la physiologie. Si l'on ajoute
qu'à la même Université, F. P. Mall (1862-1917), lui aussi élève de
Ludwig, enseignait l'anatomie, on mesurera l'ampleur de l'influence
de l'école allemande de physiologie sur les débuts de l'école
américaine. La Société américaine de Physiologie fut fondée
en 1887. Il n'entre pas dans le cadre de cette étude de décrire
l'accumulation de moyens techniques d'investigation qui, à la fin
du XIXᵉ siècle et au début du XXᵉ, devait amener l'école américaine
à se substituer aux écoles européennes dans le rôle d'institutrice
internationale des physiologistes. Quand les progrès d'une science
sont conditionnés par l'ampleur de l'équipement, le nombre des
capitaines devient directement proportionnel à la masse des
capitaux.

On vient de voir sommairement comment la disparité initiale
des principales écoles nationales de physiologistes a été peu à peu
compensée par les échanges de l'une à l'autre, les stages d'instruction à l'étranger, la diffusion des méthodes et des styles de
recherche. L'universalité du savoir physiologique s'est ainsi progressivement dégagée de la particularité des institutions universitaires, et s'est enfin créée une institution à la mesure de son
extension et à l'image de son ambition. En 1889, à Bâle, se réunit
le premier Congrès international de physiologie.

Les problèmes majeurs de la physiologie au XIXᵉ siècle

L'histoire des sciences abonde en querelles de priorité. L'existence de telles contestations n'atteste pas seulement que la découverte de la vérité est tenue pour un titre de gloire, elle est le
signe qu'à un certain stade des recherches, les problèmes relèvent
d'une logique dissimulée par les événements de l'investigation.
La physiologie ne fait pas exception; si elle connaît, au XIXᵉ siècle,
elle aussi, de multiples querelles de priorité, c'est qu'elle est
alors devenue une science consciente des exigences d'adéquation
entre problèmes et méthodes. Son histoire peut donc être décrite,
sans artifice, de telle sorte qu'on y trace, sinon des voies royales,
trop géométriques pour une discipline où l'expérience l'emporte
sur la déduction, du moins des chemins jalonnés. Quand plusieurs
explorateurs s'élancent séparément, à partir d'un même point

repéré, vers un certain point présumé, il n'est pas surprenant que parfois ils se rencontrent. H. Sigerist a composé, dans cet esprit, une bellle esquisse de l'enchaînement de quelques grandes découvertes [15]. La découverte d'Harvey supposait l'enseignement anatomique de Vesale, transmis par Fabrice d'Aquapendente. Et les travaux de Lavoisier supposaient la théorie de la circulation. C'est seulement à partir du moment où il est établi que les poumons sont constamment baignés par le flux circulatoire que la différence entre sang veineux et sang artériel peut être rapportée à la différence entre air inspiré et air expiré, et que le problème des rapports entre la respiration — oxydation et la thermogénèse peut être correctement posé et donc susceptible d'être résolu. Plus de deux siècles de tâtonnements entre Harvey et J. R. Mayer s'ordonnent ainsi dans un historique raisonné de la chaleur animale.

Mais si, pour un problème donné, même d'abord aussi large que celui-là, une mise en perspective non factice est à la rigueur possible, il n'en va pas ainsi lorsqu'il s'agit de coordonner entre elles les élaborations respectives des solutions de problèmes sans rapport initial manifeste, tels que, par exemple, la thermogénèse et la coordination nerveuse des mouvements musculaires. Car chaque problème physiologique trouve ses origines dans différentes observations pathologiques. De même que les peuples heureux n'ont pas d'histoire, des hommes imperturbablement sains ne connaîtraient pas de science de la santé, de physiologie. Or les paralysies, par exemple, posent des problèmes de physiologie apparemment sans rapport avec ceux que suscitent les asphyxies, les hémorragies, le rachitisme ou le crétinisme. Un jour vient, sans doute, où les différentes voies de recherche se recoupent, où l'on ne peut plus traiter de la circulation sans référence aux réflexes de vaso-motricité et où l'acide carbonique est conçu comme une hormone du centre respiratoire. La physiologie retrouve alors l'unité de l'organisme, divisée par les physiologistes, sur les traces des médecins. Mais précisément, la difficulté est de trouver, à l'intérieur de cette unité, un ordre de conditionnement physiologique qui, sans être pour autant un ordre hiérarchique, supporte logiquement un ordre d'exposition à l'usage de l'historien, dont la justification ne soit pas seulement pédagogique. Nous demandons la justification d'un tel ordre au mot de Claude Bernard précédemment cité : « La vie réside exclu-

15. *Introduction à la Médecine*, trad. fr. 1932, pp. 32-62.

» sivement dans les éléments organiques du corps; tout le reste
» n'est que *mécanisme*. Les organes réunis ne sont que des
» appareils construits en vue de la conservation des propriétés
» vitales élémentaires ». Nous pensons, en conséquence, qu'il est
logique de présenter l'historique sommaire des principaux sujets
par l'étude desquels la physiologie du XIXᵉ siècle témoigne de
sa maîtrise scientifique dans l'ordre suivant : bioénergétique,
régulations endocriniennes, coordinations sensitivomotrices.

BIOENERGETIQUE

Le problème des sources de la chaleur animale, tel qu'il se
posait au début du XVIIᵉ siècle, n'avait pas encore perdu sa
relation aux antiques mythes caloriques, malaisément rationalisés
par Hippocrate et Aristote [16]. Descartes, comme Aristote, pensait
que le cœur est le siège spécifique d'une chaleur communiquée
par le sang au reste de l'organisme. Willis, après Harvey, enseignait que le sang est principe de la chaleur communiquée à l'organisme entier, cœur compris. Mais si le principe de la chaleur
est dans le sang, où est le foyer de cette chaleur ? Les chimistes
anglais, Boyle, Mayow, avaient lié à l'étude des phénomènes de
combustion celle de la respiration animale. Il avait fallu attendre
Lavoisier (1777) pour que la respiration fût assimilée à une
combustion lente du carbone et de l'hydrogène, combustion semblable à celle d'une bougie allumée. La chimie naissante substi-
tuait aux modèles mécaniques de l'organisme proposés par
Descartes et par Borelli, un modèle de très haute antiquité, celui
de la flamme. L'organisme n'était pas encore conçu comme une
machine à feu; mais il n'était plus conçu comme une machine
à poids (horloge), ou à ressort (montre), ou à air (orgue), ou à
eau (moulin). En 1783, le calorimètre à glace était utilisé par
Lavoisier et Laplace à la mesure de la chaleur animale. Une
équation permettait d'affirmer que la source de la chaleur animale
est la combustion respiratoire. Mais Lavoisier assignait au poumon
le rôle du foyer. Avant même que Spallanzani eût établi que
la respiration n'exige pas nécessairement, dans le règne animal,
l'existence d'un appareil pulmonaire, le mathématicien Lagrange

16. Depuis la publication de cette étude, l'ouvrage de Everett Mendelsohn, *Heat
and Life, The Development of the Theory of Animal Heat* (Cambridge, Mass., 1964)
a renouvelé l'histoire de la question.

et son élève Hassenfratz avaient objecté à la supposition de Lavoisier des arguments solides.

Cependant la solution par la chimie d'un problème millénaire de la physiologie conduisait celle-ci à buter contre un obstacle propre à la physique de l'époque, l'existence d'une pluralité de formes de l'énergie. Dans le mécanisme cartésien, la statique reposait sur la conservation du travail, et la dynamique sur la conservation de la quantité de mouvement mv. Dans sa critique des lois de la mécanique cartésienne, Leibniz avait considéré la force vive mv^2 comme une substance, c'est-à-dire un invariant, sans tenir compte du fait qu'en tout système mécanique réel, où des frottements interviennent, la quantité mv^2 ne reste pas constante, du fait d'une production et d'une déperdition de chaleur. Au cours du XVIIIe siècle, on n'avait pas réussi à former la notion de la conservation de toutes les formes de l'énergie. Et au début du XIXe, on reconnaissait deux formes d'énergie, gravitation ou mouvement, et chaleur. Mais les observations des techniciens, relatives au fonctionnement de la machine à vapeur, au forage des tubes de canon, etc., allaient conduire à l'étude des relations entre la fourniture de travail et la production de chaleur.

Le premier qui ait affirmé l'indestructibilité et par suite la conservation de l'énergie dans ses transformations est le médecin allemand Julius Robert Mayer (1814-1878), à partir d'observations médicales faites en Indonésie (1840) concernant l'influence de la chaleur sur l'oxydation du sang. En 1842, Liebig publiait dans ses *Annalen der Chemie und Pharmacie* un mémoire théorique de Mayer, *Bemerkungen über die Krafte der unbelebten Natur*, mémoire d'abord sans retentissement. En 1843, Joule entreprenait de déterminer expérimentalement l'équivalent mécanique de la calorie et revendiquait, en 1849, dans un mémoire lu à la *Royal Society*, la paternité d'une découverte dont J. R. Mayer se voyait alors contraint de lui contester la priorité. En 1847, Helmholtz publiait, à son tour, son mémoire *Uber die Erhaltung der Kraft*.

A vrai dire, pour l'histoire de la physiologie, les travaux de Mayer ont une portée plus expressément biologique que ceux de Joule, car en 1845 Mayer publiait des recherches d'énergétique alimentaire, sous le titre : *Die organische Bewegung in ihrem Zusammenhang mit dem Stoffwechsel*. Déjà, en 1842, Liebig (1803-1873) publiait *Organische Chemie und ihre Anwendung auf Physiologie und Pathologie*, où il démontrait par ses recherches sur les valeurs calorifiques des différentes matières nutritives que la cause de chaque phénomène vital réside dans l'énergie fournie par l'alimentation.

En fait, les travaux de Mayer et de Liebig prolongeaient directement des études plus anciennes, inaugurées au début du siècle
par les *Recherches chimiques sur la végétation* (1804) de Théodore
de Saussure (1765-1847). Dutrochet (1776-1847), après avoir établi
les lois de l'osmose (1826), avait démontré l'identité des phénomènes respiratoires chez les animaux et les végétaux (1837).
Lorsqu'en 1822, l'Académie des Sciences avait mis au concours la
question des origines de la chaleur animale, un physicien français,
Despretz, et un médecin, Dulong (1785-1838) avaient cherché à
reproduire les expériences de Lavoisier. Et Dulong avait constaté
que les effets de la respiration ne suffisaient pas à expliquer
la production de toute la chaleur. C'est là le point de départ des
travaux relatifs à l'apport énergétique alimentaire. Regnault
(1810-1878) et Reiset publiaient, sur ce sujet, leurs *Recherches
chimiques sur la respiration des animaux de diverses classes*
(1849), confirmées ultérieurement par les recherches de Pflüger
sur la contribution respective de chaque sorte d'aliment à l'apport
énergétique global, contribution exactement mesurée par la valeur,
dans chaque cas, du quotient respiratoire. Marcelin Berthelot
(1827-1907) devait systématiser les résultats acquis, en 1879, dans
son *Essai de mécanique chimique*, et formuler les lois de l'énergétique animale pour l'organisme en situation de travail extérieur
et en situation d'entretien. Enfin Rübner (1854-1932), par des
expériences sur le chien (1883-1904), puis Atwater (1844-1907), par
des expériences sur l'homme (1891-1904), étaient amenés à généraliser les résultats des études sur la conservation de l'énergie dans
l'organisme.

Quant au second principe de la thermodynamique, dit de la
dégradation de l'énergie, on sait que, formulé par Sadi Carnot
en 1824, mais alors méconnu, puis repris sans plus de succès
par Clapeyron en 1834, il devait être retrouvé, à nouveaux frais,
au milieu du siècle, par Clausius d'une part et par W. Thomson
(Lord Kelvin) d'autre part. Les organismes, comme les autres
systèmes physico-chimiques, vérifient la validité de ce principe
qui assigne, du fait de la croissance de l'entropie, un sens d'irréversibilité aux transformations énergétiques dont ils sont le siège.
Mais ils sont des organismes, c'est-à-dire des mécanismes capables
de se reproduire. A ce titre, ils représentent, comme tous les
mécanismes, des possibilités de travail, de transformations ordonnées, donc moins probables que l'agitation moléculaire désor-
donnée correspondant à la chaleur en quoi se résout, sans récupération intégrale possible, toute autre forme d'énergie. S'il n'est

plus permis de penser, avec Bichat, que la vie est l'ensemble des fonctions qui résistent à la mort, au moins est-il permis de dire que les êtres vivants sont des systèmes dont l'organisation improbable ralentit un processus universel d'évolution vers l'équilibre thermique, c'est-à-dire vers l'état le plus probable, la mort.

On voit, en résumé, que l'étude des transformations par l'organisme de l'énergie qu'il emprunte au milieu a été l'œuvre de chimistes autant que de physiologistes proprement dits. La connaissance progressive des lois du métabolisme cellulaire est ainsi allée de pair avec l'étude systématique des composés du carbone, entraînant l'unification de la chimie organique et de la chimie minérale. La synthèse de l'urée par Woehler, en 1828, a consacré le prestige des méthodes et des idées directrices de l'école de Liebig. Mais la théorie de Liebig sur la nature des fermentations, dont l'étude était associée par lui à celles des sources bio-chimiques de la chaleur animale (1840), devait être contestée par Pasteur, répugnant à admettre que les phénomènes de fermentation soient de la nature de la mort, et donc indépendants de l'activité spécifique des micro-organismes.

ENDOCRINOLOGIE

Le terme d'endocrinologie, dû à Nicolas Pende, ne date que de 1909. On n'hésite pas cependant à l'utiliser ici pour désigner, rétroactivement, l'ensemble des découvertes et recherches concernant les sécrétions internes. En un sens, ces travaux n'ont pas eu, au XIXᵉ siècle, la même ampleur que ceux qui concernaient le système nerveux. En un autre sens, leur ensemble tout original nous apparaît aujourd'hui comme l'effet et la cause d'une véritable mutation dans le mode de penser des physiologistes. C'est pourquoi la brève désignation d'endocrinologie nous paraît préférable à toute circonlocution.

L'investigation précise par les méthodes chimiques des phénomènes de nutrition, d'assimilation par édification de composés spécifiques, de désintégration et d'élimination, telle est la voie que devait paradoxalement emprunter, par les soins de Claude Bernard, la solution du problème physiologique posé par l'existence de glandes sans canal excréteur, dites glandes vasculaires sanguines, organes dont l'inspection anatomique ne permettait pas de déduire les fonctions.

D'une façon générale, les phénomènes de sécrétion avaient constitué au XVIIIᵉ siècle un des principaux obstacles rencontrés par le mode mécaniste d'explication. Bordeu (1722-1776) avait montré dans ses *Recherches anatomiques sur la position des glandes et leur action* (1751) que la plupart des glandes sont situées anatomiquement de façon telle que l'excrétion ne peut être expliquée par une compression mécanique. Surtout il avait assimilé la sécrétion à une sélection, analogue à un appétit organique local, à une sensibilité tissulaire. Et il avait formé l'hypothèse que chaque tissu pourrait restituer au sang ses produits spécifiques de sécrétion *(Recherches sur les maladies chroniques,* VI, p. 1775).

Au début du XIXe siècle, les fonctions de la rate, du thymus, des glandes surrénales, de la thyroïde étaient ignorées. La lumière devait percer, au milieu du siècle, à l'occasion des recherches de Claude Bernard sur le devenir du sucre dans la digestion et l'absorption intestinale, et révéler la fonction inimaginable d'une glande dont on ne soupçonnait nullement la parenté avec les précédentes. Or, c'est en travaillant lui aussi sur la glycogénèse hépatique et sur la source des ferments que Moritz Schiff, alors à Berne, devait, en 1859, constater les effets mortels sur l'animal de l'ablation expérimentale de la thyroïde, effets dont il ne savait rendre raison. C'est beaucoup plus tard, à Genève, en 1883, que reprenant ses anciennes expériences, à la lumière des enseignements tirés par Th. Kocher et J.-L. Reverdin (1882-1883) des suites de l'extirpation chirurgicale du goitre (cachexie strumiprive, myxœdème post-opératoire), Schiff eut l'idée de la transplantation de la thyroïde, en vue de décider pour ou contre l'hypothèse d'une action chimique de la glande par voie sanguine. Horsley réussissait, en 1884, la même expérience sur le singe. Et Lannelongue la répétait, à des fins thérapeutiques, sur l'homme en 1890. En 1896, E. Bauman identifiait dans la thyroïde un composé organique iodé. En 1914, Kendall isolait le principe actif sous forme de thyroxine cristallisable. On voit que si le point de départ des recherches sur la fonction thyroïdienne se trouve dans le laboratoire des physiologistes, le chemin de la solution passe par le cabinet du clinicien et la salle d'opérations chirurgicales.

Dans le cas de la surrénale, le point de départ des recherches est fourni par la clinique, sous la forme des observations d'Addison (1793-1860) en 1849 et en 1855 *(On the constitutional and local effects of disease of the supra-renal capsules).* Dès 1856, Brown-Séquard faisait à l'Académie des Sciences trois communications : *Recherches expérimentales sur la physiologie et la pathologie des glandes surrénales,* dans lesquelles il exposait les effets mortels sur l'animal de l'ablation des capsules, mais aussi ceux des injections de sang d'animal normal à l'animal surrénalectomisé. Brown-Séquard supposait, en conséquence, que les capsules ont sur la composition du sang une action antitoxique de nature chimique. La même année, Vulpian (1826-1887) communiquait ses observations *Sur quelques réactions propres à la substance des capsules surrénales.* Par leurs réactions aux colorants, les cellules corticales diffèrent des cellules médullaires. Vulpian concluait que ces dernières, colorées en vert par le chlorure de fer, sécrètent une substance chromogène. C'était là le premier soupçon de l'existence de ce qui n'était pas encore l'adrénaline. En 1893, Abelous et Langlois confirmaient les résultats expérimentaux de Brown-Séquard. En 1894, Olivier et Sharpey-Schafer communiquaient à la *Physiological Society* de Londres leurs observations sur les effets hypertenseurs d'injections d'extrait aqueux de surrénale. Une substance hypertensive était isolée de la médullo-surrénale, en 1897, par J. J. Abel (1857-1938), et nommée par lui épinéphrine. En 1901, Takamine (1854-1922) obtenait, sous forme cristallisable, ce qu'il nommait adrénaline, dont Aldrich, la même année, donnait la formule. L'adrénaline est donc, historiquement, la première hormone connue. L'histoire des hormones du cortex surrénalien commence seulement après 1900.

Dans ce bref résumé des premières recherches expérimentales en endocrinologie, on doit constater que le concept de sécrétion interne, formé en 1855 par Claude Bernard, n'a pas eu d'abord le rôle heuristique qu'on serait tenté de lui reconnaître. C'est que le concept, appliqué d'abord à la fonction glycogénique du foie, jouait initialement un rôle de discrimination en anatomie plutôt qu'un rôle d'explication en physiologie. Il permettait en somme de dissocier le concept de glande du concept usuel d'excrétion. Or il y a plus dans le concept d'hormone que dans celui de sécrétion interne, le premier est celui d'une action chimique de corrélation alors que le second n'est que celui d'une voie d'apport et de diffusion. En outre, la fonction hépatique, premier exemple connu d'une sécrétion interne, a ceci de spécial qu'elle a pour effet la mise en circulation d'un aliment réélaboré, d'un métabolite. Sous ce rapport, il y a une différence entre la sécrétion endocrine du foie et celle du pancréas. L'une a la responsabilité d'une fourniture, l'autre, celle d'une utilisation. L'insuline, comme la thyroxine, est le stimulant et le régulateur d'un métabolisme global, ce n'est pas à proprement parler un composé énergétique intermédiaire. Il n'est donc pas faux, mais il est insuffisant, de

faire remonter à Claude Bernard la paternité du concept fondamental de l'endocrinologie moderne. C'est plutôt le concept de
milieu intérieur (1859, 1867) qui s'est révélé fécond, dans la mesure
où il n'était pas étroitement lié, comme celui de sécrétion interne,
à un exemple donné de fonction, mais où il s'identifiait, dès le
début, avec le concept de constante physiologique. Du jour où
la vie des cellules se révélait dépendante de la composition fixe de
leur milieu organique immédiat, par conséquent de l'existence
de ce que Cannon devait appeler l'homéostasie (1929), le concept
de sécrétion interne devenait logiquement susceptible de se trans-
former en celui de régulation chimique. Il était alors normal
qu'en vertu d'une idée directrice commune, toutes les recherches
séparées sur les anciennes glandes vasculaires sanguines aboutissent, plus ou moins rapidement, selon les cas, à l'identification
des hormones et à la détermination, au moins qualitative, de leurs
effets fonctionnels respectifs.

On n'a donc pas à s'étonner de voir, à partir de 1888-1889, les
travaux de Schiff et de Brown-Séquard susciter une intense émulation et stimuler la recherche endocrinologique, en rapport le
plus souvent avec la révision d'étiologies pathologiques jusqu'alors
plus ou moins arbitraires. C'est l'étude du diabète, déjà en partie
éclairée par Claude Bernard, qui conduit von Mering et Minkowski
à la découverte du rôle du pancréas dans le métabolisme des
glucides (1889) et par la suite à l'identification (Banting et Best,
1922) de la substance que Sharpey avait, en 1916, nommée insuline.
C'est l'étude de l'acromégalie par Pierre Marie (1886) qui suscite
à distance les expériences d'hypophysectomie de Marinescu (1892)
et de Vassale et Sacchi (1892), en attendant les recherches discri-
minatoires des fonctions du lobe antérieur et du lobe postérieur
du corps pituitaire (Dale, 1909; Cushing, 1910; Evans et Long, 1921).
On a déjà vu que les travaux sur les hormones sexuelles furent
suscités, dans une ambiance d'ironique réserve, par les expériences
de Brown-Séquard. Le rôle des parathyroïdes, dont l'individualité
anatomique avait été reconnue seulement en 1880 par Sandström,
a été élucidé en 1897 par les recherches d'E. Gley.

Ainsi, le concept physiologique de régulation chimique, dans
son acception actuelle, était élaboré à la fin du XIXe siècle, mais
il attendait une dénomination expressive. En 1905, Bayliss et
Starling, ayant consulté un collègue philologue, proposèrent le
terme d'hormone.

NEUROPHYSIOLOGIE

De tous les appareils dont les fonctions sont ordonnées à la conservation de l'intégrité de la vie cellulaire, celui dont l'aspect de mécanisme a toujours été le moins contesté c'est l'appareil neuro-musculaire des fonctions de relation. Ce n'est pas la croissance du végétal, ni même la palpation visqueuse et viscérale du mollusque qui ont suscité d'abord des explications de type mécaniste, c'est la locomotion distincte et successive du vertébré, dont le système nerveux centralisé commande en les coordonnant des réactions segmentaires, celles précisément qu'on peut, à la rigueur, simuler par des mécanismes. « Une amibe, a dit » von Uexküll, est moins machine qu'un cheval ». Or du fait que les premiers concepts en physiologie nerveuse, ceux de voies de conduction afférente et efférente, de réflexe, de localisation, de centre, trouvaient quelques éléments de leurs définitions dans des analogies avec des opérations ou des objets rendus familiers par la construction ou l'usage des machines, il se trouve que les progrès de cette branche de la physiologie, dont d'ailleurs la psychologie s'incorporait les acquisitions au fur et à mesure, lui ont valu, au XIXe siècle, un prestige qu'on peut bien dire populaire, au meilleur sens du terme. *Hormone* et *complexe*, bien qu'aujourd'hui passés dans la langue usuelle, garderont sans doute longtemps encore un sens plus ésotérique que *réflexe*, vulgarisé par la pratique des sports.

Si les effets moteurs de la décapitation de batraciens ou de reptiles avaient laissé soupçonner, au XVIIIe siècle, le rôle de la moelle épinière dans la fonction du muscle, si les expériences de Whytt (1768) et de Legallois (1812) avaient déjà un caractère positif, il était pourtant impossible d'expliquer ce qu'on appelait depuis Willis les mouvements réfléchis (1670) par le schéma anatomo-physiologique de l'arc réflexe, avant que fût formulée et vérifiée la loi de Bell-Magendie (1811-1822). La mise en évidence par Marshall Hall (1832-1833) de la fonction « diastaltique » (réflexe) de la moelle, simultanément entrevue par J. Müller, est une conséquence nécessaire de la distinction des fonctions du nerf rachidien. Cette distinction entraînait nécessairement aussi la dissociation de l'entité anatomique moelle en faisceaux conducteurs fonctionnellement spécialisés (Burdach, 1826; Clarke, 1850; Brown-Séquard, 1850; Goll, 1860), dissociation initialement fondée sur des expériences de section et d'excitation des fibres, avant la découverte par Waller du phénomène de dégénérescence (1850).

Une fois déterminé le double sens de conduction le long de la fibre nerveuse, les propriétés d'excitabilité et de conductibilité du nerf ont été étudiées systématiquement, en liaison avec les propriétés contractiles du muscle. Cette étude est la partie positive de la masse de recherches, dont certaines de caractère magique, suscitées par la découverte de l'électricité animale. Ce sont les observations de Galvani, ses expériences, sa polémique avec Volta (1794), les rechreches d'A. de Humboldt (1797), confirmant que Galvani ne s'était pas trompé sur l'existence de l'électricité animale, qui ont ouvert les voies de l'électro-physiologie. En 1827, Nobili avait construit un galvanomètre astatique assez sensible pour la détection des courants de faible intensité. Mateucci (1841) avait établi la concomitance entre la contraction musculaire et la production d'électricité. C'est pour un examen sévèrement critique des travaux de Mateucci que du Bois-Reymond créait presque de toutes pièces (1842-1843) les appareils et les techniques de l'électrophysiologie, en usage jusqu'aux applications en laboratoire des oscillations électriques. Il établissait l'existence de ce qu'il appelait la « variation négative », c'est-à-dire du potentiel d'action générateur du courant d'action qui accompagne le passage de l'influx nerveux. C'est à lui qu'on doit aussi l'étude du tétanos physiologique. Dans le même esprit, et par des techniques analogues, Helmholtz mesurait, en 1850, la vitesse de propagation de l'influx nerveux. Si cette expérience n'apportait pas la lumière attendue sur la nature du message transmis par le nerf, du moins réfutait-elle toutes les théories selon lesquelles le message consisterait en quelque transport de substance.

Après que la fonction de coordination sensitivo-motrice de la moelle épinière eût été nettement reconnue par Whytt et par Prochaska (1749-1820), et avant que fût abordée par Marshall Hall l'explication du mécanisme de cette coordination, Legallois et Flourens, on l'a vu, avaient localisé dans le bulbe rachidien des centres de mouvement réflexes. A la même époque, l'antique concept d'un siège de l'âme ou d'un organe du sens commun, après avoir suscité, aux XVIIe et XVIIIe siècles, tant de conjectures relatives à sa localisation, se démembrait. Haller avait répondu par la négative à la question *An diversæ diversarum animæ functionum provinciæ* (*Elementa physiologiæ*, IV, 26, 1762). Mais en 1808, le père de la phrénologie, F. J. Gall (1758-1828), affirmait que « le cerveau se compose d'autant de systèmes particuliers » qu'il exerce de fonctions distinctes », qu'il n'est par conséquent pas un organe mais une somme d'organes, correspondant chacun à une faculté ou à un penchant, et que ces organes doivent être cherchés dans les circonvolutions des hémisphères dont la configuration de la boîte crânienne est la réplique.

L'accusation de charlatanisme portée contre Gall est assez connue pour qu'on se dispense de la reprendre. Il est plus important de comprendre les raisons de son influence considérable et durable. Il a fourni aux physiologistes et aux cliniciens des deux premiers tiers du siècle une idée directrice que l'un de ses critiques, Lelut nommait « la polysection de l'encéphale » *(Qu'est-ce que la phrénologie ?*, 1836). En outre, on ne doit pas oublier un fait. Gall prétendait avoir eu l'intuition de sa doctrine en observant la conformation de certains de ses condisciples particulièrement doués pour la mémoire des mots, et il avait localisé l'organe de cette mémoire dans la partie postéro-inférieure du lobe antérieur de l'hémisphère. Or la première localisation anatomo-pathologique correspondant à une observation clinique d'aphasie, due à Bouillaud en 1825, confirmait la localisation de Gall. En 1827, Bouillaud publiait les premiers résultats expérimentaux de l'ablation de zones corticales pratiquées sur le cerveau de mammifères et d'oiseaux. Désormais l'alliance de l'expérimentation sur l'animal avec l'observation clinique et anatomo-pathologique allait peu à peu permettre de dresser la carte fonctionnelle du cortex cérébral. En 1861, Paul Broca (1824-1880) assignait à la fonction du langage articulé un siège précisément délimité dans la troisième circonvolution frontale, et tirait de sa découverte un postulat : « Je crois au principe des localisations; je ne puis » admettre que la complication des hémisphères cérébraux soit » un simple jeu de la nature ».

En 1870, Fritsch et Hitzig apportaient la preuve expérimentale des localisations cérébrales, grâce à une révolution dans la technique d'exploration, l'excitation électrique du cortex. Jusqu'alors, pour avoir tenté vainement l'excitation électrique du cerveau, à l'occasion de trépanations, on croyait le cerveau inexcitable directement. De leurs expériences sur le chien, Frisch et Hitzig tiraient la conclusion que les régions antérieure et postérieure du cerveau ne sont pas fonctionnellement équivalentes, la première est motrice, la seconde sensitive. Faute de pouvoir exciter électriquement un cerveau humain, Hitzig délimitait sur le singe l'aire motrice (1874). Ferrier confirmait, en 1876, les travaux de Hitzig. Celui-ci pouvait écrire, citant Flourens mais visant Goltz : « L'âme n'est nullement, comme l'ont pensé Flourens et beaucoup » venus après lui, une sorte de fonction d'ensemble du cerveau

» tout entier, dont on peut supprimer la manifestation *in toto*,
» mais non partiellement : au contraire, certaines fonctions psy-
» chiques assurément, et toutes vraisemblablement, dépendent
» de centres circonscrits de l'écorce du cerveau ». Symétriquement,
la découverte par Ferrier du rôle du lobe occipital dans la vision
conduisait Munk à localiser précisément un premier centre senso-
riel (1878). La multiplication des investigations expérimentales et
leur recoupement par les observations cliniques devaient permettre à Wernicke de donner, en 1897, à un traité d'anatomo-physiologie du cerveau le titre de *Atlas des Gehirns*. Mais c'est seulement
au début du xxᵉ siècle que les travaux de Campbell (1905) et de
Brodmann (1908), forts de tous les progrès de l'histologie de Golgi
à Ramón y Cajal, posaient les bases de la cytoarchitectonique
du cortex.

Dans ses *Leçons sur les localisations* (1876), Charcot écrivait :
« L'encéphale ne représente pas un organe homogène, unitaire,
» mais bien une association... » Le terme de localisation était
alors pris à la lettre. On pensait pouvoir découper la surface
corticale, supposée étalée, en zones indépendantes dont la lésion
ou l'ablation expliquait les troubles sensitivo-moteurs, interprétés
en concepts négatifs, exprimés en termes de déficit (a - phasie,
a - graphie, a - praxie, etc.) Pourtant Baillarger avait fait remarquer (1865) que l'aphasie n'est pas à proprement parler une perte
de la mémoire des mots, puisque le malade dispose parfois de
son vocabulaire, mais sans opportunité et comme d'un automatisme. Hughlings Jackson (1835-1911), interprétant à partir des
postulats de l'évolutionnisme spencérien des observations analogues, introduisait en neurologie le concept d'une intégration
conservatrice de structures et de fonctions, dont les moins
complexes sont dominées et contrôlées à un niveau *(level)* supérieur par d'autres plus complexes et différenciées, postérieurement
apparues dans l'ordre de la phylogénèse (1864, 1884). Les états
pathologiques ne sont pas des décompositions et des diminutions
par rapport à l'état physiologique, ce sont des dissolutions, des
levées de contrôle, des libérations de fonctions dominées, le retour
à des états, en eux-mêmes positifs, de plus grand automatisme.

Un des événements importants dans l'histoire médico-physio-
logique du concept de localisation fut le Congrès International
de Médecine tenu à Londres en 1881, où Sherrington, âgé de
vingt-quatre ans, put assister à une discussion homérique entre
Ferrer et Goltz. De son passage chez Goltz, à Strasbourg
(1884-1885), Sherrington devait retenir la technique des sections

étagées de la moelle épinière. Ses études sur la rigidité de décérébration (1897), le cheminement qui conduit des travaux sur l'innervation réciproque à la conception de l'action intégrative du système nerveux (1906) lui ont permis de confirmer et de rectifier à la fois, sur le seul terrain de la physiologie, l'idée directrice de Jackson.

Entre Marshall Hall et Sherington l'étude des lois du réflexe n'avait guère progressé que par l'énoncé des règles tout approximatives de Pflüger sur l'irradiation (1853), concept qui impliquait la réalité biologique de l'arc réflexe élémentaire. Sherrington établissait, au contraire, que même dans le cas du réflexe le plus simple, la moelle épinière intègre déjà un fuseau musculaire à l'ensemble du membre, par convergence des influx afférents et solidarisation des réactions antagonistes. Les fonctions de l'encéphale ne font que généraliser cette propriété médullaire d'intégration des parties au tout de l'organisme. Ainsi, après Jackson, Sherrington établissait que l'organisme animal, sous le rapport des fonctions de relation, n'est pas une composition en mosaïque mais une structure. Mais l'originalité du grand physiologiste consistait à mieux distinguer entre les appareils nerveux d'intégration des mouvements à exécution immédiate et les appareils d'intégration des mouvements différés (cortex).

C'est une autre fonction corticale d'intégration qu'à la même époque (1897) Ivan Pavlov étudiait sous le nom de conditionnement, en montrant que l'analyse des fonctions du cortex pouvait emprunter les techniques réélaborées de la réflexologie. Quand un animal (le chien, en l'occurrence) avait été soumis à un dressage, au cours duquel l'excitant inconditionné et l'excitant conventionnel étaient simultanément appliqués, l'ablation d'aires plus ou moins étendues du cortex permettait de mesurer, en quelque sorte, la dépendance de la réflectivité sensitivo-motrice à l'égard de l'intégrité du relais cortical. Cette technique, dont le perfectionnement et la précision analytique allaient de pair avec les résultats progressivement obtenus, fut enseignée par le grand physiologiste russe à un nombre considérable de disciples. Si cette technique d'analyse des fonctions du cortex a eu ou non, comme toute autre technique de recherches, des limites suscitées par sa propre fécondité, ce n'est pas le lieu d'en discuter.

Disons pour terminer quelques mots sur l'étude du système nerveux que Langley devait, en 1898, nommer « autonome » et dont les fonctions, parce qu'elles concernent ce que Bichat appelait « la vie végétative » par opposition à la « vie animale », se prêtaient moins que celles du système nerveux central à l'utilisation de modèles mécaniques d'interprétation. C'est Winslow qui avait créé l'expression de « grand sympathique » pour désigner la chaîne ganglionnaire (1732). La découverte des actions du grand sympathique sur la sensibilité et sur la calorification remonte à Claude Bernard (1851). Brown-Séquard ajouta à la technique d'exploration des fonctions du sympathique par section des nerfs la technique de la galvanisation (1852-1854). L'étude chimique des fonctions du sympathique doit beaucoup à Langley qui mit en lumière le blocage des synapses par la nicotine (1889) et la propriété sympathicomimétique de l'adrénaline (1901).

A plusieurs reprises, cette esquisse historique et épistémologique de la constitution de la physiologie comme science a légèrement débordé du XIXᵉ siècle sur le XXᵉ. C'est que l'unité de signification dans l'histoire de la position des problèmes et des progrès de leur solution, variable selon les cas, n'est pas une unité de temps, sous-multiple constant de l'unité conventionnelle des chronologistes. On n'a jamais eu l'intention de retracer l'histoire des questions de physiologie jusqu'à leur état heuristique présent, car cet état présent est, bien souvent, un état de polémique avec un passé récent, sur lequel seuls des chercheurs peuvent se prononcer. Comme l'a écrit C. Soula, « la physiologie se confond » encore avec son histoire ». En pleine conscience de ce fait réciproque que l'histoire de la physiologie ne se confond pas avec la physiologie, on espère avoir réussi à ne retracer cette histoire qu'à l'intérieur des limites dans lesquelles l'information ne risque pas de passer pour une prétention outrecuidante à la compétence scientifique.

BIBLIOGRAPHIE

BERNARD (Cl.). *Leçons de physiologie expérimentale appliquée à la médecine* (2 vol., Paris, 1855-1856).

BERNARD (Cl.). *Introduction à l'étude de la médecine expérimentale* (Paris, 1865).

BERNARD (Cl.). *Rapport sur les progrès et la marche de la physiologie générale en France* (Paris, 1867).

BERNARD (Cl.). *Leçons sur les phénomènes de la vie communs aux animaux et aux végétaux* (2 vol., Paris, 1878-1879).

BERNARD (Cl.). *Esquisses et notes de travail inédites, recueillies et commentées par Léon Binet* (Paris, 1952).

BORUTTAU (H.). *Geschichte der Physiologie* (*Handbuch der Geschichte der Medizin*, von Th. Puschmann, hgg. von Neuburger u. Pagel ; t. II, Iéna, 1903).

BRAZIER (Mary A. B.). *Rise of Neurophysiology in the 19th century* (*J. Neurophysiol.*, 1951, n° 20, 212-226).

BROOKS (C. Mc.) et CRANFIELD (P. F.), editors. *The historical development of physiological thought, a symposium* (New York, 1959).

CANGUILHEM (G.). *La physiologie animale au XVIIIᵉ siècle* (*Histoire générale des Sciences*, dirigée par R. Taton ; tome II, Paris, 1958).

CANGUILHEM (G.) et CAULLERY (M.). *La physiologie animale au XIXᵉ siècle* (*Histoire générale des Sciences*, dirigée par R. Taton ; tome III, vol. I, Paris, 1961).

CANGUILHEM (G.). Physiologie et pathologie de la thyroïde au XIXᵉ siècle (in *Thalès*, t. IX, 1959).

CHAUVOIS (L.). *William Harvey, sa vie et son temps, ses découvertes, sa méthode* (Paris, 1957).

FRANKLIN (K. J.). *A short history of the international Congresses of Physiologists* (Annals of science, juin 1938).

FULTON (J. F.). *Physiologie des lobes frontaux et du cervelet* (1 vol. 158 p., Paris, 1953, Masson et Cⁱᵉ, éd.).

GLEY (E.). *Essai de philosophie et d'histoire de la biologie* (Paris, 1900).

GOODFIELD (G. J.). *The growth of scientific physiology* (Londres, 1960).

DE HALLER (A.). *Éléments de Physiologie* (traduction nouvelle du latin en français par M. Bordenave, Paris, 1769).

HOFF (H. E.) et GEDDES (L. A.). *The Rheotome and its Prehistory. A study in the historical interrelations of electrophysiology and electromechanics* (Bull. Hist. Med., 1957, 212-234 et 327-347).

HOFF (H. E.) et GEDDES (L. A.). *Graphic registration before Ludwig. The Antecedents of the Kymograph* (Isis, 1959, 5-21).

HOFF (H. E.) et GEDDES (L. A.). *The Beginnings of graphic Recording* (Isis, 1962, 287-324).

LORDAT (J.). *Conseils sur la manière d'étudier la physiologie de l'homme* (Montpellier, 1813).

LUDWIG (C.). *Lehrbuch der Physiologie des Menschen* (2ᵉ éd. 2 vol., Leipzig-Heidelberg, 1858-1861).

MAGENDIE (F.). *Leçons sur les phénomènes physiques de la vie* (Paris, 1842).

MÜLLER (Johannes). *Manuel de Physiologie* (traduction française, par A.-J. L. Jourdan, 4ᵉ éd., 2 vol., Paris, 1845).

OLMSTED (J. M. D.). *François Magendie* (1 vol. 290 p., New York, 1944, Schuman, éd.).

OLMSTED (J. M. D.) et OLMSTED (E. H.). *Claude Bernard and the Experimental Method in Medicine* (1 vol. 277 p. New York, 1952, Schuman, éd.).

ROSEN (G.). *Carl Ludwig and his American students* (Bull. Hist. Med., 1936, 4, 609-605).

ROTHSCHUH (K. E.). *Geschichte der Physiologie* (1 vol. 249 p., Berlin, 1953, Springer, éd.).

ROTHSCHUH (K. E.). *Entwicklungsgeschichte physiologischer Problem in Tabellenform* (1 vol. 122 p., Munich et Berlin, 1952, Urban, éd.).

ROTHSCHUH (K. E.). *Carl Ludwig, 1816-1895* (Ztschr. Kreislaufforsch. Bd. 49, Darmstad, 1960).

SHERRINGTON (C. S.). *The Endeavour of Jean Fernel* (1 vol. 223 p., Londres, 1946, Cambridge Univ. Press, éd.).

STARLING (E.). *Principles of human physiology* (11ᵉ éd., 1 vol. 1 210 p., Londres, 1952, Churchill, éd., chacun des livres de l'ouvrage est précédé d'un historique).

STEUDEL (J.). *Le physiologiste Johannes Müller* (Conférence du Palais de la Découverte, Paris, 1962).

TEMKIN (O.). *The philosophical background of Magendie's physiologie* (Bull. Hist. Med., 1946, 20, 10-35).

VERWORN (M.). *Physiologie générale* (traduction française par Hédon, Paris, 1900).

III. — PATHOLOGIE ET PHYSIOLOGIE DE LA THYROIDE
AU XIXᵉ SIECLE [1]

Le premier grand traité de physiologie publié au XIXᵉ siècle, le *Handbuch der Physiologie des Menschens*, de Johannes Müller (t. I, Iʳᵉ Partie, 1833; IIᵉ Partie, 1834), ne contient, concernant la thyroïde, que cinq lignes, dont les derniers mots sont : « On » ignore quelle est la fonction de la thyroïde ». Cet aveu laconique renouvelle la conclusion de l'article sur les surrénales : « La » fonction des capsules surrénales est inconnue ».

A ce ton, nous reconnaissons la science authentique. Quand on dit que l'on ne sait pas, nous comprenons qu'on sait à quelles conditions et selon quelles exigences on consentirait à affirmer qu'on sait.

Il importe de souligner cette nouveauté. En effet, l'un des élèves berlinois de Johannes Müller, son successeur, Emile du Bois-Reymond, a dit que le *Handbuch* avait eu, pour le XIXᵉ siècle, la même importance que les *Elementa Physiologiæ* (1757-1766) de Haller, pour le XVIIIᵉ. Mais l'analogie d'importance ne recouvre pas ici une homologie de méthode et d'esprit. Haller, même quand il ne propose personnellement aucune explication, même quand il n'adopte aucune des opinions de ses devanciers ou contemporains, ne se prive jamais de passer en revue les solutions déjà proposées, et il les connaît toutes. Il semble que les dimensions de l'érudition et celles du savoir soient en raison inverse. Le propre d'une science tâtonnante, comme l'est au XVIIIᵉ siècle, sur

1. Ce texte reproduit, avec quelques développements, une Conférence donnée à la Faculté de Médecine de Strasbourg, le 10 janvier 1958. Il a été publié, pour la première fois, dans *Thales*, IX (année 1958), 1959.

beaucoup de points, la physiologie, c'est la tentation oratoire et narrative.

Haller donc s'interroge sur les fonctions de la thyroïde, en traitant de l'anatomie et de la physiologie du larynx. Il se demande si elle envoie dans la trachée-artère ou dans l'œsophage l'humeur séreuse dont, à la dissection, on la voit remplie. Il se pose même la question — que nous ne nous laisserons pas aller jusqu'à traiter de prophétique — de savoir si cette glande « ne retiendrait pas » tout à fait son suc pour le déposer dans les veines, de même » que le thymus qui lui ressemble par sa structure »[2]. Dans un mémoire de 1750, d'ailleurs remarquable par la précision de la description morphologique, Lalouette, dont la nomenclature anatomique de la thyroïde a conservé le nom, recense un plus grand nombre encore d'explications proposées, dont certaines réellement fantastiques[3].

Mais, pour mieux apprécier la sobriété intellectuelle de Johannes Müller, il faut se rappeler qu'il est lui-même l'auteur, à l'époque, d'un travail important d'histologie, De Glandularum secernentium structura penitiori (1830); que, comme Burdach — dont il a été le collaborateur pour la rédaction de la Physiologie als Erfahrungs-wissenschaft (1832) — il distingue les glandes à canal excréteur, et celles que l'on nomme alors les glandes vasculaires sanguines; qu'il définit lui-même ces glandes, dans le Handbuch, comme organes « exerçant leur influence plastique sur les liquides qui » baignent leur tissu et rentrent dans la circulation générale », et qu'enfin il range dans cette sorte de glandes le placenta, le thymus, la rate, les surrénales et la thyroïde elle-même. Ajoutons que Müller est plus qu'anatomiste et physiologiste, qu'il est chimiste, qu'il est médecin. A cet esprit, formé à l'école de la Naturphilosophie, la qualification de synoptique ou de synthétique convient mieux encore que celle d'encyclopédique. Il n'ignore donc pas que Théophile de Bordeu (1722-1776) a, dès 1775, avancé l'idée que chaque tissu pouvait bien déverser dans le sang les produits spécifiques de sécrétion distribués par la circulation à tout l'organisme[4]. Il sait que Julien-Jean-César Legallois (1770-1814), dans sa thèse de 1801 : Le sang est-il identique dans tous les vaisseaux qu'il parcourt ?, a formulé la tâche de la chimie

---

2. Prima lineamenta physiologiae, § CCCXII (1747).
3. Recherches anatomiques sur la glande thyroïde, in Mémoires de Mathématiques et de Physique de l'Académie des Sciences, I, 1750.
4. Recherches sur les maladies chroniques, VI, Analyse médicinale du sang.

animale ainsi qu'il suit : « Trouver des rapports entre le sang
» artériel, la matière de telle sécrétion et le sang veineux corres-
» pondant, tant dans l'état sain que dans l'état pathologique des
» divers animaux ». Chimiste, Müller connaît assurément les
travaux de Sir H. Davy et de Gay-Lussac sur l'iode, en 1813-1814,
et les tentatives opérées depuis lors pour introduire, à plusieurs
reprises et non sans succès, des préparations iodées dans la
thérapeutique du goitre. 1834 est enfin l'année où, selon Biedl,
l'extirpation expérimentale de la thyroïde est pratiquée systématiquement, pour la première fois, sur des animaux, par un vétéri-
naire anglais, Raynard.

Bref, vu la puissance intellectuelle et la culture de l'auteur,
vu l'état général de la recherche scientifique à l'époque, nous
pouvons énoncer une question dont l'allure apparente d'absurdité
sert au moins, pour l'histoire des sciences, à souligner par un
non-sens le sens même de sa tâche : « Pourquoi Johannes Müller
» n'a-t-il pas découvert les fonctions de la thyroïde qu'en 1834
il déclare si simplement ignorer ? »

Cette question est intentionnellement calquée sur celle
qu'Auguste Comte posait, en 1851, pour montrer qu'aucune
science ne peut être pleinement comprise dans la méconnaissance
de son histoire, et qu'aucune histoire spéciale, telle que l'histoire
des sciences, n'est possible séparément d'une histoire générale.
« Aucun astronome, dit Comte, n'a jamais pu s'expliquer pourquoi
» Hipparque ne découvrit point les lois de Képler. Quelque simple
» que paraisse une telle question, la sociologie peut seule y
» répondre, parce qu'elle dépend de la marche réelle de l'évolution
» humaine, tant sociale que mentale »[5].

Assurément les deux questions ne sont pas entièrement super-
posables. La découverte des fonctions de la thyroïde n'est pas,
comme celle des lois de Képler, la prouesse d'un esprit solitaire,
encore que solidaire de toute la culture scientifique de l'époque.
C'est le fruit d'une œuvre successive et collective dont seulement
le bilan, établi à des fins pédagogiques, peut être affecté d'un
nom propre. Dans ce domaine, la physiologie a été tributaire de
la pathologie et de la clinique quant à la signification de ses
premières recherches expérimentales, et la clinique a été tributaire d'acquisitions théoriques ou techniques d'origine extramédi-
cale. Mais c'est le fait même qui rend analogues, sinon semblables,

---

5. *Système de politique positive*, Introduction fondamentale, chap. II, 4ᵉ éd.,
1912, t. I, p. 475.

deux questions concernant des décalages aussi disproportionnés entre la logique et l'histoire d'un progrès scientifique : dix-sept siècles d'un côté, environ soixante ans de l'autre. Dans les sciences de la vie, l'ensemble, non rationalisé *a priori*, des interdépendances dans l'ordre des techniques et des interconnexions conceptuelles — ensemble requis pour la solution d'un problème comme le nôtre — semble créer, par comparaison avec une science mathématisée comme l'astronomie, une plus grande viscosité du progrès.

Or, faire l'histoire d'une question scientifique, c'est travailler à dissiper cette illusion de la viscosité du progrès. Ecrite après coup, l'histoire de la science est toujours nécessairement celle d'un progrès d'éclaircissement. Mais les savants, alors même qu'ils font la science, ne la font pas à la lumière de leurs propres travaux. Cette lumière qui éclaire leurs successeurs se propage en réalité dans un sens rétrograde, du présent vers le passé; c'est une lumière réfléchie. Et donc, passer en revue les connaissances de toute espèce et de toute origine dans lesquelles il semble que Müller pourrait trouver, pour une unification dont il était assurément fort capable, les pressentiments de ce que devait contenir soixante ans plus tard, sur la thyroïde, un traité ordinaire de physiologie, c'est oublier d'abord qu'aucune intelligence n'est contemporaine de ses pressentiments, ensuite que des concepts scientifiques, à moins d'être très formalisés — ce qui ne saurait être originaire — ne sont pas séparables de leur contexte, et enfin que ces contextes sont toujours naturellement plus riches de survivances que d'innovations. S'étonner donc d'un aveu d'humilité intellectuelle, en l'interprétant comme un retard au progrès, presser rétrospectivement, en quelque sorte, un savant de brûler les étapes d'une découverte, c'est confondre une succession historique effective avec une reconstruction logique toujours aisée. C'est d'une telle impatience, d'un tel désir de rendre les moments du temps transparents les uns pour les autres que doit nous guérir l'histoire des sciences. Une histoire bien faite, de quelque histoire qu'il s'agisse, est celle qui réussit à rendre sensible l'opacité et comme l'épaisseur du temps.

Négligeant volontairement l'histoire ancienne de la question, sans remonter à Galien et à sa description de la thyroïde, ni à Celse et à ses observations sur le goitre, sans même parler de Paracelse explorant dans le duché de Salzbourg les régions de goitre endémique, notre historique commence avec les premières relations systématiques sur la distribution géographique du goitre et du crétinisme dans les Alpes et les Pyrénées, sur leur étiologie générale et prochaine, sur la thérapeutique individuelle et collective des affections thyroïdiennes, relations parues, à quelques années d'intervalle, à la fin du xviiie siècle : *Voyage dans les Alpes* (t. II, 1786), par H.-B. de Saussure (1740-1799); *Observations faites dans les Pyrénées* [6] (1789), par Ramond de Carbonnière (1755-1827); *Sui Gozzi e Sulla Stupidita dei Cretini* (1789), par M. V. Malacarne (1744-1816); *Traité du goitre et du crétinisme* (1799), par F. E. Fodéré (1764-1835). Mais avant de demander à ce dernier ouvrage le point des connaissances pathologiques et physiologiques sur la thyroïde, aux premiers jours du xixe siècle, il n'est pas inutile d'aborder l'histoire par le biais de la lexicologie.

Selon Sir H. D. Rolleston, c'est Thomas Warthon (1614-1673) qui aurait, en 1656, dans l'*Adenographia sive Descriptio Glandularum*, donné le nom de thyroïde à la glande antérieurement dénommée laryngée *(Glandula laryngea)*. Mais il faut noter que Warthon n'a pas eu à inventer l'adjectif dont il aurait, le premier, qualifié la glande. Car le terme de thyroïde était déjà employé pour désigner le cartilage antérieur supérieur du larynx. Ambroise Paré dit indifféremment thyroïde et scutiforme. C'est Galien qui paraît avoir créé le mot θυρεοειδής. En raison de cette étymologie, le *Dictionnaire de la Langue française* de Littré, le *Dictionnaire des Sciences médicales* de Littré et Robin, ne contiennent pas le mot *Thyroïde*, mais le mot *Thyréoïde* et s'élèvent avec chaleur contre une faute du langage anatomique, consacrant la faute initiale du copiste qui substitua θυροειδής (en forme de porte) à θυρεοειδής (en forme de bouclier). En vertu de quoi, Littré donne du terme goître la définition suivante : « Tumeur qui se développe » au-devant de la gorge dans le corps thyréoïde ». Sans doute, Littré n'a pas réussi à corriger un usage effectivement vicieux, mais pourquoi sourirait-on de son purisme ? Certes, les mots ne sont pas les concepts qu'ils véhiculent et l'on ne sait rien de plus sur les fonctions de la thyroïde quand on a, dans une étymologie correcte, restitué le sens d'une comparaison de morphologiste. Mais il n'est pas indifférent à l'histoire de la physiologie de savoir que lorsque Starling a lancé, le premier en 1905, le terme d'*Hormone*, sur la suggestion de W. Hardy, ce fut après

---

6. *Observations faites dans les Pyrénées pour servir de suite à des observations sur les Alpes, insérées dans une traduction des Lettres de Coxe sur la Suisse*, 2 vol., Paris, 1789. Sur l'auteur, cf. Eloge historique de Louis-François-Elisabeth Ramond, *in* Cuvier, *Recueil des éloges historiques*, nouv. éd., Paris, Didot, 1861, t. III, pp. 53 sq.

consultation d'un de leurs collègues, philologue à Cambridge, W. Vesey[7].

Le terme de goitre est d'origine savoyarde, sous la forme *Gouetron* (du bas latin *Gutturionem*, dérivé de *Guttur)*. Ambroise Paré l'utilise, en l'écrivant parfois gouétre, mais lui substitue aussi gongrone (cou volumineux comme celui du congre)[8]. S'il est vrai que Realdo Colombo est le premier dans les temps modernes à avoir distingué la glande thyroïde des autres glandes du cou, il n'y a pas à s'étonner de voir Ambroise Paré user indifféremment, selon la tradition, des termes de gouètre et d'écrouelles. La confusion entre la tuméfaction de la thyroïde et celle des ganglions lymphatiques du cou est constante jusqu'au XVIIIe siècle. Dans sa *Geschichte der Chirurgie*, Friedrich Helfreich affirme que c'est Karl-Georg Kortum (1765-1847), auteur d'un traité *De Vitio Scrofuloso* (1790), qui a réservé expressément le terme de *Struma* (synonyme de scrofula) à la désignation du goitre. Quant au terme ancien de *Bronchocèle*, c'est surtout en Angleterre que, dès la deuxième moitié du XVIIe siècle, son usage se fixe, par distinction tranchée d'avec celui de scrofules. Erasme Darwin (1731-1802), dont la deuxième partie de la *Zoonomia* (1794) contient une classification des maladies selon ordres, genres et espèces, sépare la bronchocèle de la scrofule quant aux symptômes, aux causes et aux remèdes. Ce rappel de nomenclature permet de comprendre pourquoi, d'une part, c'est aussi bien du goitre que des écrouelles (mal de saint Louis, mal du Roi) qu'on attendait la guérison par l'imposition des mains des rois de France et d'Angleterre, jusqu'au XVIIIe siècle[9], et pourquoi, d'autre part, lorsque Théodor Kocher cherche, en 1883, à désigner de façon frappante le syndrome consécutif à l'extirpation chirurgicale de la thyroïde, il invente la dénomination, à résonance archaïque, de *Cachexia strumipriva*, tandis qu'au même moment les Reverdin, plus modernes dans leur choix d'un nom de baptême, nomment le même syndrome *Myxœdème opératoire*, reprenant le nom créé, en 1878, par William Ord.

Le mot *Crétin* pose quelques problèmes. Le *Dictionnaire de l'Académie française* ne contient pas le terme avant 1835. Littré

7. Cf. H.D. Rolleston, *The endocrine organs in health and disease, with an historical rewiew*, Oxford University Press, 1936, p. 2.

8. Cf. E. Brissaud, *Histoire des expressions populaires relatives à l'anatomie, à la physiologie et à la médecine*, 1892, p. 192.

9. Cf. Marc Bloch, *Les rois thaumaturges*, Publications de la Faculté des Lettres de Strasbourg, Les Belles-Lettres, éd. Paris.

passe pour avoir substitué à l'étymologie populaire de crétin (qui le fait dériver de chrétien) — étymologie adoptée avant lui dans la plupart des dictionnaires, notamment celui de Napoléon Landais — une étymologie savante qui dériverait crétin de *creta* (craie), en raison du teint blafard des malades en question. C'est effectivement l'étymologie que propose, en 1873, le *Dictionnaire des Sciences médicales* et, en 1878, le *Dictionnaire de la Langue française*. Mais, en 1881, dans le Supplément à son grand *Dictionnaire*, Littré revient, à partir de données lexicologiques nouvelles, sur cette étymologie, pour adopter celle qui dérive crétin de chrétien [10].

C'est cette seule étymologie que retient Fodéré dans son *Traité du goitre et du crétinisme*. Né en Maurienne, atteint lui-même du goitre jusqu'à l'âge de quinze ans, cet auteur a donné des goitreux et des crétins une description aussi saisissante que celle de de Saussure. Celle qu'en donne Balzac dans le *Médecin de campagne* (1833) est sans doute une exploitation, d'ailleurs magistrale, des observations de de Saussure et de Fodéré. Balzac nous restitue l'auréole de maladie sacrée qui entourait alors — et peut-être encore aujourd'hui, çà et là — le crétinisme, et nous aide à comprendre, autant par ce qu'il en partage que par ce qu'il en refuse, quel est le puissant intérêt qui, à la fin du XVIIIe et au début du XIXe siècle, pousse les médecins et les administrateurs à l'étude du traitement curatif et préventif du crétinisme. C'est un épisode de la lutte des lumières contre la routine, le refus optimiste, et en ce sens consonnant avec l'idéologie révolutionnaire, des fatalités de la condition humaine. Le Dr Benassis professe le traditionalisme en politique, mais se comporte effectivement comme un pionnier en matière d'économie et d'hygiène sociales [11].

Fodéré introduit « crétinisme » comme néologisme, dans un Avis préliminaire sur le mot crétinisme, et ajoute : « Le mot » crétin vient lui-même de chrétien, bon chrétien, chrétien par

10. C'est l'étymologie retenue par O. Bloch et W. von Wartburg dans leur *Dictionnaire étymologique de la langue française* (2e éd., 1950).
11. Sur les modèles de Balzac, quant aux lieux et aux hommes, cf. les notes terminales du *Médecin de campagne*, dans l'édition Conard, et surtout la thèse très documentée de Bernard Guyon, *La création littéraire chez Balzac* (A. Colin, Paris, 1951). Dans *Louis Lambert*, l'étiologie du crétinisme, développée dans le *Médecin de campagne*, est résumée d'un mot : « La vallée sans soleil donne le crétin », dont le contexte est une allusion évidente aux théories d'E. Geoffroy-Saint-Hilaire sur l'influence des milieux.

» excellence, titre qu'on donne à ces idiots parce que, dit-on,
» ils sont incapables de commettre aucun péché ». Et en note :
« Dans quelques vallées où ces maladies sont endémiques, on leur
» donne encore le nom de Bienheureux, et après leur mort, on
» conserve avec vénération leurs béquilles et leurs vêtements ».
Note confirmée par la relation d'un fait significatif : « Une
» prévention populaire s'opposait, lorsque je me suis livré à ce
» travail, à ce qu'on fît des ouvertures de cadavres de crétins
» (on les regardait comme des bienheureux) »[12].

Fodéré traite du goitre, comme affection spécifique de la
thyroïde, distingue goitre et scrofule, étudie la distribution géographique du goitre, passe en revue les hypothèses étiologiques
(nature des eaux, alimentation), propose son hypothèse personnelle (humidité atmosphérique alliée à la température élevée)
et en vient à la cure médicale et chirurgicale du goitre. Quant à
la cure chirurgicale, il expose la technique de Desault (1744-1795)
à l'Hôtel-Dieu de Paris. Quant à la cure médicale, il expose par
le menu son mode de prescription du médicament spécifique
à l'époque, l'éponge calcinée.

Le rappel des vertus thérapeutiques attribuées à l'éponge
calcinée, *Spongia usta*, dont le *Dictionnaire médical* de Littré et
Robin fait encore mention en 1873, est une bonne occasion de
suivre la succession des démarches non préméditées séparément,
mais nullement fortuites dans l'ensemble, au terme desquelles
l'empirisme et la tradition clinique, nécessairement liés dans
l'ignorance des conditions d'un succès, s'effacent devant une
première rationalisation.

L'utilisation de l'éponge incinérée figure, au XIIe siècle, dans
la thérapeutique usuelle du chirurgien Roger de Palerme (*Practica
chirurgiæ*, 1180), un des maîtres de l'école de Salerne. Elle y
figure au côté des cendres de varech, matière médicale que semble
avoir connue la plus vieille pharmacopée chinoise. Il est certain
qu'aux XVIIe et XVIIIe siècles, l'éponge brûlée est, en Angleterre,
le remède spécifique du goitre et des scrofules. Richard Russel
(1700-1771), que Michelet célèbre, avec son enthousiasme coutu-
mier, dans *La mer* (liv. IV : *La renaissance par la mer*), proposait
l'éponge et le varech contre le goitre[13]. Erasme Darwin indique

---

12. *Traité du goitre et du crétinisme*, p. 151.
13. Michelet dit qu'il a pu lire à la bibliothèque de l'Ecole de Médecine un
ouvrage rare de Russel, *De tabe glandulari, seu de usu aquae marinae* (1750).

une formule de prescription de l'éponge brûlée, dont il conseille la prise, sous forme de tablettes, en perfusion sublinguale [14].

On sait que le varech était, depuis longtemps, tourné à bien d'autres usages que la médication. Or, c'est par accident que l'utilisation industrielle du varech devait fournir indirectement l'explication de l'efficacité relative de l'utilisation médicale, contre le goitre, de l'éponge calcinée. Entre 1812 et 1825, les chimistes ont eu à résoudre un problème que la technique posait à leur jeune science et les médecins ont trouvé dans cette solution qu'ils n'avaient point cherchée, l'occasion de poser un problème de physiologie dont plusieurs données leur manquaient encore. En 1812, un salpêtrier parisien, Bernard Courtois, cherchant à obtenir de la soude en grandes quantités à partir des cendres de varech, se trouva produire de surcroît une substance dont le principal et plus désagréable effet était de corroder profondément ses appareils métalliques. Courtois, technicien embarrassé, et n'ayant pas le loisir de faire la théorie de ses mécomptes, vint soumettre son embarras au jugement de deux chimistes, Clément (1779-1841) et Desormes (1777-1862), exactement comme devaient le faire à Lille, quarante ans plus tard, les brasseurs venus prier Pasteur de guérir leur bière de ses maladies. La découverte de ce qu'on appela pendant deux ans — jusqu'à l'invention par Gay-Lussac, en 1814, du terme *Iode* — la « nouvelle substance » trouvée par M. Courtois dans le varech » [15], est un important événement d'une espèce fréquente en histoire des sciences, celle d'un remaniement théorique procédant d'un échec technique [16]. Le nouvel élément chimique identifié vint apporter à Sir H. D. Davy, déjà célèbre par ses travaux sur le chlore, un argument supplémentaire contre la théorie de l'oxydation proposée par Lavoisier et tenue par la plupart des chimistes d'alors pour un dogme [17].

14. *Zoonomia* (t. III : *Maladies*, classes 1, 2, 3, 20) : « On assure que vingt grains d'éponge brûlée et dix grains de nitrate de potasse réduits, au moyen d'un mucilage quelconque, en losanges, que l'on laisse fondre lentement sous la langue deux fois par jour, sont un moyen efficace contre cette affection. »

15. Mémoire sur une nouvelle substance trouvée dans les cendres du varech, par M. Clément (*C.R. Académie royale des Sciences*, 29 novembre 1813). Lettre de Sir H.D. Davy, Sur la nouvelle substance découverte par M. Courtois dans le varech (*ibid.*, 20 décembre 1813).

16. Voir le récit de la succession des événements dans Herschel (Sir John), *Discours sur l'étude de la philosophie naturelle*, § 43.

17. Sur les circonstances des travaux de Davy et sur les recherches de Gay-Lussac, cf. Arago, Notices biographiques : Gay-Lussac, in *Œuvres*, t. III, 2ᵉ éd., Paris, 1865, pp. 41 sq. Cf. aussi Cuvier, Eloge historique de Sir Humphry Davy, in *Recueil des éloges historiques*, nouv. éd., Paris, Didot, 1861, t. III, p. 141.

La découverte de l'iode dans un végétal est initialement un incident fortuit. Et pourtant, elle survient à une époque où la chimie est généralement orientée vers la recherche et l'identification de substances actives présentes dans les composés organiques, pour la plupart végétaux, d'utilisation pharmaceutique ou industrielle. En 1806, Friedrich Sertürner (1783-1841) isole la morphine (opium); Pelletier (1788-1842) et Caventou (1795-1877) isolent la strychnine (noix vomique) en 1818 et la quinine (écorce du quinquina) en 1820; Robiquet (1780-1840) isole l'alizarine (garance) et, en 1832, la codéine (opium). En un certain sens donc, la découverte de l'iode survient non accidentellement, dans un contexte théorique et technique qui, de toute façon, l'eût appelée par d'autres voies.

Et, de même, on ne peut pas dire fortuite la récupération progressive par la clinique des résultats de la recherche chimique. L'ambition du thérapeute a toujours été de rester à tout moment le maître de ses décisions et de ses prescriptions. Les malades pardonnent plus facilement une erreur de diagnostic qu'une erreur de pronostic et de traitement. Or, l'isolement chimique de substances actives transforme la pharmacologie par substitution de concepts. Le concept de produit nécessaire d'une réaction chimique détrône le concept de vertu essentielle d'une substance, d'efficacité secrète d'une recette. Avec la réaction chimique apparaît la possibilité de calcul, sous sa forme scientifique et non sous sa forme magique. Prescrire, c'est se flatter enfin de pouvoir dominer toutes ses décisions par la précision quantitative qui, seule, permet la comparaison, la critique et la rectification des effets curatifs obtenus.

Il fallait donc que l'iode entrât dans la clinique. Et cela est l'œuvre de Jean-François Coindet (1774-1834), médecin à Genève, après des études à Edimbourg. On ne s'étonne pas de voir un médecin suisse, après et avant tant d'autres, s'intéresser au traitement du goitre. Voici comment, dans une lettre écrite en 1821 à Andrew Ure, Coindet rapporte les circonstances de sa découverte thérapeutique, fondée à la fois sur le raisonnement par analogie et sur une information scientifique tenue à jour :
« Il y a deux ans que je cherchai dans le formulaire de Cadet de » Gassicourt une formule qui fût connue à Paris et que je pusse » indiquer à une dame de cette ville qui me consultait pour un » goitre. J'y trouvai que Russel conseillait du fucus brûlé. Je » soupçonnai que le principe commun entre l'éponge, dont nous » nous servons avec succès ici contre le goitre, et le fucus, dont

» j'ignorais les propriétés pourrait bien être l'iode : je l'essayai,
» avec infiniment de précautions, et je réussis. L'iode, mêlé avec
» du sucre, offrit de grands inconvénients; je le prescrivis en
» friction. Je crus m'apercevoir que c'était une préparation qui
» agissait sur certains estomacs et alors le traitement devenait
» difficile. J'essayai l'hydriodate de soude et aussi celui de potasse
» ioduré; j'eus un plein succès. Une grande pratique m'avait
» fourni, pendant une année entière, un grand nombre et une
» variété infinie de cas : ma découverte faisait du bruit; je la
» publiai, en lisant un Mémoire à la Société helvétique, réunie
» à Genève (il est imprimé pour août 1820). C'était bien l'occasion,
le goitre étant une maladie endémique dans notre patrie »[18].

Ici aussi l'occasion d'une prescription à formuler dans des
conditions singulières peut inviter à parler de hasard. Mais c'est
aussi le cas de rappeler que si tout en un sens arrive au hasard,
c'est-à-dire sans préméditation, rien n'arrive par hasard, c'est-à-dire
gratuitement. Si la thérapeutique iodée du goitre n'eût pas été
instituée grâce à Coindet, elle l'eût été cependant, et presque au
même moment, grâce à d'autres. Et, en effet, en la même
année 1819, d'un côté Straub, médecin à Berne, isolait l'iode dans
l'éponge brûlée et, sans toutefois la prescrire comme Coindet,
affirmait qu'elle était le principe actif des médicaments efficaces
contre le goitre; et d'un autre côté, W. Prout en conseillait
l'usage au Dr John Elliotson, qui en faisait l'essai à Londres, à
l'hôpital Saint-Thomas.

La découverte de Coindet eut un succès tel qu'il engendra les
échecs qui en limitèrent assez rapidement la portée théorique
possible, dans la mesure où le scepticisme contraria la convergence et la continuité des recherches biochimiques sur les raisons
de l'affinité entre l'iode et la thyroïde. Dans sa lettre à Andrew Ure,
comme dans son second mémoire de 1821, *Nouvelles recherches
sur les effets de l'iode*, Coindet attire l'attention sur un phénomène qu'il nomme « saturation »[19], sur l'existence d'un « point
» médical »[20], au-delà duquel l'effet pharmacologique du remède
iodé s'inverse et détermine l'apparition de symptômes d'accélération du pouls, de palpitation, d'insomnie, d'amaigrissement.
Il en tire pour sa gouverne la règle d'administration de doses
faibles et la règle de suspension des prises. Coindet se montre

---

18. Cf. article Iode, dans le *Dictionnaire de chimie, d'Andrew Ure* (1821); trad.
fr., 1823, Paris, Leblanc, t. III, pp. 419-437.
   19. 20. 21. 22. 23. *Ibid.*

parfaitement conscient des nouveaux devoirs cliniques dans l'ère de la pureté chimique des substances pharmaceutiques, c'est-à-dire, avant tout, du devoir d'attention aux changements d'effets qualitatifs biologiques des quantités différentes d'une même préparation chimique. Coindet a des formules de grand clinicien : « Il » ne s'agit donc pas de dire : vous avez le goitre, prenez de » l'iode » [21]. Et, parlant de ses confrères : « Ils eussent dû » comprendre que ce n'était pas un remède qu'on devait prescrire » au hasard, ni négliger d'en suivre les effets. Cependant, on a fait » la règle de trois, et elle a été d'autant plus fâcheuse que la dose » a été plus forte » [22]. Coindet avait donc découvert ce qu'il appelait lui-même « l'action constitutionnelle de l'iode » [23], bien avant que l'on baptisât « cachexie iodique » ces syndromes que F. Rilliet (1814-1861) devait étudier systématiquement, en 1860, dans un travail qui reprenait presque l'expression de Coindet, *Mémoire sur l'iodisme constitutionnel*.

C'est sur les traces de Coindet, et averti par son expérience, que J. Lugol (1775-1851), dans ses deux *Mémoires sur l'emploi de l'iode* (1829 et 1830), s'attache à la recherche du mode de préparation de l'iode le plus sûr.

Et c'est également dans le prolongement logique de l'œuvre de Coindet qu'il faut situer les recherches sur la relation étiologique entre la teneur en iode (et accessoirement en brome) des eaux potables et la distribution géographique du goitre endémique et du crétinisme, recherches entraînant les expériences de prophylaxie collective de l'hypothyroïdisme par l'ioduration de l'eau ou du sel de cuisine. Citons les travaux de J.-L. Prévost (1790-1830), de Genève; en France, de J.-J. Grange (1819-1892) [24] et de A. Chatin (1813-1901) [25]. Ces derniers travaux provoquèrent une enquête de l'Académie des Sciences, dont les résultats ne furent pas favorables à Chatin, en raison de cas de coexistence géographique du goitre et d'eaux riches en iode. Mais Chatin s'obstina. Et après trois quarts de siècle, sa théorie parut trouver une confirmation dans les recherches sur la répartition géologique de l'iode en rapport avec le goitre, aux Etats-Unis et en Nouvelle-Zélande,

24. Sur les causes du goitre et du crétinisme et sur les moyens d'en préserver les populations, *Gazette médicale de Paris* (1851), 19, 275.

25. Présence de l'iode dans les plantes d'eau douce. Conséquences de ce fait pour la géognosie, la physiologie végétale, la thérapeutique et peut-être pour l'industrie, *Comptes rendus Académie des Sciences*, Paris, 1850, 30, pp. 352-354. — Recherches sur l'iode, *C.R. Acad. Sciences*, 1850, 31, p. 280. — Un fait dans la question du goitre et du crétinisme, *C.R. Acad. Sciences*, 1852, 36, p. 652.

et dans les expériences de Marine, poursuivies de 1908 à 1924, sur les effets de l'administration de sel iodé dans les régions de goitre endémique. Il faut dire : parut trouver sa confirmation, car Marine n'a jamais soutenu qu'une insuffisance d'iode fût la seule cause du goitre. La question a été reprise récemment, d'un point de vue historique, par le chimiste Isidor Greenwald, du New York University College of Medicine[26].

Jusqu'ici, il a été à peine question de physiologie. Si l'on entend par ce terme l'étude en laboratoire, par des moyens expérimentaux, mais à des fins théoriques, des fonctions organiques et de leurs processus, il est certain que des travaux de physiologie, des expériences d'analyse fonctionnelle par perturbations consécutives à l'ablation de la thyroïde ont eu lieu dès le début de la seconde moitié du XIXᵉ siècle. Mais à lire la relation de ces travaux dans les mémoires originaux, on constate qu'ils sont caractérisés par l'absence d'un sens de la recherche. Il s'agit d'études latérales, accessoires, jamais directement orientées par une hypothèse spécialement élaborée. Si l'on s'occupe de la thyroïde c'est entre autres glandes. Pour que le concept bernardien de sécrétion interne soit appelé à jeter quelque lumière sur les fonctions de la thyroïde, il faut attendre une trentaine d'années après la formation du concept. Et durant cette période, c'est encore la clinique, mais cette fois la clinique chirurgicale, qui fait tous les frais de l'avancement de la recherche, par la création imprévue de situations et de comportements pathologiques, dans lesquels les physiologistes aperçoivent, après coup, des actes expérimentaux involontaires qu'ils reprennent systématiquement pour leur propre compte.

Il faut donc s'efforcer de composer l'histoire dans son sens direct. Un bon exemple d'histoire composée à sens rétrograde par les physiologistes nous est fourni par deux articles de Gley et de Dastre sur l'histoire des sécrétions internes, articles contem-

---

26. The early history of goiter in the Americas, in New-Zeeland, and in England (*Bulletin of the history of medicine*, 1945, XVII, 3, 229). — The history of goiter in Africa (*ibid.*, 1949, XXIII, 2, 155). — The history of goiter in the Philippines Islands (*ibid.*, 1952, XXVI, 3, 263).

porains du moment où l'initiative des recherches sur la thyroïde passe décidément de la pathologie à la physiologie [27].

On sait que, dans une de ses *Leçons de physiologie expérimentale*, le 9 janvier 1855, Cl. Bernard, se fondant sur la découverte de la fonction glycogénique du foie (1848), prononce pour la première fois les mots de « sécrétion interne »; qu'en 1859 et en 1867, il étend ce concept aux autres glandes vasculaires internes (rate, thyroïde, surrénales), jusqu'à considérer le sang ou milieu intérieur organique comme un produit de l'ensemble des sécrétions internes. Or, selon Gley, cette théorie des sécrétions internes reste lettre morte jusqu'en 1889, moment où Brown-Sequard retrouve l'idée et l'impose à la science entre 1889 et 1894, date de sa mort. Peu importe ici que Brown-Sequard, après ses *Recherches expérimentales sur la physiologie et la pathologie des capsules surrénales* (1856), ait déjà consacré aux sécrétions internes son cours à la Faculté des Sciences, en 1869. Selon Gley, l'étude expérimentale de l'influence de la sécrétion thyroïdienne sur les échanges nutritifs serait postérieure à 1889. Les expériences de Hofmeister, de von Eiselsberg, de lui-même, auraient permis de conclure que l'extirpation de la thyroïde chez l'animal entraîne des troubles de la croissance, des déformations du squelette. Chez l'homme les mêmes faits auraient été constatés. L'existence du myxœdème opératoire aurait permis de conclure que le myxœdème infantile, le crétinisme congénital dépendent de l'atrophie de la thyroïde. Hertoghe en Belgique et Bourneville en France, en remédiant aux arrêts de développement par des injections d'extraits de thyroïde, auraient en somme institué la contre-épreuve du fait expérimental consistant dans l'arrêt de développement par ablation de la thyroïde.

L'historique de Gley ne comporte aucune référence à Schiff. Dastre, au contraire, dans l'article cité, note que cet auteur a inauguré, en 1859, l'étude de la glande thyroïdienne, que cette étude a été continuée en 1883, par les chirurgiens suisses Kocher et Reverdin, et conclut en contestant à Brown-Séquard la gloire, que lui attribue Gley, d'avoir, à partir de 1889 seulement, imposé à l'attention des physiologistes le concept de sécrétion interne.

---

27. E. Gley, Exposé des données expérimentales sur les corrélations fonctionnelles chez les animaux, *L'année biologique*, t. I, 1897, pp. 313-330. — A. Dastre, Les sécrétions internes. L'opothérapie, *Revue des deux mondes*, 1ᵉʳ mars 1899, pp. 197-212.

Or, toutes les dates étant postérieures à 1848 et 1855, la priorité de Claude Bernard, maître de Dastre, est sauvée.

Pour être moins partial que l'historique de Gley, l'historique de Dastre illustre un même préjugé de physiologiste écrivant l'histoire de la physiologie. L'un et l'autre détachent les expériences physiologiques des circonstances historiques de leur institution, les découpent et les relient les unes aux autres, n'appelant la clinique et la pathologie qu'à confirmer des observations ou à vérifier des hypothèses de physiologistes. Mais les travaux de physiologie auxquels se réfère Gley sont des travaux d'exploitation et non de fondation. Les travaux de fondation appartiennent à Schiff et il faut les prendre et les lire dans le sens de leur succession vraie.

Moritz Schiff (1823-1896) [28], né à Francfort-sur-le-Main, professeur successivement à Berne, à Florence, à Genève, est un exemple, précieux en histoire des sciences, du cas d'un chercheur qui pratique deux fois à distance les mêmes expériences, la première fois dans un contexte de préoccupations qui ne lui permet pas de tirer une conclusion de ses résultats, la deuxième fois en pressentant le sens de sa recherche, mais sans l'avoir lui-même inventé, l'ayant importé de la clinique dans la physiologie.

En 1857, l'Académie des Sciences de Copenhague met au concours la question de la production du sucre par le foie, dans le prolongement des travaux de Claude Bernard. Schiff recherche dans divers organes l'origine d'un ferment supposé et, pratiquant l'extirpation, sur des chiens, de la rate, du pancréas, de la thyroïde, attend des suites de ces ablations quelques indications sur le mécanisme de la sécrétion hépatique. Dans le cas de la thyroïde, Schiff observe que les animaux opérés meurent en quelques jours dans un état d'abattement, de somnolence et de stupidité. Il note que Lacauchie a relaté les mêmes faits en 1853 [29]. C'est tout pour le moment. Après quoi, Schiff entreprend d'autres travaux.

A.-E. Lacauchie (1806-1853) est un anatomiste, inventeur, sous le nom d'hydrotomie, d'une technique de recherches; s'il travaille sur la thyroïde, c'est autant pour voir s'il sera plus heureux que tous les anatomistes jusqu'alors impuissants à découvrir le canal

---

28. Sur la biographie de Schiff, cf. W. Stirling, *Some apostles of physiology* (London, 1902) et H. Friedenwald, *Notes on Moritz Schiff*, in *Bulletin of the Institute of the History of Medicine*, The Johns Hopkins University, vol. V, 6, p. 589.

29. *Untersuchungen über die Zuckerbildung in der Leber*, Würzburg, 1859, pp. 61 sq.

excréteur de cette glande que pour jeter quelque lueur sur les
accidents foudroyants provoqués par les chirurgiens quand ils
ont opposé au goitre la ligature des vaisseaux thyroïdiens. S'il
choisit le chien comme animal d'expérience, c'est parce que les
deux corps thyroïdes y sont « bien distincts, bien isolés, sans les
» adhérences qui, chez l'homme, attachent cet organe à la trachée
» artère et au larynx ». Bref, Lacauchie ne se comporte en physiologiste que par accident. Il constate que, n'ayant pourtant agi que
sur l'un des deux corps thyroïdes, il a provoqué la mort, dans
les vingt-quatre heures, d'une dizaine d'animaux [30].

C'est en 1883 que l'attention de Schiff est de nouveau attirée
sur les fonctions de la thyroïde par les publications des chirurgiens suisses spécialisés dans l'extirpation du goitre, Théodor
Kocher et Jean-Louis Reverdin, et par la mise au point, consé-
cutive à ces publications, du médecin genevois Henri-Clermont
Lombard. Ayant repris à Genève, sur un plus grand nombre
d'animaux, ses anciennes expériences de Berne, Schiff rapporte
à nouveau, que l'extirpation totale de la thyroïde entraîne la mort
de ses sujets dans un délai variable d'une à quatre semaines, et
toujours au terme d'un état de somnolence, d'apathie et d'inertie [31].
Schiff constate aussi dans quelques cas des symptômes de tétanie,
sans pouvoir alors interpréter cette complication du tableau
clinique, puisque les parathyroïdes, pourtant isolées et décrites par
Sandström en 1880, ne commenceront qu'en 1891 à livrer à E. Gley
le secret de leurs fonctions. Il y a des cas cependant où des chiens
et des rats survivent après l'ablation de la thyroïde, c'est lorsque
l'extirpation de l'un et de l'autre des deux lobes a été pratiquée
successivement, à un mois environ d'intervalle. Et Schiff pense,
assez étrangement, qu'il pourrait s'agir d'un phénomène de sup-
pléance par un autre organe, induit à intensifier sa fonction par
le déficit thyroïdien initialement provoqué. On n'ira pas reprocher
à Schiff les conclusions tirées de faits de survie, en réalité expli-
cables par des défauts de technique opératoire, quand il faut, au
contraire, louer le sens expérimental qui le conduit à faire entrer
décidément la thyroïde dans la classe des glandes à sécrétion
interne. En 1884, Schiff publie le résultat d'une expérience insti-

---

30. *Traité d'hydrotomie, ou des injections d'eau continue dans les recherches
anatomiques*, Paris, J.-B. Baillière, 1853, pp. 119-121. — Lacauchie, médecin principal de première classe des armées, fut professeur d'anatomie au Val-de-Grâce
et agrégé à la Faculté de Médecine de Strasbourg.
31. Résumé d'une nouvelle série d'expériences sur les effets de l'ablation des
corps thyroïdes, in *Revue médicale de la Suisse romande*, 1884, pp. 65 sq.

tuée en vue de décider si le rôle qu'il attribue à la thyroïde dans
la nutrition du système nerveux central est lié à la sécrétion d'une
substance versée dans le sang, ou bien dépend étroitement de la
situation de la glande et des rapports anatomiques qu'elle soutient
avec les autres organes. Si l'on pouvait déplacer les corps thyroïdes en les greffant dans une autre partie du corps, la preuve
serait donnée qu'il s'agit d'une action chimique. Après avoir
greffé une thyroïde, prélevée sur un chien, dans la cavité abdo-
minale d'un autre, Schiff procède à l'extirpation totale de la glande
de ce dernier qui se maintient bien portant et alerte [32]. Certes,
toute la lumière n'est pas encore faite sur les fonctions de la
thyroïde, mais déjà cette contre-épreuve permet à la physiologie
de payer à la clinique, sous forme du suggestions pour une thérapeutique, la dette contractée le jour où elle en a reçu des suggestions pour une investigation expérimentale.

En pratiquant la transplantation dans l'organisme animal d'une
glande vasculaire sanguine, Schiff ignorait qu'il répétait un geste
ancien, antérieur même à ses premières expériences de 1859,
mais alors singulier, à tous les sens du terme, et entre temps
oublié. En 1849, A. A. Berthold (1803-1861) publiait, dans les *Archiv
für Anatomie, Physiologie und Wissenschaftliche Medicin*, de
Johannes Müller, les résultats d'une expérience de transplantation
des testicules de la cavité péritonéale de quelques poulets. Il
avait constaté que les sujets avaient continué à se comporter
sexuellement en coqs; à l'autopsie la glande s'était révélée vascu-
larisée, mais non innervée. Il concluait que le comportement
sexuel est sous la dépendance d'une substance que le testicule
fournit par le sang à l'organisme entier, sans que le système
nerveux y intervienne obligatoirement [33].

Avec Berthold, avec Schiff, la recherche du physiologiste illustrait un nouveau type, et même en un sens un autre archétype,
de comportement opératoire. La vivisection avait, jusqu'alors,
recherché des mécanismes fonctionnels en pratiquant la mutilation, la division des organismes. Elle avait créé des animaux
qu'on oserait dire analytiques. Désormais obéissant inconsciem-
ment à un impératif démiurgique, à une inspiration antiphysique,

---

32. Résumé d'une nouvelle série d'expériences sur les effets de l'ablation des
corps thyroïdes, in *Revue médicale de la Suisse romande*, 1884, pp. 425 sq.
33. Cf. l'article de Thomas R. Forbes, A.A. Berthold and the first endocrine
experiment : some speculation as to its origin, in *Bulletin of the History of
Medicine*, 1949, vol. XXIII, n° 3, pp. 263-267.

le physiologiste expérimentait en créant des animaux utopiques, en mettant la fantaisie au service de la raison. Ayant exclu l'animal de l'usine, en tant que moteur dévalorisé, la science du XIXᵉ siècle lui ouvrait les laboratoires, en tant que machine à démonstration.

Nous avons indiqué que si Schiff avait, à partir de 1883, orienté décisivement vers la bonne solution les recherches physiologiques sur la thyroïde, c'est aux enseignements des chirurgiens suisses qu'il le devait. Fodéré, on l'a vu, mentionnait la technique opératoire de Desault pour l'extirpation du goitre. C'est en 1791 que Desault avait pratiqué sa première intervention, par l'ablation totale, suivie de la mort du patient. En 1808, Dupuytren avait répété l'opération et connu le même insuccès. Les échecs renouvelés de la cure chirurgicale avaient entraîné l'Académie de Médecine à se prononcer, en 1850, contre l'extirpation du goitre. Mais en 1889, Théodore Kocher en était à sa 250ᵉ extirpation; en 1895, à la 1 000ᵉ. Le rappel de quelques dates suffira à expliquer cette révolution chirurgicale. En 1846, Morton et Jackson, précédés par Wells, introduisaient l'anesthésie générale dans la pratique quotidienne. En 1867, Lister publiait ses observations sur l'antisepsie. En 1875, Péan et Kœberlé, modifiant ingénieusement un instrument de pansement, fabriquaient les premières pinces hémostatiques [34]. On ne s'étonne donc pas de voir Kocher (1841-1917), à Berne, et Jacques-Louis Reverdin (1842-1929), à Genève, obtenir, par ablation totale ou partielle de goitres, dans des conditions de sûreté et de sécurité opératoires auparavant interdites, des résultats thérapeutiques immédiatement positifs, et, vu leur nombre, assez largement concordants, pour autoriser quelques interprétations vraisemblables concernant le substrat physiologique de leurs observations cliniques. Les deux chirurgiens observent à la longue, sur bon nombre de leurs opérés survivants, l'apparition d'un syndrome postopératoire qu'ils assimilent à l'idiotisme et au crétinisme. Reverdin fait, en 1882, une première communication sur *Les conséquences de l'ablation totale de la thyroïde* et Kocher qui, depuis 1874, a publié plusieurs notes sur la pathologie et la thérapeutique du goitre, décrit, en 1883, la

34. On n'oublie pas, bien entendu, que Kocher a donné, lui aussi, son nom à une pince à forcipressure toujours en usage. De même Reverdin a donné son nom à une aiguille chirurgicale courbe.

Cachexia strumipriva, dans son mémoire *Uber Kropfexstirpation und Ihre Folgen.* Ici, comme dans tant d'autres cas en histoire des sciences, se place une longue querelle de priorité entre Kocher et Reverdin. Elle importe peu à notre propos. Disons simplement qu'il semble bien qu'une conversation entre Reverdin et Kocher, à l'occasion d'un Congrès d'Hygiène à Genève, en septembre 1882, ait rendu Kocher plus attentif à des faits certainement remarqués par lui, mais dont il n'avait pas fait la synthèse [35].

Il semble donc bien établi que l'observation des effets, chez l'homme, de l'extirpation chirurgicale de la thyroïde, a précédé et guidé la provocation expérimentale par les physiologistes d'effets significatifs analogues chez les animaux. Inversement, les effets de la transplantation expérimentale de la thyroïde chez l'animal, aux fins de décision cruciale entre deux hypothèses, ont invité les thérapeutes à des essais semblables sur l'homme. En 1884, Horsley (1857-1916) répète sur le singe l'expérience de transplantation réussie par Schiff sur le chien. Contrairement à ce qu'affirmait Gley en 1897, les tentatives de Bourneville (1840-1909), pour traiter l'idiotie myxœdémateuse par des injections sous-cutanées d'extrait de thyroïde, ne sont pas la contre-épreuve d'un fait expérimental [36]. Elles sont l'exploitation clinique d'une contre-épreuve initialement expérimentale, exploitation couronnée en 1890 par le succès, dû à Lannelongue (1840-1911), de la transplantation du corps thyroïde sur l'homme.

C'est bien renverser l'histoire que de reconstruire logiquement le rapport de conditionnement entre les progrès de la pathologie et ceux de la physiologie. Seule, l'histoire de la biologie et de la clinique, prise dans la totalité de ses connexions et de ses accidents, permet d'expliquer le retard apparent à la formulation de conclusions que les idées de Claude Bernard, l'invention expérimentale de Berthold et les travaux de Schiff, à Berne, rendaient logiquement possibles dès 1860. En fait, à cette date, l'idée directrice manquait, que la chirurgie du goitre devait fournir après 1875.

---

35. L'histoire de cette querelle de priorité est minutieusement exposée dans l'excellent travail de Bornhauser, *Zur geschichte der Schilddrusen und Kropfforschung in 19 Iahrhundert* (Publication de la Société suisse d'Histoire de la Médecine et des Sciences naturelles, Aarau, 1951). Cet ouvrage, quoique plus spécialement consacré à l'histoire des recherches sur le goitre et la thyroïde en Suisse, est une revue complète de la question et comporte une importante bibliographie.

36. Bourneville reconnaît lui-même la priorité des expériences de Schiff et de Horsley. Cf. De l'idiotie avec cachexie pachydermique, in *Compte rendu de la 18e Section de l'Association française pour l'Avancement des Sciences,* Paris, 1889, II e Partie, pp. 813-839.

La chirurgie du goitre, chez Kocher et Reverdin, est une chirurgie qui, en raison de ses conditions techniques de précision (anesthésie, antisepsie, hémostase), permet de tirer des conclusions pratiques assez constantes pour autoriser un essai d'interprétation. Cette chirurgie obtient des effets que la maîtrise relative de leur déterminisme d'apparition convertit en faits significatifs. C'est sans doute une chirurgie de grands maîtres, d'individus irremplaçables par leur habileté opératoire, mais c'est aussi, et avant tout, une chirurgie d'époque, une chirurgie impossible, à tour de main égal, pour un Desault ou pour un Dupuytren, une chirurgie historiquement impossible avant certaines inventions techniques datées. Voilà l'élément réellement historique d'une recherche, dans la mesure où l'histoire, sans être pour autant miraculeuse ou gratuite, est tout autre chose que la logique, qui est capable d'expliquer l'événement quand il est survenu, mais incapable de le déduire avant son moment d'existence.

Il reste peu à dire pour montrer comment, après 1884, après les expériences de Schiff et de Horsley établissant l'existence d'une fonction endocrinienne de la thyroïde, la physiologie consolide l'autonomie désormais acquise des recherches relatives à cette glande. En 1896, Eugen Baumann (1856-1896), professeur à Fribourg-en-Brisgau, donne la justification, sur le terrain de la chimie et de la physiologie, des géniales anticipations thérapeutiques de Coindet. Il découvre l'iode dans la thyroïde sous la forme d'un composé organique, qu'il nomme iodothyrine. C'est alors seulement que la pathologie peut prétendre à la dignité d'une application rationnelle de la physiologie, par oubli de leurs rapports réels [37], au cours d'une histoire de près d'un siècle. Le 25 décembre 1914, Kendall isole, sous la forme cristallisable de thyroxine, le principe actif de l'hormone thyroïdienne. Concernant la physiologie de la thyroïde, la tâche de l'historien est terminée. Il peut conclure, après avoir montré tous les obstacles surmontés, tous les conditionnements de recherche, en fait nécessaires, bien que non requis logiquement, que s'il y a parfois des cadeaux de Noël pour les savants, il n'y a pas de Père Noël dans la science.

---

37. Sur les rapports de la pathologie et de la physiologie en général, voir la citation de Kant par laquelle M. Courtès termine son article : *Médecine militante et philosophie critique*, dans *Thalès*, IX, 1959.

La recherche dont l'historique est ci-dessus esquissé nous paraît exemplaire en tant que rassemblant curieusement la plupart des situations et des problèmes d'espèce que rencontrent les histoires fragmentaires de telle ou telle découverte : importance respective des accidents et des préméditations, rapports des théories et des techniques, rapports de l'histoire des techniques et de l'histoire des idées. Ce n'est pas intentionnellement que nous avons été amenés à estomper l'ingéniosité incontestable des individus derrière les conditionnements impersonnels.

Cet historique est volontairement incomplet, en ce sens qu'il limite les questions de pathologie à l'hypothyroïdisme. L'histoire des travaux concernant l'hyperthyroïdisme (maladie de Basedow, notamment) aurait compliqué ce tableau, sans modifier fondamentalement les relations directes de fait entre la pathologie et la physiologie de la thyroïde.

IV. — LE CONCEPT DE REFLEXE AU XIXᵉ SIECLE *

Dans une étude antérieure, *La formation du concept de réflexe aux XVIIᵉ et XVIIIᵉ siècles*, nous avons cherché à montrer qu'à la fin du xviiiᵉ siècle, le concept de *mouvement réflexe*, proposé par Thomas Willis, avait reçu de différents auteurs, et notamment de Georg Prochaska, des contributions décisives.

En parlant de « concept », nous entendons, selon l'usage, une dénomination *(motus reflexus, reflexio)* et une définition, autrement dit un nom chargé d'un sens, capable de remplir une fonction de discrimination dans l'interprétation de certaines observations ou expériences relatives aux mouvements d'organismes à l'état normal ou pathologique. Dans le genre des mouvements, le concept de réflexe délimite une certaine espèce.

A la fin du xviiiᵉ siècle et au début du xixᵉ, les physiologistes qui font usage de ce concept (par exemple Prochaska) aussi bien que ceux qui l'ignorent tout en décrivant et en interprétant correctement les faits correspondants (par exemple, Legallois), hésitent entre deux sortes de définition possibles, soit purement anatomique et fonctionnelle, soit psychologique. Le mouvement réflexe c'est le mouvement déterminé par la moelle épinière en tant que centre, mais c'est aussi le mouvement involontaire provoqué par une impression sensitive antécédente non sentie comme sensation.

Le xixᵉ siècle n'a pas à *inventer* le concept de réflexe, mais il a à le *rectifier*. Cette rectification du concept n'est pas une affaire

* Extrait de *Von Boerhaave bis Berger* (Die Entwicklung der Kontinentalen Physiologie im 18. und 19. Jahrhundert), hgg. von K.E. Rothschuch (Gustave Fischer, Stuttgart, 1964).

logique, c'est une affaire expérimentale, ce qui représente une bonne partie de l'histoire de la neurophysiologie à l'époque. Cette rectification n'est d'ailleurs pas rectilinéaire, elle comporte des polémiques qui ne constituent pas toutes des progrès. La nostalgie d'une conception psycho-téléologique du réflexe entraîne par moments des rectifications à rebours. Dans l'histoire de cette rectification, nous pouvons distinguer trois étapes c'est-à-dire trois noms : Marshall Hall, Pflüger, Sherrington.

Dans notre ouvrage déjà cité, nous avons proposé une définition récapitulative du réflexe, valable pour toutes les premières années du XIXe siècle, définition dont tous les éléments sont historiques mais dont l'ensemble est idéal et pédagogique : « Le mouvement » réflexe (Willis) est celui qui, immédiatement provoqué par une » sensation antécédente (Willis), est déterminé selon les lois » physiques (Willis, Astruc, Unzer, Prochaska), et en relation avec » les instincts (Whytt, Prochaska), par la réflexion (Willis, Astruc, » Unzer, Prochaska) des impressions nerveuses sensitives en » motrices (Whytt, Unzer, Prochaska), au niveau de la moelle » épinière (Whytt, Prochaska, Legallois) avec ou sans conscience » concomitante (Prochaska) ».

C'est de cette définition que nous partirons pour montrer quels éléments précisément appelaient une rectification. Un des meilleurs textes auxquels nous puissions nous référer est le *Handbuch der Physiologie des Menschen* de Johannes Müller[1] (livre III, Section III, chapitre III : des mouvements réflexes), dans lequel l'illustre physiologiste allemand compare ses idées sur le phénomène en question avec celles de Marshall Hall. Müller fait bien ressortir qu'en 1833, date de la publication simultanée du Mémoire de Marshall Hall et de la première édition du premier volume du *Handbuch*, le concept de réflexe est un principe d'explication, un instrument de théorie, pour l'interprétation de phénomènes désignés comme « mouvements qui succèdent à » des sensations ». Ce qui est ici théorique, explicatif, c'est, négativement, le refus de la théorie des anastomoses entre les fibres nerveuses sensitives et motrices et, positivement, l'affirmation que entre l'impression sensitive et la détermination de la réaction motrice un intermédiaire central est nécessairement requis. C'est expressément en vue de désigner la fonction réelle de la moelle épinière que Marshall Hall crée le terme de *diastaltique*, marquant ainsi que la moelle épinière *(the spinal marrow,*

1. Dans la 4e édition, 1844, traduite en français par A.-J.-L. Jourdan, Paris, 1845.

et non plus *the spinal chord*) ne peut relier fonctionnellement par réflexion le nerf sensitif et le nerf moteur qu'à la condition de s'interposer anatomiquement entre eux en tant que centre authentique et spécifiquement distinct du cerveau. La fonction diastaltique (réflexe) de la moelle met en rapport la fonction esodique ou anastaltique du nerf sensitif et la fonction exodique ou katastaltique du nerf moteur.

Sur ce point fondamental, Müller est d'accord avec Marshall Hall. Il écrit : « Les phénomènes que j'ai décrits jusqu'à présent, » d'abord d'après mes propres observations, puis d'après celles » de Marshall Hall, ont cela de commun, que la moelle épinière » est l'intermédiaire entre l'action sensitive et l'action motrice » du principe nerveux ». Cette reconnaissance commune par les deux physiologistes d'une fonction centrale spécifique de la moelle épinière suppose, il ne faut pas l'oublier, une vingtaine d'années d'études et de controverses portant sur la réalité et la signification de la loi de Bell-Magendie (1811-1822).

On se trouve ici en présence d'une découverte critique, qui divise l'histoire d'une science en deux temps, le temps dans lequel les conjectures s'accumulent en se juxtaposant, le temps dans lequel les expériences et leurs interprétations se coordonnent en s'intégrant. Mais c'est seulement de nos jours qu'une telle coupure apparaît nette. En fait, et à l'époque même, l'*Idea* de Bell et les *expériences* de Magendie n'ont pas emporté, sans retard, sans oppositions ni réserves, l'adhésion générale. En 1824, Flourens se croyait encore tenu de combattre en faveur de la séparation anatomique et fonctionnelle de la sensibilité et de ce qu'il nomme personnellement la *motricité* : « Mes expériences mon- » trent de la façon la plus formelle qu'il y a deux propriétés » essentiellement distinctes dans le système nerveux, l'une de » sentir, l'autre de mouvoir, que ces deux propriétés diffèrent » de siège comme d'effet et qu'une limite précise sépare les » organes de l'une des organes de l'autre ». La question de la sensibilité récurrente des racines rachidiennes antérieures (question mal posée dans l'ignorance des structures microscopiques des racines rachidiennes et des cornes postérieures) embarrassait Magendie lui-même, jusqu'à la démonstration, donnée par Longet (1839) et confirmée par Claude Bernard (1846), de l'insensibilité complète des racines antérieures. Et Johannes Müller, ayant entrepris, dès 1824, des expériences de vérification, n'était parvenu à une conclusion ferme concernant la loi de Bell-Magendie qu'après avoir renoncé à utiliser le lapin comme animal d'expérience. « Enfin », dit-il dans le *Handbuch*, « j'ai réussi complè » tement sur des grenouilles ». C'était en 1831, un an avant la première lecture de Marshall Hall à la Société zoologique de Londres.

La loi de Bell-Magendie était nécessaire à la définition du concept de réflexe pour autant que le concept concernait la fonction spécifique de la moelle épinière. Cette fonction que Marshall Hall appelait *diastaltique*, ou encore diacentrique, ne se concevait qu'en rapport avec l'existence des deux propriétés du nerf irréductibles l'une à l'autre. A cette condition seulement, un centre nerveux pouvait et devait réfléchir une impulsion nerveuse. On sait avec quelle âpreté — beaucoup d'historiens de la physiologie parlent même d'arrogance — Hall a défendu l'originalité et l'exclusivité de ses idées. Il était indéniable qu'avant Hall on avait traité — et Prochaska notamment — de mouvements réflexes. Mais Hall revendiquait la gloire d'avoir le premier identifié une *fonction* réflexe et d'avoir ainsi conféré à la moelle épinière *(the true spinal marrow)* son existence en physiologie. Cet orgueil aurait pu n'être que l'envers d'un certain sens de l'histoire, la conscience du fait que, avant Charles Bell, le concept de l'action réflexe manquait d'un élément essentiel. Bien loin de là, Hall méprisait l'histoire autant que la logique en proclamant que la fonction réflexe était établie sur des faits dont l'existence ne devait rien à la connaissance ou à l'ignorance de la loi de Bell. En regard et inversement, la voie suivie par Müller, de 1824 à 1833, nous montre qu'il fallait passer par l'*Idea* de Bell et les expériences de Magendie pour faire entrer dans la définition du concept de réflexe la fonction physiologique de la moelle épinière.

Le deuxième point sur lequel le concept du xviiie siècle est rectifié au xixe concerne le rapport du mouvement réflexe à la conscience, c'est-à-dire la signification psychologique. C'est expressément sur ce point que Müller ne s'accorde pas avec Marshall Hall. En décrivant le réflexe comme un mouvement qui succède à une sensation, Müller, après Willis, Whytt, Unzer et Prochaska, s'obligeait en quelque sorte à rendre compte d'un mystère : à savoir la possibilité pour un mouvement de dépendre d'une sensation lorsque le circuit nerveux ne comportait plus, du fait de la décapitation d'un animal, un passage par l'organe de la sensation, c'est-à-dire par le cerveau. Bien qu'il s'opposât à Whytt qui admettait, dans le cas de ces mouvements, une sensation consciente et une réaction spontanée, et qu'il louât Prochaska d'avoir signalé que le réflexe pouvait être ou non accompagné de conscience, Müller considérait le réflexe comme l'effet d'une action centripète propagée vers la moelle par le nerf sensitif, tantôt capable et tantôt incapable de s'étendre jusqu'au *sensorium commune*, et donc tantôt consciente et tantôt inconsciente. Le mouvement réflexe s'inscrivait comme une espèce privative dans un genre, le mouvement déterminé par l'action des nerfs sensitifs. Hall estimait au contraire qu'il fallait éliminer totalement la référence de l'impression centripète (anastaltique) au cerveau et à la conscience, et que le concept de sensation et même celui de sensibilité ne devaient pas entrer dans la compréhension du concept de réflexe. La fonction réflexe ne dépend même pas des nerfs sensitifs et des nerfs moteurs, mais de fibres nerveuses spécifiques que Hall nomme excito-motrices et reflecto-motrices. Cette fonction est limitée à la moelle épinière, elle exclut le cerveau. Le mémoire lu en 1833 à la Royal Society (*The Reflex Function of the Medulla oblongata and the Medulla Spinalis*) distinguait expressément le mouvement réflexe, non seulement, bien entendu, du mouvement volontaire directement commandé par le cerveau, mais encore du mouvement respiratoire commandé par le bulbe, et du mouvement involontaire induit par l'application directe d'un stimulus à la fibre nerveuse ou musculaire elle-même. Le mouvement réflexe n'est pas spontané et direct à partir d'un centre, il suppose un stimulus appliqué à distance du muscle réagissant, transporté à la moelle, réfléchi par elle et reconduit à la périphérie. Hall orientait décidément l'usage du concept de réflexe dans la direction d'une conception segmentaire, et expressément mécaniste des fonctions du système nerveux.

C'est ce que Müller admettait difficilement. Sans doute, il disait son désaccord avec Prochaska, subordonnant tous les mouvements réflexes à un principe téléologique de conservation organique instinctive. Mais, comme l'a fait remarquer Fearing, l'intérêt porté par Müller aux phénomènes des mouvements associés et des sensations irradiées, et les tentatives d'explication élaborées pour rendre compte de ce dernier phénomène par la fonction réflexe du cerveau et de la moelle, indiquent qu'il était loin de concevoir le réflexe comme un mécanisme segmentaire et local. Et de fait Müller tirait de ses observations sur les mouvements associés d'animaux narcotisés, sur les convulsions réflexes générales, ces conclusions simultanées que les mouvements réflexes peuvent intéresser le corps entier, à partir de la sensation locale la plus insignifiante, et que ces mouvements réflexes sont d'autant plus dysharmoniques qu'ils sont plus étendus.

En maintenant dans la compréhension du concept de réflexe d'une part un rapport à la sensation, c'est-à-dire au cerveau, et d'autre part la possibilité d'extension au tout de l'organisme des effets réfléchis d'une sensation locale, Müller écartait la plupart des objections qui surgissaient devant Marshall Hall. Hall scandalisait beaucoup de physiologistes en attribuant à la moelle un pouvoir de régulation des mouvements que très souvent encore on croyait être l'apanage du cerveau.

Si nous avons insisté sur cette convergence et cette divergence entre Hall et Müller au moment initial de la réélaboration positive du concept de réflexe, c'est parce que, à bien regarder, ce débat préfigure à sa manière, les controverses qui vont opposer, tout le long du siècle, dans le monde des neurophysiologistes, les localisateurs et les totalisateurs. Ces controverses concernent d'ailleurs aussi bien les fonctions du cerveau (localisations cérébrales) que les fonctions de la moelle épinière. Controverses elles-mêmes compliquées du fait que tel physiologiste, comme Flourens, peut être d'une part localisateur et admirateur zélé de Hall, quand il s'agit de réflexes médullaires, et d'autre part totalisateur et adversaire résolu de Gall, quand il s'agit des fonctions cérébrales. Marshall Hall (1790-1857) n'était pas encore mort que Eduard Pflüger publiait en 1853 un travail *Die sensorischen Functionen des Rückenmarks der Wirbeltiere*. Les fameuses lois de l'activité réflexe (conduction homolatérale, symétrie, irradiation médullaire et cérébrale, généralisation) reprenaient au fond, sous une forme apparemment plus expérimentale, les conceptions de Müller sur l'association des mouvements et l'irradiation des sensations. En fait, Pflüger, après Müller, utilisait le concept de réflexe à rendre compte des phénomènes dits de sympathie ou de consensus. Phénomènes dont l'interprétation avait opposé auparavant les partisans du principe de l'anastomose des nerfs périphériques (Willis, Vieussens, Barthez) aux partisans du principe de la confluence d'impressions au *sensorium commune* (Astruc, Whytt, Unzer, Prochaska). Le concept de réflexe selon Prochaska conservait l'explication des sympathies par le *sensorium commune*, mais situait le *sensorium commune* en dehors du siège cérébal, dans le bulbe rachidien et la moelle épinière. A la différence de Whytt, Prochaska distinguait le *sensorium commune* et l'âme, mais il conservait encore au *sensorium commune* une fonction téléologique qui inscrivait le mécanisme physique de la réaction réflexe de l'organe dans l'exigence instinctive de la conservation de l'organisme *(nostri conservatio)*. Il n'est donc pas surprenant de voir qu'en 1853 Pflüger considère que Prochaska a mieux entendu la nature du processus réflexe, en 1784, que ne l'a fait Marshall Hall, en 1832-1833. Car Pflüger admet, pour les mêmes raisons qui portaient Prochaska à conserver le concept de *sensorium commune*, l'existence d'une âme médullaire *(Rückenmarksseele)*, principe explicatif de la finalité des réactions réflexes. Or Hall séparait absolument le mouvement adaptatif ou intentionnel — volontaire et cérébral d'origine — et le mouvement réflexe, mécanique *(aimless)*. On a vu que Müller, moins mécaniste certes que Hall, opposait à Prochaska le caractère tétanique de la généralisation des réflexes, il est vrai que Müller spécifiait « chez » un animal convenablement disposé ». Il faut considérer le concept de réflexe selon Pflüger comme une fausse synthèse dialectique : ce concept, quant à ses bases expérimentales, a le même âge que Marshall Hall, et quant au contexte de philosophie biologique qui lui donne un sens, il a l'âge qu'aurait Prochaska, s'il n'était pas mort en 1820.

En fait Pflüger n'a pas réussi en 1853 à trouver la solution, sur le terrain strictement physiologique, de la difficulté que Hall avait écartée plutôt qu'affrontée en parlant du pouvoir excitomoteur de la fibre nerveuse. Cette difficulté résidait dans les termes de sensation ou de sensibilité enfermés dans les premières définitions du réflexe. Willis avait dit : « Motus reflexus est qui » a sensione praevia immediatius dependens, illico retorquetur ». Prochaska avait dit : « Praecipua functio sensorii communis » consistat in reflexione impressionum sensoriarum in motorias ». Müller commençait son chapitre sur les mouvements réflexes en disant : « Les mouvements qui succèdent à des sensations ont » été connus de tout temps ». Aussi longtemps qu'on parle de sensation on est sur le terrain de la psychologie. Il est logique qu'on cherche à loger quelque part la *psychè*, fût-ce dans la moelle épinière. En 1837, R. D. Grainger avait bien vu que les physiologistes de l'époque paraissaient croire en l'existence de deux sortes de sensation, l'une accompagnée de conscience de soi, et l'autre inconsciente. Liddel fait remarquer à ce propos que lorsque Todd invente en 1839 le terme *afférent* un grand pas est fait pour la distinction des deux sortes de sensations. Mais il est possible que ce ne soit qu'un grand pas verbal, tant qu'on n'a pas substitué au concept d'origine subjective un concept purement objectif de la sensibilité, telle qu'elle sera définie ultérieurement par la structure histologique des récepteurs, le sens de l'influx

sur la fibre. A ce moment l'âme est reconduite aux frontières
de la physiologie, ce qui signifie peut-être seulement que la
référence à l'expérience vécue a été mise entre parenthèses.

Nous laissons de côté, volontairement, toutes les discussions
auxquelles donne lieu, à partir du *Handbuch* de Müller, l'introduction, dans les manuels et les traités, de notices historiques
plus ou moins détaillées précédant l'exposé des faits et des questions relatives aux réflexes. Nous avons montré ailleurs que ces
diverses façons d'écrire l'histoire d'une recherche scientifique
sont le reflet de l'idée que les physiologistes eux-mêmes se font,
en tant que savants, des phénomènes réflexes. Nous avons montré
en particulier que la conception strictement mécaniste d'Emil du
Bois-Reymond explique la vivacité, pour ne pas dire la violence,
de sa critique de Prochaska, dans son discours commémoratif
à l'occasion de la mort de Johannes Müller (1858).

En fait ce qui caractérise l'histoire du concept de réflexe, entre
l'ouvrage de Pflüger et les premières publications de Sherrington,
c'est son importation dans le domaine de la clinique à partir du
domaine de la physiologie. Ce mouvement d'importation commence
avec Marshall Hall. C'est par lui que les réflexes sont introduits
en pathologie comme des mécanismes dont la perturbation ou la
disparition constituent des symptômes sur lesquels on fonde
des diagnostics. Le concept d'arc réflexe cesse progressivement
d'être la signification donnée à un schéma de structure, dont
le schéma proposé par Rudolph Wagner en 1844 est le premier
exemple; il est incorporé à la séméiologie, à l'investigation clinique, il donne sa signification au comportement du médecin, à
la décision thérapeutique, au geste opératoire. Mais dans le
passage du laboratoire à l'hôpital le concept de réflexe ne reste
pas inchangé, immuable. Si la plupart des physiologistes tendent
à lui donner la signification d'un mécanisme élémentaire et rigide,
quelques cliniciens, dont Jendrassik, en procédant après les travaux de Erb et de Westphal (1875) à la recherche systématique
des réflexes tendineux, doivent constater, non sans surprise, que
ces réflexes ne sont ni constants ni uniformes et que leur absence
n'est pas nécessairement un symptôme pathologique.

Le moment n'est plus très loin où la physiologie va devoir
renoncer au concept d'un réflexe correspondant à un arc linéaire
mettant en rapport terme à terme *(one to one)* un stimulus
ponctuel et une réponse musculaire isolée.

La généralisation de la théorie cellulaire, l'identification microscopique du neurone, les progrès techniques de l'histologie, avaient tout naturellement fourni à la neurologie l'image de structures analytiquement décomposables, et par conséquent quasi atomistiquement constituées. Le concept du réflexe segmentaire, unité physiologique, s'en était trouvé confirmé. Les nouvelles observations cliniques engageaient en somme le physiologiste à replacer le segment dans le contexte de l'organisme considéré dans son intégrité.

Quand Sherrington découvre que le réflexe de grattage *(scratch-reflex)* n'est pas lié invariablement à une zone d'excitation réfléxogène stictement délimitée, il se prépare à opérer une nouvelle rectification du concept. Le réflexe apparaît moins comme la réaction stimulée d'un organe spécifique que comme un mouvement déjà coordonné dépendant des excitations dans une région de l'organisme, excitations dont les effets sont aussi déterminés par l'état global de cet organisme. Le mouvement réflexe, même sous son apparence la plus simple, la plus analytique, est une forme de comportement, la réaction d'un tout organique à une modification de son rapport avec le milieu.

Même si le vocabulaire de Sherrington ne fait place au concept d'*intégration* qu'après le dernier jour du XIXᵉ siècle, ce concept est le couronnement de la neurophysiologie de ce siècle. Les études de Sherrington sur la rigidité de décérébration (1898), sur l'innervation réciproque, sur la synapse, convergent vers la mise en évidence du fait que le réflexe élémentaire consiste dans l'intégration médullaire d'un fuseau musculaire à l'ensemble d'un membre, par convergence des influx afférents et solidarisation des réactions antagonistes. Les fonctions de l'encéphale sont une extension de la fonction médullaire d'intégration des parties au tout de l'organisme. En recevant de Hughlings Jackson le concept d'*intégration*, Sherrington se désintéressait de sa signification évolutionniste pour ne retenir que sa signification structurale.

Certains historiens des travaux de Sherrington, Fulton et Liddel, ont attaché de l'importance au séjour qu'il fit chez Goltz à Strasbourg, dans l'hiver de 1884-1885, après un court passage à Bonn chez Pflüger. Il n'est pas douteux que la technique, mise au point par Goltz, des sections étagées de la moelle épinière, n'ait retenu l'attention de Sherrington. Il serait aventureux de dire que Sherrington a été influencé par l'hostilité de Goltz envers les théories localisationnistes en matière de fonctions cérébrales, et même à un moment de sa carrière, en matière de fonctions médullaires, puisque Goltz a défendu initialement la théorie de

Pflüger sur l'âme de la moelle épinière. Mais il paraît raisonnable de dire que c'est Sherrington qui a réalisé, sur le terrain de la pure et simple physiologie, cette synthèse dialectique entre le concept de réflexe et celui de totalité organique que Prochaska, puis Müller, avaient cherchée, que Pflüger avait illusoirement opérée en interprétant ses expériences de physiologie par des notions de métaphysicien.

En fin de compte, le concept de réflexe, à la fin du XIXe siècle, se trouvait épuré de toute acception de sens finaliste, tout en ayant perdu sa signification de mécanisme élémentaire et brut que l'œuvre de Marshall Hall lui avait d'abord conférée. Il était devenu, par rectifications successives, un concept authentiquement physiologique.

BIBLIOGRAPHIE

Nous nous dispensons de citer les mémoires ou traités originaux de physiologie, cités ou non dans cet article, relatifs à la question. On en trouvera l'indication soit dans les ouvrages signalés ci-dessous, soit dans l'ouvrage de K. E. ROTHSCHUH, *Entwicklungsgeschichte physiologischer Probleme in Tabellenform* (München-Berlin, 1952).

Nous indiquons simplement les principales études historiques consultées :

CANGUILHEM, G. *La formation du concept de réflexe aux XVIIe et XVIIIe siècles.* Paris, 1953.

ECKARDT, C. *Geschichte der Entwicklung der Lehre von den Reflexerscheinungen* (Beiträge zur Anatomie und Physiologie, Bd. IX, Giessen, 1881).

FEARING, F. *Reflex action, a study in history of physiological psychology.* Baltimore, 1930.

FULTON, J. F. *Charles Scott Sherrington, philosophe du système nerveux,* in Physiologie des lobes frontaux et du cervelet. Paris, 1953.

GREEN, J. H. S. *Marshall Hall (1790-1857): a biographical study* (Medical History, vol. II, n° 2, april 1958).

HOFF, H. E., and P. KELLAWAY. *The early history of the reflex* (Journal of the History of Medicine and allied Sciences, VIII, 3, 1952).

KRUTA, M. V. *Med. Dr. Jiři Prochaska 1749-1820.* Praha, 1956.

LIDDEL, E. G. T. *The Discovery of Reflexes.* Oxford, 1960.

MARX, E. *Die Entwicklung der Reflexlehre seit A. von Haller bis in die zweite Hälfte des 19. Jahrhunderts* (Sitzungsberichte der Heidelberger Akad. der Wissenschaften, Math.-Naturwiss. Klasse, X, 1938).

RIESE, W. *A History of Neurology.* New York, 1959.

V. — MODELES ET ANALOGIES
DANS LA DECOUVERTE EN BIOLOGIE *

Il n'est pas aisé de s'entendre sur le rôle et la portée des modèles dans les sciences physiques. Boltzmann n'hésitait pas à dire que les formules de Maxwell étaient de pures conséquences de ses modèles mécaniques. Mais Pierre Duhem pensait que le même Maxwell n'avait pu créer sa théorie qu'en renonçant à l'emploi de tout modèle.

Il paraît plus malaisé encore de s'entendre sur le rôle et la portée des modèles dans les sciences biologiques, et même de s'entendre sur la définition de tels modèles. En effet, on désigne par ce même nom tantôt un groupement de correspondances analogiques entre un objet naturel et un objet fabriqué (nerf artificiel de Lillie, par exemple), et tantôt un système de définitions sémantiques et syntactiques, établies dans un langage de type mathématique, concernant les rapports entre des éléments constitutifs d'un objet structuré et leurs équivalents formels.

Sans doute, il paraît bien qu'en biologie les modèles analogiques ont été et sont encore plus fréquemment utilisés que les modèles mathématiques. C'est que l'explication par réduction est plus naïve que l'explication par déduction formalisée. C'est aussi que les phénomènes biologiques dont l'étude est susceptible d'être directement formalisée sont en petit nombre, au premier rang desquels il faut citer les relations d'hérédité. Mais ces relations n'ont pas de caractère fonctionnel et, à la différence de la plupart des phénomènes biologiques, elles n'affectent aucun aspect de

---

* Cette étude, inédite en français, a paru en traduction anglaise, sous le titre : The role of analogies and models in biological discovery, dans l'ouvrage *Scientific change* (Symposium on the history of Science, University of Oxford, 9-15 July 1961) ed. by A.C. Crombie; Heinemann, London, 1963.

totalité. Les modèles étudiés en génétique n'ont donc aucune prétention d'étiologie. Au contraire, la réduction des structures et des fonctions organiques à des formes et à des mécanismes déjà plus familiers, l'utilisation en biologie d'analogies étiologiques empruntées aux domaines de l'expérience technologique, mécanique ou physique a connu longtemps et connaît encore une extension directement proportionnelle à son ancienneté. Il ne peut pas être question de remonter ici à l'origine d'un tel penchant intellectuel. Mais il nous semble que le concept d'*organe* fournit de lui-même et du fait de son étymologie, un principe directeur pour la compréhension de la permanence d'une méthode.

On n'a pas assez remarqué combien le vocabulaire de l'anatomie animale, dans la science occidentale, est riche en dénominations d'organes, de viscères, de segments ou de régions de l'organisme exprimant des métaphores ou des analogies. Parfois la dénomination ne recouvre qu'une comparaison morphologique (*os scaphoïde; trochlée du fémur,* par exemple). Parfois aussi le nom indique une analogie de fonction ou de rôle, à défaut de structure (*cornée; vaisseau; anastomose; sac; aqueduc; axis,* par exemple). La dénomination grecque et latine des formes organiques perçues fait apparaître qu'une expérience technique communique certaines de ses structures à la perception des formes organiques. D'ailleurs et réciproquement, les objets techniques, les outils, sont souvent désignés par des vocables d'origine anatomique (*bras; rotule; genouillère; dents; tenailles; ergot; doigt; pied,* etc.). De ce fait, ne serait-il pas permis de considérer l'usage explicite de modèles en biologie comme l'extension systématique et réfléchie d'une structure de la perception des organismes par l'homme ? Quand il compare les vertèbres à des gonds de porte (*Timée,* 74 *a*) ou les vaisseaux sanguins à des canaux d'irrigation (*Timée,* 77 *c*), Platon n'emploie-t-il pas savamment un procédé sommaire d'explication de fonctions physiologiques à partir d'un modèle technologique ? Aristote fait-il autre chose quand il compare les os de l'avant-bras fléchis par la traction des nerfs — c'est-à-dire des tendons — aux pièces d'une catapulte tirées par des câbles tenseurs (*De motu animalium,* 707 *b,* 9-10) ? La physiologie a été d'abord et est restée longtemps une *anatomia animata,* un discours *de usu partium* fondé apparemment sur la déduction anatomique, mais tirant en fait la connaissance des fonctions de leur assimilation aux usages d'outils ou de mécanismes évoqués par la forme ou la structure des organes correspondants.

Il faut dire que l'usage des modèles mécaniques en zoologie, et pour l'étude des fonctions proprement animales de locomotion, se justifie d'abord par le fait que chez le vertébré les organes du mouvement local sont articulés. Si l'on entend par articulation une sorte de mécanisme dont les solides composants se déplacent sans que deux de leurs extrémités cessent d'être en contact, il faut dire que l'articulation est pratiquement le seul type de mécanisme que présentent les vivants. L'explication des comportements de locomotion a donc pu procéder par l'établissement d'analogies avec des techniques humaines, prises comme modèles, au sens large de ce terme. C'est ainsi que Borelli[1], puis Camper[2] ont expliqué la nage du poisson en assimilant les mouvements de la nageoire caudale à ceux d'une rame utilisée comme godille. Les critiques que Barthez[3] a données de cette explication constituent un « modèle » des objections, d'inspiration vitaliste, périodiquement dressées contre l'usage de modèles réductifs en biologie. Critiques qui n'ont pas interdit la reprise par Marey[4] et par J. Gray[5] plus récemment, du modèle de Borelli-Camper.

Cet usage fruste du modèle technologique en biologie est si spontané et si implicite qu'on a pu, comme nous l'avons noté plus haut, en méconnaître longtemps la présence au principe de la déduction anatomique. Cournot, dans un texte de 1868, relevait que Harvey avait aperçu entre les valvules des veines et des soupapes (en fait Harvey avait dit : des portes d'écluse) une analogie si nette que son induction de la loi de circulation avait été irrésistible. « Dans ce cas, ajoutait Cournot, l'appropriation de » l'organe à la fonction est tellement précise que l'on peut » conclure sans hésitation de l'organe à la fonction... »[6]. Pourtant, une douzaine d'années auparavant, Claude Bernard avait subtilement réfuté la fausse simplicité de ce schéma méthodologique. A la fausse évidence de la saisie d'une fonction dans une structure, il opposait l'impossibilité de déduire d'un examen anatomique d'autres connaissances d'ordre fonctionnel que celles qu'on y avait importées. « On savait déjà, par des connaissances acquises

---

1. J.A. Borelli, *De Motu Animalium* (Lugduni in Batavis, 1685), pars prima, prop. CCXIV.
2. P. Camper, *Œuvres qui ont pour objet l'histoire naturelle, la physiologie et l'anatomie comparée* (Paris, An XI - 1803), III, 364-366.
3. P.-J. Barthez, *Nouvelle mécanique des mouvements de l'homme et des animaux* (Carcassonne, An VI - 1798), 157-177.
4. E. Marey, *La machine animale* (Paris, 1878), 208.
5. J. Gray, *How animals move* (London, 1953).
6. A. Cournot, *Considérations sur la marche des idées et des événements dans les temps modernes* (Paris, 1934), I, 249.

» expérimentalement dans les usages de la vie, ce que c'était qu'un
» réscrvoir, qu'un canal, qu'un levier, qu'une charnière, quand
» on a dit par simple comparaison que la vessie devait être un
» réservoir servant à contenir des liquides, que les artères et les
» veines étaient des canaux destinés à conduire des fluides, que
» les os et les articulations faisaient office de charpente, de
» charnières, de leviers, etc. »[7]. A l'époque, le terme de modèle
n'avait pas encore de place dans le vocabulaire usuel de l'épistémologie. Mais la formule par laquelle Cl. Bernard résume les
exemples précédents peut passer pour une définition antérieure
à la dénomination : « on a rapproché des formes analogues et
l'on a induit des usages semblables ».

Il serait, bien entendu, exagéré d'attribuer à cette utilisation
d'un modèle technologique sommaire une efficacité heuristique
considérable. Pour revenir à la découverte de la circulation, la
saisie par Harvey de la fonction antirétrograde des valvules
des veines ne constitue que l'un des arguments de sa thèse, la
confirmation de sa troisième supposition[8]. Mais l'usage systématique, aux XVIIᵉ et XVIIIᵉ siècles, de références à des mécanismes
analogiques d'organes, sous l'inspiration de la science galiléenne
et cartésienne, dans une nouvelle image du monde, ne peut être
crédité de découvertes beaucoup plus décisives en biologie.
Devenue rigoureuse quant à ses principes, la mécanique n'est
devenue guère plus féconde dans ses applications analogiques.
C'est au point que les apologistes récents de l'efficacité heuristique
en biologie — en neurologie spécialement — d'automates cybernétiques et de modèles de feed-back considèrent comme l'effet
d'un engouement sans intérêt scientifique et comme une activité
de jeu la construction d'automates classiques, c'est-à-dire sans
organe adaptatif de rétroaction, capables de simuler dans les
limites d'un ou de plusieurs programmes rigides, des comportements animaux ou des gestes humains. Et pourtant, dans une
étude fort originale sur l'histoire du biomécanisme, A. Doyon
et L. Liaigre ont révélé la liaison, au XVIIIᵉ siècle, entre la
recherche médicale et la construction d'appareils mécaniques,
« anatomies mouvantes » ou « figures automates » selon les

---

7. C. Bernard, *Leçons de physiologie expérimentale appliquée à la médecine*,
tome II (Paris, 1856), 6.
8. W. Harvey, *Excitatio anatomica de motu cordis et sanguinis in animalibus*
(Francfort, 1628), 56.

termes de J. Vaucanson [9]. Les textes cités, empruntés à Quesnay, Vaucanson et Le Cat, ne permettent pas, en effet, de douter de leur dessein commun d'utiliser les ressources de l'automatisme comme un détour, ou comme une ruse d'intention théorique, en vue d'élucider, par réduction de l'inconnu au connu et par reproduction globale d'effets analogues expérimentalement intelligibles, des mécanismes de fonctions physiologiques. L'animal-machine cartésien restait de l'ordre du manifeste, de la machine de guerre philosophique. Il ne constituait le programme, le projet ou le plan de construction d'aucun équivalent de fonction ou de structure singulières. Au contraire, l'attention donnée par Vaucanson et Le Cat à l'élaboration de plans détaillés en vue de la construction de simulateurs, et le succès notoire des tentatives du premier de ces biomécaniciens doivent nous autoriser à faire remonter, au XVIIIᵉ siècle, au moins, la conscience explicite d'une méthode heuristique utilisant, sous le nom d'imitation, le recours à des modèles analogiques fonctionnels. Condorcet, dans son *Eloge de Vaucanson* [10], a parfaitement saisi la différence entre une simulation d'effets, recherchée à des fins de jeu ou de mystification, et une reproduction de moyens — on dit aujourd'hui une construction de pattern — en vue d'obtenir l'intelligence expérimentale d'un mécanisme biologique. Parlant du premier automate de Vaucanson, le Flûteur, Condorcet écrit : « Quelques-uns de » ces hommes qui se croient fins, parce qu'ils sont soupçonneux » et crédules, ne voyaient dans le flûteur qu'une serinette et » regardaient comme une charlatanerie les mouvements des » doigts qui imitaient ceux de l'homme. Enfin, l'Académie des » Sciences fut chargée d'examiner l'automate, et elle constata que » le mécanisme employé pour faire rendre des sons à la flûte » exécutait rigoureusement les mêmes opérations qu'un joueur » de flûte et que le mécanicien avait imité à la fois les effets » et les moyens de la nature, avec une exactitude et une perfection » à laquelle les hommes les plus accoutumés aux prodiges de l'art » n'eussent pas imaginé qu'il pût atteindre ». On ne contestera pas, sans doute, à Condorcet une sorte d'intuition des possibilités ultérieures de construction, ou même seulement de conception

9. A. Doyen et L. Liaigre, *Méthodologie comparée du biomécanisme et de la mécanique comparée*, Dialectica, X (1956), 292-335. (Depuis la rédaction de notre étude, MM. Doyen et Liaigre ont publié un important ouvrage, *Jacques Vaucanson, mécanicien de génie*, Paris, 1966, dont les chapitres V, VI et VII reprennent et développent le contenu de l'article ci-dessus signalé.)

10. Condorcet, *Eloges des Académiciens* (Brunschvick - Paris, 1799), tome III.

théorique, en matière de mécanismes à information, distincts de mécanismes énergétiques. Il affirme, en effet, que le génie d'un mécanicien « consiste principalement à imaginer et à disposer » dans l'espace les différents mécanismes qui doivent produire » un effet donné et qui servent à régler, à distribuer, à diriger » la force motrice ». Et il ajoute : « Il ne faut point regarder un » mécanicien comme un artiste qui doit à la pratique ses talents » ou ses succès. On peut inventer des chefs-d'œuvre en mécanique » sans avoir fait exécuter ou agir une seule machine, comme on » peut trouver des méthodes de calculer les mouvements d'un » astre qu'on n'a jamais vu ».

Cette annonce d'une évolution possible des modèles vers une théorie mathématique est le schéma d'une histoire qu'il faut rapidement retracer. Depuis bientôt une vingtaine d'années, il est devenu à peu près banal de dire que l'invention du régulateur de Watt a fourni aux physiologistes le modèle initial, quoique non prémédité, d'un circuit de rétroaction entre un organe effecteur et un organe récepteur. En fait, pour qu'on ait pu apercevoir dans le dispositif de Watt un analogue du circuit réflexe, il était nécessaire que l'exploration méthodique des propriétés du système nerveux fût rendue possible par les progrès de l'électrologie, à partir des observations et expériences de Galvani. Ce n'est pas de la machine à vapeur mais de la pile et de la bobine d'induction que son nés par épigénèse technique les montages électroniques récemment promus à la dignité de modèles à feed-back des fonctions des nerfs et des centres nerveux.

Les premières étapes de la neurologie positive sont une sorte de réplique de la découverte de la circulation du sang [11]. La découverte de Galvani et l'invention de Volta fondaient l'analogie du nerf avec un conducteur de courant fluide. Même l'erreur de Galvani concernant l'existence d'électricité animale s'explique par le besoin analogique de trouver dans l'organisme une source de courant. La loi de Bell-Magendie et la distribution des fonctions du nerf rachidien assignaient à la propagation du courant intra-nerveux un sens centripète et un sens centrifuge. Le concept d'action réflexe (Marshall Hall, 1832; J. Müller, 1833) et le schéma d'arc réflexe (R. Wagner, 1844) fournissaient les éléments d'un système fonctionnel et non plus seulement morphologique [12].

11. K.E. Rothschuch, « Aus der Frühzeit der Elektrobiologie », *Elektromedizin*, IV (1959), 201-217.

12. G. Canguilhem, *La formation du concept de réflexe aux XVIIe et XVIIIe siècles* (Paris, 1955), chap. 7.

Pendant que l'électrologie devenait avec Ampère et Faraday une science de champs dynamiques et de courants, les expériences et les polémiques des physiologistes (du Bois-Reymond contre Matteucci) conduisaient à renoncer à l'idée de la passivité du nerf dans la conduction de l'influx et à mettre en évidence que son activité s'accompagne d'une production d'électricité. Dans ces conditions, le recours à des modèles électriques en neurologie devenait familier. Et sur cet exemple, on saisit les raisons pour lesquelles une recherche tend à utiliser des modèles. D'une part, le fluide nerveux est supposé et non perçu, comme l'est le sang; donc on a besoin d'un modèle comme substitut de représentation. D'autre part le courant électrique a été d'abord utilisé au transport de messages, et non d'énergie, et la priorité de cette application n'a pas peu contribué à la popularité du modèle électrique en neurologie. Enfin, avant l'établissement et la consolidation de la théorie cellulaire, la neurophysiologie ne peut pas être une physiologie d'éléments, elle ne peut considérer que la totalité d'un appareil; donc on a recours à un modèle pour l'investigation d'un phénomène dont la complexité ne peut pas être réduite.

Ici réside la différence de juridiction et de validité entre la méthode des modèles et la méthode classique d'expérimentation tirant parti d'une hypothèse de loi fonctionnelle. L'expérimentation est analytique et procède par variation discriminatoire de conditions déterminantes, toutes choses étant supposées égales d'ailleurs. La méthode du modèle permet de comparer des totalités indécomposables. Or, en biologie, la décomposition est moins une partition qu'une libération de totalités, d'échelle plus petite que la totalité initiale. Dans cette science, l'usage de modèles peut passer légitimement pour plus « naturel » qu'ailleurs.

Avant l'ère de la Cybernétique, on a pu croire à l'inadéquation des modèles mécaniques aux systèmes biologiques, caractérisés par leur totalité et leur auto-régulation interne [13]. Cette opposition semble aujourd'hui dépassée et L. von Bertalanffy peut soutenir, au contraire, que la méthode des modèles peut être appliquée à l'étude des organismes parce qu'ils représentent les propriétés générales d'un système [14]. On sait que von Bertalanffy a importé dans sa Théorie générale des Systèmes la distinction faite, au

13. L. Asher, « Modellen und biologische Systeme », Scientia, LV (1934), 418-421.
14. L. von Bertalanffy, 1° Problems of Life (New-York, 1952); 2° « Modern concepts on biological adaptation », in The historical development of physiological thought (New-York, 1959), 265-286.

siècle dernier, par les anatomistes comparatistes, entre les analogies et les homologies, c'est-à-dire entre des similitudes apparentes et des correspondances fonctionnelles proprement analogues, au sens mathématique du terme. Selon ce vocabulaire, c'est sur l'homologie que repose l'élaboration de modèles conceptuels et la possibilité de transferts de lois structuralement semblables hors du domaine initial de leur vérification.

Par ce biais, on aperçoit peut-être comment la construction de modèles électriques (physico-chimiques) en physiologie nerveuse constitue l'intermédiaire à la fois historique et logique entre le modèle mécanique, reproducteur de pattern plutôt que simple simulateur d'effets, et le modèle de type mathématique ou logique. L'esprit de la physique mathématique, lui-même progressivement éduqué par une nouvelle conscience mathématicienne, la conscience des structures, a trouvé une voie d'accès en biologie, grâce aux travaux de Maxwell sur l'électromagnétisme. Dans les mathématiques modernes, construire un modèle c'est traduire une théorie dans le langage d'une autre, mettre en correspondance des termes avec conservation de relations. Cela implique l'isomorphisme des théories. Dans la physique mathématique, telle qu'elle s'est constituée avec les travaux de Joseph Fourier, les théories mathématiques sont prises comme objet d'étude, d'où surgissent des analogies sur des terrains expérimentaux *a priori* sans rapports. Ces analogies apportent la preuve de la polyvalence des théories mathématiques par rapport au réel. Pour reprendre les exemples qui avaient frappé Fourier, la propagation de la chaleur, le mouvement des ondes, la vibration des lames élastiques sont intelligibles au moyen d'équations mathématiquement identiques [15]. Mais, en physique mathématique, la construction d'un modèle, dans un domaine de phénomènes, pour l'intelligence de phénomènes d'un domaine différent, ne confère en aucune façon un caractère privilégié au domaine choisi comme référence d'intelligibilité. Le choix des phénomènes de référence analogique répond seulement à l'une des deux exigences suivantes : ou bien la connaissance de ces phénomènes est déjà parvenue au stade de la théorie; ou bien ces phénomènes se prêtent plus aisément à l'investigation expérimentale. En aucun cas, la réalisation concrète d'un modèle ne prétend à la valeur d'une représentation figurative des phénomènes dont ce modèle tend à permettre

---

[15]. J. Fourier, « Théorie analytique de la chaleur », in *Œuvres*, publiées par G. Darboux (Paris, 1888), I, 13.

l'explication. Maxwell disait que l'analogie physique sert, à partir d'une similitude partielle entre des lois, à *illustrer* une science par une autre[16]. Illustration n'est pas figuration.

Or, en biologie, il semble plus difficile qu'en physique de résister à la tentation de conférer à un modèle une valeur de représentation. Ce n'est peut-être pas seulement le vulgarisateur scientifique qui a tendance à oublier qu'un modèle n'est rien d'autre que sa fonction. Cette fonction consiste à prêter son type de mécanisme à un objet différent, sans pour autant s'imposer comme canon. Mais n'est-il pas arrivé parfois aux modèles analogiques du biologiste de bénéficier d'une valorisation inconsciente ayant pour effet la réduction de l'organique à son analogue mécanique, physique ou chimique ? En dépit de leur plus haute mathématisation, il ne paraît pas que les modèles cybernétiques soient toujours à l'abri de cet accident. L'attitude magique de simulation est durablement rebelle aux exorcismes de la science.

Certes le modèle de feed-back, par exemple, s'est révélé fécond pour l'exploration et l'explication des fonctions organiques d'homéostasie et d'adaptation active[17]. On peut penser pourtant que le processus des régulations nerveuses n'est pas réellement représenté par lui. Comme l'a noté Couffignal, lorsqu'on dénomme feed-back les parties du système nerveux pour lequel le mode mécanique de réglage sert de modèle, on paraît donner à croire que les feed-back organiques font partie de la même classe d'objets que les feed-back mécaniques[18]. En fait, on a créé, par le rapprochement, une classe nouvelle d'objets dont la définition ne saurait retenir que les caractères opérationnels communs aux organes de régulation et aux dispositifs mécaniques de réglage. En d'autres termes, l'utilisation d'un objet comme modèle le transforme en tant qu'objet, par la conscience explicite des analogies avec l'objet indéterminé pour lequel il est modèle. Un modèle ne révèle sa fécondité que dans son propre appauvrissement. Il doit perdre de son originalité spécifique pour entrer avec son correspondant dans une nouvelle généralité. Quand une machine quelconque devient un modèle valable pour une fonction organique ce n'est pas la machine tout entière qui le devient,

16. J. Clerk Maxwell, « On Faradays Lines of Force », *The Scientific Papers*, vol. I (Cambridge, 1890), 156.

17. A. Rosenblueth, N. Wiener et J. Bigelow, « Behavior, Purpose and teleology », *Philosophy of Science*, X (1943), 18-24. Traduit en français par Jacques Piquemal dans *Les Etudes philosophiques*, 1961, 2, p. 147-156.

18. L. Couffignal, « La mécanique comparée », *Thalès*, VII (1951), 9-36.

mais seulement le pattern de ses opérations tel qu'il peut s'exposer en langage mathématique. Ici se fait jour la grande différence entre la méthode des modèles en physique et cette même méthode en biologie. Elle consiste dans le fait qu'on ne peut pas, encore du moins, parler d'une biologie mathématique au sens où, comme on l'a vu, on parle depuis longtemps d'une physique mathématique. En physique, l'usage d'un modèle — par exemple un flux d'électricité dans une plaque métallique comme analogue d'un phénomène hydrodynamique à vitesses horizontales — suppose que l'on puisse utiliser les résultats de mesures opérées sur le phénomène réalisé *in concreto* pour la description et la prévision des allures du phénomène indéterminé. Ce qui garantit la validité de ce transfert de résultats métriques c'est la correspondance, établie par une étude mathématique expresse, entre les lois générales d'ordre distincts de phénomènes [19]. C'est cela qui n'existe pas en biologie. Certes il existe une biologie arithmétique ou géométrique assez ancienne, une biologie statistique plus récente, mais c'est à peine si l'on peut parler d'une biologie algébrique. Là est la raison logique profonde du rôle spécifique des modèles dans la recherche en biologie. Ils conduisent à l'établissement de correspondances analogiques seulement au niveau d'objets, structures ou fonctions, concrètement désignés. Ils ne parviennent pas à coupler les lois générales de deux domaines de phénomènes mis en rapport. Il en sera ainsi sans doute tant que les mathématiques de la biologie s'apparenteront davantage à celles d'un formulaire d'ingénieur qu'à des théories comme celles d'un Riemann ou d'un Hamilton.

L'épistémologie biologique doit donc attacher la plus grande importance aux conseils de prudence que les biologistes s'adressent les uns aux autres, à l'intérieur de leur communauté de travail. La remarque d'Adrian ne vaut pas seulement pour le genre de recherches qu'elle vise : « What we can learn from the » machines is how our brain must differ from them ! » [20]. Une étude d'Elsasser a abouti, depuis, à des conclusions parallèles : un organisme ne remplit spontanément aucune des conditions de stabilité requises pour le fonctionnement correct d'une machine électronique, dans laquelle ne peut jamais apparaître une augmen-

---

19. Suzanne Bachelard, *La conscience de rationalité, étude phénoménologique sur la physique mathématique* (Paris, 1958), chap. 8.
20. E.-D. Adrian, *Proc. Roy. Soc. B.*, CXLII (1954), 1-8. Cité par J.-B.-S. Haldane, « Aspects physico-chimiques des instincts », in *L'Instinct dans le comportement des animaux et de l'homme* (Paris, 1956), 551.

tation d'information [21]. Dans sa théorie générale des automates [22], von Neumann a souligné un fait jusqu'à présent incontesté [23] : la structure des machines naturelles (organismes) est telle que les ratés du fonctionnement n'affectent pas son allure générale. Des fonctions de régénération ou, à défaut, de vicariance compensent la destruction ou la panne de certains éléments. Une lésion de l'organisme n'abolit pas nécessairement sa plasticité. Il n'en va pas de même dans les machines.

On peut alors se demander si l'usage de modèles électriques et électroniques en biologie représente, sur le plan de la logique heuristique, de l'*ars inveniendi*, une mutation aussi radicale que paraît l'être, sur le plan de la technologie, la construction de telles machines. Dans l'expérimentation analytique, de type classique, une des conditions favorables à la découverte réside, on le sait, dans le décalage entre les résultats de la construction basée sur l'hypothèse et les données de l'observation. Une bonne hypothèse n'est pas toujours celle qui conduit rapidement à sa confirmation, qui permet d'appliquer du premier coup la description d'un phénomène sur un schéma explicatif. C'est celle qui oblige le chercheur, du fait d'un discordance imprévue entre l'explication et la description, soit à corriger la description, soit à re-structurer le schéma d'explication. Ne peut-on dire pareillement qu'en biologie les modèles qui ont la chance de devoir être les meilleurs sont ceux qui freinent notre précipitation latente à l'assimilation de l'organique à son modèle ? Un mauvais modèle, dans l'histoire d'une science, c'est ce que l'imagination valorise comme bon modèle. L'imagination est portée à croire que construire un modèle c'est emprunter un vocabulaire pour obtenir une identification de deux objets. Quand on a eu nommé membrane la limite cellulaire, les lois de l'osmose et la fabrication de la cloison semi-perméable ont paru fournir un langage et un modèle. Il semble, au contraire, que le biologiste ait tout intérêt à retenir la leçon du physicien-mathématicien : ce qu'on doit demander à un modèle c'est la fourniture d'une syntaxe pour construire un discours transposable mais original.

En disant que l'extension de la méthode des modèles ne consti-

21. W.M. Elsasser, *The physical foundation of biology* (London, 1958).
22. J. von Neumann, « The general and logical theory of automata », in *Cerebral Mechanisms in Behavior* (New-York, London, 1951), 1-41.
23. A. Liapounov, « Machines à calcul électroniques et système nerveux », *in* Problèmes de la cybernétique étudiés aux séminaires de philosophie de l'Académie des Sciences de l'U.R.S.S., *Voprosy filosofii* (1961), n° 1, 150-157.

tue peut-être pas une révolution dans l'heuristique biologique, nous voulons dire simplement que les critères de validité d'une recherche sur modèle restent conformes au schéma de la relation dialectique entre l'expérience et son interprétation. Ce qui valide une théorie, ce sont les possibilités d'extrapolation et d'anticipation qu'elle permet dans des directions que l'expérience, maintenue au ras d'elle-même, n'aurait pas indiquées. De même, les modèles se jugent et se déposent les uns les autres par leur plus grande ampleur respective quant aux propriétés qu'ils font retrouver dans l'objet problématique, et aussi par leur plus grande aptitude respective à y déceler des propriétés jusqu'alors inaperçues. Le modèle, dirait-on, prophétise. Mais les théories mathématiques en physique le font aussi.

On ne contestera pas à Grey Walter l'importance des résultats obtenus, dans l'étude des fonctions supérieures du cerveau et de l'apprentissage, par la construction de modèles fonctionnels, sans prétention à l'imitation de structures élémentaires. Pourtant, en dépit d'un humour discret à l'encontre des pattern d'expérimentation recommandés par Cl. Bernard, Grey Walter, lorsqu'il fixe les règles d'un usage légitime des modèles, retrouve, à peine transposés, les critères classiques de la critique expérimentale [24]. Il est légitime d'étudier le modèle d'un processus indéterminé à trois conditions : quelques caractères du phénomène doivent être connus, l'indétermination ne peut être totale; pour reproduire ce qui est connu du phénomène, le modèle ne doit comprendre que les éléments opératoires strictement nécessaires; le modèle doit reproduire plus que le connu initial, que cet enrichissement de la connaissance ait été prévu ou non. Pour illustrer ces règles, l'exemple choisi est celui des modèles du nerf. Excellent exemple, qui permet de suivre l'assimilation successive du nerf à un conducteur électrique passif non isolé (câble sous-marin), puis à un montage électro-chimique (nerf artificiel de Lillie, 1920-1922) simulant la propagation d'une impulsion et l'établissement d'une période réfractaire, et enfin à un modèle de circuit électrique, combinant batterie et condensateur à fuite, capable de restituer l'équivalent des dix-huit propriétés du nerf et des synapses. On voit, par cet exemple, que la succession des modèles, pour un même objet de recherches, obéit à la norme de substitution dialectique des théories, à l'obligation pour une nouvelle théorie de

24. Grey M. Walter, *Le cerveau vivant* (Neuchâtel - Paris, 1954), Appendice A, 205-209.

rendre compte à la fois de tous les faits que la théorie antécédente expliquait et de ceux qui restaient rebelles à la juridiction
de ses principes. Quant au matériel techniquement mis en œuvre
dans le modèle lui-même, c'est pour son rôle qu'il est choisi, à
un moment donné, et non pour sa nature intrinsèque. Le modèle
électrique du nerf, dit Grey Walter, ne prouve pas, du fait de sa
plus grande efficacité, que l'activité du nerf soit de nature électrique. Du point de vue de la théorie, le modèle n'est rien d'autre
que l'équivalent d'une série d'expressions mathématiques. Cette
dernière affirmation nous semble très importante, dans la mesure
où il nous est permis d'y voir un gage d'avenir plutôt qu'un bilan
de passé. La méthode des modèles fera vraiment une révolution
en biologie quand, sans aucune équivoque, le biologiste emprun-
tera à d'autres sciences non pas tant des modèles en tant que
figures que des modèles en tant qu'exemples, ou véhicules en
eux-mêmes indifférents aux structures mathématiques qui unifient
leur disparate phénoménale. Le modèle ce ne sera plus alors le
montage électronique en tant que tel mais bien la fonction
commune à tels et tels montages, électronique, thermodynamique,
chimique (fonction de redresseur, de valve, etc.) [25]. Cela suppose,
nous l'avons déjà dit, la constitution d'une biologie mathématique
ce qui ne veut pas dire nécessairement une biologie analytique,
mais une biologie dans laquelle des structures non quantitatives,
comme celles de la topologie par exemple, permettent non seulement de décrire, mais de théoriser des phénomènes.

Dans l'ensemble et en résumé, l'usage des modèles en biologie
s'est révélé plus fécond en ce qui concerne l'étude des fonctions
qu'en ce qui concerne la connaissance des structures et du rapport
des structures aux fonctions. Des analogies de performance
d'ensemble entre modèles et organes ont pu être étudiées, sans
garantie d'analogies des éléments de constitution et des fonctions
élémentaires. Quand on a eu composé des réseaux nerveux
(« neural nets ») comme moyen d'approche mathématique des
propriétés du neurone, on a pu croire avoir proposé un modèle
du relais neuronique. Et cependant le neurophysiologiste n'a pas
reconnu dans ce modèle l'indépendance relative des fonctions du
cerveau par rapport à l'intégrité de sa structure [26]. D'une part, les
cellules nerveuses ne sont pas des relais interchangeables, d'autre

---

25. W.M. Elsasser, *Op. cit.*, n° 21, chap. 1.
26. A. Fessard, « Points de contact entre Neurophysiologie et Cybernétique »,
Structure et Evolution des Techniques, V, 35-36 (1953), 25-33.

part leur destruction partielle n'entraîne pas nécessairement la
perte de la fonction globale.

Dans ces conditions, il est permis de se demander si le concept
de modèle, dont une définition univoque s'est révélée chaque jour
plus difficile à proposer [27], n'a pas conservé quelques traces d'ambiguïté de l'intention initiale à laquelle il répond. Nous avons
indiqué, au début de ces réflexions, qu'une certaine structure
technologique et pragmatique de la perception humaine en
matière d'objets organiques exprimait la condition de l'homme,
organisme fabricant de machines. Nous venons d'esquisser les
étapes au cours desquelles une tendance naïve à assimilation
entre organismes et machines a perdu ce que cette naïveté pouvait
avoir de magique ou de puéril. Mais peut-être une naïveté plus
radicale, une attitude de la conscience, savante ou non, devant
la vie, inspire-t-elle fondamentalement de nouvelles tentatives
faites en vue de l'exhibition dans un modèle de telles ou telles
causalités organiques.

Le modèle a longtemps tenu du type et de la maquette simultanément, de la norme de représentation et du changement d'échelle
de grandeur. Il nous semble aujourd'hui que le modèle explicatif,
réplique intégrale, soit concrète soit logique, des propriétés struc-
turales et fonctionnelles de l'objet biologique a été relégué au rang
d'un mythe. Du côté de la fonction, le modèle tend à se présenter
comme un simple simulateur qui reproduit une performance,
mais par des moyens propres à lui. Du côté de la structure, il peut
tout au plus se présenter comme un analogue, jamais comme un
double. C'est donc sur l'analogie que repose la méthode des
modèles en biologie, que ces modèles soient mécaniques ou logiques. Dans tous les cas, il n'y a d'analogie valable qu'au sein
d'une théorie.

En attendant de promouvoir demain une heuristique révolutionnaire, le modèle biologique utilise aujourd'hui les ressources
d'une technologie révolutionnaire. Mais il serait tout à fait injuste
d'oublier les progrès que la biologie a faits hier grâce à des
méthodes d'analyse expérimentale, d'oublier par exemple que des
savants tels que Sherrington et Pavlov n'ont pas travaillé en
construisant des modèles. Et pour finir, n'est-il pas piquant de
remarquer que la découverte, par Sherrington et Liddell, du
réflexe myotatique (1924) a fourni, de la façon la plus classique,
un argument de poids à ceux qui, depuis, ne savent étudier
une fonction organique de régulation sans chercher à construire
un modèle de servo-contrôle ?

27. J.W.L. Beament editor, *Models and Analogues in Biology* (Cambridge, 1960).

VI. — LE TOUT ET LA PARTIE DANS LA PENSEE BIOLOGIQUE *

Dans son *Traité de psychologie animale* Buytendijk écrit : « Les
» organismes se manifestent à nous, d'abord, lors du premier
» contact élémentaire, comme des *touts*, des unités totalisantes,
» formées, croissantes, mobiles, et reproductrices d'elles-mêmes,
» et se trouvant en rapport *compréhensible* avec leur milieu »[1].
Il montre ensuite que, d'une part, ces unités manifestent des
affinités et des parentés et sont par là des parties d'ensembles
plus ou moins larges ou restreints; que d'autre part l'analyse
des organismes y découvre des éléments structurels ou des fonctions distinctes. Et il se demande comment résoudre la question
de savoir ce qui, dans cette saisie de l'objet biologique est donné
ou inféré, réel ou nominal, naturel ou artificiel. Qu'en est-il, par
exemple, de la forme et de la fonction, du tout et de la partie ?
Nous retiendrons seulement cette dernière question, sans prétendre en épuiser l'examen. Nous aborderons cet examen par
le biais de l'épistémologie et de l'histoire, avec le regret de n'avoir,
sur le terrain de la métaphysique, rien à dire de mieux que ce
que d'autres ont déjà si bien dit.

⋆⋆

On serait assez enclin à penser que l'*Homo faber*, en tant que
faber, fait aisément la distinction entre les structures techniques,
dépendantes d'un constructeur, d'un surveillant et d'un répa-
rateur, et les structures organiques autoconstitutives et auto-

---

* Extrait de la revue *Les Etudes philosophiques*, XXI, 1, janvier - mars 1966.
1. *Op. cit.*, pp. 44-45.

contrôlées, entre des objets qui sont des formes pour qui les perçoit tels qu'ils ont été conçus et des êtres qui sont formés par leur formation spontanée. Et pourtant c'est un fait de la culture que seul l'*Homo sapiens* prend conscience de la rupture que les techniques de l'*Homo faber* opèrent dans l'entreprise universelle d'organisation de la matière par la vie. Un texte de Leibniz dans les *Nouveaux Essais* en fait foi et nous conduit directement à notre problème. Philalèthe remarque que bien des hommes se croiraient offensés si on leur demandait ce qu'ils entendent quand ils parlent de la *vie*, et pourtant leur idée est si vague qu'ils ne savent décider si la plante préformée dans la graine, si l'œuf de poule non couvé, si l'homme tombé en syncope, ont ou n'ont pas vie. A quoi Théophile répond : « Je crois m'être assez expliqué » sur la *notion de la vie* qui doit toujours être accompagnée de » perception dans l'âme; autrement ce ne sera qu'une apparence, » comme la vie que les sauvages de l'Amérique attribuaient aux » montres ou horloges, ou qu'attribuaient aux marionnettes » les magistrats qui les crurent animées par des démons, lorsqu'ils » voulurent punir comme sorcier celui qui avait donné ce spec- » tacle le premier dans leur ville » [2]. Pour reprendre les termes utilisés par Buytendijk, la distinction entre les totalités données, réelles et naturelles d'une part, et les totalités inférées, nominales et artificielles d'autre part, n'est pas originaire mais acquise. Cette acquisition n'est pas si définitive qu'elle ne tolère sinon des confusions du moins des tentatives d'assimilation. C'est avec Aristote que commence l'histoire de cette discrimination.

« Un tout, dit Aristote, s'entend de ce à quoi ne manque aucune » des parties qui sont dites constituer normalement un tout. » C'est aussi ce qui contient les composants de telle sorte qu'ils » forment une unité. Cette unité est de deux sortes : ou bien » en tant que les composants sont chacun une unité, ou bien en » tant que de leur ensemble résulte l'unité... De ces dernières » sortes de touts, les êtres naturels sont plus véritablement tout » que les êtres artificiels... En outre, des quantités ayant un » commencement, un milieu et une fin, celles dans lesquelles » la position des parties est indifférente sont appelées un » total ($\pi\tilde{\alpha}\nu$) et les autres un tout ($\delta\lambda o\nu$) » [3]. Cette définition de la totalité par la complétude, l'unification de la somme, l'ordre des parties entraîne la définition de la troncature et de la mutilation :

---

2. Liv. III, chap. 10, § 22.
3. *Métaphysique*, Λ, 26, trad. Tricot (Vrin éd., 1933), I, pp. 214-215.

« Tronqué, mutilé, se dit des quantités mais pas de n'importe
» lesquelles : il faut non seulement qu'elles soient divisibles,
» mais qu'elles forment un tout. Il n'y a pas de mutilation pour
» les choses dans lesquelles la position des parties est indifférente,
» comme l'eau ou le feu; il faut qu'elles soient d'une nature telle
» que la position des parties tienne à l'essence... En outre, les
» choses qui sont des touts ne sont pas mutilées par la privation
» d'une partie quelconque... Un homme n'est pas mutilé s'il a
» perdu de la chair ou la rate, mais seulement s'il a perdu
» quelque extrémité, mais pas n'importe laquelle; il faut que cette
» extrémité, une fois retranchée, ne puisse jamais se reproduire »[4].
La mutilation s'offre donc comme la confirmation négative de la
totalité du tout. Il y a des touts qui, privés d'une partie, la régé-
nèrent. On sait assez quelle a été, au XVIIIᵉ siècle, l'importance
scientifique et philosophique des observations et expériences
d'Abraham Trembley sur la régénération de l'hydre d'eau douce,
quelle occasion de mutations conceptuelles a été cette découverte
de parties vivantes ayant puissance de tout. Quant à la mutilation,
privation définitive, elle est en quelque sorte la partie pointillée
de la totalité organique, la lacune signifiante de la plénitude
morphologique, jamais autant sensible que lorsque seulement
en partie indiquée. Mais en disant « sensible » ne fait-on pas du
manque, c'est-à-dire ici de la perte par ablation ou dislocation,
le souvenir pour une conscience d'une totalité abolie ? A cette
objection, répond déjà la condition aristotélicienne : il faut que la
position des parties tienne à l'essence. Nous ignorons s'il y a
chez le colimaçon ou la salamandre une conscience de la régénération comme exigence de la forme en tant que tout. Nous savons,
en tout cas, qu'il y a chez l'homme une conscience du membre
fantôme, dont on se demande si elle ne serait pas, pour parler
comme M. Raymond Ruyer, plus primaire que secondaire,
c'est-à-dire plus biologique que psychique.

Nous avons cité assez longuement deux textes d'Aristote dans
l'intention d'en préciser exactement la portée. D'une part, ils
contiennent une définition du vivant comme être finalisé et unifié
par la forme et la fonction, organisé par subordination des parties
au tout. La totalité du vivant n'est pas une totalité de sommation,
indifférente à l'ordre dans lequel elle est atteinte. Ce n'est pas une
totalité nominale, pour parler comme Buytendijk, perçue et
conçue par une conscience spectatrice. La totalité du vivant est

4. *Ibid.*, pp. 216-217.

une essence. Elle est un concret d'origine qui s'accomplit lui-
même, et non une juxtaposition se proposant pour être achevée
à une conscience. Ces textes ont été invoqués à l'appui d'une
conception de l'organisme à la manière de Hans Driesch, selon qui
l'équipotentialité embryonnaire, garantie, aux premiers stades du
développement de l'œuf, de la régulation et de la normalisation de
toutes les dissociations ou associations extraordinaires de parties
supposées, est l'expression de la domination initiale de la totalité,
donc de sa présence ontologique. Et pourtant les textes d'Aristote
ne supportent pas cette assimilation. Car, d'autre part, ils contiennent une définition rigide et stricte de la totalité organique. Le
tout organique n'est pas indifférent à la disposition des parties.
La finalité organique est chez Aristote une finalité d'un type technique hautement spécialisé, une finalité strictement asservie à la
disposition structurale. A preuve, un passage célèbre de la
Politique : « La nature ne procède pas mesquinement comme les
» couteliers de Delphes dont les couteaux servent à plusieurs
» usages, mais pièce par pièce; le plus parfait de ses instruments
» n'est pas celui qui sert à plusieurs travaux, mais à un seul » [5].
Or l'état que l'embryologiste d'aujourd'hui nomme détermination
et différenciation des territoires embryonnaires succède à une
phase initiale d'indétermination et d'équipotentialité au cours de
laquelle l'embryologiste peut, lui, présumer une destination,
c'est-à-dire un devenir, toutes choses égales d'ailleurs, mais au
cours de laquelle l'embryon ne se trouve prédestiné à rien d'autre
qu'au terme d'un développement spécifique, quel qu'en soit
l'état initial. Aristote n'a jamais rien conçu de tel.

Si paradoxale que puisse paraître notre thèse à la fin, elle
s'appuie sur le fait incontesté qu'Aristote conçoit l'organisme
comme une convergence d'organes-outils rigoureusement spécialisés, c'est-à-dire différenciés, en vertu du principe général selon
lequel n'importe quelle matière ne peut pas être informée par
n'importe quelle forme. Il n'y a pas de proposition moins conforme
à la pensée d'Aristote que l'affirmation de la polyvalence organique et de la permutabilité des parties dans un tout vivant.
La biologie aristotélicienne est une technologie générale. Elle est
l'une des formes, la première, de ces biologies que Buytendijk
nomme *rationnelles* ou *explicatives*, par opposition aux biologies
idéalistes ou *compréhensives*. Nous convenons avec Buytendijk
que la conception mécaniste de la vie serait plus adéquatement

5. Liv. Ier, chap. Ier, § 5.

désignée comme technologique, mais nous tenons à préciser que *technologique* est le genre logique dont *mécaniste* est une espèce, l'autre étant l'*organologique*.

Il nous semble qu'Aristote a élevé à la dignité d'une conception générale de la vie une sorte de structure de la perception humaine des organismes animaux, structure à laquelle on pourrait reconnaître le statut d'un *a priori* culturel. Le vocabulaire de l'anatomie animale, dans la science occidentale, est riche en dénominations d'organes, de viscères, de segments ou de régions de l'organisme exprimant des métaphores ou des analogies technologiques [6]. L'étude de la formation et de la fixation du vocabulaire anatomique, d'origine grecque, hébraïque, latine et arabe, révèle que l'expérience technique communique ses normes opératoires à la perception des formes organiques [7]. C'est ce qui explique la liaison originelle de l'anatomie et de la physiologie, la subordination de la seconde à la première, la tradition galénique de la physiologie comme science *de usu partium*, la définition de la science des fonctions comme *anatomia animata* par Harvey jusqu'à Haller et après lui. Claude Bernard a vivement critiqué cette conception, avec d'ailleurs plus d'énergie oratoire que de conséquences dans l'application. En bref, nous proposons qu'aussi longtemps qu'on prend dans la technologie les modèles d'explication des fonctions de l'organisme, les parties du tout sont assimilées à des outils et à des pièces de machine [8]. Les parties sont rationnellement conçues comme moyens de la finalité du tout, en tant que le tout est alors, en tant que structure statique, le produit de la composition des parties.

Il est bien possible qu'on ait trop aisément opposé, quant aux principes de leurs théories de la vie, l'aristotélisme et le cartésianisme. Sans doute, on ne saurait réduire la distance qui sépare une explication du mouvement animal par le désir d'une explication mécaniste du désir animal. La révolution introduite dans la science de la nature par l'énoncé des principes d'inertie et de conservation de la quantité de mouvement est irréversible. La théorie et l'usage des machines à restitution différée d'énergie accumulée permettent à Descartes la réfutation de la conception

6. Cf. les termes de trochlée, poulie, thyroïde, scaphoïde, marteau, sac, aqueduc, trompe, thorax, tibia, tissu, cellule, etc...
7. Cf. l'étude *Modèles et analogies dans la découverte en biologie*, p. 306.
8. Aristote explique la flexion et l'extension des membres par analogie avec le fonctionnement d'une catapulte. Cf. *De motu animalium*, 701 *b* 9.

aristotélicienne des rapports de la nature et de l'art. Mais, cela
bien retenu, il reste que l'usage d'un modèle mécanique du vivant
impose l'idée selon laquelle les parties d'un organisme le composent selon un ordre nécessaire et invariable. Cet ordre est celui
d'une *fabrique*. Parlant, dans la cinquième partie du *Discours de
la méthode*, du *Monde* — c'est-à-dire de l'*Homme* — qu'il n'a pas
publié, Descartes dit : « J'y avais montré quelle doit être la
» fabrique des nerfs et des muscles du corps humain pour faire
» que les esprits animaux étant dedans aient la force de faire
» mouvoir ses membres... » et plus loin, s'agissant des actions des
animaux : « C'est la nature qui agit en eux selon la disposition
» de leurs organes ». Fabrique, disposition sont concepts technologiques avant d'être anatomiques. Descartes, lecteur de Vésale,
lui emprunte le concept, assez répandu d'ailleurs aux xvıᵉ et
xvııᵉ siècles, de *fabrica corporis humani*. La référence aux écrits
de Vésale succède, dans une lettre à Mersenne [9] à cette affirmation
de principe : « La multitude et l'ordre des nerfs, des veines,
» des os et des autres parties d'un animal ne montrent point
» que la Nature n'est pas suffisante pour les former, pourvu qu'on
» suppose que cette Nature agit en tout suivant les lois exactes
» des Mécaniques et que c'est Dieu qui lui a imposé ces lois ».
Ce renvoi à Dieu comme fondement d'un mécanisme, en apparence seulement exclusif de toute téléologie vitale, justifie bien
l'humour de M. Raymond Ruyer : plus on assimile l'organisme
à un automate et plus on assimile Dieu à un ingénieur italien.

D'autre part, Descartes a été contraint, par deux fois au moins,
à une manière de concession à l'esprit de l'aristotélisme quand
pour expliquer l'union de l'âme sans parties — contrairement
à la théorie aristotélicienne — avec un corps étendu et divisible,
il a dû conférer au corps humain la nature d'un tout, au sens
aristotélicien de ὅλον [10]. Cette notion de totalité organique a fait
l'objet d'une savante analyse de M. Guéroult dans son exégèse
de la sixième *Méditation*. Descartes n'introduit le concept de totalité qu'en biologie humaine et par exigence de relation isomor-
phique à l'indivisibilité de l'âme. Le seul organisme, au sens aris-

9. Lettre du 20 février 1639. Cf. *Œuvres*, éd. Adam-Tannery, II, y. 525.
10. Cf. *Traité des passions*, art. 30 : « ...il est un, et en quelque façon indivisible, à raison de la disposition de ses organes qui se rapportent tellement l'un
à l'autre que, lorsque quelqu'un d'eux est ôté, cela rend tout le corps défec-
tueux. » Cf. aussi la Lettre au P. Mesland, du 9 février 1645 (Adam-Tannery, IV,
166-67).

totélicien de tout, que Descartes reconnaisse, le seul vivant concrètement unifié c'est l'homme, dont le principe unifiant est la pensée,
c'est-à-dire précisément cette âme qu'Aristote avait exclue de sa
biologie. Quant aux animaux, si leurs organismes sans âme,
machines vivantes par assemblage, présentent, eux aussi, des
dispositions d'interdépendance et de corrélation de leurs organes,
s'ils satisfont en cela au requisit d'une union de l'âme et du corps,
pourquoi, doit-on se demander avec M. Guéroult, de telles dispositions restent-elles inutilisées ? Comment ne pas conclure, avec
lui, qu'il s'agit d'un mystère « insondable » ?

En résumé, Aristote aussi bien que Descartes et Descartes aussi
bien qu'Aristote, fondent la distinction du tout et de la partie
organiques sur une perception des structures animales macroscopiques technologiquement informée. Le modèle technologique
du vivant réduit la physiologie à la déduction anatomique, c'est-à-
dire à la lecture de la fonction dans la fabrique de l'organe. Si,
du point de vue dynamique, la partie se trouve subordonnée au
tout comme la pièce d'un engin ou d'une machine à l'engin ou à
la machine construits pour un effet d'ensemble, il résulte pourtant
de cette subordination fonctionnelle que du point de vue statique,
la structure de la machine est celle d'un tout composé de parties.

Une telle conception n'a été sérieusement rejetée qu'au cours
de la première moitié du XIXᵉ siècle, par l'avènement à l'état
expérimental de deux disciplines fondamentales s'efforçant de
parvenir à l'autonomie de leurs méthodes et à la spécificité de
leurs concepts, l'embryologie et la physiologie, et simultanément
par le changement d'échelle des structures organiques étudiées
par les morphologistes, c'est-à-dire par l'introduction de la théorie
cellulaire dans l'anatomie générale.

A l'exception des phénomènes de régénération et de reproduction des fameux animaux-plantes observés par Trembley et
des phénomènes de parthénogenèse observés par Charles Bonnet
sur les pucerons, aucun fait biologique n'a été plus difficile à
comprendre pour les théoriciens de la structure organique à partir
de modèles technologiques, au XVIIIᵉ siècle, que la formation de
la forme vivante, que l'acquisition de l'état adulte à partir de
l'état de germe. Les historiens de la biologie ont très souvent lié
la conception épigénétiste du développement à la biologie mécaniste, en oubliant le rapport étroit et quasi obligé qui lie à cette

même biologie la théorie de la préformation. Comme une machine ne se monte pas elle-même, comme il n'y a pas de machines à monter, absolument parlant, des machines, il fallait bien que la machine vivante eût rapport à quelque machiniste, au sens du XVIIIᵉ siècle, entendons par là l'inventeur ou le constructeur de machines. Dans la mesure où il était imperceptible dans le présent, on le supposait à l'origine et dès lors la théorie de l'emboîtement des germes achevait logiquement de répondre aux exigences d'intelligibilité qui avaient suscité la théorie de la préformation. Le développement devenait alors un simple agrandissement et la biologie une géométrie, selon un mot d'Henri Gouhier concernant l'emboîtement chez Malebranche.

Du jour où Caspar-Friedrich Wolff établissait que le développement ou l'évolution de l'organisme procède par succession de formations non préformées (1759 et 1768) il fallait rendre à l'organisme lui-même la responsabilité de son organisation. Cette organisation n'étant pas capricieuse et individuelle mais réglée et spécifique, les anomalies s'expliquant en tant qu'arrêts de développement, fixation à un stade normalement dépassé, il fallait admettre une sorte de tendance formative, un *nisus formativus* (Wolff), un *Bildungstrieb* (Blumenbach), bref il fallait supposer un sens immanent à l'organogenèse.

C'est la connaissance et l'exploitation de ces faits qui soustendent la théorie kantienne de la finalité et de la totalité organiques, telles qu'elles sont exposées dans la *Critique de la faculté de juger*. Une machine, dit Kant, est un tout où les parties existent les unes pour les autres, mais non les unes par les autres. Aucune partie n'y est construite par une autre, aucune partie n'y est construite par le tout, aucun tout n'est ici produit par un tout de même espèce. Une machine ne possède pas en elle-même d'énergie formative.

Or il y a exactement cent ans, Claude Bernard développait la même thèse dans son *Introduction à l'étude de la médecine expérimentale* : « Ce qui caractérise la machine vivante, ce n'est » pas la nature de ses propriétés physico-chimiques si complexes » qu'elles soient, mais bien la création de cette machine qui se » développe sous nos yeux dans des conditions qui lui sont » propres et d'après une idée définie ,qui exprime la nature » de l'être vivant et l'essence même de la vie »[11]. Claude Bernard, comme Kant, nomme *idée* cette sorte d'*a priori* morphologique

11. *Op. cit*, IIᵉ partie, chap. II, § I.

qui détermine les parties, dans leur formation et dans leur forme relativement à l'ensemble, par une réciprocité de causation. Claude Bernard comme Kant enseigne que l'organisation naturelle ne souffre aucune analogie avec un type quelconque de causalité humaine. Plus étrange encore est ce fait que lorsque Kant abandonne, en se justifiant de le faire, le recours à tout modèle technologique de l'unité organique, il s'empresse de donner l'unité organique comme modèle possible d'une organisation sociale[12]. Or, nous allons le voir, Claude Bernard utilise cette analogie dans l'autre sens, quand il compare l'unité du vivant pluricellulaire à celle d'une société humaine.

Le rapprochement établi entre Kant et Claude Bernard peut paraître surprenant à qui tient le maître de la physiologie française, élève de Magendie, pour un savant fort défiant à l'égard des systèmes philosophiques. Et pourtant, si Cl. Bernard se félicite de la mort des systèmes qu'aucun effort ne pourrait ressusciter, il avoue qu'en réaction contre l'école allemande des philosophes de la nature « l'esprit philosophique a été banni avec » trop de rigueur »[13]. La sympathie avec laquelle il a parlé, à plusieurs reprises, des recherches biologiques de Gœthe ne permet pas de le tenir pour totalement étranger à l'esprit du romantisme. Marc Klein a consacré à cette question un article pénétrant[14], dans lequel il attache justement une grande importance au passage de l'*Introduction* (IIᵉ partie, chap. II, § I) qui commence ainsi : « Le physiologiste et le médecin ne doivent donc jamais » oublier que l'être vivant forme un organisme et une indivi- » dualité... », et qui poursuit : « Il faut donc bien savoir que si » l'on décompose l'organisme vivant en isolant ses diverses » parties, ce n'est que pour la facilité de l'analyse expérimentale » et non point pour les concevoir séparément ». Faisant allusion aux réserves de Cuvier ou des *vitalistes* contre la possibilité d'expérimenter efficacement sur les êtres vivants en raison de leur nature de tout, Cl. Bernard leur reconnaît « un côté juste ». Après Cuvier, ce sont Gœthe, Oken, Carus, Etienne Geoffroy Saint-Hilaire qui sont cités, ainsi que Darwin. On serait donc mal fondé à dire que Cl. Bernard a ignoré le prestige romantique du concept

12. *Critique de la faculté de juger*, § 65, note; trad. Philonenko (Vrin édit.), p. 194.

13. *Leçons sur les phénomènes de la vie communs aux animaux et aux végétaux*, 1879, II, p. 451.

14. Sur les résonances de la philosophie de la nature en biologie moderne et contemporaine, in *Revue philosophique*, octobre - décembre 1954.

d'organisme, au moment même où il mettait au point les techniques expérimentales et explicitait les idées qui lui permettaient de rompre, sur le terrain de la biologie, le cercle logique du tout et de la partie.

Il faut bien comprendre la raison des réserves qu'un certain usage du concept de totalité peut susciter dans l'esprit d'un expérimentateur. Si le tout organique est à ce point totalisé que d'une part toute partie qu'on y prélève apparaisse comme un artefact, que d'autre part tout prélèvement le dénature, alors une description en est à la rigueur possible, mais non pas une connaissance, à proprement parler. Pour connaître, il faut faire varier, et pour faire varier il faut pouvoir comparer à un témoin intact un objet modifié par décision et par intervention calculée. Une des raisons pour lesquelles tant de physiologistes ou de médecins sont sceptiques, quant à la portée des théories neurologiques de Kurt Goldstein, est que le concept de totalité leur paraît plutôt magique que scientifique. On peut discuter la question si cette critique vise bien qui la mérite [15], mais il faut en reconnaître la légitimité. Si la pénétration réciproque de toutes les parties supposées est le propre du tout organique, aucune détermination n'y est possible, aucun ordre d'appréhension des phénomènes ne peut être suivi, et rien ne permet de distinguer dans l'explication qu'on en donne une vaticination d'une connaissance. La vieille analogie symbolique du macrocosme et du microcosme n'est pas morte en 1543, malgré le *De Revolutionibus orbium cœlestium* et le *De humani corporis fabrica*. Plus d'un philosophe du XVIIIᵉ siècle, et Diderot singulièrement, use de l'analogie sur le mode circulaire. Les articles les plus techniques en apparence de l'*Encyclopédie* sont pénétrés de déférence pour ce mode de pensée symbolique, par exemple l'article « Dissection », dû à l'anatomiste Tarin : « Les » corps animés étant une espèce de cercle dont chaque partie » peut être regardée comme le commencement ou être prise pour la » fin, ces parties se répondent et elles tiennent toutes les unes » aux autres ». Auguste Comte lui-même, quand il croit fonder sur des considérations de philosophie positive les réserves qu'il exprime sur la possibilité et la portée de l'expérimentation en

---

15. Ne pas oublier que Goldstein a écrit : « Certes, isoler des parties d'un tout est possible, mais jamais composer le tout à partir de parties ; le réflexe peut fort bien être conçu comme phénomène du tout, comme un cas particulier par isolement, mais jamais le tout ne peut être conçu à partir du réflexe. » *La structure de l'organisme*, p. 440 de trad. fr. (Gallimard, édit.).

biologie, utilise pour caractériser l'organisme le concept de *consensus* [16], décomposé selon l'enseignement de Barthez, en sympathie et synergie [17]. Ainsi, par la filiation montpelliéraine, l'auteur du *Cours de philosophie positive* remonte-t-il aux sources de la tradition hippocratique, comme s'il avait à cœur de prolonger jusqu'à l'époque de Magendie l'écho de la parole coïque : « Le » corps vivant est un tout harmonique dont les parties se tiennent » dans une dépendance mutuelle et dont tous les actes sont » solidaires les uns des autres ». Claude Bernard ne s'est pas privé non plus d'utiliser l'analogie symbolique qui supporte l'image de l'organisme microcosme. Il est pourtant celui qui a su apercevoir dans la structure même de l'organisme la condition de rupture de l'obstacle constitué par l'idée de circularité vitale, et qui a réfuté en pratique les interdits prononcés par Cuvier, au nom des naturalistes, et par Comte, au nom des philosophes.

A la différence d'A. Comte, Claude Bernard a *accepté* la théorie cellulaire, et c'était là une des conditions de possibilité de l'expérimentation en physiologie; en outre, il a *élaboré* le concept de milieu intérieur, et c'était là l'autre condition nécessaire. La physiologie des régulations — ou, comme on dit depuis Cannon, de l'homéostasie — et la morphologie cytologique ont permis à Claude Bernard de traiter l'organisme comme un tout, sans le contourner comme un cercle, et de promouvoir une science analytique des fonctions du vivant, pourtant respectueuse du fait que le vivant est, au sens authentique du terme, une synthèse. Les *Leçons sur les phénomènes de la vie communs aux animaux et aux végétaux*, professées par Cl. Bernard au Muséum dans les dernières années de sa vie, contiennent les textes les plus importants pour notre sujet [18]. L'organisme est construit en vue de la vie élémentaire, c'est-à-dire de la vie cellulaire. La cellule est, en elle-même, un organisme, soit distinct, soit individu élémentaire dont l'animal ou la plante sont une société. Avec ce terme de

---

16. *Cours de philosophie positive*, 40ᵉ leçon (Ed. Schleicher, t. III, p. 169). Cl. Bernard utilise aussi le terme de *consensus* pour désigner l'ordonnance des phénomènes vitaux. Cf. *Leçons sur les phénomènes de la vie communs aux animaux et aux végétaux* (1878) : 9ᵉ leçon.
17. *Ibid.*, 44ᵉ leçon, pp. 398-399.
18. Cf. 9ᵉ leçon du tome I, publié en 1878.

société, dont Virchow et Haeckel ont usé à la même époque, Cl. Bernard introduit dans l'intelligence des fonctions organiques un modèle tout à fait différent du modèle technologique. C'est un modèle économique et politique. L'organisme complexe est désormais conçu comme totalité se subordonnant des éléments virtuellement autonomes. « L'organisme, comme la société, est » construit de telle façon que les conditions de la vie élémentaire » ou individuelle y soient respectées » [19]. La division du travail est la loi de l'organisme comme de la société. Conformément à un modèle technologique, l'organisme est un ajustement strict de mécanismes élémentaires. Conformément à un modèle économique et politique, l'organisme est fait de la complication progressive d'appareils diversifiant, en les spécialisant, des fonctions primitivement confondues. Depuis l'élément cellule jusqu'à l'homme, explique Claude Bernard, on rencontre tous les degrés de complication, les organes s'ajoutent aux organes, et l'animal le plus perfectionné possède plusieurs systèmes : circulatoire, respiratoire, nerveux, etc.

C'est donc la physiologie qui donne la clé de la totalisation organique, clé que l'anatomie n'avait pas su fournir. Les organes, les systèmes d'un organisme hautement différencié n'existent pas pour eux-mêmes, ni les uns pour les autres en tant qu'organes ou systèmes, ils existent pour les cellules, pour les radicaux anatomiques innombrables, leur créant le milieu intérieur, de composition constante par compensation d'écarts, qui leur est nécessaire. En sorte que leur association, c'est-à-dire leur rapport de type social, fournit aux éléments le moyen collectif de vivre une vie séparée : « Si l'on pouvait réaliser à chaque instant » un milieu identique à celui que l'action des parties voisines » crée continuellement à un organisme élémentaire donné, » celui-ci *vivrait en liberté exactement comme en société* » [20]. La partie dépend d'un tout qui ne s'est constitué que pour son entretien. La physiologie générale, en ramenant à l'échelle de la cellule l'étude de toutes les fonctions, rend compte du fait que la structure de l'organisme total est subordonnée aux fonctions de la partie. Fait de cellules, l'organisme est fait pour les cellules, pour des parties qui sont elles-mêmes des touts de moindre complication.

L'utilisation d'un modèle économique et politique a fourni aux

19. *Ibid.*, pp. 356-357.
20. *Leçons sur les phénomènes de la vie...*, I, pp. 359-360.

biologistes du XIXe siècle le moyen de comprendre ce que l'utilisation d'un modèle technologique n'avait pas permis auparavant. La relation des parties au tout est une relation d'*intégration* — et ce dernier concept a fait fortune en physiologie nerveuse — dont la fin est la partie, car la partie ce n'est plus désormais une pièce ou un instrument, c'est un individu. Dans la période où ce qui devait devenir très positivement la théorie cellulaire relevait autant de la spéculation philosophique que de l'exploration microscopique, le terme de monade a été souvent utilisé pour désigner l'élément anatomique, avant de se voir préférer généralement et définitivement le terme de cellule. C'est sous le nom de monade, en particulier, qu'Auguste Comte refuse la théorie cellulaire[21]. L'influence indirecte, mais réelle, de la philosophie leibnizienne sur les premiers philosophes et biologistes romantiques qui ont rêvé la théorie cellulaire nous autorise à dire de la cellule ce que Leibniz dit de la monade, elle est *pars totalis*. Elle n'est pas un instrument, un outil, elle est un individu, un sujet de fonctions. Le terme d'harmonie revient souvent sous la plume de Claude Bernard, pour donner une idée de ce qu'il entend par totalité organique. On n'a pas de peine à y reconnaître aussi un écho affaibli du discours leibnizien. Ainsi, avec la reconnaissance de la forme cellulaire comme élément morphologique de tout corps organisé, le concept d'organisation change de sens. Le tout n'est plus le résultat d'un agencement d'organes, il est une totalisation d'individus[22]. Au XIXe siècle, parallèlement et simultanément, le terme de partie perd son sens arithmétique traditionnel, du fait de la constitution de la théorie des ensembles, et son sens anatomique traditionnel, du fait de la constitution de la théorie cellulaire.

Trente ans environ après la mort de Claude Bernard la technique de culture *in vitro* de cellules explantées, mise au point par A. Carrel en 1910, mais inventée par J. Jolly en 1903, a-t-elle apporté la preuve expérimentale que l'organisme est construit comme une société de type libéral — car c'est la société de son

21. *Cours de phil. pos.*, 41e leçon, *in fine*.
22. Cf. notre étude sur la théorie cellulaire dans *La connaissance de la vie*, et l'Appendice II sur les rapports de la théorie cellulaire et de la philosophie de Leibniz.

temps que Claude Bernard prend pour modèle — où les conditions
de vie individuelle sont respectées et pourraient être prolongées
hors de l'association, sous réserve de la fourniture artificielle d'un
milieu approprié ? En fait pour que l'élément en liberté, c'est-à-
dire libéré des inhibitions et des stimulations qu'il subit du fait
de son intégration au tout, vive en liberté comme en société,
il faut que le milieu qu'on lui fournit vieillisse parallèlement
à lui-même, ce qui revient à rendre la vie élémentaire latérale
par rapport au tout dont le milieu artificiel constitue l'équivalent,
latérale et non pas indépendante. En outre, la vie en liberté
interdit le retour à l'état de société, preuve en cela que la partie
libérée a perdu irréversiblement son caractère de partie. Comme
l'a fait remarquer M. Etienne Wolff : « Jamais l'association de
» cellules préalablement dissociées n'a abouti à la reconstitution
» de l'unité structurale. La synthèse n'a jamais suivi l'analyse.
» Par un illogisme de langage, on donne souvent le nom de
» *cultures de tissus* à des proliférations cellulaires anarchiques
» qui ne respectent ni la structure ni la cohésion du tissu dont
» elles proviennent » [23]. Bref, un élément organique ne peut être
dit élément qu'à l'état non séparé. En ce sens il faut retenir
la formule hégélienne selon laquelle c'est le tout qui réalise
le rapport des parties entre elles comme parties, en sorte que
hors du tout il n'y a pas de parties [24].

Sur ce point donc, l'embryologie et la cytologie expérimentales
ont rectifié le concept de la structure organique trop étroitement
associé par Cl. Bernard à un modèle social qui n'était peut-être,
à tout prendre, qu'une métaphore. En réaction contre l'usage
des modèles mécaniques en physiologie, Cl. Bernard a écrit un
jour : « Le larynx est un larynx et le cristallin un cristallin,
» c'est-à-dire que leurs conditions mécaniques ou physiques ne
» sont réalisées nulle part ailleurs que dans l'organisme vivant » [25].
Il en est des modèles sociaux en biologie comme des modèles
mécaniques. Si le concept de totalité régulatrice du développement

---

23. Les cultures d'organes embryonnaires « in vitro » (*Revue scientifique*, mai-
juin 1952, p. 189).

24. *Science de la logique*, trad. Jankélévitch, t. II, p. 161.

25. *Cahiers de notes*, publié par M. D. Grmek (Gallimard, 1965), p. 171. Il est
possible que Cl. Bernard réponde à une affirmation de Magendie : « Je vois dans
le poumon un soufflet, dans la trachée un tuyau porte-vent, dans la glotte une
anche vibrante... Nous avons pour œil un appareil d'optique, pour la voix un
instrument musical, pour l'estomac une cornue vivante » (*Leçons sur les phénomènes de la vie;* leçons du 28 et du 30 décembre 1836).

et du fonctionnement organiques est resté, depuis l'époque où
Cl. Bernard en vérifiait, l'un des premiers, l'efficacité expérimentale, un concept invariant, au moins formellement, de la pensée
biologique, il faut reconnaître cependant qu'il a cessé de lier
son sort à celui du modèle social qui l'avait d'abord soutenu.
L'organisme n'est pas une société, alors même qu'il présente
comme une société une structure d'organisation. L'organisation,
au sens le plus général, c'est la solution d'un problème concernant
la conversion d'une concurrence en compatibilité. Or pour l'organisme l'organisation est son fait; pour la société, c'est son affaire.
Comme Claude Bernard disait « le larynx est un larynx », nous
pouvons dire que le modèle de l'organisme c'est l'organisme
lui-même.

II. — LA NOUVELLE CONNAISSANCE
DE LA VIE

LE CONCEPT ET LA VIE *

I

S'interroger sur les rapports du concepts et de la vie, c'est, si l'on ne spécifie pas davantage, s'engager à traiter au moins deux questions, selon que par vie on entend l'organisation universelle de la matière, ce que Brachet appelait « la création des formes », ou bien l'expérience d'un vivant singulier, l'homme, conscience de la vie. Par vie, on peut entendre le participe présent ou le participe passé du verbe vivre, le vivant et le vécu. La deuxième acception est, selon moi, commandée par la première, qui est plus fondamentale. C'est seulement au sens où la vie est la forme et le pouvoir du vivant que je voudrais traiter des rapports du concept et de la vie.

Le concept peut-il, et comment, nous procurer l'accès à la vie ? La nature et la valeur du concept sont ici en question, autant que la nature et le sens de la vie. Procédons-nous, dans la connaissance de la vie, de l'intelligence à la vie, ou bien allons-nous de la vie à l'intelligence ? Dans le premier cas, comment l'intelligence rencontre-t-elle la vie ? Dans le deuxième cas comment peut-elle manquer la vie ? Et enfin, si le concept était la vie même, il faudrait se demander s'il est apte ou non à nous procurer lui-même l'accès à l'intelligence.

* Texte de deux leçons publiques données à Bruxelles, à l'*Ecole des Sciences philosophiques et religieuses* de la *Faculté universitaire Saint-Louis*, le 23 et le 24 février 1966. Elles ont été publiées, pour la première fois, dans la *Revue philosophique de Louvain*, tome LXIV, n° de mai 1966.

Je traiterai d'abord des difficultés historiques de la question. Je traiterai ensuite de la manière dont la biologie contemporaine pourrait nous aider à poser la question à nouveaux frais.

Il peut paraître étonnant qu'on ait à s'interroger sur les rapports du concept et de la vie. La théorie du concept et la théorie de la vie n'ont-elles pas le même âge, le même auteur ? Et ce même auteur ne rattache-t-il pas l'une et l'autre à la même source ? Aristote n'est-il pas à la fois le logicien du concept et le systématicien des êtres vivants ? Quand Aristote, naturaliste, cherche dans la comparaison des structures et des modes de reproduction des animaux une méthode de classification permettant la constitution d'un système selon le mode scalaire, n'est-il pas celui qui importera ce modèle dans la composition de sa logique ? Si la fonction de reproduction joue un rôle si éminent dans la classification aristotélicienne, c'est parce que la perpétuation du type structural, et par conséquent de la conduite, au sens éthologique du terme, est le signe le plus net de la finalité et de la nature. Cette nature du vivant, pour Aristote, est une âme. Et cette âme est aussi la forme du vivant. Elle est à la fois sa réalité, l'*ousia*, et sa définition, *logos*. Le concept du vivant, c'est donc finalement, selon Aristote, le vivant lui-même. Il y a peut-être plus qu'une simple correspondance entre le principe logique de non-contradiction et la loi biologique de reproduction spécifique. Parce que n'importe quel être ne peut pas naître de n'importe quel être, il n'est pas possible non plus d'affirmer n'importe quoi de n'importe quoi. La fixité de la répétition des êtres contraint la pensée à l'identité de l'assertion. La hiérarchie naturelle des formes dans le cosmos commande la hiérarchie des définitions dans l'univers logique. Le syllogisme conclut selon la nécessité en vertu de la hiérarchie qui fait de l'espèce dominée par le genre un genre dominant par rapport à une espèce inférieure. La connaissance est donc plutôt l'univers pensé dans l'âme, que l'âme pensant l'univers. Si l'essence d'un être est sa forme naturelle, elle entraîne le fait que les êtres étant ce qu'ils sont, sont connus comme ils sont et pour ce qu'ils sont. L'intellect s'identifie aux intelligibles. Le monde est intelligible, et les vivants en particulier le sont, parce que l'intelligible est dans le monde.

Mais une première et grande difficulté apparaît dans la philosophie aristotélicienne au sujet des rapports entre le connaître et l'être, entre l'intelligence et la vie en particulier. Quand on fait de l'intelligence une fonction de contemplation et de reproduction, si on lui donne une place parmi les formes, encore que cette place soit éminente, on situe, c'est-à-dire on limite, la pensée de l'ordre à une place dans l'ordre universel. Mais comment la connaissance peut-elle être à la fois miroir et objet, réflexion et reflet ? La définition de l'homme comme ζῷον λογικόν, animal raisonnable, si elle est une définition de naturaliste (au même titre que la définition selon Linné du loup comme *canis lupus* ou du pin maritime comme *pinus maritima*), revient à faire de la science, et de la science de la vie comme de toute science, une activité de la vie elle-même. On est alors contraint de se demander quel est l'organe de cette activité, et par suite conduit à estimer que la théorie aristotélicienne de l'intellect actif, forme pure sans support organique, opère un décollage de l'intelligence et de la vie et introduit du dehors, θύραθεν dit Aristote, comme par la porte, dans l'embryon humain, le pouvoir extra-naturel ou transcendant de rendre intelligibles les formes essentielles que réalisent les êtres individuels. Et ainsi cette théorie fait de la conception des concepts ou bien une affaire plus qu'humaine, ou bien, si toujours affaire humaine, supravitale.

Une deuxième difficulté, qui n'est que la première rendue manifeste par le moyen d'une application ou d'une exemplification, tient à l'impossibilité de rendre compte, par l'identification de la science à une fonction biologique, de la connaissance mathématique. Un texte célèbre de la *Métaphysique* (B 2 996 *a*) dit que les mathématiques n'ont rien à voir avec la cause finale, ce qui revient à dire qu'il y a des intelligibles qui ne sont pas, à proprement parler, des formes, et que l'intelligence de ces intelligibles ne concerne en rien l'intelligence de la vie. Il n'y a donc pas de modèle mathématique du vivant. Si la nature est dite par Aristote ingénieuse, fabricatrice, modeleuse, elle n'est pas, pour autant, assimilable au démiurge du *Timée*. Une des propositions les plus étonnantes de cette philosophie biologique, c'est que la responsabilité d'une production technique ne revient pas à l'artisan mais à l'art. Ce n'est pas le médecin, c'est la santé qui guérit le malade. C'est la présence de la forme de la santé dans l'activité médicale qui est précisément la cause de la guérison. L'art, c'est-à-dire la finalité non délibérative d'un logos naturel. En un sens pourrait-on dire, en méditant sur l'exemple du médecin qui ne guérit pas parce qu'il est médecin, mais parce qu'il est habité et animé par la forme de la santé, la présence du concept à la pensée, sous forme de fin représentée comme modèle, est un épiphénomène. L'anti-platonisme d'Aristote s'exprime donc aussi dans la dépréciation des mathématiques pour autant que la vie étant l'attribut même de Dieu, c'est déprécier une discipline que de lui interdire l'accès à cette sorte d'activité immanente, par l'intelligence de laquelle, c'est-à-dire par l'imitation de laquelle, l'homme peut espérer se faire quelque idée de Dieu.

Supposons-nous un instant bergsonien. Cette allusion à un anti-platonisme d'Aristote par interdiction faite à l'intelligence mathématicienne de s'introduire dans le domaine de la vie, cette interdiction nous semblerait incompréhensive d'une certaine unité d'inspiration de la philosophie grecque, telle que Bergson a cru la dégager et l'expose dans le chapitre 4 de l'*Evolution créatrice*. Aristote, pense Bergson, aboutit en somme au point d'où Platon est parti : le physique est défini par le logique; la science est un système de concepts plus réels que le monde perçu; la science n'est pas l'œuvre de notre intelligence, elle est la génératrice des choses.

Cessons maintenant de nous supposer bergsonien pour nous étonner du fait que Bergson ait pu, dans une même condamnation de Platon et d'Aristote, composer une certaine conception de la vie et une certaine conception des mathématiques, qu'il estimait, l'une et l'autre, fondées sur la biologie et sur les mathématiques de son temps, c'est-à-dire du XIXᵉ siècle, alors qu'elles étaient en fait, l'une et l'autre, en retard d'une révolution déjà plus que commencée en biologie et en mathématiques. Bergson reproche à Aristote l'identification du concept et de la vie dans la mesure où cette immobilisation de la vie contredit ce qu'il pense être la vérité non-spencérienne du fait de l'évolution biologique, savoir : 1° que la vie universelle est une réalité en devenir, sous impératif d'ascension; 2° que les formes spécifiques des êtres vivants ne sont que la généralisation de variations individuelles insensibles et incessantes, et que, sous l'apparence de généralité structurale, généralité stable, se dissimule l'inlassable originalité du devenir.

Mais si la culture de Bergson, auteur de l'*Evolution créatrice*, est considérable, si cette culture retient tout l'essentiel de ce que le XIXᵉ siècle a produit dans le domaine de la biologie, si, en 1907, Bergson nous renvoie à de Vries et même à Bateson, il est pourtant assez loin de soupçonner que la théorie mutationiste de l'évolution prépare déjà les esprits à recevoir et à assimiler, non pas la

découverte, mais la redécouverte des lois de l'hérédité mende-
lienne, précisément par de Vries et Bateson entre autres. Bergson
écrit l'*Evolution créatrice* au moment où la théorie chromosomique de l'hérédité vient étayer sur de nouveaux faits expérimentaux et par l'élaboration de nouveaux concepts, la croyance en la
stabilité des structures produites par la génération. Qu'on entende
par le terme de génétique la science du devenir, ou la science de
la génération, toujours est-il que c'est une science anti-bergsonienne
et qu'elle rend compte de la formation des formes vivantes par la
présence, dans la matière, de ce qu'on appelle aujourd'hui une
information, pour laquelle le concept nous fournit, est-il besoin de
le dire, un meilleur modèle que le fait l'inspiration. Bergson reproche à Platon d'avoir érigé les essences mathématiques en réalités
absolues, d'avoir suivi la pente de l'intelligence qui aboutit à la
géométrie, c'est-à-dire à l'espace, à l'extension, à la division et à la
mesure, avec cette conséquence de confondre ce qui dure avec ce
qui se mesure, ce qui vit avec ce qui se répète et d'avoir proposé
à la postérité l'exactitude et la rigueur comme normes de la
science. Mais quoiqu'il fût initialement mathématicien, Bergson,
moins bien informé en mathématiques qu'il ne l'était en biologie,
dénonce l'incapacité des mathématiques à exprimer la qualité,
l'altération et le devenir, à l'époque où la géométrie achève de
délier son sort de celui d'une métrique, où la science des situations
et des formes accomplit la révolution commencée avec la géométrie descriptive de Monge et la géométrie projective de Poncelet,
à l'époque où l'espace se purifie de sa relation millénaire et
seulement historique, donc contingente, avec la technique de la
mesure, bref, à l'époque où la mathématique cesse de tenir pour
un modèle éternellement valable la géométrie de l'*homo faber*.

Dans la mesure par conséquent où l'incompatibilité du concept
et de la vie est un thème philosophique qui est souvent joué avec
ce qu'on peut appeler l'accompagnement bergsonien, il ne paraît
pas inutile de faire, dès à présent, quelques réserves sur la jus-
tesse de son de l'instrument utilisé. Convenons que l'état de la
biologie, et l'état des mathématiques, et l'état des rapports entre
mathématiques et biologie, ne permet pas aujourd'hui une
condamnation de la conception aristotélicienne de la vie aussi
péremptoire qu'on pouvait le croire au début de ce siècle.

Pourtant une difficulté de l'aristotélisme a subsisté concernant
le statut ontologique et gnoséologique de l'individualité dans une
connaissance de la vie à base de concepts. Si l'individu est une

réalité ontologique et non pas seulement l'imperfection de la réalisation du concept, quelle portée attribuer à l'ordre des êtres représentés dans la classification par genres et espèces ? Si le concept préside ontologiquement à la conception de l'être vivant, de quel mode de connaissance l'individu est-il susceptible ? Un système de formes vivantes, s'il est fondé dans l'être, a pour corrélatif l'individu ineffable. Mais un pluriel ontologique d'individus, s'il est donné, a pour corrélatif le concept comme fiction. Ou bien c'est l'universel qui fait de l'individuel un vivant et un tel vivant, et la singularité est à la vie ce qu'une exception est à la règle : elle la confirme, c'est-à-dire en révèle le fait et le droit, puisque c'est par la règle et contre la règle que la singularité apparaît, et l'on pourrait presque dire éclate. Ou bien c'est l'individuel qui prête sa couleur, son poids et sa chair à cet abstrait fantomatique qu'on nomme l'universel, faute de quoi l'universalité serait à la vie une façon d'en parler, c'est-à-dire exactement de n'en rien dire. Ce conflit de prétentions à l'être entre l'individuel et l'universel concerne toutes les figures de la vie : le végétal comme l'animal, la fonction comme la forme, la maladie comme le tempérament. Il faut qu'il y ait homogénéité entre toutes les approches de la vie. S'il existe des espèces de vivants, il existe des espèces de maladies des vivants; s'il n'existe que des individus, il n'existe que des malades. Si une logique est immanente à la vie, toute connaissance de la vie et de ses allures, qu'elles soient normales ou qu'elles soient pathologiques, doit se donner pour tâche de retrouver cette logique. La nature est alors un tableau latent de relations dont la permanence est à découvrir, mais qui, une fois découverte, confère aux démarches de la détermination, par le naturaliste, ou du diagnostic, par le médecin, une rassurante garantie. Dans deux de ses ouvrages, *Histoire de la folie* et *Naissance de la clinique*, M. Michel Foucault a lumineusement établi en quoi les méthodes de la botanique ont fourni aux médecins du XIXᵉ siècle le modèle de leurs nosologies. « La rationalité de ce qui menace la vie », écrit-il, « est identique à la rationalité de la vie elle-même ». Mais dirons-nous, il y a rationalité et rationalité. On sait assez de quelle importance est dans la philosophie, dans la théologie et dans la politique du moyen âge, la question des universaux. C'est une question qui ne sera pas ici abordée mais contournée et retenue seulement par le biais de quelques considérations sur le nominalisme dans la philosophie moderne, au XVIIᵉ et au XVIIIᵉ siècles.

Les arguments du nominalisme sont variés mais permanents. S'ils ne sont pas les mêmes chez tous, parce que tous les nominanalistes d'Occam à Hume, en passant par Duns Scot, Hobbes, Locke et Condillac ne font pas de leur nominalisme la même arme d'un même combat, certains de ces arguments se présentent pourtant comme des invariants, ce qui n'est pas tellement paradoxal en raison de l'intention commune de tenir l'universel pour un certain usage des choses singulières, et non pas pour une nature des choses. Qu'on dise les universaux *suppositions* (c'est-à-dire positions de substitution) comme Occam, *impositions arbitraires* comme Hobbes, *représentations instituées comme signes* à la façon de Locke, les concepts apparaissent comme un traitement humain, c'est-à-dire factice et tendancieux, de l'expérience. Nous disons : humain, parce que nous ne savons pas si nous avons le droit de dire : intellectuel. Il ne suffit pas de dire que l'esprit est une table rase, pour avoir le droit de dire, en convertissant la proposition, qu'une table rase est un esprit. Mais cette latitude indéfinie de convenance commune aux êtres singuliers, où les nominalistes voient l'équivalent authentique de l'universel, n'est-elle pas un masque de fausse simplicité, dissimulant un piège, le piège de la ressemblance ? L'idée générale selon Locke est un nom (signifiant) général, c'est-à-dire le signifiant d'une même qualité indéterminée quant aux circonstances de sa perception, laquelle qualité identique est pensée par abstraction, c'est-à-dire par « considération du » commun séparé du particulier ». Et dès lors il est valable comme la représentation de toutes les idées particulières de même espèce. Si, contrairement à Locke, Hume place au principe de la généralisation non pas seulement un pouvoir de reproduction mémorielle, mais un pouvoir libre de transposer l'ordre selon lequel les impressions ont été recueillies, un pouvoir propre à l'imagination, d'infidélité à l'égard des leçons de l'expérience, il n'en reste pas moins que selon lui la ressemblance des idées induit l'imagination à l'habitude, c'est-à-dire à l'uniformité d'une certaine attaque du milieu par l'être humain. Dans l'habitude sont en quelque sorte télescopées toutes les expériences singulières dont il suffit que l'une soit évoquée par un nom pour que, l'idée individuelle s'appliquant au-delà d'elle-même, nous cédions à l'illusion de la généralité.

On voit rapidement l'inconfort de toute position nominaliste concernant les rapports du concept et de la vie. Elle revient à se donner au départ la ressemblance, au moins minimale, du divers comme une propriété du divers lui-même, afin de pouvoir construire le concept dans sa fonction de suppléant à l'absence d'essences universelles. De sorte que tous ces auteurs du XVIIIᵉ siècle, dont on peut dire qu'ils ont été des empiristes, quant au contenu de la connaissance, et des sensualistes quant à l'origine de ses formes, n'ont fait, au fond, que donner à l'aristotélisme une réplique renversée, puisqu'ils se sont évertués à rechercher le connaître parmi le connu, à faire la connaissance de la vie intérieure à l'ordre de la vie. Le vivant humain est, selon eux, doué d'un pouvoir (qu'on pourrait aussi bien d'ailleurs tenir pour mesure d'une impuissance) de feindre des classes et par conséquent une distribution ordonnée des êtres, mais à la condition que ces êtres renferment eux-mêmes, en eux-mêmes, des caractères communs, des traits répétés. Comment peut-on parler de nature ou de natures quand on est nominaliste ? Simplement, en faisant comme Hume, en invoquant une nature humaine, ce qui revient à admettre au moins une uniformité des hommes, alors même qu'on tient, comme lui, cette nature pour inventive, artificieuse, c'est-à-dire spécifiquement capable de conventions délibérées. Ce faisant, que fait-on ? On pratique une coupure dans le système des vivants, puisqu'on définit la nature de l'un par l'artifice, par la possibilité de convenir, au lieu d'exprimer la nature. Et par conséquent chez Locke ou Hume, comme chez Aristote, la question de la conception des concepts reçoit une solution qui vient rompre le projet de naturaliser la connaissance de la nature.

On a bien souvent remarqué que la controverse qui a divisé, au XVIIIᵉ siècle, les naturalistes systématiciens en partisans de la méthode et partisans du système, ressuscitait en somme la querelle des universaux. Buffon reprochait à Linné l'artifice de son système de classification botanique à base de caractères sexuels. Quant à lui, il avait commencé son *Histoire des Animaux* en condamnant indifféremment les méthodes et les systèmes, c'est-à-dire les classifications dites naturelles et les classifications dites artificielles. Buffon soutenait qu'il n'existe dans la nature que des individus et que les genres et les espèces sont des produits de l'imagination humaine. Par conséquent l'ordre auquel Buffon se plie, dans les premiers chapitres de son *Histoire naturelle*, est un ordre tout pragmatique qui est fondé sur les rapports d'utilité et de familiarité de l'animal à l'homme. C'est ainsi qu'on voit Buffon classer les animaux d'abord en domestiques et en sauvages, en animaux d'Europe et en animaux du Nouveau Continent, c'est-à-dire, effectivement, selon la docilité et la proximité qui sont naturellement des rapports à un terme humain et qui n'ont rien à voir avec l'ordre des vivants entre eux, séparément du naturaliste qui l'étudie. On doit pourtant se garder de conclure, concernant Linné et Buffon, à l'alignement de leur systématique naturelle sur leur philosophie. Car Buffon plus tard, lorsqu'il en est venu à l'étude des singes et à l'étude des oiseaux, a dressé, lui aussi, un tableau des espèces, tâchant de les caractériser par le plus grand nombre de caractères et calquant en somme la souplesse de sa méthode sur la richesse de son objet. De sorte que Buffon, nominaliste quant à la nature et à la valeur des concepts, se comporte comme quelqu'un qui prétendrait écrire sous la dictée même de la nature. Et Linné, au contraire, dont la prétention initiale à reproduire l'ordre même de la nature et le plan éternel de la création ne fait pas de doute, se soucie très peu de rechercher, par une méthode naturelle, à faire apparaître une parenté des êtres fondée sur tous les caractères. Il choisit une fois pour toutes un caractère qu'il croit essentiel à la plante, la fructification, afin de déterminer les genres, et il l'utilise exclusivement, c'est-à-dire artificiellement, et il le sait. Le système était, pour Linné, un moyen de dominer une variété de formes à l'exubérance de laquelle il était extraordinairement sensible.

La signification de ces discordances entre les techniques scientifiques du naturaliste et la philosophie explicite ou implicite qui les sous-tendait est mieux éclairée, semble-t-il, par la philosophie que par l'histoire des sciences. Un texte magistral de Kant en fait foi. Ce texte est situé dans l'Appendice à la Dialectique transcendantale de la *Critique de la Raison pure :* sur l'usage régulateur des idées de la raison pure. Kant introduit dans ce texte l'image d'*horizon logique* pour rendre compte du caractère régulateur et non constitutif des principes rationnels d'homogénéité du divers selon les genres, et de variété de l'homogène selon les espèces. L'horizon logique, selon Kant, c'est la circonscription d'un territoire par un point de vue conceptuel. Le concept, dit Kant, est un point de vue. A l'intérieur d'un tel horizon il y a une multitude indéfinie de points de vue, à partir de quoi s'ouvre une multitude d'horizons de moindre ouverture. Un horizon ne se décompose qu'en horizons, de même qu'un concept ne s'analyse qu'en concepts. Dire qu'un horizon ne se décompose pas en points sans circonscription, c'est dire que des espèces peuvent se diviser en sous-espèces, mais jamais en individus, car connaître c'est connaître par concepts et l'entendement ne connaît rien par la seule intuition.

Cette image d'horizon logique, cette définition du concept des naturalistes comme point de vue de circonscription n'est pas un retour à un nominalisme, n'est pas la légitimation du concept par sa valeur pragmatique comme procédé d'économie de pensée. La raison, selon Kant, prescrit elle-même cette procédure, et la prescrire c'est proscrire l'idée d'une nature où n'apparaîtrait aucune ressemblance, puisque dans cette éventualité la loi logique des espèces et de l'entendement lui-même seraient simultanément anéantis. (Nous aurons l'occasion de revenir sur un texte analogue, celui des trois synthèses dans la Déduction des concepts purs de l'entendement, dans la première édition de la *Critique de la Raison pure.*) La raison se fait donc, sur le terrain où la connaissance de la vie poursuit sa tâche euristique de détermination et de classification des espèces, l'interprète des exigences de l'entendement. Ces exigences définissent une structure transcendantale de la connaissance. Cette fois il semblerait bien que nous avons rompu le cercle où s'enfermaient toutes les théories naturalistes de la connaissance. La conception des concepts ne peut pas être un concept parmi les concepts. Et donc la coupure que ne pouvaient pas éviter l'aristotélisme et le nominalisme des empiristes se trouve ici fondée, justifiée et exaltée.

Mais si nous avons gagné la légitimation d'une possibilité, celle de la connaissance par concepts, n'aurions-nous pas perdu la certitude que, parmi les objets de la connaissance, il s'en trouve dont l'existence est la nécessaire manifestation de la réalité de concepts concrètement actifs ? Autrement dit, n'aurions-nous pas perdu la certitude que, parmi les objets de la connaissance, se trouvent en fait des êtres vivants ? La logique aristotélicienne recevait, du fait que les formes du raisonnement imitaient la hiérarchie des formes vivantes, une garantie de correspondance entre la logique et la vie. La logique transcendantale ne parvient pas, dans sa constitution *a priori* de la nature comme système de lois physiques, à constituer en fait la nature comme le théâtre des organismes vivants. Nous comprenons mieux les recherches du naturaliste, mais nous n'arrivons pas à comprendre les démarches de la nature. Nous comprenons mieux le concept de causalité mais nous ne comprenons pas la causalité du concept. La *Critique de la faculté de juger* s'efforce de donner un sens à cette limitation que l'entendement subit comme un fait. Un être organisé est un être qui est à la fois cause et effet de lui-même, qui s'organise et qui reproduit son organisation, qui se forme et qui se donne la réplique, conformément à un type, et dont la structure téléologique, où les parties sont en rapport entre elles sous contrôle du tout, témoigne de la causalité non-mécanique du concept. De cette sorte de causalité nous n'avons aucune connaissance *a priori*. Ces forces qui sont des formes et ces formes qui sont des forces sont bien de la nature, sont bien dans la nature, mais nous ne le savons pas d'entendement, nous le constatons d'expérience. C'est pourquoi l'idée de fin naturelle qui est l'idée même d'un organisme se construisant lui-même, n'est pas chez Kant une catégorie mais une idée régulatrice dont l'application ne peut se faire que par maximes. Sans doute l'art nous fournit-il une analogie pour juger du mode de production de la nature. Mais nous n'avons pas le droit d'espérer pouvoir nous placer au point de vue d'un intellect archétypal, pour qui le concept serait aussi intuition, c'est-à-dire donateur parce que producteur de son objet, pour qui le concept serait à la fois connaissance et, pour parler comme Leibniz, origination radicale des êtres. Si Kant tient les beaux-arts pour les arts du génie, s'il considère que le génie c'est la nature donnant sa loi à l'art, il s'interdit pourtant de se placer dogmatiquement à un point de vue semblable — au point de vue du génie —, pour saisir le secret de l'*operari* de la nature. En résumé, Kant n'admet pas l'identification entre l'horizon logique des naturalistes et ce qu'on pourrait appeler l'horizon poïétique de la nature naturante.

Mais un philosophe comme Hegel n'a pas refusé ce que Kant s'est interdit. Dans la *Phénoménologie de l'Esprit* aussi bien que dans la *Real-philosophie* d'Iena ou la *Propédeutique* de Nuremberg, le concept et la vie sont identifiés. « La vie, dit Hegel, est » l'unité immédiate du concept à sa réalité, sans que ce concept s'y » distingue ». La vie, dit-il encore, est un auto-mouvement de réalisation selon un triple processus, et ici Hegel ne fait en somme que reprendre les analyses de Kant dans la Critique du jugement téléologique. Ce triple processus est : la structuration de l'individu lui-même; son auto-conservation à l'égard de sa nature inorganique; la conservation de l'espèce. L'auto-conservation est l'activité du produit producteur. « Ne se produit » dit la *Propédeutique* de Hegel, « que ce qui est déjà là ». Formule aristotélicienne s'il en fut. L'acte est antérieur à la puissance. Commentant un passage analogue de la *Phénoménologie*, Jean Hyppolite écrit : « Ce que » l'organique atteint dans son opération, c'est lui-même. Entre ce » qu'il est et ce qu'il cherche, il n'y a que l'apparence d'une diffé- » rence et ainsi il est concept en lui-même ». En un sens donc le vivant contient en lui-même la vie comme totalité et la vie dans sa totalité. La vie comme totalité, en raison du fait que son commencement est fin, que sa structure est téléologique ou conceptuelle. Et la vie dans sa totalité, pour autant que produit d'un producteur et producteur d'un produit, l'individu contient l'universel.

Pour banale que soit cette idée chez les romantiques allemands et chez les philosophes de la nature, elle prend, chez Hegel, une force et une portée nouvelles, dans la mesure où le mouvement de la vie trahit — trahit parce qu'il essaie de traduire — l'infinité de la vie qui, s'élevant dans l'homme à la conscience de soi, inaugure la vie spirituelle. Mais on ne saurait, sous peine d'erreur, conclure par récurrence de la vie spirituelle à la vie biologique, car la multitude des espèces fait obstacle à l'universalité de la vie. La juxtaposition des concepts spécifiques, les modifications que leurs rapports aux milieux font subir à l'individu, empêchent la vie de prendre elle-même conscience de son unité, de réfléchir son identité et par suite, de vivre pour soi et d'avoir à proprement parler une histoire.

En tout état de cause il faut poser à Hegel la question de savoir comment, s'il est vrai que concept et réalité coïncident immédiatement dans la vie, est possible au niveau de la science une connaissance de la vie par les concepts. La réponse est, évidemment, que la connaissance ne peut s'organiser elle-même que par la vie propre du concept. « Je pose, dit Hegel, dans l'auto-mouve » ment du concept, ce par quoi la science existe ». Commentant un passage de la *Phénoménologie* : « La connaissance scientifique » exige qu'on s'abandonne à la vie de l'objet ou, ce qui signifie » la même chose, qu'on ait présente et qu'on exprime la nécessité » intérieure de cet objet »[1], un autre passage contient une formule admirable : « Les pensées vraies et la pénétration scientifique » peuvent seulement se gagner par le travail du concept. Le » concept seul peut produire l'universalité du savoir »[2].

S'agissant de l'organisme, on rapprochera cette thèse hégélienne de la position de Kurt Goldstein, l'auteur de l'ouvrage *La structure de l'organisme.* « La biologie », dit Goldstein, « a affaire à des » individus qui existent et tendent à exister, c'est-à-dire à réaliser » leur capacité du mieux possible dans un environnement donné. » Les performances de l'organisme en vie sont seulement compré » hensibles d'après leur rapport à cette tendance fondamentale,

---

1. *Phénoménologie de l'Esprit*, trad. Hyppolite, I, p. 47.
2. *Ibid.*, p. 60.

» c'est-à-dire seulement comme expression du processus d'auto-
» réalisation de l'organisme ». Et il ajoute : « Nous sommes capa-
» bles d'atteindre ce but grâce à une activité créatrice, à une
» démarche qui est essentiellement apparentée à l'activité par
» laquelle l'organisme compose avec le monde ambiant de façon
» à pouvoir se réaliser lui-même, c'est-à-dire exister »[3]. Cette
profession de foi d'un biologiste a suscité de la part de
Raymond Ruyer des critiques fort incisives et, qu'au-delà de Goldstein, on pourrait à la rigueur appliquer à Hegel. Ruyer écrit :
« Faire de la biologie n'est pas synonyme de vivre. Nous
» comprenons bien que la mode actuelle — dit-il en visant Gold-
» stein et les goldsteiniens — c'est de rapprocher plutôt la biologie
» théorique de la vie que la vie de la biologie théorique. Pour
» percevoir une mélodie, comme pour la chanter, il est vrai qu'il
» faut en un sens la vivre soi-même, mais n'exagérons rien. Enten-
» dre chanter et entrer dans un chœur, restent bien deux opérations
» distinctes »[4]. Autrement dit, identifier la connaissance de la vie
avec le fait de vivre le concept de vivant, c'est assurément garantir
que la vie sera bien le contenu du connaître, mais c'est renoncer
au concept du connaître en tant qu'il est le concept du concept.
La science de la vie retrouve la nature naturante, mais s'y perd
en tant que connaissance connaissante, en tant que connaissance
en possession de son propre concept.

On voit donc la différence d'une philosophie comme celle de
Hegel avec celle de Kant en amont, et celle de Bergson en aval.
Kant avait dit que nous pouvons comprendre le vivant comme si
son organisation était l'activité circulaire du concept. Hegel dit :
« La vie est la réalité immédiate du concept ». Il dit aussi : « La
» vie n'est pas historique ». Bergson dira que la vie est durée,
conscience, qu'elle est, à sa façon, histoire. Une philosophie de
l'organique à la manière hégélienne n'a jamais beaucoup séduit les
philosophes de culture française. Kant leur a souvent paru plus
fidèle à la méthode effectivement et modestement pratiquée par
les naturalistes et les biologistes. Bergson a paru plus fidèle au fait
de l'évolution biologique, dont il serait difficile de trouver chez
Hegel, malgré quelques images, un pressentiment authentique.

Et pourtant aujourd'hui on peut se poser la question de savoir
si ce que les biologistes savent et enseignent concernant la
structure, la reproduction et l'hérédité de la matière vivante, à

---

3. *Remarques sur le problème épistémologique de la biologie* (Congrès International de Philosophie des Sciences, I, Paris, Hermann, 1951, p. 142).
4. *Néo-finalisme*, p. 217.

l'échelle cellulaire et macro-moléculaire, n'autoriserait pas une conception des rapports de la vie et du concept plus proche de celle de Hegel que de celle de Kant et, en tout cas, que de celle de Bergson.

II

Henri Bergson ne s'est pas montré moins sévère pour les successeurs immédiats de Kant, qu'il ne l'a été pour Kant lui-même, leur reprochant, comme à lui, la méconnaissance de la durée créatrice de la vie. « La durée réelle, dit Bergson dans » l'*Evolution créatrice*, est celle où chaque forme dérive des » formes antérieures, tout en y ajoutant quelque chose, et s'expli-» que par elles dans la mesure où elle peut s'expliquer ». Il est évident qu'une philosophie de la vie ainsi conçue ne peut pas être une philosophie du concept puisque la genèse des formes vivantes n'est pas un développement achevé, n'est pas une dérivation inté-grale et donc un réplique. Ce que la durée *ajoute* n'est pas contenu dans le concept et ne peut être saisi que par une intuition. Il n'y a pas fermeture sur elle-même de l'opération d'organisation, la fin ne coïncide pas avec le commencement.

Une telle philosophie doit alors rendre compte de ses concepts, qui ne sont pas la vie, qui ne font pas la vie. Le concept est, dans la philosophie de Bergson, l'aboutissement d'une tactique de la vie dans sa relation avec le milieu. Le concept et l'outil sont des médiations entre l'organisme et son environnement. Bergson a traité successivement de la question du concept dans le troisième chapitre de *Matière et Mémoire*, dans l'*Evolution créatrice* et dans la deuxième partie de l'Introduction à *La Pensée et le Mouvant*. Mais il y a une différence capitale, sur laquelle on ne saurait, semble-t-il, assez insister, entre le premier texte et le troisième, entre la théorie des idées générales, telle qu'elle est exposée dans *Matière et Mémoire* et la théorie des idées générales telle qu'elle est exposée dans *La Pensée et le Mouvant*. C'est le passage de l'idée de ressemblance comme identité de réaction organique à l'idée de ressemblance comme identité de nature des choses.

Bergson admet, dans le passage concernant les idées générales dans *La Pensée et le Mouvant*, qu'il existe des idées générales natu-relles qui servent de modèle à d'autres. Autrement dit, Bergson admet qu'il y a des ressemblances essentielles, des généralités objectives qui sont inhérentes à la réalité même. Dans *Matière et Mémoire* la question de l'idée générale se trouve limitée à la perception des ressemblances. Bergson explique que toutes les difficultés concernant les universaux tiennent à un cercle. Pour généraliser il faut d'abord abstraire, mais pour abstraire, il faut déjà généraliser. Un postulat est commun à ces théories adverses, c'est que la perception commence par l'individuel ou par le singulier. Bergson conteste ce postulat. Il montre que la perception des différences est un luxe et que la représentation des idées générales est un raffinement. Par conséquent il va se placer à égale distance de ces deux préciosités et s'installer dans l'attitude besogneuse du vivant affronté aux difficultés de la vie. Il va s'installer sur le terrain du pragmatique et montrer que nous débutons par un sentiment initial d'où la perception de l'incomparable et la conception du général vont naître par dissociation. Ce sentiment initial, c'est un sentiment confus de qualités marquantes ou de ressemblances. On sait assez comment Bergson, en réduisant la perception à sa fonction utilitaire, montre que les choses sont appréhendées en rapport avec des besoins, et que le besoin n'ayant que faire des différences au départ, dans la mesure où il est besoin d'identité d'appréhension, vise des ressemblances. Alors le discernement de l'utile nous limite à la perception des généralités. L'on trouve un mot fameux dans *Matière et Mémoire* : « C'est l'herbe » en général qui attire l'herbivore ». Entendons par là que la ressemblance agit du dehors, comme une force, et provoque des réactions identiques. La réaction initiale est conçue ici à l'image d'une réaction chimique, et du minéral à la plante, de la plante aux plus simples êtres conscients, ce procédé de généralisation est décrit par Bergson. L'explication est ici simplement physiologique. Bergson utilise en quelque sorte pour la construction de sa théorie de l'idée générale la fonction réflexe du système nerveux, c'est-à-dire l'identité de réaction pour des excitations variables. La stabilité de l'attitude, c'est l'habitude. La généralisation, c'est donc dans *Matière et Mémoire* l'habitude remontant de la sphère des mouvements à la sphère de la pensée. Le genre est esquissé mécaniquement par l'habitude, et la réflexion sur cette opération nous conduit à l'idée générale de genre.

Dans *Matière et Mémoire* il y a donc une source, une seule source, de l'idée générale de genre. Mais dans *La Pensée et le Mouvant*, nous sommes avertis dès le début qu'il y a plusieurs sources de l'idée générale. D'où cette formule, en un sens ironique : « En » traitant des idées générales il ne faut pas généraliser ». Ayant rappelé d'abord les conclusions de l'étude de *Matière et Mémoire*, Bergson explique que la psychologie doit être fonctionnelle, que la perception des généralités notamment a une signification vitale. « La biologie fournit à la psychologie un fil qu'elle ne devrait » jamais lâcher ». — Remarquons qu'ici Bergson dit biologie et non plus seulement physiologie. Le problème de *Matière et Mémoire*, c'était d'abord et essentiellement le problème de la conservation des souvenirs, et le corps y était étudié comme une structure dont le système nerveux assure, ou est censé assurer, le fonctionnement. Par conséquent, dans *Matière et Mémoire*, l'explication de l'idée générale faisait appel à des données cliniques ou physiologiques que nous pouvons dire de neurologie. Dans *La Pensée et le Mouvant*, nous avons affaire au contraire à des considérations de biologie générale. Et alors Bergson explique que ce n'est plus seulement l'organisme complet, l'organisme macroscopique, qui généralise. Tout ce qui est vivant, la cellule, le tissu, généralise. Vivre, à quelque échelle que ce soit, c'est choisir et c'est négliger. Bergson se réfère donc à l'assimilation, la prenant dans toute son ambiguïté sémantique. L'assimilation c'est d'une part la réduction de l'aliment, c'est-à-dire de ce que fournit le milieu inerte ou vivant, à la substance de l'animal qui se nourrit. Mais l'assimilation c'est aussi la façon de traiter indistinctement, indifféremment, ce qu'on assimile. La différence est entre ce qui est retenu et ce qui est rejeté. Il y a donc chez l'homme une généralisation de caractère vital qui est à moitié chemin entre la généralisation impossible, c'est-à-dire la reconnaissance que tout est divers, et la généralisation inutile, c'est-à-dire la reconnaissance que tout est identique.

Seulement apparaît dans *La Pensée et le Mouvant* un problème qui ne se posait pas dans *Matière et Mémoire*. Le problème est énoncé de la façon suivante : Comment des idées générales qui servent de modèles à d'autres sont-elles possibles ? Autrement dit, pour que le vivant humain puisse achever ce travail réflexif de généralisation d'une généralité d'abord quasi instinctivement perçue, il faut qu'un prétexte, qu'une occasion soit donnée dans les choses mêmes. C'est-à-dire qu'il faut rechercher les racines réelles d'une opération qui n'était justifiée dans *Matière et Mémoire* que par son succès vital. « Parmi ces ressemblances, dit Bergson dans » *La Pensée et le Mouvant*, il y en a qui tiennent au fond des » choses ». C'est donc ici que nous voyons posé un problème : celui des généralités objectives inhérentes à la réalité même. Voilà dépassée la formule de *Matière et Mémoire* : « C'est l'herbe en » général qui attire l'herbivore ». Certes, il y a l'herbe en général mais il y a l'herbivore, c'est-à-dire qu'il y a des espèces vivantes.

Dans *Matière et Mémoire* on avait affaire à un fait de physiologie pur et simple, mais dans *La Pensée et le Mouvant* on a affaire à un fait de biologie générale. Et au lieu d'expliquer par la structure, comme on le faisait dans *Matière et Mémoire*, il faut expliquer la structure : il y a des herbivores. Et Bergson va développer la distinction qu'il établit entre trois groupes de ressemblance : la ressemblance vitale, la ressemblance physique et la ressemblance technologique. La ressemblance entre des formes biologiques, la ressemblance entre des éléments, au sens physico-chimique du terme, et la ressemblance entre des instruments ou des outils. Voilà pourquoi il faut avouer qu'entre *Matière et Mémoire* et *La Pensée et le Mouvant* s'est produit un changement radical qui transforme totalement ce problème de la perception de l'idée générale.

Bergson finalement retrouve ici une difficulté qui n'est pas sans rapport avec celle que Kant avait heurtée de face dans l'explication que proposait l'*Analytique transcendantale*, de la représentation du divers intuitif dans l'unité d'un concept. C'est ce que la Déduction des concepts purs de l'entendement, dans la première édition de 1781 de la *Critique de la Raison pure*, développe sous le nom des trois synthèses : la synthèse de l'appréhension du divers dans l'intuition; la synthèse de la reproduction dans l'imagination et la synthèse de la recognition dans le concept. C'est dans l'analyse, au sens réflexif du terme, de ce procédé de synthèse de reproduction dans l'imagination que Kant cite le fameux passage sur le cinabre : « Si le cinabre [5] était tantôt rouge, tantôt noir, » tantôt lourd, tantôt léger; si un homme se transformait tantôt » en un animal et tantôt en un autre; si dans un long jour la terre » était couverte tantôt de fruits, tantôt de glace et de neige, mon » imagination empirique ne trouverait pas l'occasion de recevoir » dans la pensée le lourd cinabre avec la représentation de la » couleur rouge ».

Bref, cette rencontre, qui ne me paraît pas fortuite, ce recoupement de difficultés chez Kant et chez Bergson, au sein de deux problématiques bien différentes, me semble confirmer la résistance de la chose, non pas à la connaissance, mais à une théorie de la connaissance qui procède de la connaissance à la chose. C'est, chez Kant, la limite de la révolution copernicienne. La révolution copernicienne est inopérante quand il n'y a plus d'identité entre les conditions de l'expérience et les conditions de possibilité de

---

5. Le cinabre est un minerai de mercure.

l'expérience. Alors la réciprocité des perspectives ne joue plus et ils n'est plus équivalent de dire que nous rendrons compte des mêmes apparences, en supposant tantôt que notre connaissance se règle sur l'objet, tantôt que l'objet se règle sur notre connaissance. Car il y a dans la connaissance de la vie un centre de référence non décisoire, un centre de référence que l'on pourrait dire absolu. Le vivant est précisément un centre de référence. Ce n'est pas parce que je suis pensant, ce n'est pas parce que je suis sujet, au sens trancendantal du terme, c'est parce que je suis vivant que je dois chercher dans la vie la référence de la vie. Bref, Bergson est tenu de fonder la conception biologique du concept sur la réalité des concepts en biologie. L'herbe, l'herbivore, ce n'est pas la rencontre de deux devenirs imprévisibles, c'est un rapport de règnes, de genres et d'espèces.

Bergson, dans le texte de *La Pensée et le Mouvant* concernant l'idée générale, dit, à propos de cette ressemblance vitale (qu'il se garde d'assimiler à la ressemblance au sens physique ou à la ressemblance au sens instrumental, ce qui le justifie de dire qu'il y a plusieurs sources de la généralité) : « La vie travaille comme si » elle voulait reproduire de l'identique ». Finalement Bergson paraît revenir à un « comme si » d'apparence kantienne. Et pourtant la différence est considérable. Car le « als ob » kantien, le « comme si » était l'expression d'une prudence fondée sur l'analyse réflexive ou critique des conditions de la connaissance. L'*Analytique transcendantale* avait exposé les conditions de possibilité de la connaissance d'une nature en général et trouvait une limite dans le fait que la vie n'est pas seulement nature au sens de nature naturée mais nature au sens de nature naturante. Au lieu que le « comme si » bergsonien est l'expression d'une sorte de connivence entre la vie et la connaissance de la vie. Kant disait : on peut traiter de la vie comme si elle travaillait par concepts sans représentation de concepts. Bergson dit : la vie travaille comme si en créant des êtres qui se ressemblent, elle mimait des concepts. On peut, et il me semble aussi qu'on doit se demander comment la vie se trouve disposée à esquisser dans ses produits ce que l'un de ses produits, l'homme, percevra, à tort et à raison à la fois, comme une invitation de la vie à la conceptualisation de la vie par l'homme.

L'explication de cette illusion passe par la théorie bergsonienne de l'individuation. Si la vie esquisse le concept en produisant des individus à ressemblance spécifique, c'est en raison de son rapport à la matière. Il y a là une des difficultés principales de la philosophie bergsonienne. Car Bergson dit que la vie aurait pu ne pas s'individualiser, aurait pu ne pas se préciser dans des organismes. Elle pouvait, selon son expression même, « rester vague et floue ». « Pourquoi l'élan unique, dit-il, ne serait-il pas imprimé à un corps » unique qui eût évolué indéfiniment ? ». Au lieu que, en fait, c'est la matière qui divise, qui diversifie, qui disperse, qui multiplie la vie et la contraint en quelque sorte de déchoir dans la scission d'avec elle-même. Là est le fondement de la répétition vitale : la matière nombre la vie et la contraint à la spécification, c'est-à-dire à une imitation de l'identité. En elle-même la vie est élan, c'est-à-dire dépassement de toute position, transformation incessante. L'hérédité biologique, dit Bergson, c'est la transmission d'un élan. Nous comprenons alors pourquoi dans cette expression si curieuse : « La vie travaille comme si », le terme de travail est aussi important, lui-même, que les termes « comme si ». Le travail c'est l'organisation de la matière par la vie, l'application de la vie à l'obstacle de la matière. Le travail de la vie, c'est sans doute un travail au sens anté-technologique, mais il n'y a pas de coupure finalement chez Bergson entre le travail anté-technologique et le travail proprement technologique qui est celui de l'homme utilisant des outils pour attaquer le milieu. La ressemblance par spécification se prolonge dans l'invention humaine du concept qui ne fait qu'un avec l'invention humaine de l'outil : concept et outil sont l'un et l'autre des médiations. Et, sans doute, l'herbe en général attire l'herbivore, mais on pourrait dire que l'herbe en général attire aussi l'homme porteur d'une faux, l'homme qui, ayant domestiqué quelques herbivores, fauche les prés et ne fait pas de différence entre les herbes, pour assurer à ses herbivores domestiques leur ration d'herbe en général.

En bref, pour adopter, à la suite de Bergson, une conception des rapports entre le concept et la vie qui se doit d'inscrire dans la vie elle-même la condition de possibilité de la conceptualisation de la vie par la connaissance humaine, il faut souscrire à une proposition du bergsonisme qui est à la fois capitale et opaque. Vladimir Jankélévitch dit que c'est la proposition secrètement la plus importante du bergsonisme. La voici : « L'élan est fini et il » a été donné une fois pour toutes. Il ne peut pas surmonter » tous les obstacles ». Que peut signifier ceci, sinon d'abord que l'obstacle à l'élan est contemporain de l'élan lui-même. Que par suite la matière, censée introduire dans cet élan, en le dispersant, la détente, la distension et, à la fin, l'extension, c'est-à-dire au bout, l'espace et la géométrie, cette matière serait cela originairement.

Alors, monisme de substance, dualisme de tendances, toutes les interprétations sont possibles de cette difficulté.

Certes, par cette théorie nous comprenons bien que la spécification est une limite, nous comprenons que la vie soit capable de déposer des espèces qu'elle dépasse. Mais alors, nous ne comprenons pas pourquoi ce processus de spécification se trouve déprécié, s'il est vrai que l'une des conditions, la matière, tenue pour le négatif de l'autre condition, la vie, est aussi originaire que la vie elle-même. Nous comprenons bien que le vivant préfère la vie à la mort, mais nous n'arrivons pas à suivre jusqu'au bout une philosophie biologique qui sous-estime le fait que c'est seulement par le maintien actif d'une forme, et d'une forme spécifique, que tout vivant contraint, quoique précairement il est vrai, la matière à retarder mais non à interrompre sa chute, et l'énergie sa dégradation. Il est possible que, comme le dit Bergson, l'hérédité soit la transmission d'un élan. Il est certain en tout cas que cet élan transporte, et transporte en quelque sorte à l'impératif, un *a priori* morphogénétique.

Sous ce rapport il est instructif — non pas seulement du point de vue historique, mais du point de vue même de l'intelligence philosophique de notre problème — de comparer avec la conception bergsonienne, une théorie des rapports de la forme et de la vie que Bergson connaissait bien et dont il a utilisé au moins (il suffit de se reporter au Discours de 1913 en l'honneur du centenaire de la naissance de Claude Bernard) les conclusions épistémologiques que cette théorie suggérait à son auteur. Je veux dire les cours de Claude Bernard réunis sous le titre : *Leçons sur les phénomènes de la vie communs aux animaux et aux végétaux*, qui ont paru en 1878, l'année même de la mort de Claude Bernard. Ouvrage fondamental au moins dans sa première partie, parce qu'elle est la seule dont nous ayons l'assurance que si Claude Bernard ne l'a pas intégralement écrite, que s'il s'agit de cours pris en sténographie par ses élèves, il les a du moins revus, puisqu'il est mort en corrigeant les épreuves de cet ouvrage [6]. Ouvrage sans lequel certains textes de Claude Bernard, plus classiques, tels que l'*Introduction à l'étude de la médecine expérimentale*, dont on a célébré l'année dernière le centenaire, et le *Rapport sur la marche et les progrès de la physiologie générale en France* de 1867, ne peuvent pas être sérieusement commentés. Les considérations de Claude Bernard sont données par lui pour une théorie scientifique

6. Ce texte a été réédité, en 1966, par les Editions Joseph Vrin, Paris.

de physiologie générale. Mais leur intérêt vient précisément de ce que Claude Bernard ne sépare pas l'étude des fonctions de celle des structures et de ce que, à l'époque de Claude Bernard, la seule structure qui fût tenue pour commune aux animaux et aux végétaux, la structure au niveau de laquelle devait désormais se situer l'étude de la vie, c'était la structure cellulaire. Claude Bernard ne sépare donc pas l'étude des fonctions de l'étude des structures et ne sépare pas l'étude des structures de l'étude de la genèse des structures. De sorte que cette théorie de physiologie générale se trouve étayée constamment par des références permanentes à l'embryologie qui, depuis les travaux de von Baer, a été pour les biologistes du XIXᵉ siècle une science-pilote, fournissant aux autres disciplines une provision de concepts et de méthodes.

Selon Claude Bernard, ce qu'il appelle lui-même sa conception fondamentale de la vie tient en deux aphorismes. L'un est le suivant : *la vie, c'est la mort*. L'autre : *la vie, c'est la création*. Pendant longtemps on a considéré que c'était pour la première fois dans l'*Introduction à l'étude de la médecine expérimentale* que Claude Bernard avait dit : *la vie, c'est la création*. On faisait donc remonter cette proposition à 1865. Mais depuis la publication, par les soins du Dʳ Grmek, du *Carnet de notes* de Claude Bernard, nous pouvons faire remonter bien plus haut et près de dix ans auparavant la formule : *la vie, c'est la création*. Car c'est déjà vers la fin de 1856, ou au début de 1857, que se trouvent dans le Carnet ces deux propositions : « *la vie, c'est une création* », et la suivante : « *l'évolution, c'est une création* ». Pour Claude Bernard, le mot d'évolution n'a pas du tout le sens qu'il a pris aujourd'hui depuis la biologie transformiste. Pour Claude Bernard, évolution garde le sens qu'il avait au XVIIIᵉ siècle. Au XVIIIᵉ siècle évolution signifie exactement développement. Donc, par évolution, il faut entendre chez Claude Bernard l'ontogénèse, le passage du germe et de l'embryon à la forme adulte. L'évolution, c'est le mouvement de la vie dans la structuration et dans l'entretien d'une forme individuelle. Par conséquent, en disant que l'évolution est une création, Claude Bernard ne dit pas autre chose que ceci : la vie, c'est une création, puisque, précisément, ce qui caractérise la vie c'est cette conquête progressive d'une forme achevée, à partir de prémisses dont il s'agit de déterminer la nature et la forme.

Ainsi conçue la vie n'est pas un principe vital, au sens que lui donnait alors l'école de Montpellier, mais elle n'est pas davantage la résultante ou la propriété d'une composition physico-chimique, au sens des positivistes. La physiologie générale de Claude Bernard, c'est d'abord une organogénie, et la conception fondamentale de la vie doit résoudre, ou du moins, doit poser correctement un problème que la biologie positiviste contournait, que la biologie matérialiste, au sens mécaniste de ce terme, résolvait par une confusion de concepts. Ce problème est le suivant : en quoi consiste l'organisation d'un organisme ? Cette question avait obsédé les naturalistes du XVIIIᵉ siècle. Ce n'est pas, en effet, une question qu'il soit facile de résoudre par l'utilisation de modèles mécaniques. Et c'est si vrai que les théories de la préformation, les théories selon lesquelles la constitution progressive d'un individu adulte à partir d'un germe n'est que l'agrandissement d'une miniature contenue dans le germe, théories qui se prolongeaient logiquement en théorie de l'emboîtement des germes, renvoyaient à l'origine, c'est-à-dire au Créateur, le fait de l'organisation. L'avènement de l'embryologie comme science fondamentale au XIXᵉ siècle a permis de poser à nouveaux frais ce problème de l'organisation. Pour Claude Bernard, l'existence de cette question, et l'obstacle qu'elle dresse devant les possibilités d'explication fournies par la physique et par la chimie, garantissent à l'étude de la vie, à la physiologie générale, sa spécificité scientifique.

Une partie du succès de l'*Introduction à l'étude de la médecine expérimentale* à l'époque, c'est qu'elle a paru fournir à beaucoup des arguments contre un certain matérialisme en biologie et donc contre le matérialisme philosophique. Claude Bernard a été enrôlé. En réalité, il s'est toujours très peu soucié de savoir à qui et à quoi il fournissait ou ne fournissait pas des arguments. Il était possédé par une idée, et cette idée c'est que l'être vivant organisé est la manifestation temporairement perpétuée d'une *idée directrice* de son évolution. Les conditions physico-chimiques n'expliquent pas, par elles-mêmes, la forme spécifique de leur composition selon tel ou tel organisme. Dans les *Leçons sur les phénomènes de la vie*, cette thèse est longuement développée. « Je dirai de mon côté, » écrit-il, la conception à laquelle m'a conduit mon expérience... Je » considère qu'il y a nécessairement dans l'être vivant deux ordres » de phénomènes : les phénomènes de création vitale ou de syn- » thèse organisatrice; les phénomènes de mort ou de destruction » organique... Le premier de ces deux phénomènes est seul sans » analogue direct, il est particulier, spécial à l'être vivant : cette » synthèse évolutive est ce qu'il y a de véritablement vital ». Par conséquent, pour Claude Bernard, l'organisme qui fonctionne est un organisme qui se détruit. Le fonctionnement de l'organe, c'est un phénomène physico-chimique, c'est la mort. Ce phénomène, nous pouvons le saisir, nous pouvons le comprendre, le caractériser, et c'est cette mort que nous sommes portés à appeler, illusoirement, la vie. Inversement, la création organique, l'organisation sont des actes plastiques de reconstitution synthétique des substances que le fonctionnement de l'organisme doit dépenser. Cette création organique est synthèse chimique, constitution du protoplasme, et synthèse morphologique, réunion des principes immédiats de la matière vivante en un moule particulier. Moule, c'était l'expression dont se servait Buffon (« *le moule intérieur* ») pour expliquer qu'à travers ce tourbillon incessant qu'est la vie, persiste une forme spécifique.

A première vue, on pourrait penser que Claude Bernard sépare ici deux sortes de synthèses que la biochimie contemporaine a réunies, et qu'il méconnaît la nature structurée du cytoplasme. Or il n'est pas possible, aujourd'hui, de penser avec Claude Bernard que « à son degré le plus simple, dépouillée des accessoires qui » la masquent dans la plupart des êtres, la vie, contrairement à » la pensée d'Aristote, est indépendante de toute forme spécifique. » Elle réside dans une substance définie par sa composition et non » par la figure : le protoplasme ».

La biochimie contemporaine repose aujourd'hui au contraire sur ce principe qu'il n'y a pas de composition, même au niveau chimique, sans figure et sans structure. Seulement, y a-t-il lieu d'excuser Claude Bernard, et son erreur est-elle aussi totale qu'on pourrait le penser ? Est-ce qu'il ne déclare pas plus loin : « Le pro- » toplasme, si élémentaire soit-il, n'est pas encore une substance » purement chimique, un simple principe immédiat de la chimie, » il a une origine qui nous échappe, il est la continuation du proto- » plasme d'un ancêtre ». Ce qui veut dire : il y a une structure et cette structure est héréditaire. « Le protoplasme lui-même, dit-il, » est une substance atavique que nous ne voyons pas naître mais » que nous voyons simplement continuer ». Si donc on n'oublie pas que sous le nom d'évolution, Claude Bernard entend la loi qui détermine la direction fixe d'un changement incessant, que cette loi unique domine les manifestations de la vie qui débute et celles de la vie qui se maintient, qu'il ne conçoit pas de différence entre la nutrition et l'évolution, alors ne peut-on soutenir que Claude Bernard n'a pas poussé jusqu'au bout la séparation de la matière et de la forme, de la synthèse chimique et de la synthèse morphologique, et qu'il a au moins soupçonné que dans la vie du protoplasme la substitution des composants chimiques s'opère suivant un impératif structurel ? Cette structure, il la tient pour

un fait différent de ceux que la connaissance d'un déterminisme
de type physico-chimique donne le moyen de reproduire à volonté.
Cette structure est donc un fait d'hérédité et non pas un fait
d'artifice. Cette structure est, pour reprendre ses propres termes :
« La manifestation ici et maintenant d'une impulsion primitive,
» d'une action primitive et d'une *consigne*, que la nature répète
» après l'avoir réglée d'avance ».

Claude Bernard semble bien avoir pressenti que l'hérédité biologique consiste dans la transmission de quelque chose qu'on appelle
aujourd'hui une information codée. Sémantiquement, il n'y a pas
loin d'une consigne à un code. Il serait pourtant incorrect d'en
conclure que l'analogie — l'analogie sémantique — recouvre une
réelle parenté de concepts. Pour une raison qui tient à un synchro-
nisme. En même temps que paraît l'*Introduction à l'étude de la
médecine expérimentale*, en 1865, un moine obscur, qui ne connaîtra jamais dans sa vie la célébrité qui n'a pas été marchandée à
Claude Bernard, Grégor Mendel, fait paraître ses *Recherches sur
quelques expériences d'hybridation*. Nous ne pouvons pas prêter
à Claude Bernard des concepts analogues à ceux qui aujourd'hui
ont cours dans la théorie de l'hérédité, parce que le concept d'hérédité lui-même est un concept totalement nouveau par rapport à
l'idée que Claude Bernard pouvait se faire de la génération et de
l'évolution. Donc ne cédons pas à la tentation d'assimiler des termes séparés de leur contexte. Et pourtant on peut maintenir qu'il
existe entre le concept bernardien de consigne d'évolution et les
concepts actuels de code génétique et de message génétique une
affinité de fonction. Cette affinité repose sur leur relation commune au concept d'information. Si l'information génétique est
définie : le programme codé de la synthèse des protéines, alors
ne peut-on soutenir que les termes suivants, qui sont tous de
Claude Bernard, et non pas une fois et par hasard mais constamment utilisés dans son œuvre, *consigne, idée directrice, dessein
vital, préordonnance vitale, plan vital, sens des phénomènes...*,
sont autant de tentatives pour définir, en l'absence du concept
adéquat, et par convergence de métaphores, un fait biologique
qui est en quelque sorte pointé avant même que d'être atteint ?

En somme Claude Bernard a utilisé des concepts approchés de
celui d'information, au sens psychologique du terme, pour rendre
compte d'un fait aujourd'hui interprété par des concepts d'information, au sens physique du terme. Et c'est la raison, à mon sens
généralement mal aperçue, pour laquelle Claude Bernard se défend
sur les deux fronts de la biologie à son époque. Parce qu'il utilise

des concepts d'origine psychologique, comme ˘idée directrice, consigne, dessein, etc..., il se sent éventuellement suspect de vitalisme et il s'en défend, car ce à quoi il pense, c'est à une certaine structure de la matière, à une structure dans la matière. Mais parce qu'il pense, d'autre part, que les lois de la physique et les lois de la chimie n'expliquent que des dégradations, et sont impuissantes à rendre compte de la structuration de la matière, alors il doit se défendre d'être matérialiste. D'où le sens d'un passage comme celui-ci, emprunté au Rapport sur les Progrès et la Marche de la Physiologie générale en 1867 : « Si des conditions » matérielles spéciales sont nécessaires pour donner naissance » à des phénomènes de nutrition ou d'évolution déterminée, il ne » faudrait pas croire pour cela que c'est la matière qui a engendré » la loi d'ordre et de succession qui donne le sens ou la relation des » phénomènes [7], ce serait tomber dans l'erreur grossière des maté- » rialistes ». Et cet autre passage emprunté aux Leçons sur les Phénomènes de la vie : « Ce n'est pas une rencontre fortuite de » phénomènes physico-chimiques qui construit chaque être sur » un plan et suivant un dessin fixe et prévu d'avance et suscite » l'admirable subordination et l'harmonieux concert des actes » de la vie ». La construction, la croissance, le renouvellement réglé, l'auto-régénération de la machine vivante, ce n'est pas une rencontre fortuite. Le caractère fondamental de la vie, l'évolution selon Cl. Bernard c'est l'inverse de l'évolution selon les physiciens, c'est-à-dire, la succession d'états d'un système isolé et régi par le principe de Carnot-Clausius. Les biochimistes d'aujourd'hui disent que l'individualité organique, inaltérée en tant que système en équilibre dynamique, exprime la tendance générale de la vie à retarder la croissance de l'entropie, à résister à l'évolution vers l'état le plus probable d'uniformité dans le désordre.

Revenons maintenant sur cette expression tout à fait étonnante, s'agissant d'un biologiste que tout le monde connaît comme peu suspect de complaisance pour l'utilisation de concepts et de modèles mathématiques en biologie : « La loi d'ordre et de succession » qui donne le sens ou la relation des phénomènes ». C'est là une formule quasi leibnizienne fort proche de la définition donnée par Leibniz de la substance · individuelle : « Lex seriei suarum operationum », loi de la série au sens mathématique du terme, loi de la série de ses opérations. Cette définition quasi formelle, logiquement parlant, de la forme héréditaire, biologique-

---

7. Souligné par nous.

ment parlant, n'est-elle pas à rapprocher de la découverte fondamentale en biologie moléculaire de la structure de la molécule
d'acide désoxyribonucléique constituant l'essentiel des chromo-
somes, véhicules du patrimoine héréditaire, véhicules dont le
nombre même est un caractère spécifique héréditaire ?

En 1954, Wattson et Crick, qui ont reçu huit ans plus tard pour
cela le Prix Nobel, ont établi que c'est un ordre de succession
d'un nombre fini de bases le long d'une hélice couplée de phos-
phates sucrés qui constitue le code d'instruction, d'information,
c'est-à-dire la langue du programme auquel la cellule se conforme
pour synthétiser les matériaux protéiniques des nouvelles cellules.
On a établi depuis, et le Prix Nobel a récompensé en 1965 cette
nouvelle découverte, que cette synthèse se fait à la demande,
c'est-à-dire en fonction des informations venues du milieu —
milieu cellulaire bien entendu. De sorte que, en changeant l'échelle
à laquelle sont étudiés les phénomènes les plus caractéristiques
de la vie, ceux de structuration de la matière et ceux de régulation
des fonctions, la fonction de structuration y comprise, la biologie
contemporaine a changé aussi de langage. Elle a cessé d'utiliser
le langage et les concepts de la mécanique, de la physique et de la
chimie classiques, langage à base de concepts plus ou moins
directement formés sur des modèles géométriques. Elle utilise
maintenant le langage de la théorie du langage et celui de la
théorie des communications. Message, information, programme,
code, instruction, décodage, tels sont les nouveaux concepts de la
connaissance de la vie.

Mais, objectera-t-on, ces concepts ne sont-ils pas finalement des
métaphores importées, au même titre que l'étaient ces métaphores
par la convergence desquelles Claude Bernard cherchait à suppléer
au manque d'un concept adéquat ? Apparemment oui, en fait non.
Car ce qui garantit l'efficacité théorique ou la valeur cognitive d'un
concept, c'est sa fonction d'opérateur. C'est par conséquent la
possibilité qu'il offre de développement et de progrès du savoir.
J'ai dit qu'il y a homogénéité, et qu'il doit y avoir nécessairement
homogénéité, entre toutes les méthodes d'approche de la vie. Les
concepts biologiques de Claude Bernard, qu'il avait formés sur le
terrain même de sa pratique expérimentale, pour rendre compte
de ce qu'il avait découvert d'étonnant et pour quoi il a dû créer
un terme apparemment paradoxal : celui de sécrétion interne,
concept dont il est l'auteur en 1855, ces concepts de Claude Bernard
lui permettaient une conception de la physiologie qui autorisait

une certaine conception de la médecine. L'état pathologique pouvait apparaître à un certain niveau d'étude des fonctions physiologiques comme une altération simplement quantitative, en plus ou en moins, de l'état normal. Claude Bernard n'apercevait pas et ne pouvait pas apercevoir — tous les savants sont dans le même cas — que la découverte à l'occasion de laquelle il avait forgé un certain nombre de concepts lui barrait la voie vers d'autres découvertes. La glycogénèse hépatique fournit un exemple de sécrétion interne qui n'est pas du même ordre que la sécrétion d'insuline par le pancréas ou d'adrénaline par la surrénale. La fonction glycogénique du foie, c'est la production d'un métabolite intermédiaire. Claude Bernard ne soupçonnait donc pas qu'il pût y avoir des sécrétions internes comme ce qu'on a appelé pour la première fois des messagers chimiques, car c'est pour les sécrétions internes qu'en biologie on a utilisé pour la première fois le concept de message et de messager. Claude Bernard pouvait penser que sur sa physiologie se fondait une conception de la maladie qui autorisait une certaine forme de la médecine. Mais le diabète n'est pas une maladie qui relève uniquement du foie et du système nerveux, comme Cl. Bernard l'avait cru, négligeant en conséquence ce que les cliniciens avaient, à l'époque, déjà soupçonné : la participation, l'intervention d'un certain nombre d'autres viscères, le pancréas en particulier. A plus forte raison la définition de la maladie comme altération quantitative d'une fonction physiologique normale ne convient-elle pas pour ces maladies qui, depuis qu'on en possède le concept, sont découvertes en nombre croissant, et qui dépendent de la transmission héréditaire de perturbations d'un métabolisme donné. Ce qu'un médecin anglais, Sir Archibald Garrod a appelé, au début du XXe siècle, « des erreurs innées du métabolisme »[8].

Mais il existe déjà une médecine dont l'efficacité thérapeutique confère aux concepts biologiques fondamentaux de la théorie de l'hérédité, interprétée dans la théorie de l'information, une garantie de réalité. Par exemple la découverte de l'erreur métabolique dans ce qu'on appelle, depuis les travaux de Fölling, l'idiotie phényl-pyruvique. Cette découverte permet par l'instauration d'un certain régime de corriger cette erreur, à la condition que le traitement soit indéfiniment prolongé. Si la découverte par le Pr Jérôme Lejeune de l'anomalie chromosomique, la trisomie 21,

_____

8. Nous avons traité plus longuement de cette question dans la deuxième partie de l'ouvrage *Le normal et le pathologique*, P.U.F., Paris, 1966.

n'a pas encore conduit à une thérapeutique anti-mongolienne, elle indique au moins sur quel point doivent converger les recherches.

Quand donc on dit que l'hérédité biologique est une communication d'information, on retrouve d'une certaine façon l'aristoté-lisme dont nous étions partis. En exposant la théorie hégélienne du rapport du concept et de la vie, je me suis demandé si, dans une théorie qui s'apparentait si fortement à l'aristotélisme, nous ne risquions pas de trouver un moyen d'interprétation plus fidèle que dans une théorie intuitiviste, comme celle de Bergson, pour les phénomènes découverts par les biologistes contemporains et pour les théories explicatives qu'ils en proposent. Dire que l'hérédité biologique est une communication d'information, c'est, en un certain sens, revenir à l'aristotélisme, si c'est admettre qu'il y a dans le vivant un *logos*, inscrit, conservé et transmis. La vie fait depuis toujours sans écriture, bien avant l'écriture et sans rapport avec l'écriture, ce que l'humanité a recherché par le dessin, la gravure, l'écriture et l'imprimerie, savoir, la transmission de messages. Et désormais la connaissance de la vie ne ressemble plus à un portrait de la vie, ce qu'elle pouvait être lorsque la connaissance de la vie était description et classification des espèces. Elle ne ressemble pas à l'architecture ou à la mécanique, ce qu'elle était lorsqu'elle était simplement anatomie et physiologie macrosco-pique. Mais elle ressemble à la grammaire, à la sémantique et à la syntaxe. Pour comprendre la vie, il faut entreprendre, avant de la lire, de décrypter le message de la vie.

Cela entraîne plusieurs conséquences de portée probablement révolutionnaire, et dont l'exposé, non pas de ce qu'elles sont, mais de ce qu'elles sont en train d'être, prendrait en réalité beaucoup de leçons. Définir la vie comme un sens inscrit dans la matière, c'est admettre l'existence d'un *a priori* objectif, d'un *a priori* proprement matériel et non plus seulement formel. Sous ce rapport il me semble qu'on pourrait considérer que l'étude de l'instinct à la manière de Tinbergen ou de Lorentz, c'est-à-dire par la mise en évidence de patterns innés de comportement, est une façon d'avérer la réalité de tels *a priori*. Définir la vie comme le sens, c'est s'obli-ger à un travail de découverte. Ici l'invention expérimentale ne consiste que dans la recherche de la clef, mais, la clef une fois trouvée, le sens est trouvé et non construit. Les modèles à partir desquels sont recherchées les significations organiques utilisent des mathématiques différentes des mathématiques connues des Grecs. Pour comprendre le vivant il faut faire appel à une théorie non métrique de l'espace, c'est-à-dire à une science de l'ordre, à une topologie. Pour comprendre le vivant à l'échelle à laquelle nous nous plaçons, il faut faire appel à un calcul non numérique, à une combinatoire, il faut faire appel au calcul statistique. Par cela aussi, il y a retour, d'une certaine manière, à Aristote. Aristote pensait que les mathématiques étaient inutilisables en biologie parce qu'il ne connaissait d'autre théorie de l'espace que cette géométrie qu'Euclide devait systématiser en lui donnant son nom. Une forme biologique, dit Aristote, ce n'est pas un schéma, ce n'est pas une forme géométrique. Cela est vrai. Dans un organisme considéré en lui-même, pour lui-même, il n'y a pas de distance, le tout est partout présent à la pseudo-partie. Le propre du vivant, c'est précisément que dans la mesure où il est vivant, il n'est pas à distance de lui-même. Ses « parties », ce que nous appelons illusoirement des parties, ne sont pas à distance les unes des autres. Par l'intermédiaire de ses régulations, par l'intermédiaire de ce que Claude Bernard appelait « le milieu intérieur », c'est le tout qui est à tout moment présent à chaque partie.

Par conséquent Aristote, en un certain sens, n'avait pas tort de dire que pour la forme biologique, c'est-à-dire cette forme selon la finalité ou le tout, cette forme indécomposable où le commen‧ cement et la fin coïncident, où l'acte domine la puissance, une certaine mathématique, celle qu'il connaissait, ne nous est d'aucun secours. Et, sur ce point, Bergson serait moins excusable qu'Aristote de n'avoir pas vu que cette géométrie de l'espace, qu'il a raison de juger incompatible avec l'intelligence de la vie, n'est pas toute la science de l'espace, parce que, précisément au temps de Bergson, la révolution qui a abouti à la dissociation de la géométrie et de la métrique, comme nous l'avons vu, s'était opérée. Bergson a vécu à une époque où les mathématiques avaient rompu avec l'hellénisme. Bergson qui reproche en quelque sorte à tous ses prédécesseurs d'avoir importé en philosophie un modèle hellénique, ne se rend pas compte que lui-même continue à juger des mathématiques en fonction du modèle hellénique des mathématiques.

Si l'action biologique est production, transmission et réception d'information, on comprend comment l'histoire de la vie est faite, à la fois, de conservation et de nouveauté. Comment expliquer le fait de l'évolution à partir de la génétique ? On le sait, par le mécanisme des mutations. On a souvent objecté à cette théorie que les mutations sont très souvent sub-pathologiques, assez souvent léthales, c'est-à-dire que le mutant vaut biologiquement moins que l'être à partir duquel il constitue une mutation. En fait, il est vrai, les mutations sont souvent des monstruosités. Mais, au regard de la vie, y a-t-il des monstruosités ? Que sont beaucoup de formes vivant encore aujourd'hui, et bien vivantes, sinon des monstres normalisés, pour reprendre une expression du biologiste français Louis Roule. Par conséquent, si la vie a un sens, il faut admettre qu'il puisse y avoir perte de sens, risque d'aberration ou de maldonne. Mais la vie surmonte ses erreurs par d'autres essais, une erreur de la vie étant simplement une impasse.

Qu'est-ce alors que la connaissance ? Car il faut bien finir par cette question. Je l'ai dit, si la vie est le concept, est-ce que le fait de reconnaître que la vie est le concept nous donne accès à l'intelligence ? Qu'est-ce alors que la connaissance ? Si la vie est sens et concept, comment concevoir le connaître ? Un animal, — et j'ai fait allusion à l'étude du comportement instinctif, comportement structuré par des patterns innés, — est informé héréditairement à ne recueillir et à ne transmettre que certaines informations. Celles que sa structure ne lui permet pas de recueillir sont pour lui comme si elles n'étaient point. C'est la structure de l'animal qui dessine, dans ce qui paraît à l'homme le milieu universel, autant de milieux propres à chaque espèce animale, comme von Uexkull l'a établi. Si l'homme est informé à ce même titre, comment expliquer l'histoire de la connaissance, qui est l'histoire des erreurs et l'histoire des victoires sur l'erreur ? Faut-il admettre que l'homme est devenu tel par mutation, par une erreur héréditaire ? La vie aurait donc abouti par erreur à ce vivant capable d'erreur. En fait, l'erreur humaine ne fait probablement qu'un avec l'errance. L'homme se trompe parce qu'il ne sait où se mettre. L'homme se trompe quand il ne se place pas à l'endroit adéquat pour recueillir une certaine information qu'il recherche. Mais aussi, c'est à force de se déplacer qu'il recueille de l'information ou en déplaçant, par toutes sortes de techniques — et on pourrait dire que la plupart des techniques scientifiques reviennent à ce processus — les objets les uns par rapport aux autres, et l'ensemble par rapport à lui. La connaissance est donc une recherche inquiète de la plus grande quantité et de la plus grande variété d'information. Par conséquent, être sujet de la connaissance, si l'*a priori* est dans les choses, si le concept est dans la vie, c'est seulement être insatisfait du sens trouvé. La subjectivité, c'est alors uniquement l'insatisfaction. Mais c'est peut-être là la vie elle-même. La biologie contemporaine, lue d'une certaine manière, est, en quelque façon, une philosophie de la vie.

III. — PSYCHOLOGIE

QU'EST-CE QUE LA PSYCHOLOGIE ? [1]

La question « Qu'est-ce que la psychologie ? » semble plus gênante pour tout psychologue que ne l'est, pour tout philosophe, la question « Qu'est-ce que la philosophie ? ». Car pour la philosophie, la question de son sens et de son essence la constitue, bien plus que ne la définit une réponse à cette question. Le fait que la question renaisse incessamment, faute de réponse satisfaisante, est, pour qui voudrait pouvoir se dire philosophe, une raison d'humilité et non une cause d'humiliation. Mais, pour la psychologie, la question de son essence, ou plus modestement de son concept, met en question aussi l'existence même du psychologue, dans la mesure où faute de pouvoir répondre exactement sur ce qu'il est, il lui est rendu bien difficile de répondre de ce qu'il fait. Il ne peut alors chercher que dans une efficacité toujours discutable la justification de son importance de spécialiste, importance dont il ne déplairait pas absolument à tel ou tel qu'elle engendrât chez le philosophe un complexe d'infériorité.

En disant de l'efficacité du psychologue qu'elle est discutable, on n'entend pas dire qu'elle est illusoire; on veut simplement remarquer que cette efficacité est sans doute mal fondée, tant que preuve n'est pas faite qu'elle est bien due à l'application d'une science, c'est-à-dire tant que le statut de la psychologie n'est pas fixé de telle façon qu'on la doive tenir pour plus et mieux qu'un empirisme composite, littérairement codifié aux fins d'enseigne-

1. Conférence donnée au Collège philosophique, le 18 décembre 1956. Elle a été publiée, pour la première fois, dans la *Revue de Métaphysique et de Morale*, 1958, 1. Elle a été reproduite dans *Cahiers pour l'Analyse*, 2, mars 1966.

ment. En fait, de bien des travaux de psychologie, on retire l'impression qu'ils mélangent à une philosophie sans rigueur une éthique sans exigence et une médecine sans contrôle. Philosophie sans rigueur, parce qu'éclectique sous prétexte d'objectivité; éthique sans exigence, parce qu'associant des expériences éthologiques elles-mêmes sans critique, celle du confesseur, de l'éducateur, du chef, du juge, etc.; médecine sans contrôle, puisque des trois sortes de maladies les plus inintelligibles et les moins curables, maladies de la peau, maladie des nerfs et maladies mentales, l'étude et le traitement des deux dernières ont fourni de toujours à la psychologie des observations et des hypothèses.

Donc il peut sembler qu'en demandant « Qu'est-ce que la psychologie ? » on pose une question qui n'est ni impertinente ni futile.

On a longtemps cherché l'unité caractéristique du concept d'une science dans la direction de son objet. L'objet dictait la méthode utilisée pour l'étude de ses propriétés. Mais c'était, au fond, limiter la science à l'investigation d'un donné, à l'exploration d'un domaine. Lorsqu'il est apparu que toute science se donne plus ou moins son donné et s'approprie, de ce fait, ce qu'on appelle son domaine, le concept d'une science a progressivement fait davantage état de sa méthode que de son objet. Ou plus exactement, l'expression « objet de la science » a reçu un sens nouveau. L'objet de la science ce n'est plus seulement le domaine spécifique des problèmes, des obstacles à résoudre, c'est aussi l'intention et la visée du sujet de la science, c'est le projet spécifique qui constitue comme telle une conscience théorique.

A la question « Qu'est-ce que la psychologie ? », on peut répondre en faisant paraître l'unité de son domaine, malgré la multiplicité des projets méthodologiques. C'est à ce type qu'appartient la réponse brillamment donnée par le Pr Daniel Lagache, en 1947, à une question posée, en 1936, par Edouard Claparède[2]. L'unité de la psychologie est ici cherchée dans sa définition possible comme théorie générale de la conduite, synthèse de la psychologie expérimentale, de la psychologie clinique, de la psychanalyse, de la psychologie sociale et de l'ethnologie.

A bien regarder pourtant, on se dit que peut-être cette unité ressemble davantage à un pacte de coexistence pacifique conclu entre professionnels qu'à une essence logique, obtenue par la révélation d'une constance dans une variété de cas. Des deux tendances entre lesquelles le Pr Lagache cherche un accord solide : la natu-

---

2. *L'unité de la psychologie*, P.U.F., Paris, 1949.

raliste (psychologie expérimentale) et l'humaniste (psychologie clinique), on a l'impression que la seconde lui paraît peser d'un poids plus lourd. C'est ce qui explique sans doute l'absence de la psychologie animale dans cette revue des parties du litige. Certes, on voit bien qu'elle est comprise dans la psychologie expérimentale — qui est en grande partie une psychologie des animaux — mais elle y est enfermée comme matériel à quoi appliquer la méthode. Et en effet, une psychologie ne peut être dite expérimentale qu'en raison de sa méthode et non en raison de son objet. Tandis que, en dépit des apparences, c'est par l'objet plus que par la méthode qu'une psychologie est dite clinique, psychanalytique, sociale, ethnologique. Tous ces adjectifs sont indicatifs d'un seul et même objet d'étude : l'homme, être loquace ou taciturne, être sociable ou insociable. Dès lors, peut-on rigoureusement parler d'une théorie *générale* de la conduite, tant qu'on n'a pas résolu la question de savoir s'il y a continuité ou rupture entre langage humain et langage animal, société humaine et société animale ? Il est possible que, sur ce point, ce soit non à la philosophie de décider, mais à la science, en fait à plusieurs sciences, y compris la psychologie. Mais alors la psychologie ne peut pas, pour se définir, préjuger de ce dont elle est appelée à juger. Sans quoi, il est inévitable qu'en se proposant elle-même comme théorie générale de la conduite, la psychologie fasse sienne quelque idée de l'homme. Il faut alors permettre à la philosophie de demander à la psychologie d'où elle tient cette idée et si ce ne serait pas, au fond, de quelque philosophie.

Nous voudrions essayer, parce que nous ne sommes pas un psychologue, d'aborder la question fondamentale posée par une voie opposée, c'est-à-dire de rechercher si c'est ou non l'unité d'un projet qui pourrait conférer leur unité éventuelle aux différentes sortes de disciplines dites psychologiques. Mais notre procédé d'investigation exige un recul. Chercher en quoi des domaines se recouvrent, peut se faire par leur exploration séparée et leur comparaison dans l'actualité (une dizaine d'années dans le cas du Pr Lagache). Chercher si des projets se rencontrent demande que l'on dégage le sens de chacun d'eux, non pas quand il s'est perdu dans l'automatisme de l'exécution, mais quand il surgit de la situation qui le suscite. Chercher une réponse à la question « Qu'est-ce que la psychologie ? » devient pour nous l'obligation d'esquisser une histoire de la psychologie, mais, bien entendu, considérée seulement dans ses orientations, en rapport avec l'histoire de la philosophie et des sciences, une histoire nécessairement téléologique, puisque destinée à véhiculer jusqu'à la question posée le sens originaire supposé des diverses disciplines, méthodes ou entreprises, dont la disparate actuelle légitime cette question.

I. — La psychologie comme science naturelle

Alors que psychologie signifie étymologiquement science de l'âme, il est remarquable qu'une psychologie indépendante soit absente, en idée et en fait, des systèmes philosophiques de l'antiquité, où pourtant la *psyché*, l'âme, est tenue pour un être naturel. Les études relatives à l'âme s'y trouvent partagées entre la métaphysique, la logique et la physique. Le traité aristotélicien *De l'Ame* est en réalité un traité de biologie générale, l'un des écrits consacrés à la physique. D'après Aristote, et selon la tradition de l'Ecole, les Cours de philosophie du début du XVIIᵉ siècle traitent encore de l'âme dans un chapitre de la Physique[3]. L'objet de la physique c'est le corps naturel et organisé ayant la vie en puissance, donc la physique traite de l'âme comme forme du corps vivant, et non comme substance séparée de la matière. De ce point de vue, une étude des organes de la connaissance, c'est-à-dire des sens extérieurs (les cinq sens usuels) et des sens intérieurs (sens commun, fantaisie, mémoire), ne diffère en rien de l'étude des organes de la respiration ou de la digestion. L'âme est un objet naturel d'étude, une forme dans la hiérarchie des formes, même si sa fonction essentielle est la connaissance des formes. La science de l'âme est une province de la physiologie, en son sens originaire et universel de théorie de la nature.

C'est à cette conception antique que remonte, sans rupture, un aspect de la psychologie moderne : la neuro-physiologie — considérée longtemps comme psycho-neurologie exclusivement (mais aujourd'hui, en outre, comme psycho-endocrinologie) — et la psycho-pathologie comme discipline médicale. Sous ce rapport, il ne paraît pas superflu de rappeler qu'avant les deux révolutions qui ont permis l'essor de la physiologie moderne, celle de Harvey et celle de Lavoisier, une révolution de non moindre importance que la théorie de la circulation ou de la respiration est due à

---

3. Cf. Scipion du Pleix, *Corps de Philosophie contenant la Logique, la Physique, la Métaphysique et l'Ethique*, Genève, 1636 (1ʳᵉ éd., Paris, 1607).

Galien, lorsqu'il établit, cliniquement et expérimentalement, après les médecins de l'Ecole d'Alexandrie, Hérophile et Erasistrate, contre la doctrine aristotélicienne, et conformément aux anticipations d'Alcméon, d'Hippocrate et de Platon, que c'est le cerveau et non le cœur qui est l'organe de la sensation et du mouvement, et le siège de l'âme. Galien fonde véritablement une filiation ininterrompue de recherches, pneumatologie empirique durant des siècles, dont la pièce fondamentale est la théorie des esprits animaux, découronnée et relayée à la fin du xviiie siècle par l'électroneurologie. Quoique décidément pluraliste dans sa conception des rapports entre fonctions psychiques et organes encéphaliques, Gall procède directement de Galien et domine, malgré ses extravagances, toutes les recherches sur les localisations cérébrales, pendant les soixante premières années du xixe siècle, jusqu'à Broca inclusivement.

En somme, comme psycho-physiologie et psycho-pathologie, la psychologie d'aujourd'hui remonte toujours au iie siècle.

II. — La psychologie comme science de la subjectivité

Le déclin de la physique aristotélicienne, au xviie siècle, marque la fin de la psychologie comme para-physique, comme science d'un objet naturel, et corrélativement la naissance de la psychologie comme science de la subjectivité.

Les vrais responsables de l'avènement de la psychologie moderne, comme science du sujet pensant, ce sont les physiciens mécanistes du xviie siècle [4].

Si la réalité du monde n'est plus confondue avec le contenu de la perception, si la réalité est obtenue et posée par réduction des illusions de l'expérience sensible usuelle, le déchet qualitatif de cette expérience engage, du fait qu'il est possible comme falsification du réel, la responsabilité propre de l'esprit, c'est-à-dire du sujet de l'expérience, en tant qu'il ne s'identifie pas avec la raison mathématicienne et mécanicienne, instrument de la vérité et mesure de la réalité.

Mais cette responsabilité est, aux yeux du physicien, une culpabilité. La psychologie se constitue donc comme une entreprise de

---

4. Cf. Aron Gurwitsch, *Développement historique de la Gestalt-Psychologie*, in *Thalès*, IIe année, 1935, pp. 167-175.

disculpation de l'esprit. Son projet est celui d'une science qui, face à la physique, explique pourquoi l'esprit est par nature contraint de tromper d'abord la raison relativement à la réalité. La psychologie se fait physique du sens externe, pour rendre compte des contre-sens dont la physique mécaniste inculpe l'exercice des sens dans la fonction de connaissance.

A. — LA PHYSIQUE DU SENS EXTERNE

La psychologie, science de la subjectivité, commence donc comme psychophysique pour deux raisons. Premièrement, parce qu'elle ne peut pas être moins qu'une physique pour être prise au sérieux par les physiciens. Deuxièmement, parce qu'elle doit chercher dans une nature, c'est-à-dire dans la structure du corps humain, la raison d'existence des résidus irréels de l'expérience humaine.

Mais ce n'est pas là, pour autant, un retour à la conception antique d'une science de l'âme, branche de la physique. La nouvelle physique est un calcul. La psychologie tend à l'imiter. Elle cherchera à déterminer des constantes quantitatives de la sensation et des relations entre ces constantes.

Descartes et Malebranche sont ici les chefs de file. Dans les *Règles pour la direction de l'esprit* (XII), Descartes propose la réduction des différences qualitatives entre données sensorielles à une différence de figures géométriques. Il s'agit ici des données sensorielles en tant qu'elles sont, au sens propre du terme, des informations d'un corps par d'autres corps; ce qui est informé par les sens externes, c'est un sens interne « la fantaisie, qui n'est » rien autre chose qu'un corps réel et figuré ». Dans la *Règle XIV*, Descartes traite expressément de ce que Kant appellera la grandeur intensive des sensations *(Critique de la Raison pure*, Analytique transcendantale, anticipation de la perception) : les comparaisons entre lumières, entre sons, etc., ne peuvent être converties en rapports exacts que par analogie avec l'étendue du corps figuré. Si l'on ajoute que Descartes, s'il n'est pas à proprement parler l'inventeur du terme et du concept de réflexe, a néanmoins affirmé la constance de la liaison entre l'excitation et la réaction, on voit qu'une psychologie, entendue comme physique mathématique du sens externe commence avec lui pour aboutir à Fechner, grâce au secours de physiologistes comme Hermann Helmholtz — malgré et contre les réserves kantiennes, critiquées à leur tour par Herbart.

Cette variété de psychologie est élargie par Wundt aux dimensions d'une psychologie expérimentale, soutenue dans ses travaux par l'espoir de faire apparaître, dans les lois des « faits de » conscience », un déterminisme analytique du même type que celui dont la mécanique et la physique laissent espérer à toute science l'universelle validité.

Fechner est mort en 1887, deux ans avant la thèse de Bergson, *Essai sur les données immédiates de la conscience* (1889). Wundt est mort en 1920, ayant formé bien des disciples dont quelques-uns sont encore vivants, et non sans avoir assisté aux premières attaques des psychologues de la Forme contre la physique analytique, à la fois expérimentale et mathématique, du sens externe, conformément aux observations de Ehrenfels sur les qualités de forme *(Ueber Gestaltqualitäten,* 1890), observations elles-mêmes apparentées aux analyses de Bergson sur les totalités perçues comme des formes organiques dominant leurs parties supposées *(Essai,* ch. II).

B. — LA SCIENCE DU SENS INTERNE

Mais la science de la subjectivité ne se réduit pas à l'élaboration d'une physique du sens externe, elle se propose et se présente comme la science de la conscience de soi ou la science du sens interne. C'est du XVIIIᵉ siècle que date le terme de Psychologie, ayant le sens de science du moi (Wolff). Toute l'histoire de cette psychologie peut s'écrire comme celle des contre-sens dont les *Méditations* de Descartes ont été l'occasion, sans en porter la responsabilité.

Quand Descartes, au début de la *Méditation III*, considère son « intérieur » pour tâcher de se rendre plus connu et plus familier à lui-même, cette considération vise la Pensée. L'intérieur cartésien, conscience de l'*Ego cogito*, c'est la connaissance directe que l'âme a d'elle-même, en tant qu'entendement pur. Les *Méditations* sont nommées par Descartes *métaphysiques* parce qu'elles prétendent atteindre directement la nature et l'essence du *Je pense* dans la saisie immédiate de son existence. La méditation cartésienne n'est pas une confidence personnelle. La réflexion qui donne à la connaissance du Moi la rigueur et l'impersonnalité des mathématiques n'est pas cette observation de soi que les spiritualistes, au début du XIXᵉ siècle, ne craindront pas de faire patronner par Socrate, afin que M. Pierre-Paul Royer-Collard puisse donner à Napoléon Iᵉʳ l'assurance que le *Connais-toi*, le *Cogito* et l'*Introspection* fournissent au trône et à l'autel leur fondement inexpugnable.

L'intérieur cartésien n'a rien de commun avec le sens interne des aristotéliciens « qui conçoit ses objets intérieurement et au » dedans de la tête »[5], et dont on a vu que Descartes le tient pour un aspect du corps *(Règle XIII)*. C'est pourquoi Descartes dit que l'âme se connaît directement et plus aisément que le corps. C'est là une affirmation dont on ignore trop souvent l'intention polémique explicite, car selon les aristotéliciens l'âme ne se connaît pas directement. « La connaissance de l'âme n'est point » directe, mais seulement par réflexion. Car l'âme est semblable » à l'œil qui voit tout et ne peut se voir soi-même que par » réflexion comme dans un miroir... et l'âme pareillement ne se » voit et ne se connaît que par réflexion et reconnaissance de ses » effets »[6]. Thèse qui suscite l'indignation de Descartes, lorsque Gassendi la reprend dans ses objections contre la *Méditation III*, et à laquelle il répond : « Ce n'est point l'œil qui se voit lui-même, » ni le miroir, mais bien l'esprit, lequel seul connaît et le miroir, » et l'œil et soi-même ».

Or cette réplique décisive ne vient pas à bout de cet argument scolastique. Maine de Biran le tourne une fois de plus contre Descartes dans le *Mémoire sur la décomposition de la pensée*, A. Comte l'invoque contre la possibilité de l'introspection, c'est-à-dire contre cette méthode de connaissance de soi que Pierre-Paul Royer-Collard emprunte à Reid pour faire de la psychologie la propédeutique scientifique de la métaphysique, en justifiant par la voie expérimentale les thèses traditionnelles du substantialisme spiritualiste[7]. Cournot même, dans sa sagacité, ne dédaigne pas de reprendre l'argument à l'appui de l'idée que l'observation psychologique concerne davantage la conduite d'autrui que le moi de l'observateur, que la psychologie s'apparente davantage à la sagesse qu'à la science et qu' « il est de la nature des faits » psychologiques de se traduire en aphorismes plutôt qu'en théo- » rèmes »[8].

C'est que l'on a méconnu l'enseignement de Descartes à la fois

---

5. Scipion du Pleix, *op. cit.*, *Physique*, p. 439.
6. *Ibid.*, p. 353.
7. *Cours de Philosophie positive*, 1ʳᵉ leçon.
8. *Essai sur les fondements de nos connaissances*, 1851, §§ 371-376.

en constituant, contre lui, une psychologie empirique comme histoire naturelle du moi — de Locke à Ribot, à travers Condillac, les Idéologues français et les Utilitaristes anglais — et en constituant, d'après lui, croyait-on, une psychologie rationnelle fondée sur l'intuition d'un Moi substantiel.

Kant garde encore aujourd'hui la gloire d'avoir établi que si Wolff a pu baptiser ces nouveau-nés post-cartésiens (*Psychologia empirica*, 1732; *Psychologia rationalis*, 1734), il n'a pas pour autant réussi à fonder leurs prétentions à la légitimité. Kant montre que, d'une part, le sens interne phénoménal n'est qu'une forme de l'intuition empirique, qu'il tend à se confondre avec le temps, que, d'autre part, le moi, sujet de tout jugement d'aperception, est une fonction d'organisation de l'expérience, mais dont il ne saurait y avoir de science puisqu'il est la condition transcendantale de toute science. Les *Premiers principes métaphysiques de la Science de la Nature* (1786) contestent à la psychologie la portée d'une science, soit à l'image des mathématiques, soit à l'image de la physique. Il n'y a pas de psychologie mathématique possible, au sens où il existe une physique mathématique. Même si on applique aux modifications du sens interne, en vertu de l'anticipation de la perception relative aux grandeurs intensives, les mathématiques du continu, on n'obtiendra rien de plus important que ne le serait une géométrie bornée à l'étude des propriétés de la ligne droite. Il n'y a pas non plus de psychologie expérimentale au sens où la chimie se constitue par l'usage de l'analyse et de la synthèse. Nous ne pouvons ni sur nous-mêmes, ni sur autrui, nous livrer à des expériences. Et l'observation interne altère son objet. Vouloir se surprendre soi-même dans l'observation de soi conduirait à l'aliénation. La psychologie ne peut donc être que descriptive. Sa place véritable est dans une *Anthropologie*, comme propédeutique à une théorie de l'habileté et de la prudence, couronnée par une théorie de la sagesse.

C. — La science du sens intime

Si l'on appelle psychologie classique celle qu'on entend réfuter, il faut dire qu'en psychologie il y a toujours des classiques pour quelqu'un. Les Idéologues, héritiers des sensualistes, pouvaient tenir pour classique la psychologie écossaise qui ne prônait comme eux une méthode inductive que pour mieux affirmer, contre eux, la substantialité de l'esprit. Mais la psychologie atomistique et analytique des sensualistes et des Idéologues, avant d'être rejetée comme psychologie classique par les théoriciens de la Gestaltpsychologie, était déjà tenue pour telle par un psychologue romantique comme Maine de Biran. Par lui, la psychologie devient la technique du Journal intime et la science du sens intime. La solitude de Descartes c'était l'ascèse d'un mathématicien. La solitude de Maine de Biran, c'est l'oisiveté d'un sous-préfet. Le *Je pense* cartésien fonde la pensée en soi. Le *Je veux* biranien fonde la conscience pour soi, contre l'extériorité. Dans son bureau calfeutré, Maine de Biran découvre que l'analyse psychologique ne consiste pas à simplifier mais à compliquer, que le fait psychique primitif n'est pas un élément, mais déjà un rapport, que ce rapport est vécu dans l'effort. Il parvient à deux conclusions, inattendues pour un homme dont les fonctions sont d'autorité, c'est-à-dire de commandement : la conscience requiert le conflit d'un pouvoir et d'une résistance; l'homme n'est pas, comme l'a pensé de Bonald, une intelligence servie par des organes, mais une organisation vivante servie par une intelligence. Il est nécessaire à l'âme d'être incarnée, et donc il n'y a pas de psychologie sans biologie. L'observation de soi ne dispense pas du recours à la physiologie du mouvement volontaire, ni à la pathologie de l'affectivité. La situation de Maine de Biran est unique entre les deux Royer-Collard. Il a dialogué avec le doctrinaire et il a été jugé par le psychiatre. Nous avons de Maine de Biran une *Promenade avec M. Royer-Collard dans les jardins du Luxembourg*, et nous avons de Antoine-Athanase Royer-Collard, frère cadet du précédent, un *Examen de la Doctrine de Maine de Biran*[9]. Si Maine de Biran n'avait pas lu et discuté Cabanis (*Rapports du physique et du moral de l'homme*, 1798), s'il n'avait pas lu et discuté Bichat (*Recherches sur la Vie et la Mort*, 1800), l'histoire de la psychologie pathologique l'ignorerait, ce qu'elle ne peut. Le second Royer-Collard est, après Pinel et avec Esquirol, un des fondateurs de l'Ecole française de psychiatrie. Pinel avait plaidé pour l'idée que les aliénés sont à la fois des malades comme les autres, ni possédés, ni criminels, et différents des autres, donc devant être soignés séparément des autres et séparément selon les cas dans des services hospitaliers spécialisés. Pinel a fondé la médecine

---

9. Publié par son fils Hyacinthe Royer-Collard (dans les *Annales Médico-Psychologiques*, 1843, t. II, p. 1).

mentale comme discipline indépendante, à partir de l'isolement thérapeutique des aliénés à Bicêtre et à la Salpêtrière. Royer-Collard imite Pinel à la Maison Nationale de Charenton, dont il devient le médecin-chef en 1805, l'année même où Esquirol soutient sa thèse de médecine sur les *Passions considérées comme causes, symptômes et moyens curatifs de l'aliénation mentale.* En 1816, Royer-Collard devient professeur de médecine légale à la Faculté de Médecine de Paris, puis en 1821, premier titulaire de la chaire de médecine mentale. Royer-Collard et Esquirol ont eu comme élèves Calmeil qui a étudié la paralysie chez les aliénés, Bayle qui a reconnu et isolé la paralysie générale, Félix Voisin qui a créé l'étude de l'arriération mentale chez les enfants. Et c'est à la Salpêtrière qu'après Pinel, Esquirol, Lelut, Baillarger et Falret, entre autres, Charcot devient, en 1862, chef d'un service dont les travaux seront suivis par Théodule Ribot, Pierre Janet, le Cardinal Mercier, et Sigmund Freud.

Nous avions vu la psycho-pathologie commencer positivement à Galien, nous la voyons aboutir à Freud, créateur en 1896 du terme de *psychoanalyse.* La psycho-pathologie ne s'est pas développée sans rapport aux autres disciplines psychologiques. Du fait des recherches de Biran, elle contraint la philosophie à se demander, depuis plus d'un siècle, auquel des deux Royer-Collard elle doit emprunter l'idée qu'il faut se faire de la psychologie. Ainsi la psycho-pathologie est-elle à la fois juge et partie au débat ininterrompu dont la métaphysique a légué la direction à la psychologie, sans d'ailleurs renoncer à y dire son mot, sur les rapports du physique et du psychique. Ce rapport a été longtemps formulé comme somato-psychique avant de devenir psycho-somatique. Ce renversement est le même d'ailleurs que celui qui s'est opéré dans la signification donnée à l'inconscient. Si l'on identifie psychisme et conscience — en s'autorisant de Descartes, à tort ou à raison — l'inconscient est d'ordre physique. Si l'on pense que du psychique peut-être inconscient, la psychologie ne se réduit pas à la science de la conscience. Le psychique n'est plus seulement ce qui est caché, mais ce qui se cache, ce qu'on cache, il n'est plus seulement l'intime, mais aussi — selon un terme repris par Bossuet aux mystiques — l'abyssal. La psychologie n'est plus seulement la science de l'intimité, mais la science des profondeurs de l'âme.

III. — La psychologie
comme science des réactions et du comportement

En proposant de définir l'homme comme organisation vivante servie par une intelligence, Maine de Biran marquait d'avance — mieux, semble-t-il, que Gall, d'après lequel, selon Lelut, « l'homme n'est plus une intelligence, mais une volonté servie » par des organes »[10] — le terrain sur lequel allait se constituer au XIXᵉ siècle une nouvelle psychologie. Mais, en même temps, il lui assignait ses limites, puisque, dans son *Anthropologie*, il situait la vie humaine entre la vie animale et la vie spirituelle.

Le XIXᵉ siècle voit se constituer, à côté de la psychologie comme pathologie nerveuse et mentale, comme physique du sens externe, comme science du sens interne et du sens intime, une biologie du comportement humain. Les raisons de cet avènement nous semblent être les suivantes. D'abord des raisons scientifiques, savoir la constitution d'une Biologie comme théorie générale des relations entre les organismes et les milieux, et qui marque la fin de la croyance en l'existence d'un règne humain séparé; ensuite, des raisons techniques et économiques, savoir le développement d'un régime industriel orientant l'attention vers le caractère industrieux de l'espèce humaine, et qui marque la fin de la croyance en la dignité de la pensée spéculative; enfin, des raisons politiques qui se résument dans la fin de la croyance aux valeurs de privilège social et dans la diffusion de l'égalitarisme : la conscription et l'instruction publique devenant affaire d'état, la revendication d'égalité devant les charges militaires et les fonctions civiles (à chacun selon son travail, ou ses œuvres, ou ses mérites) est le fondement réel, quoique souvent inaperçu, d'un phénomène propre aux sociétés modernes : la pratique généralisée de l'expertise, au sens large, comme détermination de la compétence et dépistage de la simulation.

Or, ce qui caractérise, selon nous, cette psychologie des comportements, par rapport aux autres types d'études psychologiques, c'est son incapacité constitutionnelle à saisir et à exhiber dans la clarté son projet instaurateur. Si, parmi les projets instaurateurs de certains types antérieurs de psychologie, certains peuvent

---

10. *Qu'est-ce que la phrénologie ? Ou Essai sur la signification et la valeur des systèmes de psychologie en général et de celui de Gall, en particulier*, Paris, 1836, p. 401.

passer pour des contre-sens philosophiques, ici, par contre, tout rapport à une théorie philosophique étant refusé, se pose la question de savoir d'où une telle recherche psychologique peut bien tirer son sens. En acceptant de devenir, sur le patron de la biologie, une science objective des aptitudes, des réactions et du comportement, cette psychologie et ces psychologues oublient totalement de situer leur comportement spécifique par rapport aux circonstances historiques et aux milieux sociaux dans lesquels ils sont amenés à proposer leurs méthodes ou techniques et à faire accepter leurs services.

Nietzsche, esquissant la psychologie du psychologue au XIXe siècle, écrit : « Nous, psychologues de l'avenir..., nous considérons » presque comme une signe de dégénérescence l'instrument qui » veut se connaître lui-même, nous sommes les instruments de la » connaissance et nous voudrions avoir toute la naïveté et la préci » sion d'un instrument, donc nous ne devons pas nous analyser » nous-mêmes, nous connaître » [11]. Etonnant malentendu et combien révélateur ! Le psychologue ne veut être qu'un instrument, sans chercher à savoir de qui ou de quoi il est l'instrument. Nietzsche avait semblé mieux inspiré lorsque, au début de la *Généalogie de la Morale*, il s'était penché sur l'énigme que représentent les psychologues anglais, c'est-à-dire les utilitaristes, préoccupés de la genèse des sentiments moraux. Il se demandait alors ce qui avait poussé les psychologues dans la direction du cynisme, dans l'explication des conduites humaines par l'intérêt, l'utilité, et par l'oubli de ces motivations fondamentales. Et voilà que devant la conduite des psychologues du XIXe siècle, Nietzsche renonce à tout cynisme par provision, c'est-à-dire à toute lucidité !

L'idée d'utilité, comme principe d'une psychologie, tenait à la prise de conscience philosophique de la nature humaine comme puissance d'artifice (Hume, Burke), plus prosaïquement à la définition de l'homme comme fabricant d'outils (les Encyclopédistes, Adam Smith, Franklin). Mais le principe de la psychologie biologique du comportement ne paraît pas s'être dégagé, de la même façon, d'une prise de conscience philosophique explicite, sans doute parce qu'il ne peut être mis en œuvre qu'à la condition de rester informulé. Ce principe, c'est la définition de l'homme lui-même comme outil. A l'utilitarisme, impliquant l'idée de l'utilité pour l'homme, l'idée de l'homme juge de l'utilité, a succédé l'instrumentalisme, impliquant l'idée d'utilité de l'homme, l'idée

---

11. *La volonté de puissance*, trad. Bianquis, livre III, § 335.

de l'homme comme moyen d'utilité. L'intelligence n'est plus ce qui fait les organes et s'en sert, mais ce qui sert les organes. Et ce n'est pas impunément que les origines historiques de la psychologie de réaction doivent être cherchées dans les travaux suscités par la découverte de l'équation personnelle propre aux astronomes utilisant le télescope (Maskelyne, 1796). L'homme a été étudié d'abord comme instrument de l'instrument scientifique avant de l'être comme instrument de tout instrument.

Les recherches sur les lois de l'adaptation et de l'apprentissage, sur le rapport de l'apprentissage et des aptitudes, sur la détection et la mesure des aptitudes, sur les conditions du rendement et de la productivité (qu'il s'agisse d'individus ou de groupes) — recherches inséparables de leurs applications à la sélection ou à l'orientation — admettent toutes un postulat implicite commun : la nature de l'homme est d'être un outil, sa vocation c'est d'être mis à sa place, à sa tâche.

Bien entendu, Nietzsche a raison de dire que les psychologues veulent être les « instruments naïfs et précis » de cette étude de l'homme. Ils se sont efforcés de parvenir à une connaissance objective, même si le déterminisme qu'ils recherchent dans les comportements n'est plus aujourd'hui le déterminisme de type newtonien, familier aux premiers physiciens du XIXᵉ siècle, mais plutôt un déterminisme statistique, progressivement assis sur les résultats de la biométrie. Mais enfin quel est le sens de cet instrumentalisme à la seconde puissance ? Qu'est-ce qui pousse ou incline les psychologues à se faire, parmi les hommes, les instruments d'une ambition de traiter l'homme comme un instrument ?

Dans les autres types de psychologie, l'âme ou le sujet, forme naturelle ou conscience d'intériorité, est le principe qu'on se donne pour justifier en valeur une certaine idée de l'homme en rapport avec la vérité des choses. Mais pour une psychologie où le mot âme fait fuir et le mot conscience, rire, la vérité de l'homme est donnée dans le fait qu'il n'y a plus d'idée de l'homme, en tant que valeur différente de celle d'un outil. Or il faut reconnaître que pour qu'il puisse être question d'une idée d'outil, il faut que toute idée ne soit pas mise au rang d'outil, et que pour pouvoir attribuer à un outil quelque valeur, il faut précisément que toute valeur ne soit pas celle d'un outil dont la valeur subordonnée consiste à en procurer quelque autre. Si donc le psychologue ne puise pas son projet de psychologie dans une idée de l'homme, croit-il pouvoir le légitimer par son comportement d'utilisation de l'homme ? Nous disons bien : par son comportement d'utilisation, malgré deux objections possibles. On peut nous faire remarquer, en effet, d'une part, que ce type de psychologie n'ignore pas la distinction entre la théorie et l'application, d'autre part, que l'utilisation n'est pas le fait du psychologue, mais de celui ou de ceux qui lui demandent des rapports ou des diagnostics. Nous répondrons qu'à moins de confondre le théoricien de la psychologie et le professeur de psychologie, on doit reconnaître que le psychologue contemporain est, le plus souvent, un praticien professionnel dont la « science » est tout entière inspirée par la recherche de « lois » de l'adaptation à un milieu socio-technique — et non pas à un milieu naturel — ce qui confère toujours à ses opérations de « mesure » une signification d'appréciation et une portée d'expertise. De sorte que le comportement du psychologue du comportement humain enferme quasi obligatoirement une conviction de supériorité, une bonne conscience dirigiste, une mentalité de manager des relations de l'homme avec l'homme. Et c'est pourquoi il faut en venir à la question cynique : qui désigne les psychologues comme instruments de l'instrumentalisme ? A quoi reconnaît-on ceux des hommes qui sont dignes d'assigner à l'homme-instrument son rôle et sa fonction ? Qui oriente les orienteurs ?

Nous ne nous plaçons pas, cela va de soi, sur le terrain des capacités et de la technique. Qu'il y ait de bons ou de mauvais psychologues, c'est-à-dire des techniciens habiles après apprentissage ou malfaisants par sottise non sanctionnée par la loi, ce n'est pas la question. La question c'est qu'une science, ou une technique scientifique ne contiennent d'elles-mêmes aucune idée qui leur confère leur sens. Dans son *Introduction à la Psychologie*, Paul Guillaume a fait la psychologie de l'homme soumis à une épreuve de test. Le testé se défend contre une telle investigation, il craint qu'on n'exerce sur lui une action. Guillaume voit dans cet état d'esprit une reconnaissance implicite de l'efficacité du test. Mais on pourrait y voir aussi bien un embryon de psychologie du testeur. La défense du testé c'est la répugnance à se voir traité comme un insecte, par un homme à qui il ne reconnaît aucune autorité pour lui dire ce qu'il est et ce qu'il doit faire. « Traiter » comme un insecte », le mot est de Stendhal qui l'emprunte à Cuvier [12]. Et si nous traitions le psychologue comme un insecte;

---

12. « Au lieu de haïr le petit libraire du bourg voisin qui vend l'*Almanach populaire*, disais-je à mon ami M. de Ranville, appliquez-lui le remède indiqué par le célèbre Cuvier; traitez-le comme un insecte. Cherchez quels sont ses moyens de subsistance, essayez de deviner ses manières de faire l'amour. » (*Mémoires d'un Touriste*, éd. Calmann-Lévy, tome II, p. 23.)

si nous appliquions, par exemple, au morne et insipide Kinsey
la recommandation de Stendhal ?

Autrement dit, la psychologie de réaction et de comportement,
au XIXᵉ et au XXᵉ siècles, a cru se rendre indépendante, en se
séparant de toute philosophie, c'est-à-dire de la spéculation qui
cherche une idée de l'homme en regardant au-delà des données
biologiques et sociologiques. Mais cette psychologie ne peut pas
éviter la récurrence de ses résultats sur le comportement de ceux
qui les obtiennent. Et la question « Qu'est-ce que la psychologie ? »,
dans la mesure où on interdit à la philosophie d'en chercher la
la réponse, devient « Où veulent en venir les psychologues en
» faisant ce qu'ils font ? Au nom de quoi se sont-ils institués
» psychologues ? » Quand Gédéon recrute le commando d'Israélites
à la tête duquel il reconduit les Madianites au-delà du Jourdain
(La Bible : Juges, Livre VII), il utilise un test à deux degrés qui
lui permet de ne retenir d'abord que dix mille hommes sur trente-
deux mille, puis trois cents sur dix mille. Mais ce test doit à
l'Eternel et la fin de son utilisation et le procédé de sélection
utilisé. Pour sélectionner un sélectionneur, il faut normalement
transcender le plan des procédés techniques de sélection. Dans
l'immanence de la psychologie scientifique la question reste : qui
a, non pas la compétence, mais la mission d'être psychologue ?
La psychologie repose bien toujours sur un dédoublement, mais
ce n'est plus celui de la conscience, selon les faits et les normes
que comporte l'idée de l'homme, c'est celui d'une masse de
« sujets » et d'une élite corporative de spécialistes s'investissant
eux-mêmes de leur propre mission.

Chez Kant, et chez Maine de Biran, la psychologie se situe dans
une *Anthropologie*, c'est-à-dire, malgré l'ambiguïté, aujourd'hui
fort à la mode, de ce terme, dans une philosophie. Chez Kant
la théorie générale de l'habileté humaine reste en rapport avec
une théorie de la sagesse. La psychologie instrumentaliste se
présente, elle, comme une théorie générale de l'habileté, hors de
toute référence à la sagesse. Si nous ne pouvons pas définir cette
psychologie par une idée de l'homme, c'est-à-dire situer la psychologie dans la philosophie, nous n'avons pas le pouvoir, bien
entendu, d'interdire à qui que ce soit de se dire psychologue et
d'appeler psychologie ce qu'il fait. Mais nul ne peut davantage
interdire à la philosophie de continuer à s'interroger sur le statut
mal défini de la psychologie, mal défini du côté des sciences
comme du côté des techniques. La philosophie se conduit, ce
faisant, avec sa naïveté constitutive, si peu semblable à la niaiserie

qu'elle n'exclut pas un cynisme provisoire, et qui l'amène à se retourner, une fois de plus, du côté populaire, c'est-à-dire du côté natif des non-spécialistes.

C'est donc très vulgairement que la philosophie pose à la psychologie la question : dites-moi à quoi vous tendez, pour que je sache ce que vous êtes ? Mais le philosophe peut aussi s'adresser au psychologue sous la forme — une fois n'est pas coutume — d'un conseil d'orientation, et dire : quand on sort de la Sorbonne par la rue Saint-Jacques, on peut monter ou descendre; si l'on va en montant, on se rapproche du Panthéon qui est le Conservatoire de quelques grands hommes, mais si l'on va en descendant, on se dirige sûrement vers la Préfecture de Police.

IV. — MEDECINE

THERAPEUTIQUE,
EXPERIMENTATION, RESPONSABILITE

En médecine, comme dans les autres sphères de l'activité humaine, la tradition se voit toujours plus rapidement dépréciée par l'accélération des inventions techniques. Regretter cet état de fait n'est pas nécessairement adopter une attitude réactionnaire. Car la tradition n'est pas que routine et refus de l'invention, elle est aussi, pour toute invention, épreuve d'efficacité, discrimination progressive des bénéfices et des inconvénients, mise au jour de conséquences d'abord latentes, bref, expérience d'usage. L'engouement pour le progrès technique privilégie la nouveauté par rapport à l'usage. L'homme retrouve ici, sous une forme savante, une très primitive tactique du vivant, même unicellulaire, celle des essais et des erreurs, mais avec cette différence que la réitération accélérée des essais le prive du temps nécessaire à l'instruction par l'erreur. L'invention technique s'inscrit désormais dans le temps technique, qui est affolement et discontinuité, et en dehors du temps biologique, qui est maturation et durée.

La médecine, qui ne peut et ne doit refuser, pour la défense de la vie, aucun des secours que la vie peut recevoir de la technique, se trouve être, nécessairement et électivement, le champ dans lequel le vivant humain prend conscience du conflit, de la discordance entre les valeurs organiques et les valeurs mécaniques, au sens très large d'artifice. Comme, en outre, la médecine, aussi bien que toute autre forme d'activité technique, est aujourd'hui un phénomène à l'échelle des sociétés industrielles, des choix

* Extrait de la *Revue de l'Enseignement Supérieur*, 1959, **2**.

de caractère politique se trouvent impliqués dans tous les débats concernant les rapports de l'homme et de la médecine. Toute prise de position concernant les moyens et les fins de la nouvelle médecine comporte une prise de position, implicite ou explicite, concernant l'avenir de l'humanité, la structure de la société, les institutions d'hygiène et de sécurité sociale, l'enseignement de la médecine, la profession médicale, tellement qu'il est parfois malaisé de distinguer ce qui l'emporte, dans quelques polémiques, du souci pour l'avenir de l'humanité ou des craintes pour l'avenir du statut des médecins. Il n'y a pas que la raison qui ait ses ruses, les intérêts aussi ont les leurs.

La forme aujourd'hui la plus aiguë de la crise de la conscience médicale, c'est la diversité et même l'opposition d'opinions relatives à l'attitude et au devoir du médecin, devant les possibilités thérapeutiques que lui offrent les résultats de la recherche en laboratoire, l'existence des antibiotiques et des vaccins, la mise au point d'interventions chirurgicales de restauration, de greffe ou de prothèse, l'application à l'organisme des corps radioactifs. Le public des malades réels ou possibles souhaite et redoute à la fois l'audace en thérapeutique. D'une part, on estime que tout ce qui peut être fait pour procurer la guérison doit l'être, et on approuve toute tentative pour reculer les limites du possible. D'autre part on craint de devoir reconnaître dans ces tentatives l'esprit anti-physique qui anime la technique, l'extension d'un phénomène universel de dé-naturation qui atteint maintenant le corps humain. La thérapeutique moderne semble avoir perdu de vue toute norme naturelle de vie organique. Sans référence expresse, bien souvent, à la norme singulière de santé de tel ou tel malade, la médecine est entraînée, par les conditions sociales et légales de son intervention au sein des collectivités, à traiter le vivant humain comme une matière à laquelle des normes anonymes, jugées supérieures aux normes individuelles spontanées, peuvent être imposées. Quoi d'étonnant si l'homme moderne appréhende confusément, à tort ou à raison, que la médecine en vienne à le déposséder, sous couleur de le servir, de son existence organique propre et de la responsabilité qu'il pense lui revenir dans les décisions qui en concernent le cours.

Dans ce débat, les médecins ne sont pas à l'aise. Serviteurs, conseillers et directeurs de leurs malades, ils oscillent entre le désir de suivre l'opinion et le besoin de l'éclairer. Rares sont ceux qui, adhérant sans restrictions à quelque idéal de technocratie explicite, revendiquent, au nom de valeurs biologiques et sociales

impersonnelles, le droit intégral à user de l'expérimentation thérapeutique, sans égard aux valeurs bio-affectives au nom desquelles
les individus croient avoir quelque droit sur leur propre organisme et quelque droit de regard sur la façon dont on en dispose
en lui appliquant telle ou telle thérapeutique révolutionnaire, plus
ou moins proche de ses débuts expérimentaux. Plus nombreux
sont, par contre, les médecins qui proclament leur attachement
aux devoirs médicaux traditionnels (primum non nocere) et qui,
rejoignant les conclusions d'une morale humaniste ou personnaliste diffuse, sous le couvert de diverses idéologies, dans les
sociétés semi-libérales de l'Occident, prennent ce qu'il est devenu
banal d'appeler le parti de l'homme. A la défense de ce parti, on
apporte le secours de la tradition hippocratique, quelque peu
sollicitée, et sous le nom de confiance dans la nature, tout en
rappelant qu'il n'y a que des malades et pas de maladies, on
s'efforce à discréditer la technique qu'on identifie avec la déme-
sure, et à faire simultanément l'apologie de la clinique et de
l'éthique médicales.

Nous voudrions bien admettre que le parti de l'homme est le
bon parti, et que ce soit à l'homme de se prononcer en dernier
ressort sur les rapports de la médecine et de l'homme, puisque
c'est lui qui est ici en question enfin. Mais la naïveté ou l'inno-
cence, si elles existent, ne constituent pas l'autorité requise d'un
juge, en des matières où la nature et l'art ne sont pas discriminés
par un index infaillible. Rien n'est plus commun chez l'homme
que l'illusion sur son propre bien, même organique. Si l'humanité
s'est donné une médecine, c'est qu'elle ne pouvait s'en dispenser.

Sur un pareil sujet, un juge, ce pourrait être un philosophe.
Mais il en est du philosophe comme du juge. L'un et l'autre sont
l'idée d'une possibilité. Et c'est précisément au nom de cette idée
que tout homme qu'on voudrait désigner des noms de juge ou
de philosophe doit refuser l'appellation.

Le juge, sera-ce alors un théologien ? Mais un tel juge, qui, lui
du moins, à la différence du philosophe, s'accepte comme tel, ne
sera pas reconnu par toutes les parties au débat. Les sociétés
modernes, dans lesquelles se pose et s'agite la question des rapports entre l'homme et la technique, sont des sociétés désacrali-
sées, précisément par les effets des sciences et des techniques,
des sociétés dans lesquelles les subordonnées ancillaires de la
théologie se sont émancipées.

A défaut d'un juge, nous contenterons-nous d'un juriste ou d'un
légiste ? Mais l'un et l'autre font profession de science en matière

de droit ou de lois. Ils n'ont pas pouvoir de décision, ni de législation, en ces matières.

Reconnaissons le fait. Il n'existe aujourd'hui aucune qualification de compétence dans l'énoncé et la prescription de règles
destinées à contenir, dans des limites incontestées par la conscience morale, l'audace thérapeutique que les nouvelles techniques
médicales et chirurgicales changent si aisément en témérité.

Une telle interrogation sur les devoirs du médecin, quand des
techniques inédites de prévention ou de guérison lui sont offertes,
n'est pas sans précédent. Il fut un temps où la réflexion sur des
questions de cet ordre passait pour une des attributions de la
philosophie. Le rappeler n'est pas céder à quelque nostalgie d'une
époque où la philosophie aurait eu plus d'audience et de prestige
qu'aujourd'hui, car on peut en discuter, mais c'est au moins
s'avouer qu'il fut un temps où elle avait plus de courage, même
malheureux.

Dans le dernier écrit que Kant ait publié lui-même, en 1798,
Le Conflit des Facultés, se trouve exposé, en même temps que
le statut du haut enseignement universitaire au XVIIIᵉ siècle, dans
lequel une société en transformation de structure peut encore
apercevoir la hiérarchie des connaissances qu'elle reconnaissait
jusqu'alors, un système de principes pour une organisation, plus
rationnelle que corporative, des différentes sections de la culture
et du savoir, concourant à une fin unique, l'humanisation de
l'homme par la lumière du vrai.

La division des Facultés en Facultés supérieures (théologie, droit,
médecine) et Faculté inférieure (philosophie, c'est-à-dire, selon la
nomenclature d'aujourd'hui, lettres et sciences) apparaît à Kant
une division légitime, bien que relevant de la décision de l'autorité
politique, dans la mesure où le gouvernement a le droit de veiller,
par le contrôle indirect qu'il exerce sur les Facultés supérieures,
aux moyens par lesquels le peuple se soucie d'assurer son bien,
sous le triple aspect du salut, de la propriété et de la santé.

Parmi les Facultés supérieures, Kant considère la Faculté de
médecine, comme la plus libre des trois, la plus proche de la
Faculté de philosophie. En effet, le médecin, dit Kant, est un
« artiste » et comme tel il doit utiliser un savoir par lequel il
dépend non seulement de sa propre Faculté, mais aussi de la
Faculté de philosophie, dans la mesure où elle comporte un ensei-

gnement des mathématiques et de la physique, comme propédeutique obligatoire. Le gouvernement n'a pas à prescrirĕ au médecin des règles de conduite. Elles ne peuvent être tirées que d'un savoir, puisé aux sources de la nature, qu'une Faculté doit systématiser, mais qu'aucun gouvernement ne saurait codifier. C'est seulement comme protecteur de la santé publique qu'un gouvernement peut surveiller la pratique et la profession médicales, par l'intermédiaire d'une Commission supérieure de la santé et au moyen de règlements sanitaires. Ces règlements sont avant tout négatifs : réserver l'exercice de la profession aux seuls diplômés, l'interdire aux empiriques, selon la norme rappelée par Kant : « Pas de *Jus impune occidendi*, suivant le principe : *Fiat experi-* » *mentum in corpore vili* ». Le gouvernement peut et doit, par conséquent, exiger de tout praticien qu'il reste soumis au jugement de sa Faculté, sous le seul rapport de la police médicale.

On aperçoit sans difficulté la portée et les limites exactes des réflexions de Kant : le devoir de veiller à ce que la thérapeutique ne tourne pas à l'expérimentation aveugle et irresponsable est confié à la Faculté de médecine elle-même, dans la mesure où l'exercice de la pratique médicale est interdit par la loi aux empiriques et réservé aux diplômés. Mais s'il arrivait que ce fût dans la Faculté même qu'un nouveau savoir, désormais puisé aux résultats de la technique et non plus seulement aux sources de la nature, vienne à introduire l'impératif du *fiat experimentum*, qui donc s'élèverait contre le *jus impune occidendi* ? Que faire, si la division s'introduisait, dans la Faculté même, entre traditionalistes et novateurs ? Que faire si, par hasard, on trouvait à emprunter aux empiriques, discrédités par la loi, quelque pratique dont seule l'application systématique et réfléchie, mais nécessairement aléatoire au début, permettrait de constater qu'après tout elle aussi est puisée aux sources de la nature ? S'il arrive qu'un savoir préalable garantisse la validité des applications qu'on en fait, il ne manque pas de cas dans lesquels c'est la technique spontanée qui crée les conditions d'apparition du savoir et donc le précède.

Kant a rencontré ce problème, sous la forme de l'essai des méthodes de lutte collective contre la variole, au XVIIIᵉ siècle : inoculation ou variolisation puis vaccination. La fluctuation du jugement de Kant est bien instructive. Tantôt il admet que la technique est préférable à la nature, mais qu'un problème de responsabilité se pose, que le médecin seul ne peut résoudre : « Entre les détresses variées que le destin a suspendues au-dessus » de l'espèce humaine, il en est une — les maladies — pour

» laquelle le danger est plus grand de se confier à la nature que
» de prendre les devants et la mettre de son côté pour la guérir
» plus sûrement; il s'agit de la variole, au sujet de laquelle voici
» maintenant la question morale : l'homme raisonnable a-t-il le
» droit de se donner la variole par inoculation, à lui-même et
» aux autres qui n'ont pas de jugement (les enfants) — ou bien
» est-ce que cette façon de se mettre en péril de mort (ou de muti-
» lation) n'est pas, du point de vue moral, totalement inadmis-
» sible : sur ce point, ce n'est donc pas le médecin tout seul, mais
» aussi le juriste moral qu'il faudrait requérir ». Tantôt, il tente
une définition du *corpus vile* sur lequel l'expérimentation serait
légitime et, corrélativement, une définition des essais sur l'homme
de nouvelles thérapeutiques, essais qu'il assimile à l'action épique :
« *Fiat experimentum in corpore vili*, et par *vilia* on entend chaque
» sujet qui n'est pas en même temps législateur (républicain). La
» vaccination s'inscrit donc sous la rubrique des *heroica* ». Il
semble qu'en définitive, et au dire d'un de ses biographes, Kant
ait renoncé à légitimer, en matière de médecine, la supériorité
de l'audace technique sur la confiance naturiste : « Il tenait le
» système de Brown pour une découverte capitale... Mais sa dispo-
» sition fut, dès le premier moment, exactement inverse quand
» le Dr Jenner fit connaître la découverte de la vaccination quant
» à son grand profit pour l'espèce humaine. Il lui refusait, même
» très tard, le nom de variole préventive; il pensait même que
» l'humanité s'y familiarisait trop avec l'animalité et qu'on lui
» inoculait peut-être une sorte de brutalité (au sens physique).
» Bien plus, il redoutait que par le mélange du miasme animal
» au sang ou du moins à la lymphe on ne communiquât à l'homme
» de la réceptivité pour ce mal contagieux. Enfin il mettait même
» en doute, en se fondant sur le manque d'expériences suffi-
» santes, la vertu préventive (de la vaccination) contre la variole
» humaine »[1]. On aperçoit ici comment les scrupules du mora-
liste finissent par annuler la question qu'il examine, pour autant
qu'ils trouvent argument, contre l'utilisation d'une thérapeutique,
dans l'insuffisance des épreuves auxquelles on l'a soumise. Si l'on
s'abstient d'expérimenter, jamais on n'estimera les expériences
suffisantes[2].

1. Nous sommes redevable à M. Francis Courtès, professeur de première supérieure au Lycée de Montpellier, de la traduction de ces citations de Kant et
de son biographe, Wasianski.
2. On trouvera dans un article du Pr Pasteur-Vallery-Radot, postérieur à notre
étude, un rappel des accusations lancées contre Pasteur au moment où il expéri-
menta sur l'homme le sérum antirabique (*Revue de Paris*, déc. 1964).

C'est donc directement, du seul point de vue technique, qu'il faut aborder les rapports de la médecine et de l'expérimentation, sans pour autant perdre de vue que les questions d'ordre éthique posées par Kant conservent toute leur signification.

*

Les médecins ont toujours expérimenté, en ce sens qu'ils ont toujours attendu un enseignement de leurs gestes, quand ils en prenaient l'initiative. C'est le plus souvent dans l'urgence que le médecin doit décider. C'est toujours avec des individus qu'il a affaire. L'urgence des situations et l'individuation des objets se prêtent mal à la connaissance *more geometrico*. Il faut prendre son parti de l'obligation professionnelle de prendre parti. Sur ce point, les médecins, loin de se laisser imposer par une opinion puérilisée de vaines précautions oratoires, devraient prendre virilement la responsabilité de revendiquer une règle de conduite sans laquelle ils ne seraient pas ce que le public attend qu'ils soient, des praticiens. La première obligation des médecins en général, à l'égard de leurs malades, consiste donc à reconnaître ouvertement la nature propre de leurs gestes thérapeutiques. Soigner, c'est faire une expérience. Les médecins français ont coutume d'aller chercher dans les écrits de Claude Bernard l'autorité de quelques aphorismes de méthodologie générale. Qu'ils en retirent aussi la permission d'affirmer que « tous les jours » le médecin fait des expériences thérapeutiques sur ses malades, » et tous les jours le chirurgien pratique des vivisections sur » ses opérés » et que « parmi les expériences qu'on peut tenter » sur l'homme celles qui ne peuvent que nuire sont défendues, » celles qui sont innocentes sont permises, et celles qui peuvent » faire du bien sont commandées ». Mais comme Claude Bernard, ni d'ailleurs qui que ce soit d'autre, ne peut dire à l'avance où passe la limite entre le nocif, l'innocent et le bienfaisant, comme cette limite peut varier d'un malade à l'autre, que tout médecin se dise et fasse savoir qu'en médecine on n'expérimente, c'est-à-dire on ne soigne, qu'en tremblant. Mieux, une médecine soucieuse de l'homme dans sa singularité de vivant ne peut être qu'une médecine qui expérimente. On ne peut pas ne pas expérimenter dans le diagnostic, dans le pronostic, dans le traitement. Sans aucun paradoxe, une médecine qui ne s'adresserait qu'à des maladies, soit à des entités nosologiques, soit à des phénomènes pathologiques, pourrait être, durant des périodes de classicisme plus ou moins longues, une médecine théorisée, axiomatisée.

L'*a priori* convient à l'anonyme. Il est donc illégitime, et d'ailleurs absurde, d'enfermer simultanément, dans de vagues philosophèmes de médecine dite humaniste ou personnaliste, l'expression d'un souci d'atteindre dans le malade l'être singulier et l'anathème sentimental contre tout comportement expérimentaliste.

Nous demandons à être bien entendu. Revendiquer le devoir d'expérimentation clinique, c'est en accepter toutes les exigences intellectuelles et morales. Or, selon nous, elles sont écrasantes. L'inconscience où en sont trop de médecins, de nos jours, n'en est pas la méconnaissance, mais au contraire la reconnaissance indirecte, par un de ces mécanismes de fuite ou d'oubli, dont l'élucidation constitue un trait de génie de Freud.

Un fait devrait nous surprendre, jusqu'au scandale. C'est l'examen du P. C. B. [3] ou les épreuves de sciences fondamentales en première et deuxième années d'études médicales qui éliminent, la plupart du temps, des étudiants qui s'étaient orientés vers la médecine soit par tradition, soit par imitation, par manque d'imagination, par goût de certaines valeurs sociales et bien entendu aussi quelquefois par un goût réfléchi du dévouement. On ose à peine parler ici de vocation, car comment y aurait-il vocation, au sens strict, pour une activité qui exige la coordination studieuse de tant d'exigences d'abord spontanément distinctes sinon concurrentes ? N'est-il pas réellement stupéfiant que jamais ce ne soit devant la révélation des responsabilités de leur tâche future que reculent les étudiants en médecine ? N'est-il pas surprenant que l'enseignement de la médecine porte sur tout, sauf sur l'essence de l'activité médicale, et qu'on puisse devenir médecin sans savoir ce qu'est et ce que doit un médecin ? A la Faculté de médecine, on peut apprendre la composition chimique de la salive, on peut apprendre le cycle vital des amibes intestinales de la blatte de cuisine, mais il y a des sujets sur lesquels on est certain de ne recevoir jamais le moindre enseignement : la psychologie du malade, la signification vitale de la maladie, les devoirs du médecin dans ses relations avec le malade (et pas seulement avec ses confrères ou avec le juge d'instruction), la psycho-sociologie de la maladie et de la médecine. Nous n'ignorons pas que les médecins ne se désintéressent pas de ces problèmes, mais l'intérêt qu'ils leur portent s'exprime plutôt sous forme de littérature médicale que sous forme de pédagogie médicale. Nous ne nous dissimulons pas qu'une telle pédagogie, si elle existait — et elle devrait exister, selon nous, comme partie obligatoire d'une propédeutique médicale spécifique — n'obtiendrait pas, à elle seule, le résultat qui

---

3. Actuellement G. P. E. M.

nous préoccupe. Supposé donné l'enseignement dont nous regret-
tons l'absence, ceux des étudiants dont il déterminerait le changement d'orientation seraient peut-être, puisque les plus sensibles
et les plus conscients, ceux qui mériteraient davantage d'être rete-
nus, alors que les persévérants témoigneraient éventuellement de
plus d'aplomb que de sens des responsabilités ! C'est pourquoi
nous devons aller jusqu'au bout de notre pensée et avouer qu'à
notre sens, puisque accepter de soigner c'est, de plus en plus,
aujourd'hui, accepter d'expérimenter, c'est aussi accepter de le
faire, sous une responsabilité professionnelle rigoureusement
sanctionnée. Il est sans exemple que, dans les sociétés modernes,
un déplacement de causalité, sous l'effet des novations techniques,
n'ait entraîné, à plus ou moins brève échéance, une substitution
des sujets juridiques de la responsabilité. Que l'on songe à la législation sur les accidents du travail, à la fin du XIXe siècle, et au
déplacement de la présomption d'imprudence. La médecine, puisqu'elle est désormais scientifiquement et techniquement armée,
doit accepter de se voir radicalement désacralisée. Le tribunal
devant lequel le médecin d'aujourd'hui doit être, du point de vue
professionnel strict, c'est-à-dire dans son rapport au malade,
appelé à répondre de ses décisions, ce n'est plus le tribunal de
sa conscience, ce n'est plus seulement le Conseil de l'Ordre, c'est
un tribunal tout court. La notion d'imprudence en médecine doit
faire l'objet d'une nouvelle élaboration, telle que surgisse, de ce
fait, la notion d'imprudence dans l'enseignement de la médecine.
Si la médecine moderne revendique le pouvoir et la gloire de
re-former la nature, elle doit, en contrepartie, réclamer elle-même
l'honneur de ré-former la conscience médicale. Or réformer la
conscience médicale, c'est d'abord informer la conscience de
l'étudiant en médecine. C'est lui enseigner, avant toute autre
chose, la responsabilité spécifique du médecin.

   Qu'on se rassure. Il ne s'agit pas de rééditer le *Conflit des
Facultés*. Il ne s'agit pas de rajeunir la distinction des Facultés
supérieures et des Facultés inférieures et de renverser l'antique
subordination au profit de la philosophie, qui a cessé, depuis
longtemps, de donner son nom à une Faculté. Si la Faculté de
médecine éprouvait le besoin d'organiser elle-même une vraie
propédeutique, où la psychologie et la déontologie médicales tien-
draient la place que les nouvelles thérapeutiques justifient par les
responsabilités qu'elles entraînent, elle trouverait dans son sein les
maîtres capables et dignes d'y donner l'enseignement correspondant. C'est à des médecins de grande culture et de longue expérience qu'il revient d'enseigner à leurs jeunes émules que soigner,
c'est, toujours, à quelque degré, décider d'entreprendre, au profit
de la vie, quelque expérience.

PUISSANCE ET LIMITES DE LA RATIONALITÉ

EN MÉDECINE*

La commémoration d'un centenaire s'autorise, au pire, d'un intérêt de convention, et au mieux, d'un préjugé favorable. Qu'en 1978, l'année 1878 évoque, en France, la mort de Claude Bernard et la survivance de son œuvre, cela tient à la conviction persistante qu'il reste un modèle indépassable de la recherche scientifique en médecine. Mais à Strasbourg, et précisément dans l'Université Louis Pasteur, 1878 peut évoquer d'autres événements scientifiques dont le rappel aurait pour effet d'éviter qu'on puisse confondre un hommage justifié avec une hagiographie de circonstance.

1878, c'est l'année où le médecin-général Charles Sédillot (1804-1883), ancien professeur de pathologie externe à la Faculté de Médecine de Strasbourg, a inventé un mot consacré par Emile Littré, non dans le *Dictionnaire de la langue française* dont le Supplément a paru en 1879, mais dans l'édition de 1886 du célèbre *Dictionnaire de Médecine*. Ce mot est *microbe,* appelé à la fortune que l'on sait chez les savants et dans le public, car il est plus que l'identification d'une réalité jusqu'alors mal cernée, il est l'instigation d'une nouvelle attitude scientifique, sociale et politique, de l'homme confronté à ses maladies. Microbe devait progressivement occulter ou oblitérer les vocables dont il prenait la place : parasite, micro-organisme, germe. C'est ce dernier terme que Pasteur lui-même utilisait dans la célèbre Communication à l'Académie de Médecine du 30 avril 1878 : *La théorie des germes et ses applications à la médecine et à la chirurgie.* C'est en rapport avec cette Communication décisive qu'il faut mesurer l'importance de la Communication de Sédillot à l'Académie des Sciences : *De l'influence*

---

* Conférence du 7 décembre 1978, pour le Séminaire sur les fondements des sciences, à Strasbourg (Université Louis Pasteur), à l'occasion du Centenaire de Claude Bernard (1813-1878).

des découvertes de Pasteur sur les progrès de la chirurgie. Et c'est en rapport avec ces deux Communications de 1878 qu'il faut retenir le jugement d'un Maître dont la Faculté de Médecine de Strasbourg n'a pu oublier le nom, René Leriche : « En 1878, Pasteur leur indiqua [aux chirurgiens] la route qu'ils devaient prendre. » (*La philosophie de la chirurgie,* 1951 ; p. 161). Mais comme rien n'est plus sot, en histoire des sciences, que le nationalisme manifeste ou latent, on ne peut manquer de rappeler que 1878 est aussi la date de publication de l'ouvrage dans lequel Robert Koch démontrait la causalité spécifique des micro-organismes dans les infections : *Untersuchungen über die Aetiologie der Wundinfektionskrankheiten.* Par cette publication Koch fondait une renommée qui ne le cédait en rien à celle de Pasteur.

Pourquoi, dira-t-on, insister particulièrement sur le surgissement de nouvelles écoles en pathologie dont les publications inaugurales font, par leur concordance, de l'année 1878 une année mémorable ? C'est bien évidemment pour remettre en question une certaine façon de présenter l'histoire de la médecine et de ses progrès d'efficacité à partir de la deuxième moitié du XIXe siècle.

*
* *

Il n'est pas contestable que les acquisitions progressives du savoir médical dans des disciplines fondamentales telles que l'anatomie pathologique, l'histologie et l'histo-pathologie, la physiologie, la chimie organique ont contraint la pathologie et la thérapeutique à des révisions déchirantes de bien des attitudes devant la maladie que les médecins avaient héritées du XVIIIe siècle. De toutes les disciplines c'est la physiologie qui, non sans raisons, tendait le plus à contester le paradigme naturiste qui se recommandait, à tort ou à raison, d'un hippocratisme mis, d'âge en âge, au goût du jour. En proclamant l'essentielle identité de l'état normal et de l'état pathologique de l'organisme, on pouvait légitimement prétendre déduire une technique de restauration d'une connaissance des conditions d'exercice. Le statut expérimental de cette science, à l'image de celui de la physique et de la chimie qu'elle prenait pour auxiliaires, non seulement ne s'opposait pas mais, au contraire, invitait à former le projet d'une nouvelle médecine fondée en raisons. Le terme de *rationalisme* surgissait alors de toutes parts pour caractériser cette médecine de l'avenir. Et d'abord à Strasbourg où, vers 1844, — comme l'ont montré, dans une étude de 1967, Marc Klein et Mme Sifferlen (1) — Charles Schützenberger préconisait l'application à la médecine de ce qu'il nommait le « rationalisme expérimental », expression qui, encore en 1879, lui semblait plus pertinente que celle de médecine expérimentale. Ensuite en Allemagne où Jakob Henle publiait, en 1846, un *Handbuch der rationellen Pathologie.* Claude Bernard n'était à l'époque qu'un jeune docteur en médecine (1843), et c'est plus tard, dans les années soixante du siècle, qu'il devait reprendre ou retrouver le terme de rationalisme, comme en témoignent les *Principes de médecine expérimentale,* inédits jusqu'en 1947, et des Notes manuscrites, conservées au Collège de France, en vue d'un ouvrage sur les problèmes posés par l'exercice pratique de la médecine. « L'empirisme scientifique est l'opposé du rationalisme et diffère essentiellement de la science. La science est fondée sur le rationalisme des faits... La science médicale est celle dans laquelle nous expliquons rationnellement et expérimentalement les maladies, de manière à prévoir leur marche ou à les modifier. » (2) Et encore plus nettement : « La médecine est l'art de guérir mais il faut en faire la science de guérir. L'art c'est l'empirisme de guérir. La science c'est le rationalisme de guérir. » (3) Qu'on nous accorde de préférer, pour un exposé d'épistémologie, le terme de rationalité à celui de rationalisme, inadéquat en dehors de l'histoire de la philosophie. Et d'ailleurs, qui consulte le *Dictionnaire de médecine* de Littré et Robin (1873), y trouve un article « rationalisme » qui sert à définir « rationnel », pour indiquer que le traitement rationnel d'une maladie est fondé sur des indications suggérées par la physiologie et l'anatomie et qui n'est pas le simple résultat de l'empirisme. Cette définition d'une thérapeutique rationnelle est exactement reprise dans le *Dictionnaire de la Langue française,* en 1878, à l'article « rationalité ».

Si l'on s'en tenait simplement à la lettre de ces proclamations ou de ces définitions, on y décèlerait difficilement un progrès de scientificité par relation à certains textes médicaux

    1. C.R. XCII[e] Congrès national des sociétés savantes, Strasbourg et Colmar, 1967, Section des Sciences ; t. I, p. 111-121.
    2. *Principes* etc..., nouvelle édition J.J. Chaumont, Genève-Paris-Bruxelles, 1963 ; p. 95 et p. 125.
    3. M.D. Grmek, Réflexions inédites de Cl. Bernard sur la médecine pratique, in *Médecine de France,* 1964, n⁰ 150, p. 7.

du XVIIIe siècle. L'ambition d'une médecine rationnelle, c'est à dire d'une pratique dont l'efficacité tient à l'application d'une connaissance tenue pour certaine, remonte au XVIIe siècle comme projet et au XVIIIe comme programme. Sur la mécanique galiléenne et cartésienne des médecins français et italiens ont cru pouvoir fonder rationnellement ce qu'on a nommé l'iatromécanisme. Le célèbre Frédéric Hoffmann, professeur à Halle et rival universitaire de Georges–Ernest Stahl, a composé une *Medicina rationalis systematica* (1718). Dans la préface de ses *Consultations,* il a écrit que pour une pratique efficace « le jugement seul ne suffit pas, mais il faut outre cela une théorie solide, physique, mécanique, chimique et médicale, sans laquelle on ne peut découvrir par les observations aucune vérité, ni expliquer les causes d'aucuns effets et d'aucuns phénomènes. » (4) Claude Bernard aurait pu souscrire à une telle déclaration s'il ne s'était efforcé précisément de distinguer et d'opposer théorie et système. « Le système est immuable... tandis que la théorie est toujours ouverte au progrès que lui ajoute l'expérience. » (5) Ce ne sont là désormais que des banalités et le problème de la rationalité proprement médicale doit être posé autrement.

Il n'y a pas de figure exemplaire, pas de classicisme de la rationalité. Si le XIXe siècle a dû l'apprendre, le XXe siècle sait désormais que chaque problématique exige l'invention d'une méthode appropriée. En médecine, comme ailleurs, la rationalité se révèle après coup, se découvre au miroir de ses succès et ne se définit pas une fois pour toutes. Cl. Bernard a souvent eu du mal à admettre qu'une démarche de rationalité autre que la sienne pouvait être appliquée à d'autres problèmes que ceux qu'il était parvenu à résoudre et qui lui semblaient paradigmatiques. Il n'a pas ménagé ses critiques à Virchow et à la pathologie cellulaire. S'il a approuvé la réfutation pasteurienne de la théorie des générations spontanées, il n'a pas réussi à entrevoir la fécondité théorique de l'application thérapeutique éventuelle de la théorie des germes. Pour comprendre rationnellement les phénomènes de l'infection et de la contagion il fallait n'être pas obsédé par la conviction dogmatique que toutes les maladies sont d'origine nerveuse. S'il est exact, à la rigueur, que, comme le disait Cl. Bernard, les nerfs ont une action sur

4. Cité par Daremberg, *Histoire des sciences médicales,* p. 924.
5. *Principes* etc..., p. 186.

les maladies infectieuses, il vaudrait mieux pour lui n'avoir pas
écrit : « Une paralysie nerveuse peut produire une maladie septi-
que. » (6) En cette matière, le type de rationalité physio-pathologique
conduit à une explication des symptômes, mais c'est Pasteur et
Koch qui ont mis en œuvre le type de rationalité capable de résoudre les questions d'étiologie. Et s'il faut une preuve par le fait
des limites d'une rationalité médicale illustrée par l'exacerbation
du physiologisme, nous la trouverons, plutôt que dans le combat
d'arrière-garde livré par Elie de Cyon aux pasteuriens vainqueurs,
dans une étude peu connue d'un savant que le culte de la rationalité
bernardienne a poussé à l'invention persévérante d'instruments
détecteurs d'objectivité. Il s'agit d'un *Essai de théorie physiologique
du choléra* (1865) par Etienne-Jules Marey. (7) Marey se montre
parfaitement conscient du fait que c'est seulement par l'identification de ce qu'il nomme encore un parasite microscopique qu'on
dirigerait la thérapeutique « dans la recherche d'une médication
absolument efficace ou d'une prophylaxie certaine. » (8) L'adverbe
« absolument /», l'adjectif « certaine » sont ici l'écho de cette
rationalité bernardienne qui, par exaltation du déterminisme, refuse
et raille l'introduction en médecine de concepts et de procédures
d'ordre probabilitaire et statistique. Mais, du moins, Marey est-il
pleinement conscient du fait que la connaissance du rôle du système
nerveux vaso-moteur dans la circulation et la calorification ne
permet pas, à l'époque, de fonder par elle seule une thérapeutique
anti-cholérique plus rationnelle que la multitude des médications
empiriquement tentées jusqu'alors envers les formes intestinales
ou pulmonaires de la maladie.

La publication de l'article de Marey peut être tenue pour la
prise de conscience des limites d'un type de rationalité, alors qu'au
même moment l'homme qui en célèbre l'universelle validité peut
écrire : « Je ne crois pas que la médecine puisse rien changer aux
lois de la mortalité de l'homme sur la terre, ni même chez un
peuple. » (9) Et encore : « La médecine doit agir sur des individus.
Elle n'est pas destinée à agir sur des collectivités, des peuples. » (10)

---

6. *Cahier de notes,* éd. Grmek. Paris, Gallimard, 1965 ; p. 126.
   7. V. Masson et fils, éditeurs, Paris. L'article a d'abord paru dans la *Gazette hebdomadaire de médecine et de chirurgie.*
   8. *Op. cit.,* p. 117.
   9. *Principes etc...* p. 117.
   10. *Pensées. Notes détachées,* publiées par L. Delhoume ; 1937, p. 76.

On accordera que depuis l'invention des sérums et des vaccins, depuis la fabrication industrielle des antibiotiques, et au vu des polémiques relatives à l'économie de la santé, il est devenu difficile de soutenir qu'en agissant sur les individus la médecine n'agit pas sur les collectivités, et que les lois de la mortalité — qu'il ne faut pas confondre avec la nécessité congénitale de la mort — sont immuables. Cette révolution tient avant tout à l'invention et à l'efficacité de la chimiothérapie inaugurée par les travaux de Paul Ehrlich (1854-1915), où se montre à l'œuvre un type sans précédent de rationalité médicale, prenant pour objet dans les molécules protéiques leurs chaînes latérales instables. A l'intersection des techniques de coloration des préparations micrographiques en pathologie cellulaire et des techniques d'immunisation sérique expérimentées par von Behring et par Roux, Ehrlich a inventé la méthode qui consistait, selon ses propres termes, à viser les germes par variation chimique (« zielen lernen durch chemische Variation »). On doit souscrire au jugement de E.H. Ackerknecht qu'il faut reconnaître à Ehrlich la qualité, si souvent mal attribuée, d'esprit génial. (11) Depuis lors, la biochimie exploite l'idée que la combinaison chimique spécifique entre antigène et anticorps est une relation du type agression-riposte. Que la riposte efficace n'élimine pas définitivement l'agresseur et l'excite en quelque sorte à riposter lui-même par des mutations spécifiques, les phénomènes de résistance aux antibiotiques en portent témoignage. Est-ce un hasard si Ehrlich, disciple de Koch, et Metchnikoff, disciple de Pasteur, en rapports de correspondance, et en partage de célébrité — le Prix Nobel leur fut décerné conjointement en 1908 — ont pu inviter par leurs travaux à poser la question de la lutte des hommes contre leurs maladies en des termes scientifiquement valorisés par le type darwinien de rationalité biologique ? A la fin de son étude sur Pasteur, François Dagognet a montré comment le pastorisme a pu progressivement intégrer des concepts apparentés à l'évolutionnisme. (12) Dans le monde des vivants,

11. « Man darf Ehrlich wohl das missbrauchte Prädikat genial zuerkennen », *Therapie von den Primitiven bis zum 20. Jahrhundert*, Fr. Enke Verlag, Stuttgart, 1970 ; p. 141. — Sur les travaux d'Ehrlich, consulter également Hugo Glaser, *Das Denken in der Medizin*, Duncker-Humblot, Berlin, 1967 ; pp. 102-110.

12. *Méthodes et doctrines dans l'œuvre de Pasteur*, P.U.F., 1967 ; p. 243 et p. 248.

humains compris, les maladies peuvent être tenues pour l'expression des rapports normalisateurs entre formes et forces concurrentes. Charles Nicolle a dit que la maladie peut avoir trois existences : individuelle, collective, historique. Sous ce dernier rapport il a pu donner à un de ses ouvrages le titre de *Naissance, Vie et Mort des Maladies infectieuses* (1930). Il se termine par ces mots : « La maladie infectieuse est un phénomène biologique comme les autres. Elle porte les caractères de la vie qui cherche à se perpétuer, qui évolue et qui tend à l'équilibre. » La nouvelle rationalité médicale, à l'œuvre dans l'histoire de la bactériologie et de la chimiothérapie, a trouvé ses limites du fait même de sa puissance. Elle n'a pas trouvé sa limite parce qu'elle a rencontré des bornes extérieures mais parce qu'elle a, dans son progrès, suscité des antagonismes et provoqué, par les moyens mêmes de ses succès, de nouvelles sortes d'échecs.

*

* *

La gloire d'un homme, a dit Rainer-Maria Rilke, est la somme des malentendus accumulés sur un nom. Le prestige de la médecine contemporaine ne serait-il pas la somme des divergences décelables dans l'idée que s'en font ceux qui la produisent comme savoir, ceux qui l'utilisent comme pouvoir, ceux qui tiennent la production de ce savoir et l'exercice de ce pouvoir comme un devoir à leur égard et à leur bénéfice ? La médecine n'est-elle pas perçue comme science à l'I.N.S.E.R.M., au C.N.R.S., à l'Institut Pasteur, comme pratique et technique dans un service hospitalier de réanimation, comme objet de consommation et éventuellement de réclamations, dans les bureaux de la Sécurité Sociale, et comme tout cela à la fois dans un Laboratoire de produits pharmaceutiques ? Il paraît donc indispensable de distinguer les différents champs sur lesquels on peut se situer quand on s'interroge sur le pouvoir de la rationalité médicale. On doit se demander si dans le passage d'un champ à un autre, à partir du premier, la valeur de rationalité, désormais reconnue au savoir médical, est ou non conservée. La pratique médicale véhicule-t-elle jusqu'au consommateur de médicaments et de soins la rationalité du savoir dont elle est l'application ? Inversement, n'est-il pas apparu progressivement, dans le champ de la consommation médicale, des comportements collectifs, en réaction au fait biologique de la maladie, dont l'action

en retour sur la pratique et la profession médicale, et par répercus-
sion à partir de ce second champ, viennent perturber et infléchir
l'exercice de la rationalité scientifique dans son champ initial ?

Si la question se pose ainsi, c'est parce que, comme on vient
de le rappeler, la médecine a, pour la première fois dans son histoire, au XXᵉ siècle, pu soutenir effectivement son ambition de guérir
des individus, de prévenir et d'éteindre des maladies contagieuses —
par exemple, cette année, la variole —, de prolonger, et en fait
de doubler, l'espérance de vie. Ces bienfaits de la rationalité scientifique sont l'effet, non seulement du génie de quelques chercheurs
comme Koch, Ehrlich ou Fleming, mais aussi d'institutions publiques, d'ordre politique en dernière analyse, qui, à l'image de
l'instruction, ont rendu la santé laïque, obligatoire et en partie
gratuite. Des siècles durant, l'activité du médecin avait été la réponse à la prière de l'homme frappé par le mal. Elle est devenue une
exigence de l'homme qui refuse le mal. Cette conversion de l'implo-
ration en revendication est un fait de civilisation, de nature politique autant que scientifique. Dans les sociétés industrielles, les
hommes acceptent difficilement que certaines maladies donnent
occasion aux médecins d'avouer leur impuissance, et les médecins
acceptent difficilement qu'on puisse les croire incapables de relever
un défi. Ainsi s'explique l'émulation dans la course aux nouvelles
molécules. E. Ackerknecht, dans son histoire de la thérapeutique,
aussi bien que le professeur Jean Cheymol dans son étude sur
l'expertise en pharmacologie, (13) ont rappelé, avec d'ailleurs une
sympathie amusée, la liste des vingt médicaments sur lesquels
se fondait la *Thérapeutique* de Huchard et Fiessinger (1921 ; 5ᵉ éd.)
Sérums, vaccins, hormones y figuraient. Mais c'est dans la décennie
suivante, de 1930 à 1940, que sulfamides, cortisone et pénicilline
ont précipité la révolution thérapeutique. En 1974, dans un petit
livre qui a vivement irrité le corps médical (14), Henri Pradal a
fixé à cent le nombre des médicaments les plus courants dans
l'arsenal français de la thérapeutique, dont le développement continu se traduit, d'année en année, par l'épaisseur croissante du *Dictionnaire Vidal*. Cette débauche d'invention en pharmacothérapie
a pu être tenue pour une forme d'incitation au gaspillage. Mais
l'aspect économique du phénomène mérite moins d'être ici retenu

---

13. *L'expert en matière de médicaments, son rôle et les limites de son
pouvoir*, 1959.
14. *Guide des médicaments les plus courants*, Ed. du Seuil, Paris.

que la signification du comportement culturel qui le suscite. On connaît l'adage en honneur chez quelques médecins du XIXe siècle, selon lequel il faut se hâter de prendre un médicament pendant qu'il guérit. (15) C'était alors, de la part des soignants, un principe de scepticisme ou de nihilisme thérapeutique. C'est devenu aujourd'hui, du côté des soignés, l'expression d'une confiance irrationnelle dans la rationalité médicale et son progrès. Croire au progrès conduit souvent à confondre valeur et dernier cri. Le choc du nouveau lui donne figure de meilleur. Puisque désormais, pense-t-on, on ne peut pas ne pas guérir, on finira bien, en changeant de remède, par trouver le bon. Cette impatience de guérison dans l'instant appelle et justifie la frénésie d'innovation pharmacologique, et réciproquement, — grâce à la vulgarisation de la nouveauté, organisée par ceux qui l'exploitent.

Ainsi dans les sociétés de type occidental le comportement culturel des malades effectifs ou potentiels retentit, en retour, sur la stimulation et la conduite de la recherche dans le champ initial de rationalité. Il y a là ce que Paul Valéry appelait un effet de l'effet. Un savoir dont la rationalité devrait garantir l'autonomie se trouve orienté par des pesanteurs, nées d'attitudes collectives d'exigence auxquelles les succès qu'il a rendus possibles fournissent le meilleur des arguments. Telle recherche dite de pointe se retrouve ultérieurement en remorque d'une demande, pour avoir fait se lever une nouvelle espérance. Vers 1960, des recherches antérieurement entreprises par expérimentation sur l'animal, concernant les conditions du rejet de greffes d'organes, ont été prolongées en opérations de transplantation rénale chez l'homme. Les premiers résultats obtenus, succès et échecs, ont donné lieu à une immense littérature d'ordre scientifique, éthique, économique. On a pu se demander si la rationalité à l'œuvre dans les recherches initiales se retrouvait ou non dans les programmes nationaux de répartition des moyens d'intervention thérapeutique. Dans bien des pays du tiers monde, où la pathologie parasitaire ou infectieuse vient au premier rang des causes de mortalité, la transplantation d'organes est jugée irrationnelle. Elle l'est d'autant plus quand elle se heurte, comme dans certains pays d'Afrique, à l'obstacle des croyances

---

15. Dans ses *Recherches sur l'Histoire de la Médecine* (1768), Th. de Bordeu prête à Dumoulin le conseil suivant : « Pressez-vous de faire usage d'un remède qui fait des miracles depuis peu : il ne sera bientôt bon à rien. » (Oeuvres complètes de Bordeu, 1818, tome II, p. 599).

animistes. A chacun son irrationnel. Il apparaît ainsi que la puissance de la rationalité en haut, chez les détenteurs du savoir et
chez ceux qui l'appliquent, est, dans chaque société, sous la dépendance de la rationalité d'en bas, dans l'opinion de ceux qui sont
charnellement concernés par de nouvelles avances en thérapeutique.
Les techniques de transplantations d'organes supposent, dans les
sociétés où on les met en œuvre, une attitude générale d'indifférence
pour le problème de l'identité congénitale des individus avec le
tout de leur organisme. Sauf dans le cas du don volontaire d'organe,
la pratique de la transplantation implique qu'on a rationalisé le
phénomène de la mort en le décomposant. Quand on sait définir
la mort cérébrale par des critères d'irréversibilité de la désintégration fonctionnelle, on peut se permettre de soustraire un organe
encore vivant, tel le cœur. On invente alors les protocoles d'échange
d'organes disjoints. On envisage comme possible la constitution
d'un *pool* national, voire même international, de viscères séparés,
disponibles à la demande. Ayant ainsi inventé, au bénéfice d'une
élite de patients, une technique de production d'organes anonymes,
les médecins ont-ils ou non oublié que la rationalité de leur discipline s'est d'abord manifestée à tous par les preuves qu'elle leur
a données de son pouvoir d'assistance pour la réalisation d'un
de leurs plus vieux rêves, la conservation et le bon usage de leur
santé ?

*
* *

Poser cette question aux médecins n'est pas mettre la médecine
en question à la façon, aujourd'hui de mode, de ceux qui puisent
leurs arguments dans un amalgame idéologique où l'on retrouve
la qualité de la vie, le naturisme agro-alimentaire et quelques sous-
produits de la psychanalyse. Cet amalgame de banalités, paré d'une
revendication d'autogestion de la santé personnelle, a pour effet
la renaissance des magies thérapeutiques. Les écrits d'Ivan Illich
ont fourni des arguments à ce réquisitoire. *Némésis médicale*,
expropriation de la santé, ces expressions ont fait fortune. « Les
actes médicaux sont l'une des principales sources de la morbidité
moderne. » (16) Et pourtant, une fois encore, tel se croit neuf

16. *L'expropriation de la santé*, in *Esprit,* n⁰ 436, juin 1974, p. 931.

qui prend la suite. *Némésis médicale* date de 1840. C'est le titre
d'un recueil de satires en vers de François Fabre, illustré par Honoré
Daumier. (17) Quant au concept d'iatrogénèse des maladies, complé-
té et aggravé par ceux d'activisme médical et d'acharnement thérapeutique, ils sont bien plus vieux que ne le croient ceux qui s'en
servent comme d'une arme nouvelle.

Pour ce qui est de l'acharnement thérapeutique, on en trouve
la définition, il y a déjà un siècle, dans le *Dictionnaire de médecine*
de Littré et Robin : « Habitude de certains médecins qui épuisent
tous les moyens pharmaceutiques, même les plus énergiques, alors
qu'il n'y a pas la moindre probabilité de sauver le malade, le tour-
mentant ainsi dans ses derniers moments et lui rendant la mort
plus pénible. » Le terme ainsi défini est celui de « cacothanasie »,
dont la disparition n'est pas à regretter.

Quant à l'iatrogénèse médicale, comment peut-on penser que
les médecins aient attendu la deuxième moitié du XXe siècle pour
observer les effets secondaires, inattendus et souvent nocifs, de
certaines drogues qu'ils jugeaient bon de prescrire ? Ackerknecht
a noté qu'au XVIIIe siècle l'école de médecine de Halle a été
un véritable centre d'études des maladies par iatrogénèse. De fait,
si l'on consulte − par exemple, dans le *Dictionnaire historique
de la médecine* de Dezeimeris − la liste des œuvres de Stahl et
de Hoffmann et des thèses inspirées par eux, on trouve, pour
Stahl, *Programma de intempestiva adsumptione medicamentorum*
(1708), *Dissertatio de abstinentia medica* (1709) ; pour Hoffmann,
Programma de medicamentorum prudenti applicatione (1694),
et de G.E. Weiss, *De medicis morborum causis* (1728). Depuis
cette époque, selon Ackerknecht, la médecine allemande n'a cessé
de s'intéresser à la question, comme en témoigne, en 1881, le
traité de Louis Lewin (1850-1929), *Die Nebenwirkungen der
Arzneimittel.* (18)

Voudra-t-on dire que les risques autrefois reconnus à l'usage
de l'opium, de la digitale et de la quinine sont sans commune
mesure avec ceux que n'ont pas su prévoir les hommes qui ont
inventé, produit et prescrit la thalidomide ? Il n'est pas contestable
que les impératifs de la pharmacovigilance à moyen et à long

17. Les caricatures de Daumier sont reproduites en tête de chacun des
chapitres du livre d'Ackerknecht, *Medicine et Paris Hospital 1794-1848*,
Baltimore, 1967.
18. *Therapie etc...*, pp. 155-159.

termes peuvent céder devant l'engouement et l'intérêt. Mais n'est-il pas arbitraire d'attirer l'attention sur un médicament à haut risque en l'isolant dans la génération des médicaments à laquelle il appartient, et dont l'effet global positif est éclatant ? En 1910 la thalidomide n'existait pas, mais le taux de mortalité par tuberculose était, en France de 215 par 100.000 habitants, et la méningite tuberculeuse de l'enfant, aujourd'hui vaincue, en était la forme la plus atroce. En 1960, à l'âge de l'isoniazide et de la streptomycine, le taux de mortalité était dix fois moindre.

Il est vrai, d'autre part, que la notion de santé n'a pas pu ne pas subir un changement de sens par l'extension de son application à l'ensemble d'une population progressivement protégée par des mesures législatives et des institutions dites successivement d'hygiène, de salubrité, de sécurité. Dans son *Histoire de la médecine*, Jean Starobinski rapporte le mot de Virchow selon lequel « la médecine est une science sociale ». (19) C'est en 1848 que l'orthopédiste français Jules Guérin (1801-1886) a proposé l'expression de « médecine sociale » (20). Du jour où l'on a dénommé santé ce qu'auparavant on appelait la condition physique et morale d'une population, (21) la santé a été perçue dans ses rapports avec la puissance économique et militaire d'une nation. La santé des individus n'est plus seulement, selon la définition de Leriche, « la vie dans le silence des organes » , (22) elle est la vie dans le bruit fait autour des statistiques fondées sur des bilans. Corrélativement, le corps médical est devenu un appareil d'Etat. Cet appareil est chargé de jouer, dans le corps social, un rôle de régulation analogue à celui qu'était censée jouer la nature dans la régulation de l'organisme individuel. On comprend ainsi que la rationalité de la recherche dans la cité scientifique médicale puisse être occultée par la rationalisation de la pratique médicale dans la société civile. Dans la propagande actuelle pour une démédicalisation de la société on confond la déraison d'un pouvoir et l'irrationalité de la recherche. S'il y a déraison c'est dans la tendance

19. *Op. cit.*, Editions Rencontre, 1963 ; p. 86.

20. *Gazette médicale de Paris*, 3 mars 1848. Cité par P. Huard, *Sciences, Médecine, Pharmacie, de la Révolution à l'Empire (1789-1815)*, éd. R. Dacosta, Paris, 1970 ; p. 188.

21. Cf. l'*Avis au Peuple sur sa santé*, par Tissot, 1761.

22. Dans *La médecine, histoire et doctrines* (2e éd. 1865), p. 323, Charles Daremberg a défini la santé par « le silence des fonctions de la vie. »

à considérer le pathologique non plus comme déviation du physio-ligique dans l'individu mais comme déviance dans le corps social. Mais l'opposition aux abus d'une rationalisation déraisonnable aboutit à la contestation de la rationalité dans son champ initial d'exercice, la pathologie. La revendication d'autonomie individuelle quant à l'appréciation et au ménagement de la santé favorise le regain des médecines pré-rationnelles. N'y a-t-il pourtant, dans l'amalgame idéologique en question, aucun noyau de positivité digne d'être retenu et reconnu comme appel à un renouvellement de la rationalité, capable de surmonter la limitation de l'ancienne ?

*

* *

On ne peut nier que l'histoire de la médecine du XXe siècle se présente comme une succession de conversions conceptuelles dans l'intelligence et le traitement des phénomènes pathologiques. Tout d'abord la connaissance et le traitement des maladies in-fectieuses et des maladies fonctionnelles, telles que les maladies endocriniennes, ont conduit à une révision de la vieille notion de maladie considérée comme une agression frappant de l'extérieur un organisme désarmé et innocent. Les progrès de l'immunologie et de l'allergologie ont permis de reconnaître dans l'organisme l'existence d'un système de répliques d'auto-défense. Par l'excès de ses réactions de défense l'organisme peut se comporter comme le coopérant de son agresseur. A l'arsenal des médications destinées à soutenir l'organisme dans sa lutte s'est ajoutée la liste des médica-tions destinées à le retenir. L'invention et l'usage de ces médications d'inhibition ne témoigne pas d'une moindre rationalité que n'en exigeait l'invention des premières. Le concept de maladies des systèmes de défense contre les maladies n'est pas un scandale pour la rationalité.

La rationalité médicale, parce qu'elle est d'abord la rationalité appliquée à la biologie, n'est pas asservie par les principes de la logique classique. Pourquoi ne tolèrerait-elle pas la contradiction, alors que l'organisme lui-même opère le renversement de la protec-tion en attaque ? Peu importe qu'on la dise ou non dialectique, le mot ne faisant rien à la chose. De même, la rationalité médicale n'est pas contrainte par les règles de l'arithmétique élémentaire, lorsqu'elle reconnaît que l'addition de plusieurs médicaments n'est pas indépendante de l'ordre dans lequel ils sont administrés.

De même, enfin, la rationalité médicale a renoncé à la conception d'un déterminisme vérifié par l'universelle identité de ses contraintes. (23) Pour la nouvelle pathologie moléculaire, il n'y a plus d'opposition entre causalité et individualité. En reconnaissant l'existence de lésions biochimiques, cette nouvelle pathologie, étroitement liée aux acquisitions de la génétique, a favorisé l'intelligence des caractères fondamentaux de l'individualité, manifestée par des fonctions normales de rejet d'hétéro-greffes, par des prédispositions pré-pathologiques à certaines affections. Sous ce rapport, la rationalité médicale peut être dite non-bernardienne dans la mesure où elle fonde ce que l'autre n'a jamais réussi à intégrer, l'individualité biologique, constamment considérée comme infidélité au type, toujours traitée comme obstacle regrettable et non comme objet de visée scientifique.

Mais la pensée médicale peut-elle se maintenir rationnelle, peut-elle ne pas rompre avec les exigences d'objectivité qui ont commandé ses succès, en intégrant les phénomènes que lui opposent, comme une borne à son pouvoir, les autogestionnaires de leur santé et de leurs maladies ? Après avoir rationalisé les maladies des systèmes de défense de l'organisme, est-il possible de rationaliser les maladies de la conscience de l'organisme ? C'est un fait que la conscience du malade a le pouvoir de potentialiser ou de réprimer l'efficacité d'un médicament, notamment en raison des circonstances et du mode de son administration. Il suffit de citer la technique du *placebo* pour justifier l'interrogation : comment rationaliser le phénomène d'efficacité théorique d'un fantôme ? Comment distinguer rationnellement guérison objective et guérison subjective, c'est à dire traiter objectivement la subjectivité ? Croit-on devoir soutenir que le phénomène relève de la physiologie cérébrale ? On invoquera Pavlov, d'autant plus que les chiens sont sensibles à l'effet du placebo. Estime-t-on devoir défendre l'irréductibilité du psychique ? On se tournera vers Freud, et mieux encore vers Groddeck. La supposition du Ça est bien commode.. Qu'on en juge : « Tout traitement du malade est celui qu'il lui faut, il est toujours et dans toutes les circonstances soigné au mieux, que ce soit selon les règles de la science ou celles du berger guérisseur.

---

23. « Le déterminisme veut l'identité de l'effet avec l'identité de la cause ». (*Introduction à l'étude de la médecine expérimentale*, 2ᵉ partie, chap. I, IX, fin).

Le résultat n'est pas obtenu par ce que nous avons ordonné conformément à notre savoir, mais par ce que le Ça fait de notre malade avec nos ordonnances. S'il n'en était pas ainsi, n'importe quelle fracture osseuse réduite et plâtrée devrait guérir. Mais ce n'est pas le cas. » (24)

Les écrits de Groddeck sont bien propres à conforter les tenants agressifs de la nocivité de la médecine scientifique ou les propagandistes persuasifs de la médecine Balint. La lettre écrite à un professeur de médecine de Berlin (1895), le portrait qu'il a tracé de Schweninger, médecin personnel de Bismarck (1930), peuvent être tenus pour des textes d'actualité. (25) On hésitera pourtant à reconnaître en Groddeck un des maîtres de la psychosomatique, dans la mesure où, en dernière analyse, le Ça, initialement conçu sur le modèle de l'inconscient freudien, est peu à peu identifié avec l'Inconnu et finalement assimilé à l'entéléchie dont Hans Driesch a emprunté le concept à Aristote.(26) Le psychique s'évanouit dans la nature. Comment une rationalité médicale pourrait-elle intégrer, sinon les faits non contestables en général, avancés par Groddeck, du moins le type d'explication qu'en donne l'homme qui écrivait un jour à Ferenczi : « Il se trouve que j'aime bien l'indéterminé... C'est pourquoi l'invention du Ça est si commode pour moi... Pourquoi devrions-nous prendre tellement au sérieux ce qui s'appelle scientifique ? » (27) On comprend que Feud ait pu, dans une lettre à Groddeck, ne pas hésiter à faire des réserves sur « la mythologie du Ça ». (28)

Le freudisme n'exclut pas la rationalité. Freud a dit que l'analyse « repose sur la conception scientifique générale du monde. » (29) On sait que sa conception du Ça a évolué et qu'il en est venu

---

24. *Le Livre du Ça* ; trad. fr., Gallimard, 1973, p. 284.
Note complémentaire (1982) : dans un roman ancien (1909-1921) récemment réédité et traduit, *Le chercheur d'âme* (Gallimard), Groddeck, mi-sérieux, mi-fantasque, soutenait déjà la thèse du pouvoir curatif du Ça, réplique de son pouvoir pathogène dont l'efficacité démoniaque peut être mesurée par l'effet suivant : « Un cor au pied se constitue par la pression des pensées tout aussi bien que par la pression de la botte. » (p. 31)

25. On trouvera ces textes dans *Ça et Moi,* trad. fr. Gallimard, 1977.

26. Cf. La lettre à un patient médecin, *Op. cit.,* p. 165 sq.

27. *Op. cit.,* p. 186.

28. *Op. cit.,* p. 121.

29. *Correspondance de Freud avec le pasteur Pfister,* Gallimard, 1966, p. 186.

à l'expliquer en termes d'énergie, d'hérédité phylogénique et finalement d'instinct. Il est significatif, en tout cas, que Freud n'a jamais
pensé que son cancer pouvait être traité autrement que par la
chirurgie et la radiothérapie. Dans les derniers jours de sa vie,
à Londres, ce n'est pas lui, c'est le radiologue anglais Finzi qui
préconisait pour lui, et seulement comme moyen de lutte contre
la douleur, une médication psychologique. (30) On est loin du
traitement psychologique des cancers pratiqué par Groddeck dans
sa clinique de Baden-Baden. La pensée intime de Freud c'est que
la maladie est l'expression de la précarité de l'organisme en tant
que totalité d'éléments, (31) et de la force latente du désir de
retour à l'inorganique.

Parmi ceux qui ont hésité à suivre Freud sur ce dernier point,
le nom de Paul Schilder mérite d'être retenu. Son œuvre se situe
à l'intersection de deux lignes de théorisation, celle de Freud
et celle de Goldstein et sous l'éclairage de la psychologie de la
Gestalt et de la phénoménologie. L'ouvrage célèbre *L'Image du
Corps* (1935) contient un développement sur les maladies organiques
et leur psychogénèse dont la dernière note mérite d'être citée
en entier : « La maladie physique n'est certes pas un problème
uniquement moral, bien que l'aspect moral n'en soit jamais absent...
Au surplus, il n'est pas du tout certain qu'une maladie d'origine
psychique doive être traitée par les méthodes psychologiques. »
(32) Mais la notion même de schéma postural, chargé de rationaliser

30. Max Schur, *La mort dans la vie de Freud*, Gallimard, 1975 ; p. 612,
note 22 : cf. la lettre du Dr. Finzi au Dr. Lacassagne, ami de Marie Bona-
parte.

31. *Correspondance avec Pfister*, p. 150. « Je suis las, comme il est normal
de l'être après une existence laborieuse et je crois avoir honnêtement mérité
le repos. Les éléments organiques qui, si longtemps, ont tenu bon ensemble,
tendent à se séparer. Qui voudrait les contraindre à rester assemblés plus
longtemps ? »

32. Le texte complet est le suivant : « Certes, l'aspect psychologique
de la médecine est important, mais il ne faut rien exagérer. La mortalité
des nourrissons a décru, comme celle des tuberculeux ; les maladies infectieuses sont en régression ; la durée moyenne de la vie a considérablement augmenté ; ce sont là autant de titres de gloire pour la médecine somatique.
La chirurgie n'en a pas moins ; ne mentionnons que ses résultats dans le
domaine des tumeurs du système nerveux central. La médecine psychologique
aura fort à faire pour parvenir à d'aussi beaux résultats. Elle obtiendra probablement plus en se donnant pour objet de rendre heureux et adapté à la
réalité l'individu physiquement sain, qu'en se mêlant de guérir (suite p. 408)

les modalités de l'auto-représentation de l'individu humain en
situation de santé ou de maladie dans l'existence, ne réussit pas
à surmonter l'ambiguité du projet dont elle procède. Tantôt présenté comme entité physiologique, tantôt enraciné dans l'affectivité, le modèle postural du corps reste objet et sujet. La phénoménologie du corps propre, selon Schilder, non plus que selon Merleau-
Ponté ultérieurement, ne réussit à surmonter le paradoxe de la
conscience de soi comme corps dans l'espace, paradoxe si finement
aperçu par Lewis Carroll quand il fait dire à Alice, devant le terrier
du lapin : « Je voudrais pouvoir entrer en moi-même comme un
télescope. » Et la construction sémantique du mot *psychosomatique*
montre d'elle-même que la médecine ainsi désignée, faute d'avoir
réussi le télescopage, se contente en fait d'une juxtaposition.

*

*   *

Nous voici parvenus au point où la rationalité médicale s'accomplit dans la reconnaissance de sa limite, entendue non pas comme
l'échec d'une ambition qui a donné tant de preuves de sa légitimité
mais comme l'obligation de changer de registre. Il faut s'avouer
enfin qu'il ne peut y avoir homogénéité et uniformité d'attention
et d'attitude envers la maladie et envers le malade, et que la prise
en charge d'un malade ne relève pas de la même responsabilité
que la lutte rationnelle contre la maladie.

Il ne s'agit en aucune façon de faire chorus avec tous ceux
qui mettent en question l'impératif d'observance de règles thérapeutiques confortées par les résultats, critiquement expérimentés,
de la recherche médicale. Mais il faut parvenir à admettre que
le malade est plus et autre qu'un terrain singulier où la maladie
s'enracine, qu'il est plus et autre qu'un sujet grammatical qualifié

(suite de la n. 32) l'individu physiquement atteint ; en d'autres termes,
la médecine psychologique a l'ambition gigantesque de résoudre le problème
moral de l'humanité. Mais la maladie physique n'est certes pas un problème
uniquement moral, bien que l'aspect moral n'en soit jamais absent. Il est
certain qu'il existe des maladies somatiques, même graves, qui sont purement
et simplement des manifestations de difficultés morales ; mais je ne pense
pas qu'elles soient très nombreuses, et au surplus, il n'est pas du tout certain
qu'une maladie d'origine psychique doive être traitée par les méthodes psychologiques. *L'Image du corps*, Gallimard, 1968, p. 205.

par un attribut emprunté à la nosologie du moment. Le malade est un Sujet, capable d'expression, qui se reconnaît comme Sujet dans tout ce qu'il ne sait désigner que par des possessifs : sa douleur et la représentation qu'il s'en fait, son angoisse, ses espoirs et ses rêves. Alors même qu'au regard de la rationalité on décèlerait dans toutes ces possessions autant d'illusions, il reste que le pouvoir d'illusion doit être reconnu dans son authenticité. Il est objectif de reconnaître que le pouvoir d'illusion n'est pas de la capacité d'un objet.

Lorsque le médecin a substitué à la plainte du malade et à sa représentation subjective des causes de son mal ce que la rationalité contraint de reconnaître comme la vérité de sa maladie, le médecin n'a pas pour autant réduit la subjectivité du malade. Il lui a permis une possession différente de son mal. Et s'il a cherché à l'en déposséder, en lui affirmant qu'il n'est atteint d'aucune maladie, il n'a pas toujours réussi à le déposséder de sa croyance en lui-même malade, et parfois même de sa complaisance en lui-même malade. En bref, il est impossible d'annuler dans l'objectivité du savoir médical la subjectivité de l'expérience vécue du malade. Ce n'est donc pas dans cette impuissance qu'il faut chercher la défaillance caractéristique de l'exercice de la médecine. Elle a lieu dans l'oubli, pris en son sens freudien, du pouvoir de dédoublement propre au médecin qui lui permettrait de se projeter lui-même en situation de malade, l'objectivité de son savoir étant non pas répudiée mais mise entre parenthèses. Car il revient au médecin de se représenter qu'il est un malade potentiel et qu'il n'est pas mieux assuré que ne le sont ses malades de réussir, le cas échéant, à substituer ses connaissances à son angoisse. Charcot, selon Freud, disait : la théorie c'est bon, mais ça n'empêche pas d'exister. C'est au fond ce que pensent parfois les malades des diagnostics de leurs médecins. Cette protestation d'existence mérite d'être entendue, alors même qu'elle oppose à la rationalité d'un jugement bien fondé la limite d'une sorte de plafond impossible à crever.

La conscience que les malades ont de leur situation n'est jamais une conscience nue, sauvage. On ne saurait ignorer la présence, dans l'expérience vécue du malade, des effets de la culture et de l'histoire. Pascal a écrit : « Platon pour disposer au christianisme. » Il s'est trompé au moins pour ce qui concerne l'attitude de l'homme face à la maladie. Pascal, chrétien, tient la santé du corps pour le danger de l'âme, et la maladie pour l'état dans lequel les chrétiens doivent passer leur vie. Gilberte Périer rapporte que

son frère disait n'avoir point de peine de l'état où il se trouvait,
« qu'il appréhendait même de guérir et quand on lui en demandait
la raison il disait : c'est que je connais le danger de la santé et
les avantages de la maladie. » Or Platon ne veut avoir affaire dans
sa république qu'à des hommes pourvus par la nature et le régime
d'une bonne santé, et dont les maladies ne sont que des atteintes
locales. Il ne convient pas de soigner, dit-il, « un homme incapable
de vivre le temps fixé par la nature, parce que cela n'est avantageux
ni à lui-même ni à l'Etat. » Si Esculape a enseigné cette médecine
qu'approuve Platon c'est « parce qu'il savait que dans un Etat
bien gouverné chacun a sa tâche prescrite qu'il est obligé de remplir
et que personne n'a le loisir de passer sa vie à être malade et à
se faire soigner. » Et lorsque Glaucon objecte à Socrate : « Tu
fais d'Esculape un politique », Socrate répond : « Il l'était en effet ». (33)

Nos contemporains, dans les sociétés de type occidental, industriel et démocratique, sont, en général, et même s'ils sont chrétiens, assez éloignés de penser, comme Pascal, que la maladie est
leur état naturel. Et s'ils pensent, à la manière de Platon, que l'Etat
a pouvoir, par le moyen des services de santé publique, sur la
santé des citoyens, c'est, bien entendu, dans la mesure où ils en
attendent, contrairement à Platon, « le loisir d'être malades et
de se faire soigner » et la reconnaissance de leur droit à ce loisir.

Ainsi la solitude angoissée à laquelle la maladie condamne le
malade est-elle hantée de représentations véhiculées par la culture,
qu'elles soient mythiques, religieuses ou rationnelles, au premier
rang desquelles vient l'image populaire de l'homme bienfaisant,
capable de délivrer du mal, guérisseur ou médecin ou les deux
à la fois. Si les malades, dans notre société, donnent prise, par
leurs exigences d'une efficacité médicale toujours plus grande,
à l'indignation d'idéologues partagés entre la nostalgie naturiste
et l'utopie libertaire, c'est parce que les malades sont informés,
mal ou bien, des moyens d'action et des succès que la pratique
médicale a trouvés, depuis un siècle, dans l'exercice de la rationalité
médicale, moyens et succès dont auparavant les hommes n'avaient
pu que rêver.

Lorsque la contestation est poussée jusqu'à l'affirmation que
la santé des individus est en raison inverse de la socialisation de

33. *La République*, III, 406c-407e.

la médecine, comment ne pas se demander quel est l'âge et quel est le niveau de culture des contestataires ? Qui a gardé le souvenir de l'épidémie de grippe espagnole en 1918-1919, et des centaines de cadavres inhumés sans cercueils dans tel département du midi de la France, qui a lu que cette épidémie a fait vingt millions de morts dans le monde, peut difficilement admettre que l'isolation du virus A par Wilson Smith (1933) et du virus B par Thomas Francis (1940) a contribué, par les techniques de prévention rendues possibles, à l'expropriation de la santé individuelle.

*

* *

Nous espérons, à défaut d'avoir convaincu de la rigueur de notre analyse, avoir témoigné de notre souci de ne pas déprécier la valeur de la rationalité médicale, en tentant de situer son point de conversion qui n'est pas un point de repli. Nous espérons aussi n'avoir pas attenté à la gloire d'un maître de la physiologie, en hésitant à admettre, après lui et avec lui, que son idée de la rationalité médicale était le modèle de la rationalité. De 1878 à 1978, la rationalité médicale s'est manifestée par l'invention de nouveaux modèles. Le plafond de l'amphithéâtre du Collège de France, où Cl. Bernard donnait ses cours, représentait Hippocrate et Aristote. Un jour de l'année universitaire 1859-60, dans une des conférences qui ont été publiées en 1871 sous le titre de *Leçons de pathologie expérimentale*, il a dit à ses auditeurs : « Ici même, dans les peintures qui ornent le plafond de cet amphithéâtre, vous voyez Aristote et Hippocrate courbés pour ainsi dire sous le poids des ans et de la science. Si c'est un emblème de la science qu'on a voulu représenter, il aurait fallu prendre le contre-pied de ce qu'on a fait, et, au lieu de vieillards, peindre des enfants qui n'en étaient qu'à leurs premiers bégayements. » (34) Sans doute, le discours scientifique a-t-il commencé par des bégayements d'enfant, mais quel adulte appliqué à rationaliser ce discours, peut-il se flatter d'être parvenu au stade de l'articulation syntaxique des phrases ?

34. *Op. cit.*, p. 437.

LE STATUT ÉPISTÉMOLOGIQUE DE LA MÉDECINE*

Dans la préface à ses *Observationes Medicae (1666),* Sydenham a écrit : «Comme il n'est pas aisé de savoir qui, le premier, a inventé les bâtiments et les habits pour se garantir des injures de l'air, de même on ne saurait montrer les premières traces de la médecine ; d'autant que cet art, ainsi que certains autres, a toujours été en usage, quoiqu'il ait été plus ou moins cultivé selon la différence des temps et des pays » [1].

Il y a peu d'Histoires de la Médecine qui ne commencent par une déclaration de ce genre, assez souvent illustrée par des retombées de littérature ethnographique. L'art de contrarier la maladie et la douleur s'est paré, se pare encore, en plusieurs régions du globe, du prestige de la magie. Quelle est l'histoire de l'ancienne médecine égyptienne qui pourrait s'abstenir d'évoquer exorcismes, amulettes, cosmétiques etc.

C'est pourquoi s'interroger sur le statut épistémologique de la médecine c'est, avant toute chose, se situer sur l'aire géographique de civilisation et de culture où le mot d'*épistêmê,* ou tout autre équivalent sémantique, a été le véhicule d'un concept servant à former un jugement d'identification et, en même temps, de valeur. Initialement, cette aire géographique est repérée par des sites qui ont nom Cos, Cnide, Alexandrie, Rome, et ultérieurement, Salerne, Cordoue, Montpellier.

Sans céder à l'illusion de rétroactivité qui consisterait à croire que notre question d'aujourd'hui a traversé les âges sous la même forme et pour les mêmes raisons, force est bien de convenir que les médecins grecs se sont souciés de justifier les présupposés théoriques de leurs pratiques en empruntant à telle ou telle philosophie de l'époque sa théorie de la connaissance. On n'a donc pas attendu l'année 1798 après J.-C. et le philosophe-médecin Cabanis pour s'interroger sur le degré

---

* Conférence internationale : Médecine et Epistémologie : santé, maladie et transformation de la connaisance (à Pérouse, Italie, 17-20 avril 1985). Publié dans *History and Philosophy of Life Sciences*, 10. suppl. (1988).
    1. Th. Sydenham, *Œuvres de médecine pratique,* trad. fr. par A. F. Jault, nouvelle édition par J. B. Baumes, Montpellier, 1816, t. 1, p. CXVII.

de certitude de la médecine. On s'était attaché à distinguer, parmi les médecins, des empiriques, des dogmatiques, des méthodistes, bien avant que Galien s'intéressât, plus spécialement dans deux de ses traités, à l'exposé critique des systèmes concurrents en médecine. Il s'agit 1) *Des Sectes, aux Etudiants* ; 2) *De la meilleure Secte, à Thrasybule* [2]. Les deux sectes les plus stables et les plus connues sont, selon Galien, les empiriques confiants dans les pouvoirs de l'observation et de la mémoire ; les rationnels ou dogmatiques confiants dans le pouvoir de « l'analogisme », appliqués à la recherche des causes cachées, ce qui les distingue des méthodistes qui, sans être pour autant empiriques, se satisfont des apparences. On ne saurait refuser à Galien le mérite d'avoir subordonné la valeur des assertions d'ordre médical à des normes d'ordre logique. « Chaque théorème en médecine, et en général tout théorème, doit être vrai ; en second lieu, utile ; enfin en relation avec les principes posés, car c'est d'après ces trois conditions qu'on juge de la légitimité d'un théorème » [3]. Rappelons simplement que Galien, comme plus tard Averroès, s'est efforcé d'insérer le savoir médical dans l'*Organon* aristotélicien.

Ce tableau des différentes légitimations du savoir médical s'est longtemps conservé chez les historiens de la médecine. On le retrouve en particulier chez Daniel Le Clerc, dans son *Histoire de la Médecine* (1696 – 2e éd. 1729). Daremberg lui-même l'exploite largement, dans un ouvrage dont le titre inclut une sorte d'allusion à une réévaluation épistémologique de son objet, *Histoire des sciences médicales* (1870). Mais il ne s'agit en tout cela que d'un mode traditionnel de classement.

Par contre, il y a eu un moment où le tableau en question a été appelé à une fonction heuristique. Une innovation dans la cure ou la prévention d'une maladie pose à la fois à l'intelligence et à la pratique du médecin la question de son ressort d'efficacité. L'invention de l'inoculation variolique a fourni à Théophile de Bordeu l'occasion d'utiliser, en le remaniant, le tableau traditionnel pour confronter les différentes manières de justifier une pratique révolutionnaire. Dans ses *Recherches sur l'histoire de la médecine* (1768), Bordeu distingue huit classes de médecins. Les trois premières sont : les empiriques qui ne suivent que l'expérience ; les dogmatiques et notamment les mécaniciens ou les physiciens modernes ; les observateurs qui prennent la nature pour guide. Les classes suivantes sont sans intérêt pour nous

---

2. Galien, *Œuvres,* trad. fr. de Charles Daremberg, Paris, 1856, tome II, a) p 376 ; b) p. 398.
    3. *Ibid.,* p. 398.

ici [4]. Concernant les dogmatiques de son époque, convaincus de posséder les méthodes de connaissance vraie des fonctions de la vie et des causes de leurs dérèglements, Bordeu écrit : « Un médecin dogmatique se croit dans le même cas qu'un astronome certain de la vérité de ses calculs ». Et plus loin : « Un exemple pris dans la science des machines, des pompes et des mesures convient encore mieux à notre sujet que celui qui est tiré de l'astronomie ». Parmi ces médecins mécaniciens, il en est un, au moins, qui rentre bien dans le cadre de notre examen, en raison de sa référence explicite à une logique alors jugée novatrice, celle du *Novum Organum* (1620). Dans sa *Praxis Medica* (1696), Baglivi cite nommément Bacon (livre I, chap. II, § II), utilise le terme baconien *d'idole* (falsa medicorum idola, chap. III, § I), et enfin déclare (chap. VI, § V) : « Tout ce que la philosophie naturelle, expérimentale, et la médecine elle-même ont découvert en ce siècle, c'est par analogisme et induction qu'elles l'ont découvert : non par cette induction que nous avons condamnée dans les exemples précédents, mais par l'induction faite selon l'énumération complète des parties, confirmée par de longs et patients parcours d'expériences, et à partir de quoi des axiomes généraux, conclus comme la totalité de toutes les parties, confirment perpétuellement la vérité de la science, nous dirigent vers la pratique par un chemin sûr, et nous rendent assurés dans l'institution des traitements des maladies ».

Le recours à Bordeu pour amener l'allusion à une épistémologie médicale d'obédience baconienne peut apparaître comme un artifice. En fait ce recours a semblé se justifier par le fait que son tableau des types de validation du jugement médical ignore ou sous-estime l'apparition récente, relativement à la variolisation, d'un type inédit, annonce d'une médecine mathématique non-cartésienne. En 1768, Bordeu pouvait avoir pris connaissance du Mémoire de Daniel Bernoulli, paru en 1760 : « Essai d'une nouvelle analyse de la mortalité causée par la petite vérole et des avantages de l'inoculation pour la prévenir ».

Nous sommes ici en présence des premiers signes avant-coureurs d'un séisme épistémologique en médecine. Lorsqu'en 1798 Jenner publie les résultats de ses expériences de substitution de la vaccination à la variolisation, il fortifie chez certains médecins l'exigence et l'espoir d'un mode de calcul de l'espérance et du risque qui dévaloriserait, en matière de décision thérapeutique, la simple sagacité du praticien éprouvé. En 1814, l'*Essai philosophique sur les probabilités* de Laplace commente les calculs de Duvillard sur l'accroissement de la

4. Bordeu, *Œuvres complètes,* Paris, 1818, tome II. Il s'agit des médecins militaires, théologiens, philosophes, législateurs ou juristes.

durée moyenne de la vie due à l'inoculation de la vaccine. Le Mémoire de Duvillard, en 1806, a pour titre : « Analyse et tableaux de l'influence de la petite vérole sur la mortalité à chaque âge et de celle qu'un préservatif tel que la vaccine peut avoir sur la population et la longévité ». D'autre part, Laplace range la médecine dans la classe des « sciences conjecturales », où le calcul des probabilités fournit une appréciation des avantages et des inconvénients des méthodes, par exemple quand il s'agit de reconnaître le meilleur des traitements en usage dans la guérison d'une maladie [5].

Dans une période d'effervescence idéologique, au sens natif du mot « Idéologie », alors que Cabanis, philosophe et médecin, joue un rôle politique et pédagogique d'instructeur formé lui-même par la *Logique* de Condillac, Paris est le lieu où différents programmes tendant à élever la médecine au statut de science, par exemple à l'instar de la chimie lavoisienne, sont confondus sous l'appellation d'*Analyse*. Sur ce point précisons qu'en situant à Paris, où la révolution politique s'essouffle, le lieu où une révolution médicale s'esquisse, on n'oublie pas que Pinel s'est instruit des travaux de l'Ecole d'Edimbourg et qu'il a traduit Cullen, que les médecins militaires français se sont instruits en Italie des applications du brownisme, que Corvisart a traduit le traité d'Auenbrügger sur la percussion (1808) qu'il a connu par Stoll de l'Ecole de Vienne, dette importante dont Paris s'est acquitté quand Skoda a importé à Vienne la méthode d'auscultation de Laennec. Des historiens aussi différents que Shryock et Ackerknecht s'accordent à faire de la période 1800-1850 pour l'un, 1794-1848 pour l'autre, l'époque où la médecine change de prétention, d'objet et de méthode. Or, curieusement, ce même intervalle de dates a été indiqué, à l'époque même, par un auteur inattendu en histoire de la médecine, le romancier Honoré de Balzac. Dans *La maison Nucingen* (1838), un personnage déclare : « La médecine moderne, dont le plus beau titre de gloire est d'avoir, de 1799 à 1837, passé de l'état conjectural à l'état de science positive et ce par l'influence de la grande Ecole analyste de Paris, a démontré que, dans une certaine période, l'homme s'est complètement renouvelé ». Peu importe ici ce que Balzac a voulu dire par ces derniers mots. L'important à retenir c'est deux dates : 1799 et 1837, et une dénomination : science positive.

Si 1799 évoque le Coup d'Etat du 18 brumaire plutôt qu'un événement médical, c'est un an auparavant que Pinel a publié la *Nosographie philosophique ou la méthode de l'analyse appliquée à la*

---

5. Laplace, *Essai philosophique sur les probabilités,* 5e éd., Paris, 1825 : application du calcul des probabilités à la philosophie naturelle.

médecine. Si par contre 1837 n'évoque pas d'événement politique notoire, c'est l'année où sont publiés le troisième volume des *Leçons sur les phénomènes physiques de la vie* par Magendie et la quatrième édition du *Traité d'auscultation médiate* de Laennec, augmenté par Andral. Entre temps ont pris rang, pour la postérité, Bichat inventeur de l'anatomie générale, Louis et les estimations numériques concernant la phtisie (1825), la typhoïde (1829) et les effets de la saignée (1835), mais aussi Comte, philosophe qui a publié en juillet 1830 le premier volume du *Cours de philosophie positive* et qui a figé dans son acception positiviste le sens du mot « positif ».

Ici vient enfin se placer notre interrogation. Parmi les maîtres de l'Ecole de Paris lequel a le plus fait pour orienter la médecine dans la voie où elle pouvait prétendre au statut épistémologique de science positive, à une époque où philosophes et savants étaient férus de classifications des sciences, comme l'avaient été antérieurement Bacon et les Encyclopédistes ? Dès 1826, un disciple sicilien de Laennec, Michele Fodera, s'était posé la question dans un *Discours sur la Biologie ou Science de la Vie*[6].

Au milieu de notre vingtième siècle, bien des médecins et des épistémologues auraient encore répondu à cette question en nommant Magendie, physiologiste pharmacologue, découvreur de Claude Bernard, pionnier de la « médecine expérimentale », dont il pensait même avoir inventé la dénomination, ignorant sans doute que Malebranche, Mariotte, Pinel en avaient usé avant lui, quoique sans programme opérant. Mais aujourd'hui, il semble que l'on puisse hésiter entre Laennec et Louis.

Soit d'abord Laennec. Magendie l'a raillé en le présentant comme un simple annotateur de signes. Or l'invention du stéthoscope et la pratique de l'auscultation médiate codifiée par le *Traité* de 1819 ont provoqué l'éclipse du symptôme par le signe. Le symptôme est présenté, offert, par le malade. Le signe est cherché et obtenu par artifice médical. Dès lors le malade, comme porteur et souvent commentateur de symptômes, est mis entre parenthèses. Il arrive que le signe révèle le mal avant qu'un symptôme n'invite à le soupçonner. Laennec (§ 86) donne en exemple la pectoriloquie comme signe d'une phtisie pulmonaire provisoirement sans symptômes[7]. Ici commence une médecine non-platonicienne. La réalité sur laquelle le médecin exerce son jugement est réduite à l'ensemble des signes qu'il provoque à

6. Sur Fodera, cf. P. Huard et M.D. Grmek : « Les élèves étrangers de Laennec », *Revue d'Histoire des Sciences*, XXVI, 1973, p. 316-337.
7. Laennec, *De l'auscultation médiate*, Paris, 1819, p. 57.

paraître [8]. Ici commence l'artificialisme dans la détection des altérations, des accidents, des anomalies, qui va s'enrichir progressivement de tous les stratagèmes techniques des appareils d'examen et de mesure, ainsi que des subtilités dans l'élaboration des protocoles de tests. Depuis le vieux stéthoscope jusqu'au jeune appareil à résonance magnétique nucléaire, en passant par la radiographie, la scannographie, l'échographie, la scientificité de l'acte médical éclate dans la substitution symbolique du laboratoire d'examens au cabinet de consultation. Parallèlement l'échelle du plan de représentation des phénomènes pathologiques se transforme, de l'organe à la cellule, de la cellule à la molécule.

Mais la tâche du médecin consiste à interpréter l'information obtenue par l'emploi combiné des différents révélateurs. Alors même qu'elle a su mettre le malade entre parenthèses, la médecine a pour fin la lutte contre la maladie. Pas de médecine sans diagnostic, sans pronostic, sans traitement. L'étude logique-épistémologique de la construction et de l'épreuve des hypothèses trouve ici l'un de ses objets. Et nous voici à l'aube de la mathématique médicale. Les médecins commencent à prendre conscience d'une contrainte d'ordre épistémologique déjà reconnue en cosmologie et en physique : pas de prévision sérieuse possible sans traitement quantitatif des données initiales. Mais de quel type la mesure peut-elle être en médecine ? On peut mesurer les variations dans l'exercice de fonctions physiologiques. C'est dans cette voie qu'apparaîtront des appareils de mesure tels que l'hémodynamomètre de Poiseuille (1828) et le kymographe de Ludwig. On peut calculer la fréquence d'apparition et de propagation de maladies contagieuses, et faute d'étiologie vérifiée, établir des corrélations avec d'autres phénomènes d'ordre naturel au social. C'est sous cette deuxième forme que la quantification s'introduit d'abord en médecine.

La méthode statistique d'évaluation des actes médicaux en matière de diagnostic étiologique aussi bien que de conduite thérapeutique remonte au premier *Mémoire* de Pierre Louis sur la phtisie (1825), quatre ans avant l'ouvrage de Hawkins, *Elements of Medical Statistics,* (1829), publié à Londres, et dont le point de vue est autant social que proprement médical. Quand on célèbre les origines, on a coutume d'oublier Pinel. Or Pinel, dès 1802, dans la *Médecine clinique,* avait étudié statistiquement la relation entre certaines maladies et les variations climatiques. Il avait introduit des considérations statistiques dans la réédition de son *Traité médico-philosophique sur l'aliénation*

---

8. François Dagognet soutient cette thèse de façon brillante et convaincante dans *La philosophie de l'image,* Paris, Vrin, 1984, p. 98-114.

mentale. Ackerknecht dit de lui qu'il a été « le véritable père de la méthode numérique ». Il ne paraît pas sans intérêt de rapporter ici un jugement peu connu le concernant. Dans son *Histoire des Sciences de l'Organisation* (1845), De Blainville a écrit : «Mathématicien, Pinel a commencé par l'application des mathématiques à la mécanique animale ; philosophe, il a continué par l'étude approfondie des maladies mentales ; naturaliste et observateur, il s'est avancé dans la méthode naturelle appliquée à la médecine ; et sur la fin il est retombé dans ses premiers goûts en embrassant cette thèse chimérique de l'application du calcul des probabilités à la médecine, ou la statistique médicale ; comme si le nombre des maladies pouvait faire quelque chose aux variantes infinies de tempérament, de nourriture, de localité etc. qui influent sur leurs affections et les rendent si diverses d'un individu à un autre individu » [9]. Si ce jugement a paru digne d'être rappelé, c'est dans la mesure où il renvoie aux relations, pourtant orageuses, entre De Blainville et Auguste Comte et où il traduit l'hostilité de la philosophie positiviste au calcul des probabilités. La 40e Leçon du *Cours de philosophie positive* dit de la statistique médicale que c'est « l'empirisme absolu déguisé sous de frivoles apparences mathématiques » et que rien n'est plus irrationnel en thérapeutique que de s'en remettre à « l'illusoire théorie des chances». Hostilité que l'on retrouvera chez Claude Bernard malgré ses réserves à l'égard de la philosophie de Comte.

En fait Louis a recours à la statistique dans un esprit différent de Pinel. Il s'agit d'abord de substituer un indice quantitatif à l'estimation personnelle du clinicien, de nombrer la présence ou l'absence de signes bien définis dans l'inspection des malades, de comparer les résultats d'une période avec ceux que d'autres médecins ont établis à d'autres périodes selon les mêmes voies et moyens. En médecine l'expérience ne peut instruire que par la comptabilité des cas. La table ou le tableau destitue la mémoire, l'appréciation, l'intuition. C'est précisément la raison de l'hostilité déclarée de Littré et Robin, positivistes l'un et l'autre, dans l'article « Numérique» de leur *Dictionnaire de Médecine, Chirurgie, Pharmacie* (13e éd., 1873). Selon eux, le calcul ne saurait remplacer « les connaissances anatomiques et physiologiques qui permettent seules de peser la valeur des symptômes » et le recours à cette méthode a pour conséquence que « les malades sont observés en quelque sorte passivement ». Comme on l'a vu plus haut à propos de Laennec, on se trouve en présence d'une méthode qui a mis entre

---

9. De Blainville, *Histoire des Sciences de l'Organisation*, Paris, 1847, tome III, p. 145.

parenthèses le malade, entendu comme solliciteur d'une attention élective à sa propre situation pathologique.

Il faudra plus d'un siècle pour que « l'illusoire théorie des chances », comme disait A. Comte, soit incorporée efficacement au diagnostic et à la décision thérapeutiques, par l'invention des méthodes les plus efficaces pour minimiser les erreurs de jugement et les risques d'intervention, jusqu'à l'exploitation par ordinateur des données biomédicales et cliniques. L'aboutissement le plus récent de cette évolution technique autant qu'épistémologique est la construction de « systèmes-experts » opérant selon divers modes d'inférence et qui aboutissent à l'énumération de buts éventuels à partir d'un registre de données confrontées aux signes observés sur le malade qui pose problème. Ce parcours épistémologique a connu, au départ, et en France notamment, les réserves et parfois l'hostilité d'une classe de biologistes et de médecins opposés à la démarche empirico-inductive de la statistique. Le représentant le plus éminent de cette tendance est Claude Bernard, théoricien et praticien de la médecine expérimentale, entendue comme méthode déductive de mise à l'épreuve d'hypothèses par invention de dispositifs efficients, en vue de parvenir à la formulation de lois, expressions d'un déterminisme rigoureux dans la production des phénomènes. « J'avoue ne pas comprendre, dit-il, qu'on appelle *lois* les résultats qu'on peut tirer de la statistique ». Il faut bien reconnaître que Claude Bernard n'est jamais à l'aise dans les questions posées par les méthodes de quantification. S'il professe, en général, que « l'expression de la loi des phénomènes doit toujours être mathématique » [10], il déclare, en particulier, que « le fanatisme de l'exactitude devient de l'inexactitude en biologie » [11]. D'où ses réserves répétées à l'égard des méthodes de recherche chez les physiologistes allemands des Ecoles de Berlin et de Leipzig.

On n'attente pas à la gloire d'un grand homme en constatant que, fort de ses propres réussites, il s'est fait des voies et moyens de la scientificité une idée qui lui a masqué les origines d'un type différent de scientificité médicale. Il est difficile de ne pas établir un rapport entre l'hostilité de Cl. Bernard à la méthode statistique et son manque d'intérêt, sans parler de ses méprises, pour l'étiologie et la thérapeu-

---

10. Cette citation de Cl. Bernard, comme la précédente, est prise de l'*Introduction à l'étude de la médecine expérimentale,* deuxième partie, chapitre 11, 9 : de l'emploi du calcul dans l'étude des phénomènes des êtres vivants ; des moyennes et de la statistique.

11. *Principes de médecine expérimentale,* Lausanne, Alliance culturelle du Livre, 1962, p. 341.

tique des maladies infectieuses à l'étude desquelles la méthode numérique s'était montrée propice, et cela au moment même des premiers succès de Pasteur dans l'étude des fermentations et des levures [12].

Un renouvellement épistémologique profond de la médecine a été l'effet relativement rapide des recherches et des découvertes de Pasteur, de Koch et de leurs élèves, qui paradoxalement ont plus fait pour la médecine clinique que les cliniciens de leur époque. Pasteur, chimiste, sans formation médicale, est l'initiateur d'une nouvelle médecine, délivrée de son anthropocentrisme traditionnel, dont l'occasion et la destination n'englobent la clinique humaine que comme cas singulier, puisqu'elles concernent également les vers à soie, les moutons et les poules. En découvrant une forme d'étiologie non fonctionnelle, en exposant au grand jour le rôle des bactéries et des virus, Pasteur a imposé à la médecine un changement de destination et un déménagement de ses lieux d'exercice. Soigner en vue de guérir se faisait à domicile ou à l'hôpital. Vacciner pour prévenir allait se faire au dispensaire, à la caserne, à l'école. L'objet de la révolution médicale c'est désormais moins la maladie que la santé. D'où l'essor d'une discipline médicale en honneur dès la fin du XVIIIe siècle en Angleterre aussi bien qu'en France, l'hygiène. Par le biais de l'hygiène publique, institutionnalisée dans les sociétés européennes du dernier tiers du XIXe siècle, l'épidémiologie entraîne la médecine sur le champ des sciences sociales, et même des sciences économiques. Il n'est plus possible désormais de tenir la médecine pour la science des anomalies ou altérations exclusivement organiques. La situation socio-économique d'un malade singulier et son retentissement vécu entrent dans le cadre des données que le médecin doit prendre en compte. La médecine, par le biais des exigences politiques de l'hygiène publique, va connaître une altération lente du sens de ses objectifs et de ses comportements originaires. Du concept de *santé* à celui de *salubrité* puis à celui de *sécurité* la dérive sémantique recouvre une transformation de l'acte médical. De réponse à un appel il est devenu obéissance à une exigence. Le santé c'est le pouvoir de résister à la maladie éventuelle, elle comporte, pour qui en jouit, la conscience de la maladie comme possible. La sécurité c'est la négation de la maladie, l'exigence de n'avoir pas à la connaître. Sous l'effet des demandes de la politique la médecine a été appelée à adopter l'allure et les procédés d'une

---

12. On doit retenir, à ce sujet une remarque de Cl. Bernard : « Qu'est-ce que la prédisposition préservatrice d'un virus, comme celle du vaccin par exemple ? C'est bien étonnant, les contagions ! ». *Cahier de Notes,* présenté et commenté par M. D. Grmek, Paris, Gallimard, 1965, p. 80.

technologie biologique. Et l'on doit constater ici, une troisième fois, la mise entre parenthèses du malade individuel, objet singulier, électif, de l'attention et de l'intervention du médecin clinicien. Peut-on dire que l'individualité est malgré tout reconnue par le fait qu'on a dû inventer la notion de *terrain* pour expliquer la relativité du pouvoir des germes et par exemple la résistance d'un organisme au bacille du choléra ? Est-ce là un concept artificiel, destiné à disculper de laxité le déterminisme bactériologique ? Ou bien est-ce l'indication d'une place d'attente pour un concept mieux avéré par une théorie que la microbiologie a préparée sans encore l'annoncer ?

Si l'on peut affirmer que la médecine est parvenue à l'état de science, c'est bien à l'époque de la bactériologie. La preuve de la scientificité d'une pratique c'est qu'elle fournit un modèle de solutions et qu'elle déclenche une contagion d'efficacité. Ce fut le cas de la multiplication des sérums et des vaccinations. Une seconde preuve de scientificité c'est l'auto-dépassement de la théorie vers quelque autre qui rend compte des restrictions de validité de la précédente. C'est en provoquant la constitution de l'immunologie que la bactériologie a fourni la preuve de sa scientificité militante, dans la mesure où l'immunologie se présente non seulement comme l'élargissement et l'affinement des pratiques médicales pastoriennes mais comme une science biologique autonome. L'immunologie a incorporé la relation de type pastorien entre organisme vacciné et virus dans la relation plus générale anticorps-antigène. L'anticorps englobe et généralise la réaction de résistance à l'agression. L'antigène englobe et généralise le microbe, l'agresseur. L'histoire de l'immunologie a consisté dans la recherche du véritable sens du préfixe *anti*. Anti est sémantiquement l'équivalent de *contre,* mais n'est-ce pas aussi l'équivalent de *avant* ? Ou bien ne serait-ce pas l'indice d'une corrélation de complément à lire dans les deux sens, une relation du type clé-serrure ?

Pour l'immunologie parvenue à la conscience de son projet spécifique, ce qui a signé et garanti sa scientificité a été, d'abord, sa capacité de progrès par découvertes non préméditées et reprises conceptuelles d'intégration dont un exemple très remarquable a été, en 1901, la découverte par Landsteiner des groupes sanguins chez l'homme. Un autre critère a été la cohérence des résultats de la recherche. L'immunologie l'a si bien réalisée qu'elle a pu donner le nom de *système* à son objet, c'est-à-dire à un appareil structuré, au niveau cellulaire et moléculaire, de réponses positives de stimulation ou négatives de rejet. Ce concept présente l'avantage de mieux « sauver les apparences », dans le cas d'une prévision déçue, que ne le faisait auparavant le concept de terrain. Dans une structure systémique des effets de nature cyclique peuvent contredire une causalité conçue comme linéaire. En outre le système immunitaire présente une propriété bien remarquable, nommée *idiotypie* qui fait d'un anticorps le spécifique non seulement de son antigène visé mais aussi de l'individu concerné. L'idiotype, c'est la capacité du système immunitaire de signer l'identité de l'individualité organique.

Il faut se garder ici d'une tentation, celle de croire avoir retrouvé, grâce aux progrès de la scientificité médicale, le malade individuel concret, que ces progrès mêmes ont mis entre parenthèses. L'identité immunitaire, malgré le laxisme sémantique qui la présente quelquefois comme l'opposition du *soi* et du *non-soi,* reste un fait strictement objectif. Ce sont seulement les rapports d'origine et de destination entre biologie et médecine, dans la constitution de l'immunologie, qui permettent à la première de mimer en quelque sorte l'aspect subjectif du vivant humain singulier, au profit duquel la seconde cherche à convertir en applications le savoir acquis de la première. Le moment semble donc venu de traiter, hors de tout rappel historique, du statut épistémologique de la médecine et de déterminer en quoi, aux yeux de l'immunologie, aussi bien que de la génétique ou de la biologie moléculaire, sans parler de la radioactivité ou de la chimie des colorants à une époque antérieure, elle peut être dite *une science appliquée ou une somme évolutive de sciences appliquées.*

Dans la lutte pour le prestige culturel que connaissent les sociétés dites développées, une science appliquée fait figure de parent pauvre ou d'enfant assisté, à côté des sciences pures ou fondamentales. C'est l'effet d'une confusion fréquente entre la science appliquée et les applications de la science. Les applications de la science sont tenues pour une importation de connaissances sur un sol moins noble que celui de leur élaboration. L'utile est jugé comme subordonné au vrai. Par exemple, la théorie chimique de la respiration animale, élaborée par Lavoisier, à été convertie par lui-même en technique de la ventilation dans les locaux collectifs comme hôpitaux ou prisons Une science appliquée, comme on peut le dire de la médecine sous certains rapports, conserve la rigueur théorique des connaissances qu'elle emprunte pour une meilleure réalisation de son projet thérapeutique, aussi originaire que le projet de savoir, auquel d'ailleurs elle a elle-même apporté son concours. Quand, par exemple, elle a pu appliquer les premières acquisitions de la science chimique, il y avait longtemps qu'elle s'était comportée elle-même comme une science, sous le nom de Harvey ou de Malpighi, et non seulement comme une pratique traditionnelle et livresque, ou comme une lecture ésotérique, à la manière de Paracelse, de maux et de remèdes inscrits par Dieu dans la Nature. Il faut d'ailleurs reconnaître que les recherches de Harvey auraient pu, à la rigueur, trouver dans l'héritage galénique des exemples de procédés expérimentaux auxquels l'ancienneté n'enlevait rien de leur ingéniosité. C'est ainsi que, pour réfuter la théorie d'Asclépiade qui n'attribuait au rein aucune fonction dans la formation de l'urine, Galien a procédé par expériences. Et pour réfuter l'opinion de Lycos le Macédonien qui tenait l'urine pour le reste inutilisé de la nourriture reçue par les reins, il a procédé par calcul. Il a conclu d'expériences de ligatures pratiquées sur l'animal vivant que l'urine est bien secrétée par le rein. Il a montré par mesure et comparaison de quantités que l'urine est l'élimination de la boisson [13]. Owsei Temkin a pu rapprocher ce dernier argument de celui par lequel Harvey a justifié la théorie de la circulation en invoquant la masse de sang mobilisée en un temps donné [14].

Somme de sciences appliquées est une qualification de statut qui semble convenir à la médecine dans la mesure où son projet même comporte pour s'accomplir le recours raisonné à des acquisitions scientifiques par elles-mêmes étrangères à son projet propre. Il n'y a dans cette appellation aucune dépréciation aujourd'hui. La physique mathématique n'est pas dépréciée par l'appellation de mathématique appliquée. Ce n'est pas le cas dans l'épistémologie positiviste. A. Comte a distingué les sciences et leurs applications, avant de distinguer les sciences abstraites ou fondamentales et les sciences concrètes ou secondaires [15]. Par exemple, la chimie est abstraite-fondamentale, la minéralogie est concrète-secondaire. La classification du *Cours de philosophie positive* est une classification hiérarchique, à la fois dans l'ordre historique d'accès des sciences à la positivité et dans l'ordre de dignité de leur objet. Les deux ordres sont inverses. Il y a peu de savants, au XIXᵉ siècle, qui n'aient défendu un point de vue analogue. Claude Bernard a écrit sur son *Cahier de Notes* : « Utilité de la physique et de la chimie. Ce sont des instruments, ni plus ni moins » [16]. Encore une fois Pasteur a dérangé, en demandant au minéral cristallin

13. Galien, « Des facultés naturelles », in *Œuvres,* trad. Daremberg, tome 11, p. 246-249.

14. « A Galenic Model for Quantitative Physiological Reasoning », *Bulletin of the History of Medicine,* 25 (1961), 470.

15. *Cours de philosophie positive,* 2ᵉ leçon : exposition du plan de ce cours.

16. Cahier de Notes, 1850-1860, présenté et commenté par M.D. Grmek, Paris, Gallimard, 1965 ; p. 40

de l'éclairer sur la structure du vivant, contredisant en fait la conception d'une échelle hiérarchique des sciences [17]. L'épistémologie non-positiviste a substitué l'image du plan à celle de l'échelle. Les rapports entre sciences sont devenus des rapports d'interconnexion réticulaire.

C'est pourquoi, dans l'appellation « science appliquée » l'accent me paraît devoir être mis sur « science », en réponse à ceux qui voient dans les applications du savoir une perte de dignité théorique, et à ceux qui croient pouvoir défendre la spécificité de la médecine en la dénommant art de soigner. L'application médicale des acquis scientifiques, convertis en remèdes, c'est-à-dire en médiations restauratrices d'un ordre organique perturbé, n'est pas inférieure en dignité épistémologique aux disciplines d'emprunt. Elle est, elle aussi, une expérimentation authentique, une recherche critique d'instructions sur l'efficacité thérapeutique de ses importations. La médecine est la science des limites des pouvoirs que les autres sciences prétendent lui conférer. La langue française nous offre ici la ressource d'une polysémie. Dans le *Dictionnaire de la langue française,* Emile Littré distingue, à l'article *Traitement,* d'une part « la manière de conduire une maladie », d'autre part « l'opération qu'on fait subir à une substance à une fin industrielle ou scientifique ». On ne traite pas une maladie comme un minerai. Un médecin écrivain, assez oublié aujourd'hui, Georges Duhamel, a dit que la plupart des gens qui conduisent une automobile seraient bien incapables de conduire un cheval. Qu'est-ce donc que conduire une maladie ? C'est être attentif, comme par doute méthodique, aux effets parfois capables d'être pervertis en causes de symptômes inattendus ; c'est être attentif à la conversion possible d'un geste d'apaisement en stimulant de réactions violentes. Cette incorporation par la médecine, comme objet de son étude et de son intervention des résistances que cette intervention même peut susciter, font du diagnostic, du pronostic et de la décision de traitement des jugements non-catégoriques. Ici réapparaît la logique du probable que le statut de la médecine doit prendre en compte, car elle est une science de l'espérance et du risque. Sous ce rapport n'est-elle pas authentiquement une science de la vie ?

Nous justifions sans artifice, semble-t-il, le bref historique initial où nous avons cru pouvoir déceler dans l'effort pour « probabiliser » le jugement médical un des vrais commencements de sa scientificité. S'il est vrai que les progrès d'une science se mesurent, à un moment

17. F. Dagognet, *Méthodes et doctrine dans l'œuvre de Pasteur*, Paris, P.U.F., 1967.

donné, par l'oubli de ses commencements, reconnaissons que le médecin hospitalier qui, ayant à pratiquer aujourd'hui une transfusion de sang, s'assure de la compatibilité des groupes sanguins du donneur et du receveur, ignore la plupart du temps que sa démarche reçoit la garantie scientifique d'une histoire qui, par delà l'immunologie et la bactériologie, remonte à Lady Montagu et à Jenner et à une pratique médicale, hérétique aux yeux des doctrinaires, qui a engagé la médecine sur le chemin des mathématiques de l'incertitude. Incertitude calculée n'est pas exclusive de rationalité dans la construction d'hypothèses étiologiques et diagnostiques à partir d'informations séméiologiques enregistrées par les appareils appropriés.

Concernant le statut épistémologique de la médecine, quel est l'expert qualifié pour en décider ? Le philosophe ne peut s'investir lui-même de la compétence pour inscrire des disciplines non-philosophiques sur un registre d'état-axiologique, comme on inscrit les naissances d'enfants sur un registre d'état-civil. « Epistémologie » désigne aujourd'hui l'héritage, pour ne pas dire le reliquat, de cette branche traditionnelle de la philosophie qu'était la théorie de la connaissance. Du fait que les rapports de la connaissance à ses objets ont été progressivement produits au jour par les méthodes scientifiques, l'épistémologie s'est définie en rupture avec les présupposés philosophiques, elle a cessé de déduire les critères de la scientificité des catégories *a priori* de l'entendement, pour l'emprunter à l'histoire de la rationalité conquérante. Dans ces conditions la médecine ne pourrait-elle être à la fois juge et partie dans la question qui la concerne ? Pourquoi éprouve-t-elle le besoin d'une consécration statutaire dans la cité scientifique ? Ne serait-ce pas parce qu'elle conserve de ses origines le sens d'une originalité de fonction dont il lui importe de savoir s'il s'agit d'une survivance précaire ou d'une destination essentielle ? Autrement dit, diagnostiquer, décider, soigner peuvent-ils cesser d'être des *actes* pour devenir des *rôles* dans l'exécution d'un programme informatisé ? Si la médecine ne peut se démettre du devoir d'assistance à la vie précaire des individus humains, avec ce que cela peut éventuellement comporter de transgression des exigences propres au savoir argumenté et critique, la médecine peut-elle prétendre à être reconnue comme science ?

Un historien de la médecine, à la fois ingénieux et érudit, Karl Rothschuh, s'est intéressé à notre problème en se référant aux concepts-clés d'une épistémologie historique, celle de Thomas Kuhn. Il s'est demandé (1977) si les modèles explicatifs proposés par Kuhn pour juger de la valeur des révolutions scientifiques, « science normale »,

« paradigme », « groupe scientifique » sont applicables aux acquisitions conceptuelles de la médecine clinique. Il conclut que les schémas de Kuhn sont utilisés pour ce qui concerne l'intégration par la médecine des résultats des sciences fondamentales depuis le début du XIXᵉ siècle, mais qu'ils sont inadéquats pour rendre compte des difficultés de progrès rencontrées par la médecine clinique du fait de la complexité et de la variabilité de son objet. Il termine son article en citant un mot de Leibniz « Je voudrais qu'en médecine la certitude soit aussi grande que la difficulté » [18]. Au cours de son analyse, Rothschuh rapporte que Kuhn a qualifié, un jour, la médecine de « protoscience ». Quant à lui, il préférerait la dire une science opérationnelle (*operationale Wissenschaft*). Ces deux appellations méritent quelque attention. *Protoscience* est ingénieux, peut-être parce qu'ambigu. *Proto* est polysémique. Il suggère aussi bien l'antériorité que le rudiment. Mais aussi la priorité hiérarchique. Protoscience peut être dit de la médecine antérieure à la période historique que nous avons évoquée précédemment, mais il pourrait sembler ironique de la conserver dans un temps où certains médecins demandent à l'ordinateur qu'il permette, sans eux, de diriger, dans certains hôpitaux, les soins donnés aux malades, et même qu'il permette aux malades de le consulter directement. Quant à *science opérationnelle,* cette dénomination ne paraît pas plus pertinente que celle de science appliquée, dont il n'est pas indifférent de savoir qu'elle a été revendiquée par les médecins eux-mêmes, au XIXᵉ siècle, quand ils ont importé en thérapeutique des déterminismes physiques ou chimiques repris à leur compte par les physiologistes. Par exemple, les travaux de Mateucci, de Du Bois-Reymond, de Helmholtz sur les phénomènes d'électricité animale ont incité Duchenne de Boulogne à l'invention de thérapies instrumentales opposables aux affections musculaires. Ses ouvrages principaux publiés en 1855 et 1867 portent des titres où figure le mot d'application.

C'est à dessein qu'est choisi l'exemple de l'électrothérapie. Il indique en effet que la première ambition qui porte la médecine à devenir science appliquée concerne la recherche d'efficacité en thérapeutique, comme par obéissance à son impératif originaire. Or, on sait que la science de l'électricité est devenue par la suite, et jusqu'à nos jours, une source d'inventions d'appareils de détection. L'électrodiagnostic a succédé à l'électrothérapie. Il suffit de rappeler l'invention

18. K.E. Rothschuh, *Ist das Kuhnsche Erklärungsmodell Wissenschaftlicher Wandlungen mit Gewinn auf die Konzepte der klinischen Medicin anwendbar?*, in *Die Struktur Wissenschaftlicher Revolutionen und die Geschichte der Wissenschaften,* von Alwin Diemer, Verlag A. Hain, 1977.

de l'électrocardiographie (1903, Einthoven), de l'électroencéphalographie (1924, Berger), de l'endoscopie. On a déjà dit que c'est la mise entre parenthèses du malade pris comme cible de soins qui permet à la médecine sa conversion en science appliquée, où l'accent est mis désormais sur science. Comme toute science, la médecine a dû passer par le stade d'élimination provisoire de son objet initial concret.

Reste à justifier dans l'appellation proposée : *somme évolutive de sciences appliquées,* les termes *évolutive* et *somme.* On accordera aisément, sans doute, que, pure ou appliquée, une science justifie par le renouvellement des méthodes et par le progrès de ses découvertes son statut épistémologique. Il ne saurait en être autrement de la médecine. Son intérêt pour toute nouvelle méthode d'approche de ses problèmes la rend évolutive. Quand elle a admis, non sans réserves, surtout en France, l'existence de transmetteurs chimiques assurant le passage de l'influx nerveux d'un neurone à un autre ou à une cellule musculaire ou glandulaire, c'est parce que les travaux de Sir Henry Dale et Otto Loewi venaient combler les insuffisances des explications obtenues, au siècle précédent, par les méthodes électriques d'études des fonctions du système nerveux.

Soit pour *évolutive,* dira-t-on. Mais pourquoi *Somme* ? C'est que, selon nous, le terme *somme* n'induit pas seulement l'image d'un produit d'addition mais aussi celle d'une unité d'opération. On ne peut parler de la physique ou de la chimie comme de sommes. On le peut de la médecine, dans la mesure où l'objet dont elle suspend, par choix méthodologique, la présence interrogative, est cependant toujours là, depuis qu'il a pris forme humaine, individu vivant d'une vie dont il n'est ni l'auteur ni le maître et qui doit parfois s'en remettre pour vivre à un médiateur. Quelle que soit la complexité et l'artificialité de la médiation, technique, scientifique, économique et sociale, de la médecine contemporaine, quelle que soit la durée de la mise en suspens du dialogue entre médecin et malade, la résolution d'efficacité qui légitime la pratique médicale est fondée sur cette modalité de la vie qu'est l'individualité de l'homme. Dans le subconscient épistémologique du médecin c'est la fragile unité du vivant humain qui fait des applications scientifiques, toujours davantage mobilisées pour le servir, une véritable *somme.* Et quand le statut épistémologique de la médecine advient à la conscience comme question on voit bien que la recherche d'une réponse soulève des questions ailleurs qu'en épistémologie de la médecine.

TABLE DES MATIÈRES

ACHEVÉ D'IMPRIMER
EN   MAI   1994
PAR   L'IMPRIMERIE
DE LA MANUTENTION
A MAYENNE
N° 172-94